KB131880

김해 봉황동유적과 고대 동아시아

Gimhae Bonghwangdong site Ancient East Asia

- 가야 왕성을 탐구하다 -

인제대학교 가야문화연구소
김해시

주류성

김해 봉황동유적과 고대 동아시아
- 가야 왕성을 탐구하다 -

엮은이 인제대학교 가야문화연구소

펴낸이 최병식

펴낸날 2018년 12월 20일

펴낸곳 주류성출판사

서울특별시 서초구 강남대로 435 (서초동 1305-5)

TEL | 02-3481-1024 (대표전화) • FAX | 02-3482-0656

www.juluesung.co.kr | juluesung@daum.net

값 25,000원

잘못된 책은 교환해 드립니다.

ISBN 978-89-6246-366-8 93910

김해 봉황동유적과 고대 동아시아

Gimhae Bonghwangdong site Ancient East Asia

- 가야 왕성을 탐구하다 -

인제대학교 가야문화연구소
김해시

개 회 사

오늘은 가락국 수로왕의 탄생과 건국을 기념하는 제42회 가야문화축제가 열리는 날입니다. 가야문화축제를 여는 첫 번째 행사로 가야의 역사와 문화를 새롭게 조명하는 제24회 가야사국제학술회의를 개최합니다.

참석해 주신 국내외 연구자 여러분, 김해시장님과 김해시민 여러분, 그리고 미래 가야문화 융성의 책임을 짊어질 전국의 역사학과 고고학 전공자를 비롯한 학생 여러분께 감사의 말씀을 올립니다.

4반세기 넘게 우리 고장의 가야사에 대한 애정과 자부심으로 가야사학술회의를 개최하고 있는 우리 김해시의 노력은 특별하다고 생각합니다. 이 학술회의를 주관하는 인제대학교 가야문화연구소는 이러한 전통과 의미를 충분히 자각해, 보다 나은 학술회의의 개최와 학술회의에서 제기된 연구결과의 전파를 위해 최선을 다하고자 합니다.

이번 학술회의의 주제는「김해 봉황동유적과 고대 동아시아」입니다만, 「가야 왕성을 탐구하다」라는 부제를 달았습니다. 이제 가야사연구도 상당한 진전을 보여 유적에 대한 연구도 어느 정도 진행되었고, 독립된 역사체계로 인정되기에 이르렀습니다만, 정작 가야사의 중심이라고도 할 수 있는 왕궁이나 왕성의 실체에 대해 본격적인 연구가 진행되었거나 논의되었던 적은 없습니다.

더구나 김해의 봉황토성과 추정왕궁지, 합천의 성산토성, 고령의 주산성과 추정왕궁지 등에 대한 조사가 줄을 잇게 되면서, 가야왕성에 대한 논의가 필요한 시기가 되었다고 생각합니다. 따라서 이번 국제학술회의에서 가락국의 왕성으로 생각되는 봉황동유적 중에서도 왕궁추정지에 대한 발굴성과보고를 시작으로, 가야각국에서 왕성 존재의 가능성을 타진하면서, 백제와 신라 그리고 중국과 일본에서 왕성의 발생이 어떠하였던가를 비교 검토해 보고자 합니다. 이번 학술회의가 가야 왕성 연구의 신호탄이 될 수 있길 바랍니다.

끝으로 발표와 토론 참가를 수락해 주신 국내외 학자 여러분들과 학술대회를 준비하는데 많은 도움을 주셨던 김해시학술위원회의 조영제·김삼기·임학종 선생님, 김해시청과 인제대학교 산학협력단 여러분께 심심한 감사의 말씀을 올립니다. 아무쪼록 오늘과 내일의 가야사국제학술회의가 계획대로 잘 진행되고 풍성한 결실을 맺을 수 있도록 여러분 끝까지 자리해 주시고 성원해 주시기를 바랍니다.

오늘과 내일 자리하시는 여러분들의 건승과 가정의 평안을 기원하겠습니다.

2018. 4. 27

인제대학교 가야문화연구소

소장 이 영 식

환 영 사

여러분 반갑습니다.

요즘 그 어느 때보다 가야에 대한 관심이 뜨거워져 가는 가운데 오늘 이곳 가야왕도 김해에서 제24회 가야사국제학술회의를 개최하게 되어 정말로 뜻깊게 생각하며, 오늘 학술회의를 위해 귀한 발걸음을 해주신 중국과 일본, 그리고 전국의 학자 여러분들과 많은 학생 여러분들께 진심으로 감사와 환영의 말씀 드립니다.

아울러 이번 학술회의 준비에 애써주신 김해시 학술위원회 조영제·이영식·김삼기·임학종 선생님들께도 깊은 감사의 말씀을 드리며, 가야사국제학술회의를 후원해주시는 인제대학교 산학협력단과, 매년 학술회의를 주관하고 학술회의의 성과를 훌륭한 단행본으로 발간하고 있는 인제대학교 가야문화연구소 여러분의 노고에도 심심한 위로와 감사의 말씀을 올립니다.

여러분들 잘 아시다시피, 4반세기 동안 우리시가 개최하고 있는 가야사학술회의의 첫 번째 목적은 진정한 가야사의 복원입니다. 더 이상 가야가 신비의 제국이 아닌 우리의 역사 속에 살아 숨 쉬는 빛나는 역사임을 입증하는 것은 이제 미룰 수 없는 시대적 과제가 되었습니다. 다행스럽게도 가야사 복원이 새 정부 100대 국정과제 중 하나로 선정되는 등 가야에 대한 실질적이고 체계적인 복원 연구는 이제 급물살을 타게 되었고, 국회와 문화재청, 그리고 경상남도와 우리시는 국정과제의 충실한 수행을 위해 모든 노력을 기울이고 있습니다.

모쪼록 이번 가야사국제학술회의가 가야사복원사업의 올바른 방향을 제시하는 좋은 길잡이가 되기를 기대하며, 역사문화도시로서 우리 김해의 더 큰 발전을 위한 자산 축적의 기회가 될 수 있기를 희망합니다.

이번 학술회의는 '김해 봉황동유적과 고대 동아시아'란 주제 아래 가야의 왕성에 대한 연구가 중심이 된다고 들었습니다. 국립가야문화재연구소가 10년 장기계획으로 3년 전부터 봉황동 유적을 가야왕도의 추정왕궁지로 발굴 조사하고 있는데, 이번 학술회의가 가야왕궁의 실체를 밝히는데 큰 도움이 되었으면 합니다.

끝으로 다시 한 번, 오늘 제24회 가야사국제학술회의 개최를 축하드리며, 이 자리 참석하신 모든 분들의 가정에 건강과 행복이 가득하시길 기원드립니다. 감사합니다.

2018. 4. 27.

김해시장

목 차

주제발표

김해 봉황동유적 발굴조사 성과

민 경 선*

目 次

Ⅰ. 머리말

김해 봉황동유적(사적 제2호)은 청동기시대부터 삼국시대에 이르기까지 분묘, 주거지, 패총 등이 분포하는 복합유적으로, 금관가야(가락국)의 왕궁 추정지로 비정되고 있다. 인근의 대성동고분군, 수로왕릉 등과 함께 주변 일대에 대한 발굴조사가 다수 이루어졌으며, 이들 조사 성과를 통해 고대 금관가야의 위상과 핵심세력의 흔적들이 밝혀지고 있다. 특히 봉황동유적은 문헌상에서 확인되는 왕궁지, 즉 '신답평新畓坪'[1]의 위치로 비정되었고,

* 국립가야문화재연구소

1)『三國遺事』卷二 紀異二 駕洛國記
二年癸卯春正月 王若曰 朕欲定置京都 仍駕幸假宮之南新畓坪(是古來閑田 新耕作故云也 畓乃俗文也)四望山嶽 顧左右曰 此地狹小如蓼葉 然而秀異 可爲十六羅漢住地.

이 일대에서 봉황토성지 등의 유구가 확인되어 금관가야의 핵심유적임을 시사하고 있다.

지금까지 금관가야의 왕궁지로 가장 유력하게 추정되어 온 봉황동유적의 동편 평탄면 일대에 대하여 2015년부터 국립가야문화재연구소에서 발굴조사를 진행하고 있다. 아직 명확한 왕궁의 흔적이 확인되진 않았으나, 인근 수장급 고분에서만 확인되는 유물의 출토 등 중심세력의 본거지임을 짐작할 수 있는 자료가 확보되고 있다.

수로왕릉이나 왕궁지 등 아직 정밀발굴조사가 이루어지지 않아 그 실체가 명백히 밝혀지지 않아 현 단계에서는 가야의 왕궁의 여부, 도시 구조 등에 대하여 확단하기 어렵다. 이를 감안하여 본고에서는 봉황동유적을 중심으로 한 그간의 고고학적 조사 성과를 통해 유적의 성격을 파악해 보고자 한다.

Ⅱ. 김해 봉황동유적의 자연지리적 환경

김해 봉황동유적은 김해시의 북부에 위치하고, 소백산맥에서 뻗어 내린 지맥이 낙동강에 접하여 약 300~400m의 낮은 산악지로 형성되어 평지가 적은 지형을 이루고 있다. 남·동쪽으로는 낙동강의 지류를 따라 넓고 기름진 평야지대를 형성하며 자연 경계를 이룬다. 유적의 서쪽으로는 삼계동 나밭고개에서 발원한 해반천이 북에서 남으로 흐르고 있으며, 유적의 북동

... 築置一千五百步周廻羅城 宮禁殿宇 及諸有司屋宇 虎(武)庫倉禀之地 事訖還宮 徧徵國內丁壯人夫工匠 以其月二十日 資始金陽(湯) 暨三月十日役畢 其宮闕屋舍 俟農隙而作之 經始于厥年十月 逮甲辰二月而成 涓吉辰御新宮 理萬機而懃庶務.

쪽에 위치한 분성산에서 발원한 호계천, 신어천이 각각 남쪽, 동쪽으로 지나 낙동강으로 이어지고 있다.

김해지역의 고환경 분석은 토양 내 화분, 규조 등의 퇴적물에 대한 자연과학적 분석과 함께 최근까지 상당히 축적된 고고학적 자료를 통한 분석 등 다양하게 이루어지고 있다. 이러한 분석을 종합하여 본 한반도 홀로세의 해수면 변동에 대하여 B.P. 6,000년경을 기준으로 현재 해수면 수준에 이르렀는지 더 높은 해면기가 있었는지에 대한 견해 차이가 있다. '김해 율하 택지개발사업지구 내 유적' 등 최근 고고학 자료를 참고하면, 가야 시기의 해수면은 상승하여 안정기에 있었고 이에 따라 해안선이 해진하였던 것

그림 1. 고해면기(6,000~1,800yr B.P.)의 김해지역 고지형(●: 봉황동유적)
(김정윤, 2009,「고김해만 북서부 홀로세 후기 환경변화와 지형발달」, 경북대학교 석사학위논문, p.84-그림 32)

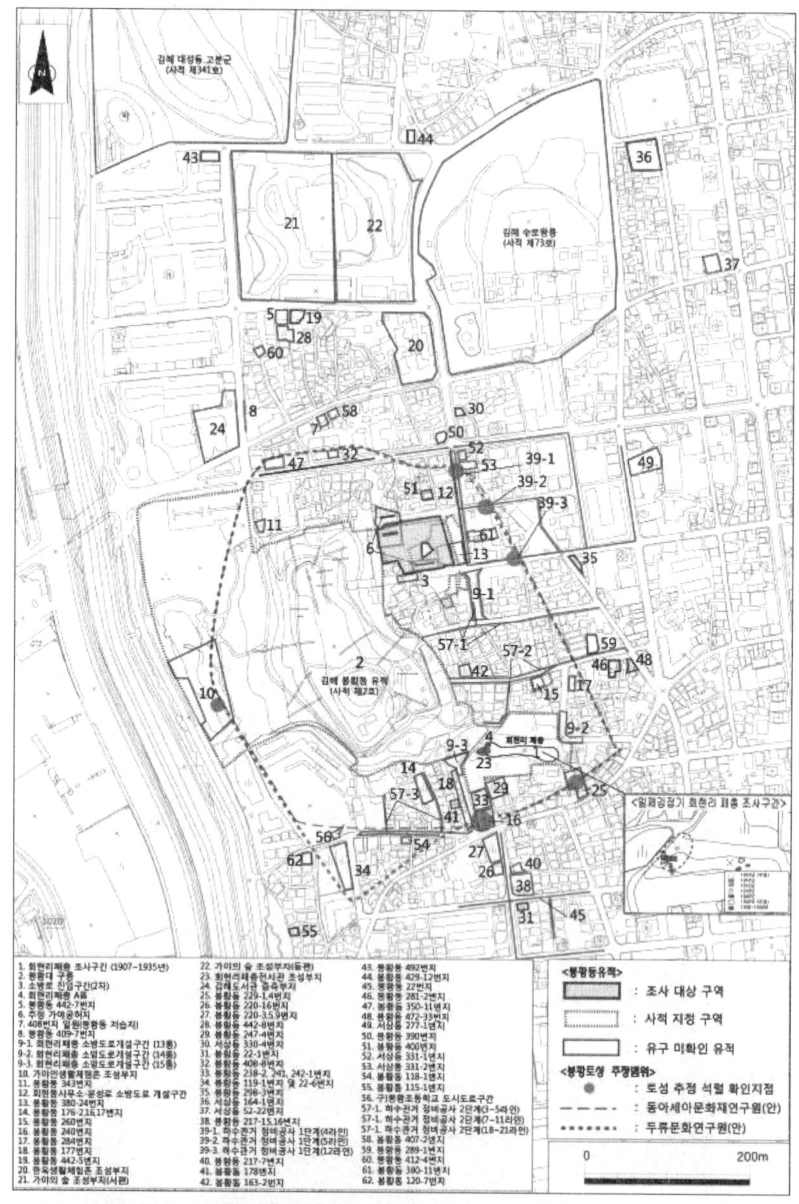

도면 1. 김해 봉황동유적 주변 유적 분포 현황도

으로 보인다.(김정윤 2008) 이러한 해수면 변동을 방증하는 고고자료가 봉황동유적에서도 드러났는데, 구릉 남편과 서편으로 인접한 구역과 봉황토성지에서도 경계석렬 밖으로 바다의 영향을 받은 뻘층이 확인되었다. 또한 봉황대 구릉 남편에 위치한 '봉황동 119-1번지'에서 목책렬과 함께 고선박편과 노가 출토되어 접안시설이 있었음을 시사하였다. 이를 통해 봉황동 인접 지역까지 고김해만이 형성되었음을 알 수 있다.(그림1)

Ⅲ. 김해 봉황동유적의 조사 성과

1. 봉황동유적 일대 기존 발굴조사

김해 봉황동유적(사적 제2호)은 1907년 일본인 학자(今西龍)에 의해 회현리 패총(당시 김해패총)이 발견, 조사되었고, 이후 일제강점기를 포함하여 모두 8차례에 걸친 조사를 통해 청동기시대의 지석묘, 옹관묘를 비롯하여 원삼국~삼국시대의 패총 등이 확인되었다. 광복 후에는 1992년에 부산대학교 박물관에서 봉황대 구릉에 대한 조사를 시작으로 지금까지 봉황동유적과 주변 일대에 대하여 70여 차례의 시·발굴조사가 이루어졌다.(도면1) 그중 봉황토성지의 추정 범위 내에서 이루어진 조사는 36건으로 대부분 도로 개설, 단독주택 건립 등 소규모 구제발굴로서 진행되었다. 따라서 유적의 전반적인 층위나 명확한 구조 및 성격을 파악하기 어려운 실정이지만, 유적의 중요도와 성격을 시사하는 주목할 만한 성과들이 있었다. 조사 결과, 봉황토성지와 주거지 및 각종 수혈유구, 고상건물지, 추정 접안시설 등이 확인되어 금관가야 시기의 핵심 생활지역임을 파악할 수 있었다.

1) 토성지

봉황대 구릉의 북동편에 위치한 삼국시대 토성으로, 2003년 (재)경남고고학연구소에서 실시한 '회현동사무소-분성로 간 소방도로 개설 구간' 조사에서 토성지 일부가 확인되었다.(사진1) 2014년에는 (재)두류문화연구원에서 '서상동 331-2번지 건물신축 예정부지'에 대한 발굴조사를 통해 토성과 관련된 석렬이 추가로 확인되었다.(사진2)[2]

토성은 북서-남동 방향으로 봉황대 구릉의 등고선 방향과 같은 2군의 석축렬과 판축상의 토축부가 확인되었다. 규모는 상단 너비 16.5m, 하단 너비 22m, 높이 약 2.8m로, 성체 길이는 7m 정도가 확인되었다. 뻘층의 기저부에는 일정한 간격으로 고정기둥 6개를 박았고, 기저 하부에는 백색 점토와 부엽층을 간간이 깔면서 점성이 강한 흙으로 채워 물이 침투되는 것을 막았다. 기저부 뻘층과 상부 판축토층의 간층과 내·외 석축렬 피복토층은 불다짐하여 소토층을 형성하였다.(도면2)[3] 석축 기저부에서는 4~5세기 대의 토기 편들이 출토되어, 축조 시기는 5세기 대로 추정되고 있다.

이 구간 외에도 구릉 서편의 '가야인 생활체험촌 조성부지', 남편의 '단독주택 건립부지(240, 299-1·4번지)' 일대에서도 저습지대와 경계를 이루는 것으로 보이는 일부 석렬이 확인되었다. 또한 '김해 봉황동유적지 일원 하수관거 정비사업 부지'(5·12라인)에서도 봉황토성과 같은 방향으로 토성 추정선상에서 석렬이 확인되었다. 이들 석렬의 내측에는 주변 생활유구와 동시기의 유구가 조성되어 있고, 외측으로는 뻘층이 형성되어 있다. 이 석렬은 해발 4.1~4.8m의 봉황대 구릉 끝자락과 해반천 및 고김해만의 경계점에 설치되었다.

---

2) 두류문화연구원, 2014, 「김해 서상동 331-2번지 건물신축 예정부지 내 문화재 발굴조사 결과약보고」.

3) (재)경남고고학연구소, 2005, 『鳳凰土城 : 金海 會峴洞事務所~盆城路間 消防道路 開設區間 發掘調査 報告書』.

이러한 양상으로 보아 생활구역을 보호하기 위한 호안석축으로서의 기능을 했던 것으로 추정하는 견해[4]가 제시된 바 있다. 그 범위는 봉황동유적을 중심으로 부정형한 타원형을 이루고 있다. 다만 구릉 북동편 구간을 제외한 나머지 석렬은 작은 면적에 대한 조사로 극히 일부만 확인되었으며, 1~2열 정도의 잔존상태로는 성벽으로 단정하기에 다소 무리가 있다. 이에 대한 석렬이 봉황토성지를 일부 제방유적으로 추정하는 견해도 있으나 현재까지는 토성지로 추정하는 견해가 일반적이다. 그 범위와 구조를 규명하기 위해서는 전면 조사가 필요할 것이다.

사진 1. 봉황토성지 석축렬 (경남고고학연구소, 2005)

4) 심종훈·이재호, 2013, 「김해 봉황동유적 발굴조사 신례」, 제19회 가야사학술회의 『봉황동유적』, 인제대학교 가야문화연구소·김해시.

사진 2. 봉황토성 추정 석렬 (두류문화연구원, 2014)

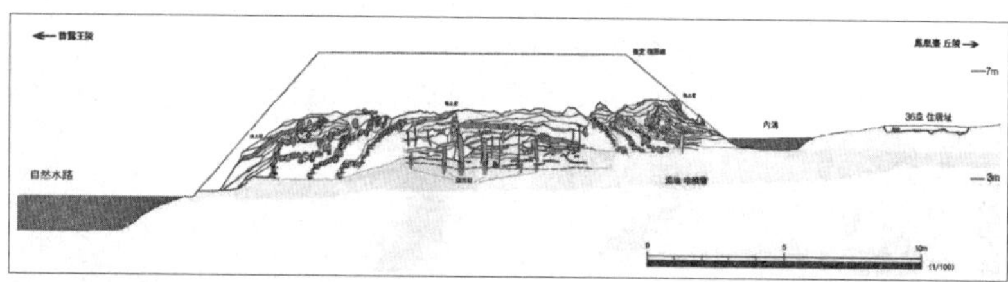

도면 2. 봉황토성 단면 모식도 (경남고고학연구소, 2005)

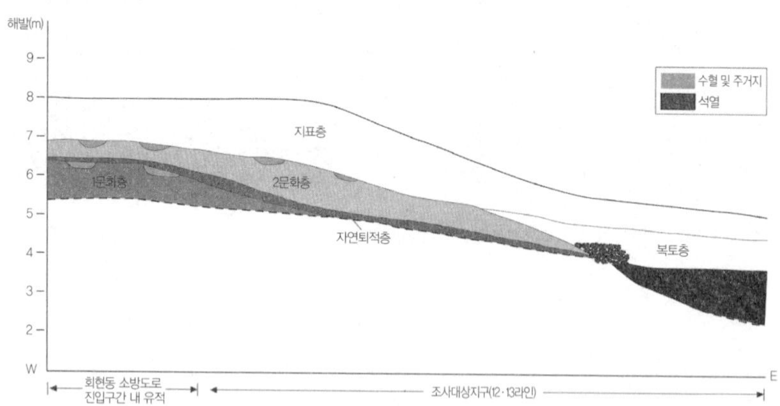

도면 3. 봉황토성 추정 석렬 주변 동-서 토층 모식도 (동아세아문화재연구원, 2013)

2) 건물지

봉황동유적 일대에서는 건물지가 가장 많이 확인되는데, 굴립주 건물지와 수혈식 또는 지면식 건물지 등이 있다. 종류는 주로 주거지로 보이며, 굴립주 건물지의 경우는 창고와 같은 시설로 추정된다.

봉황대 구릉 일대의 조사(부산대학교박물관, 1992·1993)에서 정상부와 동쪽 사면 일부를 제외하고 수혈주거지, 주혈, 환호 등이 확인되어 취락을 이루었던 것으로 파악되었다. 2세기 대에서부터 4~5세기 대에 걸쳐 취락이 형성된 것으로 추정되나, 전면 조사가 이루어지지 않아 주거지 등의 형태나 구조가 명확히 확인되진 않았다.

구릉 동편의 봉황대 진입로 구간은 완만한 사면을 이루고 있으며, 주거지 20동과 수혈 29기, 주혈 174기 등이 확인되었다. 일부 보고된 바로는 주거지는 수혈식으로 보이는데, 그중 46호 주거지는 길이 8m 이상으로 대형이며, 바닥을 적색, 황색 등의 고운 점토를 10겹 정도로 겹겹이 다져 쌓았다. 서·북벽에는 너비 1m 정도의 주구가 있고, 내부에 지름 10~20㎝의 주혈이 다수 확인되었다. 내부에는 노지나 부뚜막 등 별도의 시설은 없다. 출토 유물을 토대로 주거지의 조성 시기는 3세기 말 또는 4세기 초로 보고 있다.

봉황대 구릉은 1992~93년에 부산대학교박물관에서 시굴조사하였다. 구릉의 전역에서 주거지가 확인되었는데, 구릉 상부는 유실되어 유구가 확인되지 않았고, 주로 구릉의 중간 부분에 주거지가 집중적으로 확인되었다. 이들은 형태가 일정하지 않은 구溝들과 중복된 상태였다. 전면 조사가 이루어지지 않아 형태, 규모, 구조 등이 명확히 파악되지 않았으나, 주거지 내부에서 주혈이 일부 확인되었다. 주거지의 조성 시기는 대략 4~5세기 대이며, 패총 하부에서도 주거지가 확인되었는데, 이는 대략 2세기 대 이전이었던 것으로 추정하였다.

3) 패총

패총은 봉황대 구릉 남쪽의 회현리패총을 비롯하여, 구릉의 동쪽 일대를 제외한 거의 전체 사면에 분포하고 있으며, 기원 전후 시기부터 6세기 대까지 형성된 것으로 보인다.

1907년에 회현리패총이 처음 발견되고, 8차례에 걸친 조사가 이루어졌으나 개략적인 내용만 보고되었다. 회현리패총에서는 중국 화폐 화천貨泉, 각종 토기류, 철기류, 석기류 등의 유물과 함께 각종 동물유체, 굴·백합 등의 패각류가 다수 출토되었다. 이를 통해 패총은 1세기 대부터 2세기 정도까지로 비교적 단기간에 형성된 것으로 보았다. 패총 아래에서는 석관묘, 옹관묘 등이 확인되었다.

봉황대 구릉에서는 16개의 조사갱 중 남서쪽과 북동쪽에 설치한 조사갱(4개소)의 하단부에서 확인되었고, 구릉 서편 일대의 하단부에서도 절개된 단면에서 또는 지표상에서 패각이 확인되어 패총의 범위를 대략 파악할 수 있었다. 패각의 종류는 굴과 백합이 주를 이루고, 그 외 꼬막이나 홍합 등 대부분 해안 패류가 확인되었지만, 민물 또는 기수역에 분포하는 재첩이 일부 확인되기도 하였다. 이 패총은 대부분 2~6세기 대에 걸쳐 형성된 것으로 보인다.

2. 추정왕궁지 발굴조사

봉황동유적은 금관가야 왕궁지로 추정되어 왔으며, 조선시대 문헌에서는 봉황동 일대를 가락국의 왕궁터로 지칭하는 기록이 다수 확인되었다. 금관가야의 왕궁지의 실체를 규명하기 위하여 국립가야문화재연구소에서는 봉황대 구릉의 북동편 평탄면 일대(김해시 봉황동 312번지 주변 일대, 면적 5,000㎡), 즉 현재 '가락국시조왕궁허駕洛國始祖王宮墟'라고 음각된 후대의 비석과 조선시대에 식수하였다고 하는 은행나무가 남아 있는 구역을 대상으로 2015년부터 발굴조사를 착수하여 진행하고 있다. 현재까지 1/3 정도의 면적으로, 삼국시대(가야) 문화층을 조사하고 있다.

그림 2. 조사 대상 범위

1) 층위

유적의 층위는 원삼국시대부터 근현대에 이르기까지 크게 5개 시대의 문화층이 확인되었다. 표토는 해발고도 10~11m 정도인데, 약 1m 아래에서 조선시대 문화층이 얇게 확인되었고, 그 아래에서는 삼국시대 토기류가 다량 혼입된 통일신라기 문화층이 확인되었다. 이 층위까지는 삼국시대 이후 유물들과 함께 삼국시대의 옹·발·완·시루 등의 생활용 토기류, 고배·호·기대 등의 의례용 토기류가 대부분 심하게 파손된 채로 다량 혼입되어 있다. 이들은 대체로 수성퇴적층 내에 집중 출토되었고, 그 양상이 봉황대 구릉에서 출토된 유물의 양상과 유사한 것으로 보아 구릉 상부에서 물에 쓸려 유입된 것임을 알 수 있다. 삼국시대 문화층은 해발고도 8.5m 내외 지점부터 확인되며, 크게 5개의 층으로 구분된다. 상부 층위는 위 문화층과 유사하게 파손된 유물들이 다량 뒤섞인 양상이나, 아래(Ⅵ층 이하)에서는 비교적 안정적인 양상을 보인다. 삼국시대 문화층 상부에서는 수성퇴적층이 넓게 확인되었고, 남편과 동편 구역에서는 사질토층이 넓은 범위로 겹겹이 퇴적되어 있다. 삼국시대 문화층 내부에서도 간간이 니질토층이 확인되었고, 원삼국시대 문화층으로 보이는 해발고도 7m 이하 층위의 하부로 갈수록 사질토가 혼입된 뻘층이 대부분을 이루고 있다.(표1, 사진4~6)

사진 4. 조사구역 내 상부 층위
(북서에서)

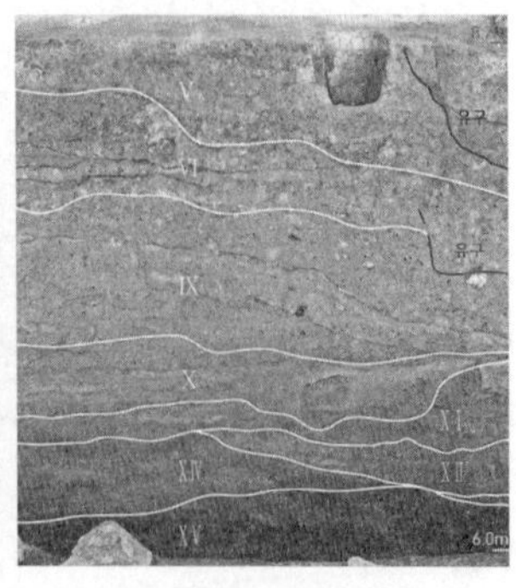

사진 5. 조사구역 내 하부 층위
(남에서)

사진 6. 삼국시대(가야) 문화층 상층부 유구 분포 양상 및 수성퇴적층 흐름 (북에서)

표 1. 조사구역 층위 양상

층서명	시대	깊이(두께)	토색 · 토질	유구	출토 유물	비고
I 층	현대	표토~1.2m 내외 (80~120cm)	다양	-	- (쓰레기 등)	부산대박물관 조사 후 복토층 포함 (80cm 내외)
II층	근현대	표토 하 1.2m 내외 (10cm 내외)	다갈색 사질점토층	-	조선백자, 근래 사기 등	부분적으로 확인
III층	조선 시대	표토 하 1.3m 내외 (20~30cm 내외)	암갈색 사질점토층	삼가마, 우물지, 수혈 등	조선 기와·백자, 고려청자 등	
IV층	통일 신라	표토 하 1.5m 내외 (30~40cm 내외)	갈색 사질점토층	수혈, 건물지 등	인화문 토기, 대호, 패각 등	동편구역은 황갈색사질토층 확인 (50~100cm 내외 확인)

Ⅴ층	삼국 시대	표토 하 1.8m 내외 (30~40cm 내외)	(명)갈색 사질 점토층	수혈, 건물지 등	고배, 장경호, 소형토기, 구슬 등	넓은 범위에서 수성퇴적층 확인
Ⅵ~Ⅸ층	삼국 시대 (4~5C 대 추정)	표토 하 2.1~3.0m 내외	적갈색 ·회록색 ·갈색 ·회록색 사질 ·니질토 ·사질점토층	건물지, 소성유구, 수혈 등	생활토기류, 고배·호 ·기대류, 토우, 동물유체 등	
Ⅹ~Ⅻ층	삼국시대추정	표토 하 3.0m 이상	황색 ·적색 사질 ·니질토 ·사질점토층	미확인	기대·호 등 토기류, 토우, 동물유체 등	*조사 진행 중
XIV~XV층	원삼국 시대	표토 하 약 3.5m 이상	암갈색 ·흑갈색 사질 ·니질토층	미확인	무문토기 편	

2) 유구

유구는 전 층위에서 성격 불명의 수혈들이 다수 확인되고, 삼국시대 문화층 전후로 건물지, 소성유구 등이 확인되었다. 대부분 부정형한 형태이며, 복잡하게 중복된 양상을 띤다.

삼국시대 문화층의 상층부(Ⅴ·Ⅵ층)에서는 크고 작은 불명 수혈과 소성유구가 주를 이루고, 일부 건물지의 흔적이 확인되었다. 수혈 내부에는 목탄이 혼입된 재가 깔려 있으며, 각종 동물유체와 옹·호 등의 토기 편들이 출토되었고 일부 토우나 모형토기가 출토되기도 하였다. 이러한 수혈들은 폐기장이거나 제사와 관련된 유구일 것으로 추정된다.

소성유구는 벽체와 같이 단단한 소토 덩어리가 일부 혼입된 것도 있으나, 대부분 목탄과 소토 알갱이가 뒤섞인 흙으로 덮여 있으며, 소결된 바닥이 남은 경우도 드물게 확인되고 있다. 소성유구와 일부 수혈의 내부 또는 경계 부분에서 모룻돌로 추정되는 편평한 역석이 확인되었으며, 철광석이 1점 수습되기도 하였다. 또한 수혈 내부에서 입상재와 유사한 철 편이 확인되어 단야로 등 제철과 관련된 노爐로 추정하였으나, 명확한 입상재나 단조박편 등과 벽체나 바닥면이 확인되지 않아 제철 관련 노시설로 보기는 어려움이 있다.

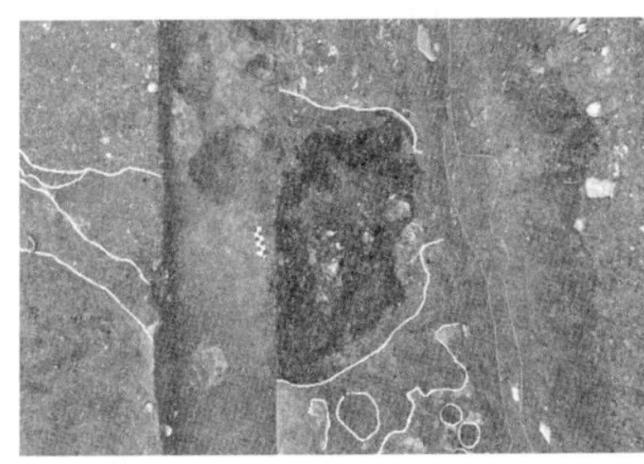

사진 7. 삼국시대 문화층 상층부 수혈
(목탄 깔린 바닥면, 북에서)

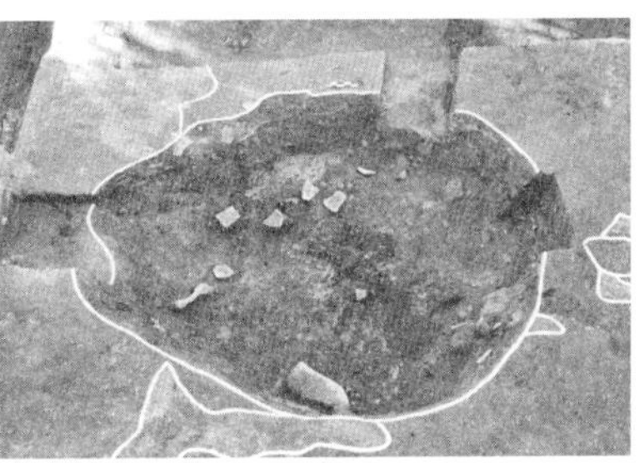

사진 8. 삼국시대 문화층 상층부 수혈 내부
(토기 편, 동물유체 출토상태, 남에서)

사진 9. 삼국시대 문화층(중부) 수혈 중복상태 (북서에서)

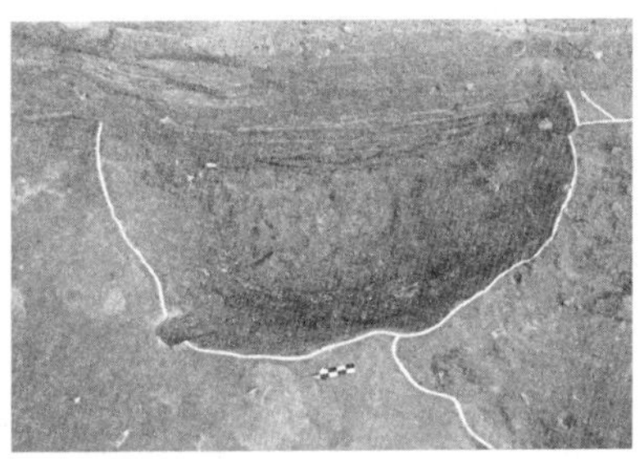

사진 10. 삼국시대 문화층(중부) 중복 수혈 바닥면 (서에서)

사진 11. 삼국시대 문화층(중부) 추정 폐기장 (남동에서)

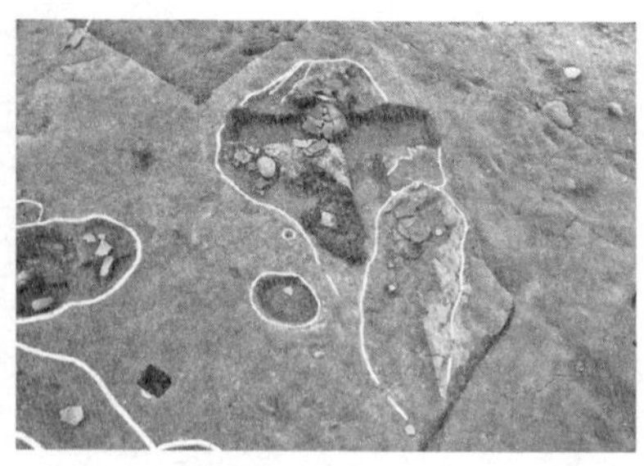
사진 12. 삼국시대 문화층 소성유구 (남동에서)

한편 건물지의 흔적이 다수 확인되는데, 대부분 퇴적층을 굴착하거나 성토(매립)하여 정지하였으며, 정지면은 점토를 깔아 다지거나 마사토와 같이 세석립과 사질점토를 절짐토와 섞어 다져 단단하게 깔았다. 이 면은 단면상에서 1~3cm 정도의 얇은 띠상으로 확인되고, 평면상에서는 일부 주혈과 함께 부정형한 형태로 일부만 남아 있는 양상이다. 삼국시대 문화층 중하부에서는 원형에 가까운 형태를 띠며, 지름 10m 내외의 대형 건물지들이 6기 정도로 확인되었다. 모두 중복되어 있고 대부분 유실 또는 파괴되어 그 형태나 규모를 파악할 수 없지만, 단면과 평면상에서 어느 정도의 범위를 유추해 볼 수 있었다. 그중 3호 건물지는 남-북 12.2m, 동-서 8m까지 확인된 대형 벽주식 건물지로, 서쪽으로 더 연장되고 있으나 민가가 들어서 있어 조사하지 못하였다. 건물지 외곽으로 주혈이 절반 정도 남아 있고, 기둥 주변으로 적갈색 점질토 덩어리로 보강했던 것으로 보인다. 바닥에는 입자가 고운 황색·적색의 점질토를 깔아 다졌다. 내부에는 아궁이로 보이는 시설이 1기 확인되었고, 불규칙하게 수혈들이 확인되는데, 건물의 구조나 성격을 파악하기는 어렵다. 이 건물지는 남쪽으로 10m 정도 떨어져 있는 봉황대유적 진입로 개설구간 내 유적(부산대학교박물관, 1999)에서 확인된 46호 주거지와 창원 신방리유적(동아세아문화재연구원, 2005)의 5호 주

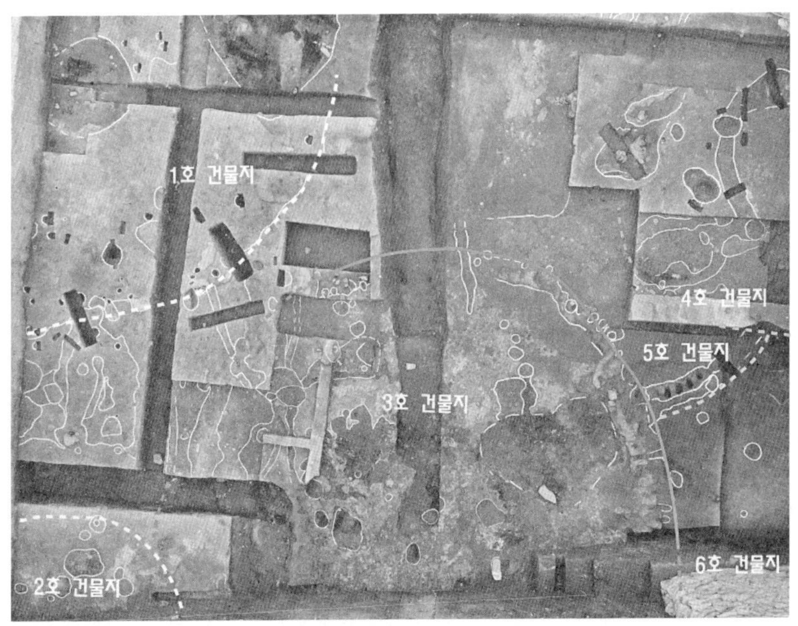

사진 13. 삼국시대 문화층(중·하층부) 건물지군 (서에서)

사진 14. 건물지 흔적 (동에서)

사진 15. 건물지 중복상태 (서에서)

사진 16. 3호 건물지 벽주 (서에서)

사진 17. 3호·5호 건물지 중복상태 (남에서)

거지 등과 유사한 형태이다.

3) 유물

유물은 각종 토기류와 동물유체 등 다양한 유물이 수백 점 출토되었다. 토기류는 크게 시루·옹·발·완 등의 생활용품과 고분에 부장되는 고배·기대·호 등의 의례용품들로 구분된다. 의례용 토기류 중 인근 수장급 고분에서 출토되는 삼각집선문이 시문된 화로형기대 등 고급의 유물이 다수 출토되었다. 또한 인물·동물형 토우와 모형토기류 등도 많이 보이고 있다. 수혈 유구 주변에서 송풍관과 철광석이 각 1점씩 수습되기도 하였다. 한편 동물유체도 다양하게 다량 출토되는데, 돼지, 사슴, 소 등의 육상동물뼈와 함께 상어·고래·강치 등의 해상동물뼈도 확인되었다.

Ⅳ. 맺음말

김해 봉황동유적은 지금까지 확보된 고고학적 성과를 통해 금관가야의 핵심지역이었음을 유추해 볼 수 있다. 당시 유적의 인근까지 고김해만이 형성되어 있는 기수역汽水域으로, 해상교역에 최적의 입지를 갖추고 있다. 가야 초기의 이 일대 세력의 위상은 이미 대성동고분군 등에서 밝혀진 바 있다. 이후 봉황토성지 조사 등을 통해 중심지로 짐작하고 있으나, 현재 조사 중인 봉황동유적 추정왕궁지에서 왕궁이라 단언할 수 있는 확실한 자료가 아직 확인되지 않았고, 5세기 대의 복잡한 유구 중복과 파괴된 양상으로 보아 기록상의 광개토대왕 남하 시점 이후로 쇠퇴하는 단계의 한 단면을 보여준 것이 아닌가 생각된다. 다만 출토 유물과 유구 밀집도로 보아 쇠퇴기에도 이 일대는 거점지로 역할을 했던 것으로 보인다. 또한 봉황동유적이 중심 세력의 생활공간일 뿐만 아니라 출토된 유물의 양상 등으로 보아 의례공간으로서의 기능도 했던 것으로 보인다. 지금까지도 봉황대 일대는 제사 흔적들이 남아 있으며, 아직 무속인들에 의해 신성한 공간으로 활용되고 있다.

봉황동유적은 그 중요성에 비해 아직 전면 조사가 완료되지 않아 성격이나 구조 등 명확하게 밝혀지지 못한 실정이다. 이 유적이 가야의 왕궁인지 여부는 확신할 수 없는 단계이며, 주변 국가에서 확인되는 고대국가의 왕궁과는 어느 정도 유사한 구조를 가질지, 왕궁의 구조적 개념과 의미가 후대에 가지고 있는 개념과 다를 가능성도 있으므로 조사과정에서 여러 가지 가능성을 두고 진행해야 할 것이다. 표지가 될만한 자료가 없으므로 더욱 신중해야 될 것으로 사료되나, 앞으로 전면적인 정밀조사를 통해 유구의 성격과 관계를 규명하고, 유적의 실체를 일단이나마 밝힐 수 있을 것으로 기대된다.

참고문헌

(社)慶南考古學硏究所, 2005, 『鳳凰土城 -金海 會峴洞事務所~盆城路間 消防道路 開設區間 發掘調査 報告書』.

慶南發展硏究院 歷史文化센터, 2004, 『金海 會峴洞 消防道路 區間 內 遺蹟 -13·14·15통』.

慶南發展硏究院 歷史文化센터, 2006, 『金海 鳳凰洞 380-24번지 遺蹟』.

慶南發展硏究院 歷史文化센터·김해시, 2013, 『김해 가야인생활체험촌 조성부지 내 유적Ⅱ』.

국립가야문화재연구소, 2017, 『금관가야 고도지역 입지·환경 분석 연구 보고서』.

國立金海博物館, 2014, 『김해 회현리패총』.

國立昌原文化財硏究所, 2005, 『金海 鳳凰洞 單獨住宅敷地 試掘調査 報告書 -240번지, 260번지, 284번지, 177번지, 442-5번지』.

(재)동아세아문화재연구원, 2013, 「김해 봉황동유적지 일원 하수관거 정비사업 부지 내 유적 - 정밀발굴조사 학술자문회의」.

(재)동아세아문화재연구원, 2013, 「봉황동유적지 일원 하수관거 정비공사(2단계) 문화재 - 정밀발굴조사 학술자문회의」.

(재)동양문물연구원, 2014, 『김해 봉황동유적 - 김해 봉황동 119-1 및 22-6 일원 주택신축부지 문화재 발굴조사』.

(재)두류문화연구원, 2014, 「김해 서상동 331-2번지 건물신축 예정부지 내 문화재 발굴조사 결과약보고」.

釜山大學校博物館, 1998, 『金海鳳凰臺遺蹟』.

釜山大學校博物館, 2006, 『傳金官加耶宮墟址 - 시굴조사 보고서』.

김정윤, 2009, 『고김해만 북서부 홀로세 후기 환경변화와 지형발달』, 경북대학교 석사학위논문.

심종훈·이재호, 2013, 「김해 봉황동유적 발굴조사 신례」, 제19회 가야사학술회의 『봉황동유적』발표자료집, 인제대학교 가야문화연구소·김해시.

윤태영, 2013, 「김해 봉황동유적의 발굴성과」, 제19회 가야사학술회의 『봉황동유적』 발표자료집, 인제대학교 가야문화연구소·김해시.

전옥연, 2013, 「고고자료로 본 봉황동유적의 성격」, 제19회 가야사학술회의 『봉황동유적』발표자료집, 인제대학교 가야문화연구소·김해시.

최지헌·배현성·정현광, 2015, 「김해 봉황토성 발굴성과 및 축조양상 검토」, 『2015 연구조사발표회』, 영남지역문화재조사연구기관협의회.

「김해 봉황동유적 발굴조사 성과」에 대한 토론문

심 광 주 (토지주택박물관)

김해 봉황동 유적은 해발 46.5m인 봉황대 구릉을 중심으로 분포되어 있으며, 지금까지 수차에 걸친 발굴조사와 시굴조사를 통하여 금관가야의 중심지로 주목받아 왔다. 이번 국제 학술대회는 봉황대 유적과 동아시아의 고대유적과의 비교를 통하여 봉황동 유적이 가야왕성으로서의 가능성이 높다는 것을 밝히는 것이 목적일 것이다.

가야에 대한 문헌기록과 발굴조사 성과와 중국과 일본의 관련유적에 대한 이번 학술대회를 통하여 금관가야 왕성의 실체를 규명하는데 실질적인 도움이 되기를 기대하지만, 현시점에서 가야왕성의 실체를 규명하는 데는 한계가 있을 수밖에 없다. 지금까지 비교적 많은 발굴조사가 이루어졌고 왕궁터에 대한 발굴조사를 진행하고 있지만, 가야의 왕성의 구조와 왕성으로서의 위계를 보여주는 건물지들과의 상관관계가 명확하게 규명되지 않았기 때문이다. 토론자는 다른 무엇보다도 봉황토성의 조사와 성격 규명에 집중할 필요가 있다고 생각한다.

국가의 성립과 발전과정에서 반드시 필요한 것이 성곽이다. 성곽은 당대에 건축되는 최대 규모의 공공건축물이다. 성곽을 쌓기 위해서는 다양한 토목건축기술이 뒷받침되어야 하므로 모든 성곽에는 축성주체의 기술적 특징이 잘 반영되어 있다. 봉황토성은 봉황대 구릉 끝자락과 해반천 및 고김해만의 접점에 해당하는 해발 4.1-4.8m 지점을 따라 구축되었다. 시굴조사를 통하여 확인된 성벽선을 중심으로 추정하면 봉황토성의 규모는

1.5km 정도다. 성벽 기저부의 너비는 22m이고 잔존 높이는 2.8m이며 원래성벽의 높이는 5m 이상이었을 것으로 추정된다. 발굴조사자의 견해에 따르면 봉황토성의 축성시기는 대략 5세기대로 추정되고 있다.

이러한 봉황토성의 규모는 풍납토성(3.5km)이나 월성(2.3km)에 미치지는 못하지만 김해 나전리 보루의 규모가 117m이고, 합천 성산토성이 1.2km 정도임을 감안하면 대규모에 속한다. 봉황토성은 그 규모만으로도 가야지역 내에서 그 위계를 짐작할 수 있으며 해상교통의 관문에 해당하는 입지를 고려하면, 고대 도성으로서 최적의 조건을 갖추고 있다고 할 수 있을 것이다.

봉황토성의 조사결과를 보면 백제나 신라, 또는 고구려에서 확인되지 않

봉황토성 모식도[1)]

1) (사)경남고고학연구소, 2005, 『봉황토성-김해 회현동사무소-분성로간 소방도로 개설구간 발굴조사 보고서』 37쪽 도면.

은 독특한 축성기법이 확인된다. 판축이 아닌 성토다짐을 위주의 토성으로 구축되었지만, 성벽이 흔들리지 않도록 현대 토목공법의 정지말목처럼 토성벽의 중심부에는 목주(고정주)를 박은 후 성토다짐을 하였다. 토성 축성 시 이러한 고정주가 사용된 것은 양산 순지리 토성이나 경산 임당동 토성 등 신라성에서도 확인된다. 그런데 봉황토성은 특이하게도 중심토루 조성 후 성벽 내외면에 몇 겹의 석축을 덧대어 보강하였다. 발굴지점에 따라 4겹 혹은 3겹이 확인되는 석축은 약 45°의 경사를 유지하도록 홑겹으로 쌓아올리고 그 외면에 점토 피복을 하고 다시 석축을 덧붙여 쌓아올리고 최종적으로는 점토로 피복하고 불다짐을 하는 형태로 구축하였다.

이러한 석축 보강공법은 토성의 내외벽이 안식각을 뛰어넘는 경사각을 유지할 수 있도록 한 획기적인 공법이다. 합천 성산토성이나 나전리보루, 함안 안곡산성 등에서도 동일한 공법이 확인되므로 고정주를 사용하여 토성의 중심부를 성토다짐하고 성벽 내외면에 이처럼 석축을 부가하는 공법은 가야의 특징적인 축성기법이라고 생각된다. 이러한 공법을 사용하면 토성 성벽의 경사각을 10° 이상 높일 수 있다. 따라서 방어력 측면에서 보면 가야는 동시기의 신라나 백제 토성에 비하여 발달된 축성기술을 갖추고 있었다고 생각되는데 이러한 토론자의 견해에 대한 발표자들의 견해를 듣고 싶다. 특히 발굴조사 성과에 대하여 발표한 민경선 선생님은 봉황동 토성을 성벽을 단정하기에는 다소 무리가 있다고 했는데 봉황토성의 성격에 대한 발표자의 보완설명을 듣고 싶다.

둘째도 역시 발굴조사와 관련한 질문이다. 봉황토성 내에는 주거지와 창고, 공방, 대형건물 등 다양한 건축물이 확인되었다. 지금까지 조사된 주거유적 중 가야 왕궁터로 추정할 수 있는 유구가 있는지, 그리고 그 구조가 어떠했는지에 대해 분명하게 정리할 필요가 있다고 생각된다. 봉황대 유적에서는 기와와 초석을 갖춘 지상건축물이 확인되지 않았으므로 왕궁 역시 지금까지 일반적으로 조사되는 굴립주 형태의 고상건물의 형태였을 것으로 추정된다. 현재 진행되고 있는 추정왕궁지에 대한 발굴조사 결과를 바탕으로 왕궁의 실제 모습은 어떠한 형태였을 것으로 생각하는지에 대하여 역시 민경선선생님의 견해를 듣고 싶다.

아울러 동시기의 백제나 신라, 고구려의 경우 성곽이나 건물지에 고한척(25cm), 당척(30cm), 고구려척(35.6cm) 등의 영조척營造尺이 사용되었음이 밝혀졌다. 가야의 경우도 많은 건물지나 고분이 발굴되었는데 유적이나 유물을 통하여 통하여 밝혀진 가야의 영조척에 관한 자료가 있는지 알고 싶다.

「김해 봉황동유적 발굴조사 성과」에 대한 토론문

송 원 영 (대성동고분박물관)

민경선 선생님은 현재까지 봉황동유적을 수년간 직접 발굴하고 성과를 잘 소개해주셨다. 봉황대 진입로구간 46호 건물지의 경우 부산대박물관은 수혈주거지로 파악했는데, 민선생님은 건물지로 발표하고 있다. 이 건물지들의 잔존 상태로 보아 수혈주거지로는 구조상 불가능하다. 이들 건물지의 성격에 대해 혹시 추정하는 바가 있다면 언급을 부탁드린다. 도성으로 추정되는 토성 내부에 있는 패총-기존에는 단순 쓰레기장으로 파악하고 있었으나, 입지나 퇴적 양상으로 보면 다른 용도일 가능성이 있다고 추정되는데 이에 대한 발표자의 견해를 밝혀 달라. 마지막으로 봉황동유적을 향후 언제까지 어떻게 발굴할 것인지 구체적인 계획이 있으면 이 자리에서 공개해 주셨으면 한다.

삼한의 국읍國邑과 구야국

박 대 재*

目 次

Ⅰ. 머리말

마한, 진한, 변한(변진) 3한은 백제, 신라, 가야의 모체로, 마한은 50여국, 진한과 변한은 각각 12국으로 이루어져 있었다. 마한의 백제국伯濟國이 백제百濟로, 진한의 사로국斯盧國이 신라新羅로, 변한의 구야국狗邪國이 가야加耶로 각각 발전하여 북쪽의 고구려와 각축하면서 삼국시대로 전환하게 된다.

* 고려대학교 한국사학과 교수

그 국명에서 알 수 있듯이, 백제-백제, 사로-신라, 구야-가야는 선후 계승관계에 있던 동일한 정치체의 발전 과정이다. 이런 맥락에서 삼한은 삼국시대 이전의 '전사前史'가 아니라 국가형성기의 '원사源史(origin history)'로 이해되어야 한다.[1]

지역사의 관점에서 바라보면, 경주의 사로국이 경북지역을 아우른 영역국가 신라로 발전하기 이전 시기는 신라시대가 아니라 진한시대라고 불러야 맞는 것 같지만, 한국사의 체계 속에서 보면 그 시기 역시 신라의 성장과정이라고 이해된다. 이와 마찬가지로 가야사에서 변한 시기는 김해의 구야국이 가야의 맹주로 성장한 과정이라고 이해될 수 있다.

일반적으로 『삼국지三國志』 및 『진서晉書』 동이전의 서술 대상 시기인 3세기 후반까지를 삼한의 존속시기로 인식하고 있다. 3세기 후반 서진西晉의 진수陳壽가 편찬한 『삼국지』 동이전에는 부여夫餘, 고구려高句麗, 동옥저東沃沮, 읍루挹婁, 한韓(삼한三韓), 왜인倭人에 대한 정보가 기록되어 있다. 삼한에 대한 정보는 기원전 195년 무렵 있었던 고조선 준왕準王 남천南遷 기록부터 후한後漢 말기를 거쳐 조위曹魏의 정시正始 연간(240~248)까지의 사실이 서술되어 있다. 그런데 『삼국지』 진류왕기陳留王紀 경원景元 2년(261)에는 "낙랑樂浪 외이外夷 한예맥韓濊貊"기록이 다시 보인다. 이로 보아 『삼국지』 전체의 삼한 기록 하한은 261년인 것으로 이해된다.[2] 대체로 『삼국지』에는 기원전 2세기부터 3세기 중엽까지의 삼한 사정이 압축 채록된 것이라 볼 수 있다.

한편 7세기 중엽 당唐 태종太宗 정관貞觀 연간에 칙찬勅撰된 『진서』 동이전에는 삼한 가운데 마한과 진한의 기록만 보인다. 다만 진한 기록 속에 "변진 역시 12국으로 (진변한) 모두 4~5만호이며, 각각 거수渠帥가 있고 모두

1) 박대재, 2017, 「삼한시기 논쟁의 맥락과 접점」『韓國古代史研究』 87, 5~44쪽.

2) 千寬宇, 1976, 「『三國志』 韓傳의 再檢討」『震檀學報』 41 ; 1989, 『古朝鮮史 · 三韓史研究』, 一潮閣, 214쪽.

진한에 속해 있다"라는 기사가 포함되어 있다. 대체로 『진서』 기록은 『삼국지』를 토대로 다시 정리한 것이라 사료적 가치가 낮다고 이해된다. 하지만 서진西晉 무제武帝 시기인 270~280년대 마한과 진한의 조공 기록이 부가되어 있어, 당시까지 삼한이 중국에 알려져 있었음을 확인시켜준다.

『삼국지』에 따르면 변한은 12개 '국國'으로 이루어져 있었다. 학계에선 삼한 각 '국'의 중심지를 가리키는 용어로 '국읍國邑'을 사용하고 있다. 『삼국지』 동이전에 나오는 '국읍'을 하나의 개념으로 설정하고, 변한 사회를 12개 소국小國(국읍)들이 연합된 연맹체 구조로 파악하는 것이다.[3]

기존 연구에 따르면 삼한의 '국'은 그 중심 읍락인 '국읍'과 거기에 종속되어 있는 일반 '읍락', 또 읍락 내 결집되어 있는 복수의 개별 '취락'들로 구성되었다.[4] '취락' 단위는 문헌 기록에 나타나지 않지만, 고고학의 취락 유적을 통해 읍락을 구성한 하부 단위로 설정된 것이다. 취락 중에는 중심적인 대규모 취락(모촌母村)이 존재하며, 그 주위에는 다수의 소규모 취락(자촌子村)들이 위성처럼 분포했다고 추정된다.

'국읍'을 삼한 70여 국(소국)의 중심지로 이해하게 되면 삼한의 '국'이 춘추전국시대의 열국列國과 같은 단위 정치체로 잘못 이해될 수도 있다. 물론 삼한의 70여 '국'이 모두 중국의 열국과 같은 정치체였다고 보는 연구자는 많지 않을 것이다. 삼한의 '국' 내지 '국읍'에 대한 이해는 삼한의 발전단계와 구조를 이해하는 데 중요한 문제라고 할 수 있다.

또한 삼한에는 '별읍別邑'이 존재하기도 했다. '소도蘇塗'라고도 불린 별읍의 성격에 대해선 학계의 논의가 다양하지만, 대체로 귀신제사가 행해지던

3) 李賢惠, 1976, 「三韓의 「國邑」과 그 成長에 대하여」 『歷史學報』 69.
李賢惠, 1984, 『三韓社會形成過程研究』, 一潮閣.

4) 權五榮, 1995, 「三韓社會 '國'의 구성에 대한 고찰」 『三韓의 社會와 文化』(韓國古代史研究 10), 신서원, 11~53쪽; 1996, 「三韓의 「國」에 대한 研究」, 서울대 박사학위논문.

신성지역으로 이해되고 있다.[5] '별읍'은 용어에서 유추되듯이 '국읍'과 밀접한 관련이 있는 존재로 보인다. 국읍과 별읍의 비교를 통해 양자의 성격을 좀 더 명확하게 파악할 수 있을 것이다.

이 글에서는 삼한의 국읍에 대한 성격 규명을 토대로 구야국의 중심지에 대한 접근을 시도해 보고자 한다. 현재 김해에 위치했던 구야국의 중심지로는 회현리 패총, 봉황대, 봉황토성, 대성동 고분군을 중심으로 한 봉황동 일대가 주목받고 있다.[6] 문헌사료와 고고학 자료를 참조해 이 일대의 유적과 '국읍'과의 관련성을 고찰해 보고자 한다.

Ⅱ. 용례와 의미

1) '국읍國邑'의 용례

『삼국지』 동이전 가운데 '국읍國邑'이란 표현은 한韓조(이하 한전韓傳)와 왜인倭人조(이하 왜인전倭人傳)에 보인다.

A－1. 其俗少綱紀 <u>國邑</u>雖有主帥 邑落雜居 不能善相制御.(韓傳)

2. 信鬼神 <u>國邑</u>各立一人主祭天神 名之天君 又諸國各有別邑 名之爲蘇塗 立大木 縣鈴鼓 事鬼神 諸亡逃至其中 皆不還之 好作賊 其立蘇塗之義 有似浮屠 而所行善惡有異.(韓傳)

3. 倭人在帶方東南大海之中 依山島爲<u>國邑</u> 舊百餘國 漢時有朝見者 今

5) 文昌魯, 2000, 『三韓時代의 邑落과 社會』, 신서원, 106~7쪽.

6) 인제대학교 가야문화연구소·김해시 편, 2013, 『봉황동유적』, 주류성.

使譯所通三十國.(倭人傳)

한전韓傳과 왜인전倭人傳에 보이는 '국읍國邑'을 각 국國(소국小國)의 중심지란 의미로 해석하여, 하나의 용어로 처음 사용한 것은 1974년 武田幸男의 연구부터이다. 그는 국읍國邑의 의미를 "한韓·왜倭 종족種族에 의해 배출輩出된 소국小國 즉 한전韓傳에 보이는 70여 소국小國을 의미하고, 그 실태는 소국小國의 중심지가 된 읍락邑落을 가리키고 있는 것"으로 생각하였다. 이에 따라 "국읍國邑과 읍락邑落의 관계는 소국小國 소재所在 읍락邑落과 그 소국小國에 통솔된 제읍락諸邑落으로 이해할 수 있고, 그런 의미에서 주수主帥는 모든 읍락邑落에도 존재했다"고 추정하였다. "국읍 아래에는 별읍·소별읍小別邑·종락種落(소읍락小邑落) 등이 소속되어 있었는데, 그 각각에 있던 거수渠帥는 국읍에 의해 통솔되었다"고 본 것이다. 왜의 경우도 비슷한 상황이었을 것이라고 추정하였다.[7] 이것은 읍락공동체가 완전히 해제되지 못하고, 국읍의 주수와 각 읍락의 거수가 공존하고 있던 누층적累層的 구조를 상정한 입장이었다.

이에 앞서 末松保和는 '국읍國邑' 용어를 사용하지 않았지만, "「별읍別邑」과 본읍本邑의 관계도 이와 같은 모습이지 않았을까 고찰된다."고 하여, 국읍國邑을 별읍別邑과 대비되는 '본읍本邑'으로 파악하기도 했다.[8] 그는 이후 1976년 '국읍國邑'과 '별읍別邑'을 보다 분명히 대비해 서술했는데,[9] '국읍國邑' 개념의 사용 자체는 武田幸男의 연구보다 늦다.

武田幸男의 연구에 기초해 1976년 이현혜李賢惠는 '국읍'의 성격을 삼한

7) 武田幸男, 1974, 「魏志東夷傳にみえる下戶問題」『古代の朝鮮』(旗田巍·井上秀雄 編), 學生社, 26쪽 부터인 듯하다.

8) 末松保和, 1955, 「魏志韓傳の「別邑」について」『史學雜誌』 64-12, 76쪽.

9) 末松保和, 1976.10, 「對馬の「神地」について」『朝鮮學報』 81; 1996, 『古代の日本と朝鮮』(末松保和朝鮮史著作集4), 吉川弘文館, 354쪽.

각 소국의 중심지(중심읍락)로 파악하며, "국읍國邑이란 다수의 읍락군邑落群 중에서 상대적으로 규모가 크거나 혈연적 종지관계宗枝關係에서 종宗에 해당하는 대읍락大邑落을 지칭하는 것"이라고 이해했다.[10)]

그 후로 국내학계에서 '국읍國邑'이 삼한 각 국國(소국小國)의 중심지(중심읍락)를 뜻하는 용어로 널리 수용되었다.[11)] 여러 개 군소 읍락이 대읍락을 중심으로 단위체를 형성한 과정을 읍락단계보다 발전한 국읍단계로 파악하기도 했다.[12)] 최근에는 삼한시기 국읍과 삼국시대 도성을 대비시켜, 고대국가 성립 이전 단계의 중심지를 '국읍'으로 개념화해 보기도 한다.[13)] 필자 역시 신라 초기(사로국斯盧國)의 중심지를 '국읍國邑'으로 명명하고, 고허촌高墟村(사량부沙梁部)과 양산촌楊山村(급량부及梁部)으로 이루어진 이원적 구조였음을 살펴본 바 있다.[14)] 이처럼 국내에서는 '국읍'이 국(소국)의 중심지(중심읍락)를 의미하는 보편적인 개념으로 사용되고 있다.

그런데 왜인전의 '국읍' 용례는 삼한의 국읍과 그 의미가 다른 것으로 보

10) 李賢惠, 1976, 앞의 글, 4쪽.

11) 金貞培, 1978, 「蘇塗의 政治史的 意味」『歷史學報』 79; 1986, 『韓國古代의 國家起源과 形成』, 고려대 출판부, 148쪽.
盧重國, 1989, 「韓國古代의 邑落의 構造와 性格-國家形成過程과 관련하여-」『大丘史學』 38, 3~25쪽.
權五榮, 1996, 앞의 글, 102쪽.
文昌魯, 2000, 앞의 책, 161쪽.

12) 이도학, 1997, 『새로 쓰는 백제사』, 푸른역사, 69쪽.

13) 이희준, 2002, 「초기 진·변한에 대한 고고학적 논의」『진·변한사 연구』, 경상북도·계명대 한국학연구원.
이근우, 2004, 「加耶 國制와 日本 國制의 비교연구」『省谷論叢』 35(상).
동국대 신라문화연구소 편, 2005, 『國邑에서 都城으로』(신라문화제학술발표회논문집 26).
이성주, 2017, 「辰弁韓 '國'의 形成과 變動」『嶺南考古學』 79.
여호규, 2017, 「삼국형성기 문헌사와 고고학의 접점-삼한의 國邑과 삼국의 都城-」『동아시아에서의 한국 상고사』, 한국상고사학회 창립 30주년기념 학술대회.

14) 박대재, 2014, 「신라 초기의 國邑과 6村」『新羅文化』 43.

인다. 왜인전의 "의산도위국읍依山島爲國邑"은 『한서漢書』 지리지의 안사고顔師古 주注에 인용된 『위략魏略』에는 "의산도위국依山島爲國"[15]이라고 되어 있다.

주지하듯이 『삼국지』 동이전은 3세기 중엽 편찬된 어환魚豢의 『위략魏略』에 기초한 것인데,[16] 두 기록에 차이가 있는 것이다. 『삼국지』를 참고한 5세기 범엽范曄의 『후한서後漢書』 왜전에는 "왜재한동남대해중倭在韓東南大海中 의산도위거依山島爲居 범백여국凡百餘國"이라고 기록되어 있다. 『위략』, 『삼국지』, 『후한서』의 기록을 비교해 보면, "의산도위依山島爲" 다음 글자가 "국國→국읍國邑→거居"로 바뀐다. 『후한서』에서 '구舊'자를 빼고 "범백여국凡百餘國"이라 한 것은 삼국시대 이전 '한시漢時'의 상황을 반영한 개서改書로 보인다. 『후한서』에서 '국읍國邑'을 '거居'로 바꾼 것은 어떤 배경에서일까?

A-3 기록에서 '국읍國邑'은 뒤에 이어지는 한대漢代의 '백여국百餘國', 위대魏代의 '삼십국三十國'이 있었다는 표현과 서로 호응되지 않는다. 안사고顔師古가 인용한 『위략』 일문처럼, "의산도위국依山島爲國"이라고 해야 앞뒤 문맥이 매끄럽게 된다. 이렇게 보면 『삼국지』 왜인전의 '국읍國邑'은 '국國'의 연문衍文일 가능성이 높다.

기존 역주서에서 『삼국지』 왜인전의 '국읍國邑'은 제대로 해석하지 않고 넘어가는 경우가 많았다. '국읍國邑'을 해석한 경우에도 "국國과 촌村"으로

---

15) 『漢書』 권28하, 地理志 燕地, "樂浪海中有倭人 分為百餘國 以歲時來獻見云[如淳曰 如墨委面 在帶方東南萬里 臣瓚曰 倭是國名 不謂用墨 故謂之委也 師古曰 如淳云如墨委面 蓋音委字耳 此音非也 倭音一戈反 今猶有倭國 魏略云倭在帶方東南大海中 依山島為國 度海千里 復有國 皆倭種]".

16) 全海宗, 1980, 『東夷傳의 文獻的 研究-魏略·三國志·後漢書 東夷關係 記事의 檢討』, 일조각.

나누어 보거나,[17] '국國'과 같은 의미로 보는[18] 등 입장이 갈린다. 『삼국지』 왜인전에서 '국읍國邑'은 더 나오지 않는다.

이처럼 왜인전倭人傳 '국읍國邑' 기록의 불완전성 때문에, 일본 학계에서는 '국읍國邑' 용어를 거의 사용하지 않으며, '거점집락據點集落'이란 용어를 더 보편적으로 사용한다.[19] '거점집락據點集落'이란 용어는 田中義昭가 처음 제기했는데,[20] 최근에 다시 개념을 보완했다.

그에 따르면 거점집락은 지역 거점으로 규모가 비상하게 크고, 존속기간이 길며 주변에 방형주구묘方形周溝墓와 같은 대형 분묘군墳墓群이 있고, 목제 농공구를 제작해 주변의 중소 촌락[분촌分村]에 공급하는 모촌母村의 성격을 가지고 있으며, 수장首長이 정주하는 주거住居와 수장묘首長墓가 조영되어 있다는 특징이 있다.[21] 대표적인 거점집락으로는, 요코하마의 오츠카(大塚) 유적, 나라의 가라코·가기(唐古·鍵) 유적, 오사카의 이케가미·소네(池上·曾根) 유적, 규슈의 요시노가리(吉野ヶ里) 유적, 이키(壹岐)의 하라노츠지(原の辻) 유적 등이 손꼽힌다.

한편 武末純一은 후쿠오카 요시타케(吉武) 유적을 모델로 하여, 거점집락 가운데 상대적 우위에 있는 거점집락의 출현을 여러 촌村을 아우른 국國

---

17) 江畑武·井上秀雄, 1974, 「三國志魏書倭人傳」『東アジア民族史1－正史東夷傳－』(東洋文庫 264), 平凡社, 290쪽. 동북아역사재단 편, 『三國志·晉書 外國傳 譯註』(譯註 中國正史 外國傳 4), 동북아역사재단, 78쪽에서도 『삼국지』 왜인전의 '國邑'을 "나라와 마을"로 해석했다.

18) 水野祐, 1987, 『評釋 魏志倭人傳』, 雄山閣, 114쪽.

19) 西谷正, 1999, 「列島各地の據點集落」『邪馬臺國時代の國々』(季刊考古學 別冊9, 西谷正 編), 雄山閣, 10~13쪽.
小田富士雄 編, 2000, 「集落と居館」『倭人傳の國々』, 學生社, 263~293쪽.
鈴木敏弘, 2004, 「原史集落の變貌」『原始·古代日本の集落』, 同成社, 126~146쪽.

20) 田中義昭, 1976, 「南關東における農耕社會の成立をめぐる若干の問題」『考古學硏究』22－3.

21) 田中義昭, 1996, 「彌生時代據點集落の再檢討」『考古學と遺跡の保護』; 西谷正, 1999, 앞의 글, 11~12쪽.

의 성립으로 보면서, 국國의 중심이 된 촌村을 국國의 '중심집락中心集落'이라 불렀다.[22] 거점집락 가운데 더욱 우위에 있는 중심집락을 국의 중심지로 본 것이다.

그런데 최근 일본 학계에서도 '국읍國邑'이란 용어가 사용되기 시작했다. 西谷正은 '국읍國邑' 개념에 대해 아래와 같이 소개하였다.

> B. 國이 있다면 거기에는 中心 또는 據點이 되는 대규모 集落의 존재가 상정된다. 그 경우 종종 環濠集落이라는 형태를 취하고 있다. 그와 같은 國의 首都로도 부를 만한 據點集落이 倭人傳의 冒頭나, 魏志 韓傳에 보이는 國邑은 아닐까. 한편, 國邑에 해당하는 據點集落의 주변에는 中·小의 集落群이 衛星 모양으로 산재한다. 그들 周邊集落은 韓傳에서 말한 바의 邑落일 것이다. 이와 같이 보면 당시의 國은 國邑을 頂點으로 하고, 중·소 복수의 邑落으로 이루어진 피라미드 모양의 地域構造를 형성하고 있었다고 할 수 있을 것이다.[23]

물론 그 이전에도 일본 학계에서 '국읍國邑' 용어는 종종 사용됐다.[24] 하지만 본격적으로 사용되기 시작한 것은 최근으로, 『삼국지』 한전의 기록과 한국 학계의 연구 경향에서 영향을 받은 것이다. 하지만 아직 일본 고대사학

---

22) 武末純一, 2002, 「國の成立と集落」『彌生の村』(日本史リブレット3), 山川出版社, 30~33쪽.

23) 西谷正, 2011, 「今月の言葉「魏志倭人傳」に見える國邑」『月刊考古學ジャーナル』611; 2012, 「總論 邪馬臺國をめぐる國々」『邪馬臺國をめぐる國々』(季刊考古學 別册18, 西谷正 編), 雄山閣, 10쪽. 西谷正이 '國邑' 용어를 제안한 2011년 『月刊考古學ジャーナル』611호는, 特集으로 "「倭人傳」國邑の考古學"을 기획하였다. 여기에는 仁田坂聰의 「末盧國の國邑 千々賀遺跡」등 일본 각 지역의 國邑 관련 유적이 소개되어 있다.

24) 中原齊, 2002, 「妻木晩田遺跡にみる彌生の國邑－九本柱掘立柱建物の問題を中心に－」『建築雜誌』117－1488(特集 都市と都市以前－アジア古代の集住構造 Ⅲ環濠と環濠集落③), 33~35쪽.

계에서는 '국읍'보다는 여전히 '거점집락'이란 용어가 일반적으로 사용되고 있다.[25)]

사실 국내학계에서도 '국읍國邑'이란 용어가 보편화되기 전에는 국읍國邑을 국(읍)과 같은 의미로 해석했다.[26)] 원래 읍邑 자체에 국國이란 의미가 있고, 국國과 읍邑이 서로 통하기 때문에 '국읍國邑'을 따로 주목하지 않은 것이다.[27)]

전통시대에는 삼한의 '국'을 정치체보다는 읍邑과 비슷한 지역 단위 정도로 파악했다. 『삼국유사』에서도 삼한의 '국國'을 '소읍小邑'으로 파악[28)]한 것이 대표적인 경우라 할 수 있다. 근대에 들어와 삼한의 '국'이 부족국가로 비정되면서 원시적 정치조직과 연결해 보는 인식이 일어나기 시작했다.[29)] 특히 1970년을 전후해 부족국가, 성읍국가, 군장사회에 대한 논의가 활발해지

25) 2018년 4월 27일, 「김해 봉황동유적과 고대 동아시아-가야 왕성을 탐구하다-」 학술회의 발표장에서 필자의 발표 이후 일본 國立歷史民俗博物館의 仁藤敦史氏가 '國邑' 개념은 용어상 이상하며, 일본학계에서는 잘 쓰지 않는다고 알려주었다. 니토 츠요시 선생의 솔직한 의견 개진에 감사드린다. 일본학계의 '據點集落'에 대한 연구사는 酒井龍一, 1990, 「據點集落と彌生社會-據點集落を基本要素とする社會構成の復元」 『日本村落史講座』 2(景觀 I 原始·古代·中世), 雄山閣, 65~83쪽 참조.

26) 李丙燾, 1936, 「三韓問題의 新考察(三)-辰國及三韓考」 『震檀學報』 4, 52쪽; 1976, 「三韓의 諸小國問題」 『韓國古代史硏究』, 博英社, 260~277쪽에서, 삼한의 '國'을 邑(部落)과 같은 것으로 보고, '大國'은 '大邑落', '小國'은 '小邑落'이라 하여, 國=邑=國邑의 관계로 파악하였다.

孫晉泰, 1948, 『朝鮮民族史槪論(上)』, 乙酉文化社, 75쪽에서, "國·邑에는 天神을 主祭하는 大巫 一人이 있어 이것을 天君이라 하고"라 한 것으로 보아, 손진태도 國=邑의 의미로 파악한 듯하다.

27) 千寬宇, 1976, 「三韓의 國家形成-三韓攷 제3부-」 『韓國學報』 2·3; 1989, 『古朝鮮史·三韓史硏究』, 一潮閣, 272쪽에서도 삼한의 國은 대부분 城邑을 가리키는 것으로 보았기 때문에 國과 國邑을 별로 구분하지 않고 있다.

28) 『三國遺事』 권1, 紀異 七十二國, "馬韓在西 有五十四小邑皆稱國 辰韓在東 有十二小邑稱國 卞韓在南 有十二小邑各稱國".

29) 白南雲, 1933, 「原始部族國家の諸形態-三韓」 『朝鮮社會經濟史』, 改造社.

면서, 삼한의 '국'을 초기국가로 보려는 시각이 일반화되었다.[30]

1970년대 들어와 '국읍'의 개념에 주목하기 시작한 것은 삼한의 '국'을 단위 정치체로 보면서부터다. 1970년대 중엽부터 삼한의 '국'을 성읍국가나 군장사회에 비정하거나, '소국'을 단위 정치체로 한 연맹체가 마한, 진한, 변한이었다고 보는 시각이 일반화되면서, 자연스럽게 각 국의 중심지로 '국읍'의 개념도 사용되게 된 것이다.

삼한의 '국'이 중국 춘추전국시대의 열국列國과 같은 일정한 영역과 통치체제를 갖춘 단위 정치체였다면 그 중심지가 존재한 것은 당연할 것이다. 하지만 삼한의 70여 '국'이 모두 열국列國과 같은 단위 정치체가 아니라면, 각 '국'마다 중심지가 있었을 것이라는 전제는 잘못된 것이다.

『삼국지』 동이전에는 '국'이 국가와 같은 광역의 의미로 사용된 경우도 있고, 국 안의 국 즉 지역을 의미하는 협의로 사용된 경우도 있다. '읍락'이 동이전의 여러 곳에서 보편적으로 보이는 것과 달리 '국읍'은 삼한 기록에서만 2번 보인다. 국읍이 삼한 기록에서만 보인다는 사실은 그 용어가 읍락과 같은 보편적인 개념은 아니었음을 시사해준다. 삼한의 특수한 지역사회 구조와 관련된 용어일 가능성이 높은 것이다.

2) '국읍國邑'의 의미

후한後漢 류희劉熙의 『석명釋名』(석주국釋州國)에서 "읍邑, 인취회지칭야人聚會之稱也"라 하여, 읍邑은 사람들이 모여 사는 지역을 의미한다. 『논어論語』(공야장公冶長)에는 '천실지읍千室之邑', '십실지읍十室之邑'이라 하여 읍邑에도 규모차가 있었음을 알 수 있다. 『사기史記』 오제본기五帝本紀(순舜)에서 "일년

30) 박대재, 2013, 「국가형성기의 복합사회와 초기국가」 『先史와 古代』 38, 232~5쪽.

이소거성취一年而所居成聚 이년성읍二年成邑 삼년성도三年成都"라고 한 것으로 보아, '읍邑'은 '취聚'보다 크고 '도都'보다는 작은 지역임을 알 수 있다. 취聚-읍邑-도都의 발전 단계를 보여주는 기록으로, 이에 근거해 취락-읍락-도성의 발전 과정을 상정할 수 있다.

읍邑은 갑골문에서부터 사용되어, 성城을 갖춘 도회지都會地를 '읍邑'이라 했고, '대읍상大邑商'에서 보듯이 왕도王都를 '대읍大邑'이라고도 했다. 주대周代가 되면 제후국(방邦)의 도성을 '국國'이라고 하고, 국군國君의 자제 및 경·대부의 봉읍封邑을 '읍邑'이라 했으며, 읍邑 가운데 '종묘선군지주宗廟先君之主'가 있는 곳을 '도都'라고 구분했다.(『좌전左傳』 장공莊公 28년) 제후의 국國과 경·대부의 도都는 성城의 규모에서도 차등이 있어, 도都는 아무리 크더라도 국國과 비교해 3분의 1을 넘을 수 없었다.(『左傳』隱公 원년)[31]

서주 봉건제의 중요한 구성요소는 도시와 농촌이 명확히 구분된 '국國'과 '야野'의 대립구조였다. 주 왕실은 각지의 거점에 일족一族의 자제子弟를 보내 '국國'을 만들었다. 국國 안에는 무장한 주인周人과 동맹자인 '국인國人'들이 거주하고, 국과 국 사이의 '야野'에는 토착민과 은유민殷遺民 등 '야인野人'이 거주하였다. 방어가 엄중한 '국國'에 대해 '야野'는 정복된 영토였다. 그런데 춘추시대 후기에 제후국 사이의 전쟁이 확대되어 보병과 같은 병력이 필요하게 되면서, 국國과 야野의 경계가 무너지고 국國의 외연이 확장하게 되었다.[32]

전국시대가 되면 제후의 영역이 야野를 넘어 주변 경·대부의 도都·읍邑을 포괄하게 되면서, 국國의 의미도 방邦의 중심지에서 방邦과 같은 영토領土(국가國家)의 의미로 확대됐다. 양梁(위魏)이나 정鄭(한韓)과 같은 수도 이름

31) 王鳳陽, 1993, 『古辭辨』, 吉林文史出版社, 412~413쪽.

32) 劉煒·何洪, 2007, 「'國人'と'野人'の境界の打破」『圖說 中國文明史』3(春秋戰國 爭霸する文明), 創元社, 36~9쪽.

이 국명이 된 것이다. 국國의 의미가 확대됨에 따라 도都의 의미도 변하여, 제후諸侯가 거주한 국성國城을 '도都'라고 부르게 되었다.(『석명釋名』 석주국釋州國)

한대漢代에 제후에게 분봉된 지역을 '국國'이라 한 것도 전국시대에 영역의 의미로 확대된 제후諸侯의 국國과 연결되는 것이다. 통일제국이 되면서 황제皇帝가 거주하는 곳이 '도都'라 불리고, '읍邑'은 현縣과 같은 지방 군읍郡邑의 별칭으로 쓰이게 됐다.[33] 한대 목간에서 '읍邑'은 일반 현縣의 별칭으로도 많이 확인된다.[34] 한대에는 열후列侯에게 분봉된 현을 '국國'이라 부르고, 황태후, 황후, 공주의 식읍을 '읍邑'이라 구분해 부르기도 했다.(『한서漢書』 백관공경표百官公卿表)[35]

진秦·한漢시대 군주의 영역지배가 강화되면서, 기존의 봉건제적인 성격을 가진 읍이 군주의 직접지배를 받는 현과 같은 의미가 되었다. 이런 배경에서 한대 목간에서는 '현읍縣邑'이라는 어휘도 나오게 되었다.[36] 이처럼 중국의 용례에서는 국과 읍이 구분되는 것이 일반적이었다.

국國에는 방邦, 제후諸侯의 국國, 도읍都邑이라는 의미가 있어, 읍邑보다 포괄적임을 알 수 있다. 또한 앞서 보았듯이 국國에는 야野와 대비되는 '성중城中'이란 의미도 있다. '국중國中'은 '성중城中'과 바꾸어 쓰기도 한다.[37] 이로 보면 '국國'은 '성城'과도 통하는 것이다.

고문자에서 '국國'자는 회回와 과戈의 조합으로 보이는데, 회回는 읍邑의 약자이다.[38] 국國이 읍邑에서 발전한 글자임을 알 수 있다. 국國과 읍邑의 의

33) 王力 主編, 2000, 『王力古漢語字典』, 中華書局, 1463쪽.

34) 馮小琴, 1999, 「居延敦煌漢簡所見漢代的"邑"」『敦煌硏究』 1991-1, 78~88쪽.

35) 京都大學人文科學硏究所簡牘硏究班, 2015, 『漢簡語彙-中國古代木簡辭典-』, 岩波書店, 173·548쪽.

36) 富谷至 編, 2015, 『漢簡語彙考證』, 岩波書店, 452쪽.

37) 諸橋轍次, 1984, 『大漢和辭典』 3, 大修館書店, 73쪽.

38) 于省吾, 1981, 「釋中國」『中華學術文集』, 中華書局.

미가 비슷해 종종 바꾸어 쓰는 경우가 많지만, 역사적으로 읍邑이 국國보다 먼저 등장했으며, 읍邑은 사람들이 모여 사는 '지방地方'(성읍城邑)을 강조하는 의미로, 국國은 읍邑을 포괄하는 '지역地域'(방국邦國)을 강조하는 의미로 구분해 쓰는 것이 일반적이다.[39]

국國의 자형字形이 1개 읍邑(구口)을 중심으로 사방을 둘러싼 경계를 표시한 것으로 '국國'자 안에 '읍邑'(구口)을 포함하고 있다는 점에서, 읍邑보다 국國이 더 후대에 발생한 광역의 범위를 의미한다고 할 수 있다.[40]

읍邑에는 국도國都 및 각급 정치 중심인 성읍城邑을 가리키는 의미와 함께 일반 소형 촌락村落의 의미도 내포하고 있다.[41] '국읍國邑'의 읍邑은 전자의 의미이고, '읍락邑落'의 읍邑은 후자의 의미라고 할 수 있다. 이상에서 살펴본 것처럼 국國과 읍邑은 서로 의미가 통하지만 구분해 사용하는 것도 분명했다.

다른 한편 드물지만 '국읍'이 한 단어처럼 사용되는 경우도 있다. 한대漢代 목간에서 '국읍國邑'의 용례가 확인되지만,[42] 한 단어인지 병기인지 확실하지 않다.

『관자管子』(팔관八觀)[43]의 "입국읍入國邑 시궁실視宮室"에 보이는 '국읍'을 '국도國都'의 의미로 파악하기도 한다.[44] 『관자』 기록에서는 '국읍國邑'과 '국성國

---

39) 林澐, 1986, 「關于中國早期國家形式的幾個問題」『吉林大學社會科學學報』 1986-6, 1~2쪽.
杜正勝, 1992, 『古代社會與國家』, 允晨文化出版, 225~229쪽.

40) 林澐, 1986, 앞의 글, 1~2쪽.

41) 于凱, 2009, 「中國古代國家化進程中的邑落形態演進」『社會科學戰線』 2009-1(先秦史), 108~9쪽.

42) 『漢簡語彙』, 173쪽, "▨路 令到 縣道官國邑十日有敢犯法 趨讙之▨ 〈D1885〉".

43) 『管子』 권5, 八觀, "入國邑 視宮室 觀車馬衣服 而侈儉之國可知也 夫國城大而田野淺狹者 其野不足以養其民 城域大而人民寡者 其民不足以守其城 宮營大而室屋寡者 其室不足以實其宮".

44) 諸橋轍次, 1984, 앞의 책, 74쪽.

城'이 대구對句를 이루며 '야野'와 대조되고 있다. 한편 『사기史記』(천관서天官書)[45]에서는 "입국읍入國邑 시봉강전주지정치視封疆田疇之正治"라고 하여, '국읍國邑'이 전야田野를 포함한 국國의 영역 전체인 것처럼 보인다.

『사기』[46]와 『한서』[47]에서는 한대漢代에는 제후의 봉읍封邑을 '국읍'이라 부른 경우가 많았다. 허신許愼의 『설문說文』에서 "읍邑, 국야國也" 즉 읍邑은 국國과 같다고 했는데, 제후의 봉읍(국읍)이 곧 국(후국)이라고 이해되었기 때문이다. 제후의 '국'은 독립된 국이 아니라 분봉된 국이라는 점에서 '국읍'이라고도 불린 것이다. 한대 기록에서 '국읍國邑'은 일반적으로 이와 같은 열후列侯의 봉읍封邑을 가리킨다.

중국 하남성河南省 낙양洛陽에서 출토된 후한後漢 시기 와당瓦當에서 "영보국읍永保國邑"의 명문이 확인된다.[48] 대체로 『춘추번로春秋繁露』, 『회남자淮南子』, 『논형論衡』, 『동관한기東觀漢紀』 등 진한秦漢시기의 '국읍國邑' 용례에 비견된다고 이해된다.[49] 이들 문헌의 '국읍'도 모두 제후의 봉읍封邑으로 이해된다.

후대 문헌이지만 '국읍'을 국도國都의 의미로 쓴 경우도 있다. 대표적으로

45) 『史記』 권27, 天官書, "故候息秏者 入國邑 視封疆田疇之正治 城郭室屋門戶之潤澤次至車服畜產精華".

46) 『史記』 권96, 張丞相傳, "玄成時佯狂 不肯立 竟立之 有讓國之名 後坐騎至廟 不敬 有詔奪爵一級 為關內侯 失列侯 得食其故國邑…子嗣 後坐騎至廟 不敬 有詔奪爵一級 為關內侯 失列侯 得食其故國邑…子顯嗣 後坐騎至廟 不敬 有詔奪爵一級 失列侯 得食故國邑".

47) 『漢書』 권99중, 王莽傳, "及漢氏女孫中山承禮君 遵德君 修義君更以為任 十有一公 九卿 十二大夫 二十四元士 定諸國邑采之處 使侍中講禮大夫孔秉等與州部衆郡曉知地理圖籍者 共校治于壽成朱鳥堂 予數與羣公祭酒上卿親聽視 咸已通矣 夫褒德賞功 所以顯仁賢也 九族和睦 所以褒親親也 予永惟匪解 思稽前人 將章黜陟 以明好惡 安元元焉 以圖簿未定 未授國邑 且令受奉都內 月錢數千 諸侯皆困乏 至有庸作者".

48) 陳直, 1981, 「秦漢瓦當概述」『摹廬叢著七種』, 齊魯書社.

49) 趙平安, 1999, 「兩種漢代瓦當文字的釋讀問題」『考古』 1999-12, 81~82쪽.

『송사宋史』에서는 고구려의 '국읍' 즉 도성이 평양성이었다고 하였다.[50] 고구려의 도성에 대해 『구당서舊唐書』에서는 "기국도어평양성其國都於平壤城"으로, 『신당서新唐書』에서는 "도어평양성都於平壤城"이라 기록했다. 선행 기록에서 '국도國都'라고 했는데, 『송사宋史』에서는 '국읍國邑'이라고 한 것이다. 그 후의 『원사元史』에서도 이와 비슷한 문장을 서술하면서 "기국도왈평양성其國都曰平壤城"이라고 기록했다.

『송사宋史』는 원元 순제順帝 지정至正 3~5년(1343~1345) 사이에 脫脫 등이 봉칙찬한 정사이다. 송대의 『당서』와 명대의 『원사』가 한인漢人들에 의해 편찬된 것과 달리 『송사』는 원대에 몽골인들에 의해 편찬이 주도되었다는 사실은 '국읍國邑'이 한인漢人들에게는 익숙하지 않은 단어임을 보여주는 것인지도 모른다.

또한 국내 문헌인 『삼국사기』에도 '국읍' 기록이 보이는데, 마한의 중심 도읍이라는 의미로 이해된다.

C. (溫祚王 26년) 秋七月 王曰 馬韓漸弱 上下離心 其勢不能久 爲他所并 則脣亡齒寒 悔不可及 不如先人而取之 以免後艱 冬十月 王出師 陽言田獵 潛襲馬韓 遂并其國邑 唯圓山錦峴二城 固守不下(『三國史記』 권23, 百濟本紀1)

백제가 몰래 마한을 습격하여 그 '국읍國邑'을 병합했다는 것인데, 여기의 '국읍國邑'은 마한의 중심 도읍을 의미한다. 원산, 금현 2성이 아직 함락되지 않았다는 것으로 보아, 마한의 전체 영역을 의미하는 국읍은 아니다. 이에 앞서 『삼국사기』에는 '마한왕馬韓王'이 보이는데, '국읍'은 마한왕의 근거

50) 『宋史』 권487, 外國傳 高麗, "高麗本曰高句驪 禹別九州 屬冀州之地 周爲箕子之國 漢之玄菟郡也 在遼東 蓋扶餘之別種 以平壤城爲國邑".

지라 할 수 있다.

『삼국사기』의 국읍은 마한의 각 소국의 중심지가 아니라 마한 전체의 중심지를 의미한다. 『송사』의 국읍도 고구려의 국도를 의미한다는 점에서 서로 통한다.

한편 송대(1124년)에 편찬된 徐兢의 『고려도경高麗圖經』에서 '국읍國邑'은 성곽이 있는 '성읍城邑'의 의미로 사용되었다. 특히 서역의 '성곽제국城郭諸國'과 같이 고려에 '국읍지제國邑之制'가 있다고 한 부분은 중국이 아닌 외국 지역의 '국읍國邑'을 이해하는 데 시사가 있다.

D. "臣聞 四夷之君類 多依山谷 就水草 隨時遷徙 以爲便適 固未嘗知有國邑之制 西域車師鄯善 僅能築墻垣作居城 史家created指爲城郭諸國 蓋誌其異也 若高麗則不然 立宗廟社稷 治邑屋州閭 高堞周屛 模範中華"(『宣和奉使高麗圖經』 권3, 城邑)

국國이 성곽城郭과 관련이 깊음은 앞서 이미 살펴보았다. 『관자』의 '국읍國邑'이나 '國城'도 野(田野)와 대비된다는 점에서 『고려도경』의 국읍(성읍)과 비슷한 쓰임이라고 할 수 있다. 고려의 城邑을 '국읍國邑'으로 표현한 『고려도경』의 용례는 삼한의 '국읍'을 이해하는 데 좋은 단서가 될 수 있다.

지금까지 살펴본 것처럼 '國邑'은 제후의 '封邑', '國都', '城邑' 등의 의미로 사용된 것으로 확인된다. 이 가운데 삼한의 '國邑'과 관련하여 단연 주목되는 것이 '성읍'의 의미로 쓰인 경우이다. 이에 대해서는 삼한 관련 기록을 통해 아래에서 자세히 살펴보기로 한다.

Ⅲ. 삼한의 대大·소국小國과 국읍國邑

1) 대大·소국小國의 구분과 성곽城郭(성책城柵)

『삼국지』의 찬자 陳壽는 왜 한전韓傳에서만 '국읍國邑' 용어를 사용했을까? 동이전에서는 삼한을 묶어 '한국韓國'[51]이라 통칭하기도 하고, 70여 국을 '제국諸國' 또는 '제한국諸韓國'이라 부르기도 했다. 국國 안에 다시 제국諸國이 있는 것이다. '국읍國邑' 용례가 삼한에서만 보이는 것은 무엇보다도 국國 안에 국國이 산재하는 특이한 구조와 관련이 있는 듯하다.

『삼국지』 동이전에서 부여와 고구려에 대해서도 '국國'이란 단어를 사용하지만, '국읍國邑'이란 용어는 보이지 않는다. "국유군왕國有君王"(부여), "국중대회國中大會"(부여·고구려), "재국在國·출국出國"(부여), "국남산상國南山上"(부여), "국지기로國之耆老"(부여), "국인國人"(부여·고구려), "국유고성國有故城"(부여), "국유왕國有王"(고구려), "국주國主"(고구려), "국중대가國中大家"(고구려), "국중읍락國中邑落"(고구려), "국동유대혈國東有大穴"(고구려), "국동상國東上"(고구려), "작국作國"(고구려), "파기국破其國 분소읍락焚燒邑落"(고구려), "경장신국更作新國"(고구려) 등 '국國'이 들어간 서술이 빈번하게 보인다.

부여와 고구려조에서 '국國'은 국가 전체를 가리키기도 하고, 국도國都를 의미하기도 한다. 이것은 앞서 보았듯이 '국國' 자체에 중심지(도都)의 의미가 있었기 때문이다. 특히 '국남國南', '국동國東', '신국新國' 등의 '국國'은 국도國都를 가리킴이 분명하다. "파기국破其國 분소읍락焚燒邑落"에서 '국國'도 '읍

51) 『三國志』 권30, 東夷傳 韓, "桓靈之末 韓濊彊盛 郡縣不能制 民多流入韓國 … 部從事吳林以樂浪本統韓國 分割辰韓八國以與樂浪 … 辰韓在馬韓之東 其耆老傳世 自言古之亡人避秦役 來適韓國 馬韓割其東界地與之."

락邑落'과 대비되는 수도를 의미한다고 보인다. 이처럼 부여와 고구려에서는 국도國都를 의미할 때도 그냥 '국國'이라고만 하고 '국읍國邑'이라고 하지 않았다. '국國'이라고만 해도 국도國都의 의미가 있기 때문에 굳이 덧붙이지 않은 것이다.

한편 동옥저와 읍루조에서도 '국國'이 사용되었지만 드물게 보인다. "후국侯國"(동옥저), "국소國小"(동옥저), "국인國人"(동옥저), "고지숙신씨지국古之肅愼氏之國"(읍루), "기국其國"(읍루) 등 모두 그 "국國"(나라)이라는 소박한 의미로 사용되었다.

반면 예濊의 경우는 '국國'자가 전혀 사용되지 않았다. '국國'이라고 쓸 수 있는 부분에서도 "기지其地"라고 했다. 이것은 정시正始 6년(245)에 조위曹魏가 동예東濊를 정벌하고 토착세력을 불내예왕不耐濊王으로 책봉하여 그 지역을 내지화內地化했기 때문이라 추정된다. 이런 정황은 동예가 "사시四時로 군郡에 조알하고, 2군郡에 군정부조軍征賦調가 있으면 사역使役을 공급하며, 그 지역을 민民과 같이 대우했다"는 『삼국지』 기록에서도 짐작된다.

이에 비해 한전韓傳에서는 무려 70여 개나 되는 삼한의 국명國名이 기록되었다. 또한 "한국韓國" 또는 "제한국諸韓國"이라고 하여, 삼한 전체를 가리킬 경우에도 '국國'이라고 했다. "국출철國出鐵 한예왜개종취지韓濊倭皆從取之"에서 보듯이, 진한이나 변한을 가리켜 '국國'이라고 칭하기도 했다.[52)]

삼한에는 부여나 고구려와 달리 국國(한국韓國) 안에 70여 개 국國(제국諸國)들이 있었다. 부여나 고구려는 하나의 '국國'으로 서술되고, 그 안의 지역은 "국중읍락國中邑落"이라 했듯이 다시 '국國'이 나오지 않는다. 부여나 고구려는 하나의 '국國'으로 파악된 것이다.

---

52) 『삼국지』 동이전의 저본이 된 魚豢의 『魏略』에서도 "其國作屋 橫累木爲之 有似牢獄也"라고 하여, 진한의 가옥 구조를 설명하면서 진한을 '其國'이라 칭했다.(裴松之, 『三國志注』 韓條 인용 魏略曰)

국(한국韓國) 안에 국(제국諸國)이 있는 상황에서 각 국의 중심지를 부여나 고구려처럼 '국國'이라고 표현할 수는 없다. 고구려조에서는 "도환도지하都丸都之下"라고 하여, '도都'를 쓰고 있다. 왜인전에서도 "사마대(일)국邪馬臺(壹)國 여왕지소도女王之所都"라고 하여 '도都'를 사용하고 있다. 왜인전에서도 '30국'의 이름을 거명하며 '제국諸國'이라는 표현을 쓰고 있지만, 야마대국이 도읍지라는 것을 분명히 한 것이다.

반면에 한전에서는 '도都'라는 표현이 나오지 않는다. "진왕치목(월)지국辰王治目(月)支國"으로 진왕辰王의 치소가 목지국이었음만 기록하고 있다. 이것은 진왕이 삼한의 총왕總王 즉 '한왕韓王'이 아니며, 목지국 역시 삼한 전체의 도읍지가 아님을 시사하는 것이다. 왜인전에서 여왕국女王國에 통속되어 있던 '일대솔一大率'의 치소治所에 대해 "상치이도국常治伊都國"이라고 서술한 것과 같은 표현이다. 치治와 도都를 구분해서 쓴 것이다.

필자는 진왕에 대해 옛 진국辰國의 지역인 금강유역을 중심으로 그 일대를 통할하던 "진辰지역의 왕王"이란 의미로 파악한 바 있다.[53] 『삼국지』 한전에서 '도都'를 사용하지 않고 '치治'를 쓴 배경도 여기에 있다. 그런데 『삼국지』를 참고한 范曄의 『후한서』에서는 "도목지국都目支國 진왕삼한지지盡王三韓之地"라고 개서改書하였다. 이것은 도都와 치治의 의미를 구분해 쓴 진수의 의도를 파악하지 못한 范曄의 잘못으로, 이로 인해 진왕이 삼한 전체의 총왕總王이었다고 본 구설舊說[54]이 파생되기도 했다.

『삼국지』 동이전에서 '제국諸國'이란 표현은 한韓과 왜倭에서만 보인다. 한이나 왜 모두 '제국諸國'으로 구성되어 있었지만, 한에는 전체 제국諸國을 통솔하는 중심국이 없었고, 왜에는 중심국(야마대국)이 있었다. 왜인전에서

---

53) 박대재, 2002, 「『三國志』 韓傳의 辰王에 대한 재인식」『한국고대사연구』 26; 2006, 『고대 한국 초기국가의 왕과 전쟁』, 경인문화사, 106~7쪽.

54) 李丙燾, 1976, 앞의 책, 241쪽.

'도都'는 보이지만 '국읍國邑'이란 표현이 보이지 않는 것도 이런 차이와 관련이 있다고 생각된다. 다시 말해 '국읍國邑'은 '도都'와는 분명히 다른 표현인 것이다.

"국읍國邑마다 각각 천군天君 1인을 세워 천신 제사를 주관했다"고 하니 국읍國邑은 복수였다. 삼한의 '국읍'은 한韓 전체의 도읍이 아닌 것이다. 하지만 그렇다고 하여 국읍國邑이 제국諸國 모두에 있었다고 보기에도 주저가 된다. '국읍'마다 천군을 세워 천신제사를 지냈다고 한 것이지, '제국諸國'마다 천신제사를 지냈다고 하지는 않은 것이다. 문면대로 읽으면 '국읍'에서만 1인의 천군을 세워 천신제사를 지낸 것이다.

『삼국지』에 의하면, 부여에는 은정월殷正月(12월)의 국중대회國中大會인 영고迎鼓라는 제천의례가 있었고, 고구려에서도 10월의 국중대회國中大會인 동맹東盟이라는 제천의례가 있었다. 동옥저와 읍루에는 제천의례가 없었고, 예에는 무천舞天이라는 제천의례와 함께 호신虎神 제사가 있었다.

이런 상황에서 삼한의 70여 제국諸國 각각에서 제천의례가 이루어졌다고 볼 수 있을지는 의문이다. 삼한에는 국읍國邑의 제천의례 외에 5월과 10월 농경의례가 있고, 또 별읍別邑(소도蘇塗)에서 이루어진 귀신제사가 있었다. 이러한 제의가 삼한의 제국諸國에서 일반적으로 각각 이루어졌다고 보기는 어렵다.

국중대회國中大會인 제천의례는 국가적인 제의라는 점에서, 제국諸國에서 보편적으로 행해지기보다는 비교적 규모가 큰 삼한의 '대국大國'에서만 실시되었다고 이해된다. 『삼국지』 한전에서는 삼한의 제국을 대국大國과 소국小國으로 구분해서 서술하고 있다.

E-1. (馬韓) 凡五十餘國 大國萬餘家 小國數千家 總十餘萬戶(『三國志』 東夷傳 韓)

2. 弁辰韓合二十四國 大國四五千家 小國六七百家 總四五萬戶(『三國志』 東夷傳 韓)

마한은 50여 국에 총 10여만 호, 변·진한 24국에 총 4~5만 호였다. 마한에서는 '50여 국', '만여 가', '수천 가', '십여만 호'라고 하여 부정확한 표현이 많은 반면, 진·변한에 대해서는 비교적 정확한 수치를 제시하고 있다. 이것은 진·변한에 대한 정보가 더 구체적이었음을 시사해주는 것이다.

〈표 1〉『삼국지』의 삼한 호수戶數

구분	대국大國	소국小國	합계
마한(50여국)	10,000 여 가家	수천 가家	10여 만 호戶
진·변한(24국)	4,000~5,000 가家	600~700 가家	4~5만 호戶

소국과 대국의 인구 차이가 10여 배 가까이 난다는 점을 고려해 봐도 각 국國의 제의 발전단계를 동일하게 보기는 어렵다. 특히 마한의 대국과 기타 제국諸國의 인구수가 눈에 띄게 차이가 난다.

이런 배경에서 천신에게 제사하는 천군의 존재는 마한의 대국에만 한정해 보고, 마한의 대국은 지배이데올로기를 일원화하였다는 점에서 거의 초기국가 단계에 이르렀고, 그렇지 못한 마한의 소국과 변·진한의 제국諸國은 수장사회 단계에 머물렀다고 구분해 보기도 한다.[55] 마한 대국의 국읍에만 천군 1인이 있었고, 나머지 제국諸國에는 아직 천군이나 제천의례가 등장하지 않았다는 것이다.

이 설명은 제천의례와 천군의 존재에 초점을 맞춘 것이지만, 조금 논의

55) 최광식, 1994, 『고대한국의 국가와 제사』, 한길사, 163쪽.

를 확대하면 '국읍國邑'의 성격을 이해하는 데도 시사가 있다. 국읍—천군—천신제사의 관계에 주목하면, 국읍은 천군의 제천행사가 이루어진 곳이다. 다시 말해 국읍의 조건에 천군과 천신제사가 필수적인 것이다.

이러한 국읍이 삼한 70여 제국諸國에 일반적으로 존재했다고 보기는 어렵다. 제천의례가 제국諸國에서 모두 이루어졌다고 보기 어렵기 때문이다. 그렇지만 '국읍'이 마한의 대국에만 있었다고 제한해 보기도 어렵다. 마한의 대국과 진·변한의 대국 사이에 2~3배 정도의 인구 차이가 있지만, 대국이라는 점에서는 공통되기 때문이다.

대·소국의 호수와 총 호수를 비교해 보면, 진·변한에는 대국이 약 8개, 소국이 16개 정도 있었던 것으로 추산된다. 진·변한으로 평균 분할해 보면, 변한에는 대국이 4개, 소국이 8개 정도 있던 셈이다. 대국과 소국의 비율이 1대 2 정도가 되는 것이다. 마한의 경우에는 호수와 국수가 불명확하여 정확하게 계산하기 어렵지만, 대국의 규모가 1만여 호로 상당히 커서 5개 이상이 되면 전체 호수와 맞지 않는다. 대체로 마한에는 대국이 5개 내로 있었고, 소국은 50개 정도였던 것으로 추산된다. 마한의 대국과 소국이 비율이 1대 10 정도가 되는 셈이다.

마한과 진·변한의 대국을 따로 서술하였지만, 각 지역에서 대국으로서의 존재는 분명히 드러난다. 『삼국지』 기록을 피상적으로 이해하면, 삼한이 70여 개 국으로 이루어진 균질적인 구조였던 것처럼 보이지만, 면밀히 살펴보면 대국과 소국이 혼재하던 차등적인 구조였음을 알 수 있다. 대국과 소국이 혼재하던 차등적인 구조가 지속되면, 자연스럽게 중심(대국)과 주변(소국)의 주종 관계가 형성될 수 있다. 또한 대국과 소국의 분포 지역에 따라 문화 양상에서도 차이가 나타나게 된다.

A-1 기록에 의하면, 국읍에는 주수가 있으면서 주변의 읍락을 완전하지는 않지만 통제하고 있었다. 과거에는 이 기록을 주수가 읍락의 민중들 사

이에 잡거하고 있었기 때문에 제대로 통제하지 못했다고 해석해왔다.[56] 하지만 기록을 다시 구독해 보면 주수가 거주한 곳은 국읍이고, 그 주변에 읍락들이 잡거하고 있었기 때문에 제대로 통제하지 못했다는 것이다. '잡거'의 주체는 주수가 아니라 읍락이며, 성곽에 의한 구분 없이 읍락들이 산재해 있는 상황을 나타낸 것이다.

『후한서』에서는 이 기록을 "읍락잡거邑落雜居 역무성곽亦無城郭"이라고 서술하였다. 읍락이 잡거하는 상황과 성곽이 없는 상황을 연결해 본 것이다. 성곽을 단위로 邑들이 분포했던 중국과 달리 성곽 없이 읍락들이 산재한 구조를 '잡거雜居'라고 표현한 것이다. 『삼국지』 한전에서도 마한이 산해山海 간에 산재하며 성곽이 없다고 하였다. 이처럼 성곽 없이 읍락이 산재해 있던 상황을 '잡거'라고 표현한 것이다. 국읍國邑의 주수主帥가 주변 읍락을 제대로 통제하지 못한 것도 읍락들이 성곽 없이 산재해 있었기 때문일 것이다.

『삼국지』 한전의 서두에서는 마한에 성곽이 없다고 했는데,[57] 중간에는 '국중國中'에 큰일이 있거나 '관가官家'에서 '성곽'을 축조했다는 기록이 보인다.[58] 이러한 기록 차이는 대국과 소국이 혼재하던 차등적인 구조였기 때문에 생긴 현상으로 이해된다. 성곽이 없는 것은 마한의 일반적인 소국의 상황을 말한 것이며, '국중國中'의 관가에서 성곽을 축조했던 것은 대국의 상황을 전하는 것이다.

'국중國中'의 의미는 국 전체를 의미할 수도 있고, 왕성이 있는 국의 중심

---

56) 孫晉泰, 1948, 앞의 책, 74쪽.

57) 『三國志』 권30, 東夷傳 韓, "馬韓在西 其民土著 種植 知蠶桑 作綿布 各有長帥 大者自名爲臣智 其次爲邑借 散在山海間 無城郭".

58) 『三國志』 권30, 東夷傳 韓, "其國中有所爲及官家使築城郭 諸年少勇健者 皆鑿脊皮以大繩貫之 又以丈許木鍤之 通日嚾呼作力 不以爲痛 旣以勸作 且以爲健".

을 의미하기도 한다.[59] 부여나 고구려처럼 하나의 국으로 이루어진 구조에서 '국중國中'은 국내國內와 같은 의미일 것이다. 그런데 삼한처럼 전체의 도읍都邑이 없고, 한국韓國 안에 다시 제국諸國이 산재한 상황에서 '국중國中'은 '성중城中'과 같은 의미로서 '국읍'과 비슷하다고 판단된다. '국중國中'에 큰일이 있거나 성곽을 축조한다는 부분에서도 삼한의 '국중國中'이 '국읍'과 같이 국 중심지역을 의미하는 것으로 추정할 수 있다.

특히 '관가官家'는 왜인전의 '저각邸閣'[60]과 비교할 만한 건물로 주수主帥가 거주한 국읍國邑에 설치된 정치적 건축으로 보인다. 다시 말해 국중國中의 관가官家에서 성곽을 축조했다는 기록은 국읍國邑의 상황을 전하는 것이라고 이해된다.

관가官家는 정치적 중심의 역할을 하던 곳에 세워졌으며, 성곽도 일반 읍락이 아니라 주수主帥가 있던 '국읍'에 한정되어 축조된 것이라고 할 수 있다. 일반 읍락들은 성곽 없이 산재(잡거)해 있었지만, '국읍'에는 주수主帥를 위한 관가官家와 성곽이 건설되었던 것이다.

이처럼 성곽과 관가를 갖춘 국읍은 제국諸國에 일반적이지 않고 비교적 규모가 큰 대국에만 존재했다고 보아야 한다. 만약 마한에 성곽과 관가를 갖춘 국읍國邑이 일반적으로 분포했다면, "무성곽無城郭"이란 표현이 나오지 않았을 것이다. 따라서 관가와 성곽이 구비되어 있던 국읍은 대국의 중심지를 의미하는 것이며, 대다수의 소국에는 일반적으로 성곽이 없는 읍락들이 산재하던 구조였다고 판단된다.

59) 諸橋轍次, 1984, 앞의 책, 83쪽. 『主禮』에서 '國中'이란 용어를 城郭中, 城中, 城內의 의미로 많이 사용한 것이 확인된다.

60) 『삼국지』 왜인전의 '邸閣'은 租稅를 收納하기 위한 장소로 보이는데, 대형 倉庫와 같은 시설로 추정된다. 이 밖에 『삼국지』에서 '邸閣'은 대규모 군용 창고, 식료나 무기류를 저장하는 장소, 교통·군사상의 요지나 정치·경제의 중심지에 설치된 건물로 나타난다.(小田富士雄 편, 2000, 앞의 책, 281쪽)

기존에도 일반 읍락과 달리 국읍에는 환호, 목책, 토루, 토성 등과 같은 외곽 시설이 있었을 것으로 추정되어 왔다.[61] 특히 토성이나 토루는 그 축조에 소요되는 막대한 노동력의 징발을 고려할 때 국읍에 국한되었으며, 환호나 목책은 보다 광범위하게 이용되었을 것으로 파악된다.

한편 마한과 달리 진·변한에는 성곽과 성책이 있었다고 한다. 진한에는 '성책城柵'이 있고, 변진(변한)에도 '성곽'이 있었다.[62] 성책과 성곽으로 표현 차이는 있지만, 대체로 토루에 목책과 환호가 결합된 초기의 토성 시설이었을 것으로 짐작된다.

이와 같이 성곽 기록에서 마한과 진·변한 사이에 차이가 나는 것도 대국(국읍)의 분표 비율에 따라 성곽의 밀집 정도가 달랐기 때문으로 추정된다. 마한에는 5개 이내로 대국의 수가 희박했지만, 진·변한은 8개 정도로 대국의 분포 비율이 상대적으로 높았다. 이런 배경에서 대국이 많은 진·변한 지역에 성곽(성책)이 상대적으로 많이 분포한 것으로 서술된 것이다.

앞서 '국읍' 용례 검토에서 『고려도경』의 기록을 들어 성읍을 '국읍'이라 부른 사례가 있음을 살펴보았다. 동이전 기록을 통해 볼 때, 삼한의 '국읍'은 성곽(성책)이 축조된 성읍의 의미에 가장 가깝다고 생각된다. 삼한에서 성곽(성책)은 주로 대국에서만 축조되었을 것으로 보이므로, '국읍'은 대국의 치소를 가리킨다고 할 수도 있다.

『삼국사기』에 보이는 신라에 복속된 진한의 11국들이 각각 그 규모와 따라 '군郡' 단위(소문국召文國·감문국甘文國·압독국押督國·골벌국骨伐國 등) 내지 '현縣' 단위(음즙벌국音汁伐國·초팔국草八國 등)로 구분되어 편제된 것도 대·소국의 차이를 보여준다. 또한 '신지臣智'와 '읍차邑借'라는 거수 칭호의 구분도 대·

61) 權五榮, 1995, 앞의 글, 47쪽.

62) 『三國志』 권30, 東夷傳 韓, "(辰韓) 有城柵 其言語不與馬韓同 … 弁辰與辰韓雜居 亦有城郭 衣服居處與辰韓同 言語法俗相似 祠祭鬼神有異 施竈皆在戶西".

소국의 차등을 시사해준다.[63]

이처럼 대국과 소국의 차등이 분명한 상황에서, 주수主帥와 천군天君이 함께 있던 국읍國邑이, 삼한 70여 국國에 균질적으로 존재했다고 보기는 어려울 것 같다. 대체로 마한의 '대국大國'과 진·변한의 '대국大國' 등 성곽城郭(성책城柵)과 관가官家를 갖추고 있던 국國의 치소(성읍城邑)를 '국읍國邑'이라고 파악할 수 있을 것이다.

요컨대 삼한의 '국읍'은 제천의례를 주관한 천군과 주변 읍락을 통제하던 주수가 거주하던 성곽(성책)이 설치된 대국의 치소였다. 주수의 통제력에는 아직 한계가 있었지만 국읍을 중심으로 주변 읍락에 미치고 있었다. '국읍'은 삼한의 제국諸國 가운데 성곽(성책)에 의해 방비되고 있던 대국의 중심 치소였다고 할 수 있다.

2) 국읍國邑과 별읍別邑

국읍의 성격을 이해하기 위해서는 별읍의 존재도 주목해 보아야 한다. 용어에서도 '국읍'과 '별읍'은 상호 대응하는 것으로 보인다. 국읍과 별읍이 함께 언급된 『삼국지』 한전 기록을 다시 한 번 인용하면 다음과 같다.

> F. 信鬼神 國邑各立一人主祭天神 名之天君 又諸國各有別邑 名之爲蘇塗 立大木 縣鈴鼓 事鬼神 諸亡逃至其中 皆不還之 好作賊 其立蘇塗之義 有似浮屠 而所行善惡有異.(『三國志』 권30, 東夷傳 韓)

이 기록은 "신귀신信鬼神"으로 시작하는 것을 보아 삼한의 제의와 관련된

63) 박대재, 1997, 「辰韓諸國의 규모와 정치발전단계」 『韓國史學報』 2; 2006, 앞의 책, 182쪽.

내용이다. 국읍에서 천군이 천신제사를 주관한 것이나, 별읍인 소도에서 귀신을 제사한 것이나 모두 제의와 관련된다.

이 기록의 별읍과 소도의 관계에 대해서는 기존에 논란이 많았다. 원문 그대로 소도를 별읍의 이칭으로 볼 것인지, 아니면 사료에 착종이 있다고 보고 소도는 대목大木(입간立竿)을 가리킨다고 볼 것인지의 문제이다.

손진태는 이 기록을 "우제국유별읍又諸國有別邑 입대목立大木 명지위소도名之爲蘇塗"라고 해야 할 것을 찬자가 잘못해서 뒷부분이 도치됐다고 보았다. "입소도지의立蘇塗之儀"에서도 소도가 대목임을 확인할 수 있다고 한다. 소도(입간立竿, 신간神竿)는 읍락과 읍락 사이의 경계표이며, 읍락 간에 서로 침범하지 않았다는 것이다. '별읍'도 경계에 의해 구분된 일반 개별 읍락을 가리키는 것이지 특별한 뜻은 없다고 한다.[64]

소도와 별읍에 대한 기존 연구[65]는 여기서 일일이 검토할 여유가 없지만, "제망도지기중諸亡逃至其中"이라는 표현을 보면 소도가 반드시 '대목大木'만을 가리킨다고 보기는 어렵다. '기중其中'이라는 것은 소도가 일정한 범위를 가진 지역이었다는 것이다. '별읍別邑'이란 표현도 그곳이 별도의 지역이었음을 시사해준다. 별읍과 소도가 같은 의미라고 본다면, 별읍은 귀신제사를 모시는 신성지역이라는 의미를 벗어나기 어렵다.

한전에서 '별읍' 기록은 다시 한 번 보이는데, 변진한에도 "또한 여러 소별읍小別邑이 있다"(우유제소별읍又有諸小別邑)는 것이다. 진한 12국, 변진 12국 기록 다음에 이 기록이 나오는 것으로 보아, '소별읍小別邑'을 24국에 포함되지 않은 작은 개별 읍락이라고 이해할 수도 있다.

하지만 마한 부분에서 "제국각유별읍諸國各有別邑"은 '각유各有'라는 표현으로 보아 별읍은 국의 범위에 포함된 지역이다. 양자 모두 한전에 나오는

64) 孫晉泰, 1948, 「蘇塗考」『朝鮮民族文化의 研究』, 乙酉文化社, 214~9쪽.
65) 문창로, 2017, 「문헌자료를 통해 본 삼한의 소도와 제의」『百濟學報』 22, 8~15쪽 참조.

기록이기 때문에 마한과 진·변한의 별읍을 다르게 해석하기는 곤란하다. 그렇다면 진·변한의 소별읍도 국에 포함된 신성지역으로서의 '별읍'이라고 보는 것이 타당하다.[66] 즉 "우제국유소별읍又諸國有小別邑" 기록과 다르지 않다고 생각된다. 진·변한에도 마한과 마찬가지로 '국'마다 신성지역으로 별읍別邑이 있었던 것이다. 이상과 같이 이해하면 신성지역인 '별읍'은 국마다 있었지만, 성곽을 갖춘 치소(성읍)인 '국읍'은 대국에만 있었다고 정리할 수 있다.

'별읍'은 그 용어에서 짐작되듯이 특별지역이었는데, '읍'이 붙은 것으로 보아 '국읍'과 마찬가지로 일종의 중심지라는 의미가 포함되어 있는 것이다. 다만 별읍은 귀신제사를 주관하던 신성지역으로 제의의 중심지였던 데 반해, 국읍은 제의와 정치의 중심지였다는 점에서 차이가 있다. 국읍에는 주수와 천군이 따로 있으면서 각각 정치와 제의를 주관하던 제정분리 단계의 치소라고 할 수 있다.

별읍의 귀신제사를 주관한 주체에 대해 기록이 없어 논란이 되어 왔다. 천군이 별읍의 귀신제사도 주관했다고 보기도 하고,[67] 다른 한편 천군은 국읍의 제천의례를 주관하고 별읍에는 별도로 무巫와 같은 존재가 있어 귀신제사를 지냈다고 보기도 한다.[68]

이러한 견해 차이는 국읍과 별읍의 공간 관계에 대한 다른 이해로부터 파생된 것이기도 하다. 전자는 국읍 안에 천군이 활동하던 별읍이 위치했다고 보는 반면, 후자는 국읍과 별읍을 별도의 공간으로 구분해 본다.

66) 盧重國, 1989, 앞의 글, 17쪽.

67) 李丙燾, 1976, 『韓國古代史硏究』, 博英社, 281쪽.
金貞培, 1986, 앞의 책, 160쪽.

68) 洪潤植, 1989, 「馬韓社會에 있어서 天君의 位置」『馬韓文化硏究의 諸問題』, 원광대 마한백제문화연구소, 91~6쪽.
최광식, 1994, 앞의 책, 161쪽.
문창로, 2000, 앞의 책, 274쪽.

하지만 대국과 소국의 차등을 고려하면, 별읍의 존재 양태나 그 주관자도 대·소국 사이에 차이가 있었다고 이해할 수 있다.

먼저 대국의 별읍은 천군이 가지고 있던 제의권祭儀權으로부터 벗어나지 못했을 것으로 보인다. 비록 별읍에 별도의 무巫가 있다고 할지라도 국읍의 제천의례를 주관하던 천군이 별읍의 귀신제사까지 통할했을 것이다. F 기록에서 별읍 제사의 주체가 특별히 언급되지 않은 이유도 천군과 관련이 있기 때문일 것이다.

한편 소국에서는 아직 제천의례를 주관한 천군이 따로 존재하기 않았기 때문에 별읍의 무巫가 곧 제사장祭司長으로서 독자적으로 귀신제사를 주관했을 것이다. 소국에서 별읍의 제사장은 주변 읍락을 통솔하는 지도자의 역할을 겸했을 것으로 짐작된다. 즉 소국의 별읍은 제정일치 단계의 중심지라고 할 수 있다.

인류학적으로 무巫와 제사장祭司長은 발전단계에서 구분되어 인식된다. 무巫(Shaman)는 개인을 대상으로 독립적인 일을 하는데 비해, 제사장祭司長(Priest)은 조직사회의 일원으로 집단의 의식을 인도하는 전문가의 역할을 수행한다. 무巫와 제사장祭司長이 중복되어 나타나는 경우도 있지만, 일반적으로 무巫는 부족사회에서 나타나며, 제사장은 국가의 형성과 밀접한 관련이 있다고 이해된다.[69)]

대국과 소국의 별읍을 구분해 보면, 소국의 별읍은 제사장의 거처로서 소속 읍락들을 통솔한 위치에 있었다고 볼 수 있다. 한편 대국 단계가 되면 별읍은 천군에게 종속되어 국읍으로 흡수되게 된다. 소국 단계의 별읍은 제사장이 거처하는 제의적 중심지로 기능했지만, 대국 단계가 되면 정치지도자인 주수가 등장하면서 별읍은 국읍에 통합되고 천군의 관할 아래 놓이

69) 金貞培, 위의 책, 153~4쪽.

게 된다.

'별읍'이란 표현에서 짐작되듯이 '국읍'과는 공간적으로 분리된 지역이었다고 생각된다. 한대漢代의 출토자료나 문헌에 나타난 용례에서도 '국읍國邑'과 '별읍別邑'은 '본읍本邑'과 '비지飛地'의 의미로 사용되어 분리된 지역으로 보인다.[70] 대국과 소국이 병존한 상황에서 대국의 국읍과 소국의 별읍이 서로 상대적이면서도 상호 유기적인 관계에 있던 존재로 인식되었던 것 같다. 대국에도 천군이 주재한 신성지역이 있었지만, 국읍에 통합되면서 별읍으로서의 정체성은 소멸한 것으로 보인다. 국읍과 별읍의 관계는 추후 별도로 고찰해 보아야 할 문제다.

『삼국유사』에 보이는 고조선의 '신시神市'가 바로 소국 단계 별읍別邑의 사례라고 할 수 있다. 또한 『삼국사기』에서 김대문의 말을 인용해, 방언에서 무巫를 차차웅次次雄(자충慈充)이라고 하며 "사귀신상제사事鬼神尙祭祀"하기 때문에 외경한다고 했는데, 이 무巫(차차웅)가 바로 소국 단계의 제사장을 의미한다고 하겠다.

별읍의 다른 명칭인 '소도蘇塗'는 토착 용어로, 별읍이 소국의 중심지였음을 시사해준다. 소도의 의미에 대해서는 솟대(신간神竿, 입간立竿), 솟터(신성지역), 제천의례 등 여러 가지 견해가 있지만,[71] 신성지역으로 보는 시각이 일반적이다. 신성지역으로서의 소도는 중심지로서의 상징성을 보여주는 것이기도 하다.

『삼국사기』 신라본기 서두에, 혁거세를 나정蘿井 옆에서 발견하고 거두

---

70) 劉瑞, 2009, 「武帝早期的南郡政區」『中國歷史地理論叢』 2009-1; 馬孟龍, 2011, 「松柏漢墓35號木牘侯國問題初探」『中國史研究』 2011-2, 37~9쪽. 漢代 列侯가 영유한 侯國의 飛地인 '別邑'은 처음 食封[始封] 받은 國邑(本邑)에서 멀리 떨어진 지역으로 뒤에 추가로 食封[益封] 받은 지역인 경우가 대부분이다. 國邑·別邑의 성격은 달랐지만, 그 용어는 비슷한 맥락에서 사용했다고 생각된다.

71) 宋華燮, 1995, 「三韓社會의 宗敎儀禮」『三韓의 社會와 文化』(韓國古代史硏究 10), 신서원, 67쪽.

어 길렀다고 한 돌산고허촌장突山高墟村長 소벌공蘇伐公에 대해 고허高墟와 소벌蘇伐이 '솟벌' 즉 상읍上邑·수읍首邑의 의미이며, 백제 지명의 '소부리所夫里'도 솟벌의 음사이고, '소도蘇塗' 역시 고허高墟의 뜻인 '솟터'의 음역이라고 보는 견해가 일찍부터 있었다.[72] 나정蘿井이나 오릉五陵 등 시조始祖의 사적史蹟이 고허촌高墟村(사량부沙梁部) 지역에 위치한 것도 그 지역의 신성성과 상징성을 시사해주는 것이다. 소국의 별읍(소도)은 제정일치 사회의 중심지[상읍上邑]로 신성성을 가진 지역이기도 했다.

이상의 논의를 바탕으로 삼한사회의 구성단위와 그 내부구조를 도식화하면 아래 〈표 2〉와 같다.

〈표 2〉 삼한의 구성단위와 내부구조

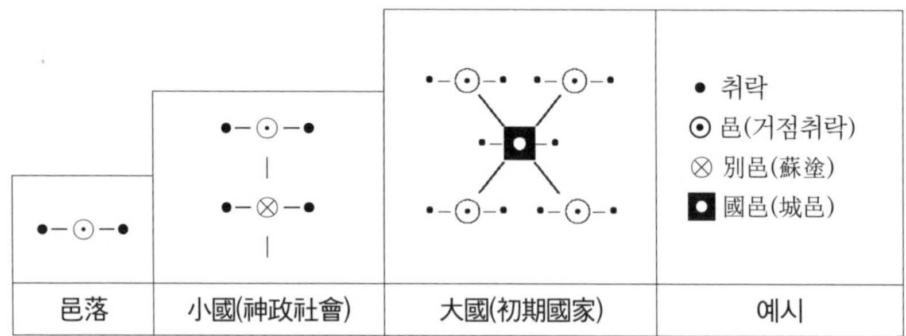

고대 중국의 국가형성에서 읍락 형태의 변화를 살핀 연구에 의하면, 그 중심지는 "邑-都-國"의 3단계를 거치면서 발전한 것으로 이해된다. 이 가운데 '도都'는 읍邑과 국國의 중간 형태로 제사祭祀의 중심지라는 특징이 있다.[73] 삼한의 별읍(소도, 상읍上邑)은 바로 제사의 중심지인 '도都'에 비견되

72) 李丙燾, 1976, 앞의 책, 281·596쪽.

73) 于凱, 2009, 앞의 글, 110쪽. 이와 관련하여 『左傳』 莊公 28년조의 "邑有宗廟先君之主曰都 無曰邑" 기록을 주목하고 있다.

는 단계라고 할 수 있다.

대국의 국읍 단계에서도 별읍과 같은 신성지역으로 제장祭場이 존재했지만, 주수主帥의 정치권과 천군天君의 제의권에 포섭되어 국읍國邑에 흡수되었다고 보인다. 국읍國邑의 신성지역은 '별읍'으로서의 정체성은 소멸되었지만, '소도'로서의 제의적 상징성은 계속 유지했을 것이다.

요컨대 '국읍國邑'은 정치적 수장인 주수主帥와 제사장인 천군天君이 거주하고 그들을 위한 관가官家와 성곽城郭이 축조되어 있던 대국의 치소였고, '별읍別邑(상읍上邑)'은 제의적 신성지역으로 소국의 중심지로 구분해 볼 수 있다.

대국에서 천군天君을 세워 제천의례를 주재한 것으로 보아 제의권祭儀權은 국읍國邑에 일원화되어 있었지만, 주수主帥의 정치권政治權은 아직 주변 읍락을 완전히 제어하지는 못한 상태였다. 국읍國邑의 정치권과 제의권의 진화 정도가 완전히 일치하지 않는 상황은 성숙국가(집권국가)의 전 단계인 '초기국가'의 중층적인 구조[74]를 보여주는 것이다.

국읍國邑은 내적으로는 대국大國 내의 읍락들에 지배력을 행사했지만, 외적으로는 주변 소국들에 대해서도 영향력을 미쳤을 것으로 보인다. '별읍別邑'이라는 표현에서도 '국읍國邑'과 모종의 관계가 시사된다. 그 관계는 국읍 주수에 정치적 관계라기보다 천군을 통한 주변 소국의 별읍에 대한 제의권의 행사일 가능성이 높다고 하겠다. 이런 맥락에서 보면 대국大國(국읍國邑)과 소국小國(별읍別邑)의 관계는 대등한 상호관계라기보다 제의적 주종관계였다고 판단된다. '국읍國邑'이란 표현에는 대국大國의 중심이라는 의미 외

---

74) 박대재, 2013, 앞의 글, 235~7쪽 참조. 클라센(H. J. M. Classen)에 의해 제안된 '초기국가'(early state)는 중앙집권적인 성숙국가(mature state) 이전 단계의 국가 형태로, 지배계급(중심)과 피지배계급(주변)의 호혜적인 상호관계에 기초한 중층적(분산적, 분권적) 구조로 이루어졌으며, 군사력보다는 이데올로기(제의)에 의해 공권력이 합리화되는 체제를 갖추고 있다.

에 '제소국諸小國'의 중심이라는 의미도 내포된 것이라 할 수 있다.

『삼국지』에 의하면 삼한은 70여 개의 '국國'으로 이루어져 있었다. 부여나 고구려가 단일한 '국'을 이루고 있던 것과 달리, 삼한은 '제국諸國'들이 복합되어 있던 중층적인 구조였다. 삼한의 국國에는 '대국大國'과 '소국小國'의 구분이 있었고, 대국은 초기국가로 발전한 양상을 보이는 반면, 소국은 제정일치 단계의 복합사회(신정사회神政社會)의 모습으로 이해된다. 물론 이 가운데는 '소국' 단계에 이르지 못한 읍락사회도 섞여 있었을 것이다. 삼한은 발전단계에 차등이 있던 대국大國(국읍國邑)과 소국小國(별읍別邑)이 중층적으로 복합되어 있던 국가형성기의 사회였다고 할 수 있다.

Ⅳ. 구야국狗邪國의 국읍國邑과 봉황대鳳凰臺 주변 패총貝塚－토성土城

김해에 위치해 있던 변한의 구야국이 일반 제국諸國들보다 우월한 대국大國의 규모였다는 것은 아래 기록에서 단적으로 확인된다.

> G. 臣智 가운데 혹 더 우대해 부르는 경우가 있는데, 臣雲遣支報, 安邪踧支, 濆臣離兒不例, 拘邪秦支廉의 호칭이다.[75]

이 기록은 난해한 문구로 이루어져 있는데, 대체로 마한 신운신국臣雲新國, 변한 안사국安邪國, 마한 신분고국臣濆沽國(신분활국臣濆活國), 변한 구야국

75) 『三國志』 권30, 東夷傳 韓, "臣智或加優呼 臣雲遣支報 安邪踧支 濆臣離兒不例 拘邪秦支廉之號".

狗邪國의 수장(신지臣智)들을 다른 제국諸國의 수장들보다 우대해 부른 호칭이라고 풀이된다.[76] 여기서 거론된 함안의 안야국과 김해의 구야국이 바로 변한의 대표적인 '대국大國'으로 이해된다.[77]

『삼국사기』와 『삼국유사』에 보이는 포상浦上 8국이 연합하여 공격한 국國에 대해, 기록에 따라 '가라加羅'와 '아라阿羅'로 다르게 보이고 있어, 3세기 당시 2국의 지위는 변한에서 양대 세력이었음은 인정된다. 대체로 포상 8국의 침공 대상이 가라(구야국)라고 보는 설이 일반적인 만큼,[78] 3세기 전반 구야국이 안야국보다 우위에 있었다고 보는 것이 무난할 것이다.[79]

구야국의 군장호君長號로 보이는 '진지염秦支廉'은 진지(신지臣智)인 염(이름)을 뜻하는 것으로 추정된다. 『삼국지』 동이전이 조위曹魏 정시正始 연간인 240년대를 전후한 시점의 정보를 집중적으로 기록하고 있다는 점에서, 그 무렵 구야국의 군장 이름이 '염'이었다고 유추해 볼 수 있다. 『삼국유사三國遺事』 왕력王曆과 「가락국기駕洛國記」에 의하면 당시는 거등왕居登王의 재위기간(199~253)이었다.

우대해 불린 신지臣智들의 국國이 대체로 마한의 해안지역[80]과 변한의 해

---

76) 李丙燾, 1976, 앞의 책, 279쪽.

77) 白承忠, 1995, 「弁韓의 成立과 發展」『三韓의 社會와 文化』(韓國古代史研究 10), 189쪽.
이영식, 2000, 「문헌으로 본 가락국사」『가야 각국사의 재구성』(부산대 한국민족문화연구소 편), 혜안, 27쪽.
이 기록에 대한 연구사 검토는 선석열, 2015, 「3세기 狗邪國의 對郡縣 교섭과 辰王」『구야국(狗邪國)과 고대 동아시아』(인제대 가야문화연구소 편), 163~8쪽 참조.

78) 남재우, 1997, 「浦上八國 戰爭과 그 性格」『伽倻文化』 10, 183~230쪽 참조.

79) 박대재, 2006, 「弁韓의 王과 狗邪國」『韓國史學報』 26 ; 2006, 앞의 책, 220~9쪽.

80) 千寬宇, 1989, 앞의 책, 414쪽 각주33)에서는 臣智 加號에 보이는 '臣雲新'이 安邪와 어떤 교섭을 가졌던 것으로 짐작하며, 臣雲新國은 해상교통이 편리한 全南의 어느 지점이 아니었을까 추측하였다. 臣濆沽國의 위치에 대해서는 대체로 마한 북부의 대방군과 인접한 지역으로 추정되며, 최근에는 김포 운양동유적이나 파주 육계토성과 관련하여 보는 경향이 있다.

안지역에 집중되어 보이는 것은 삼한에 대한 정보 출처와 관련이 있다.『삼국지』 한전에는 "그 풍속에 의책衣幘을 좋아하여 하호下戶가 군郡을 방문할 때 모두 의책衣幘을 빌려 스스로 인수의책印綬衣幘을 착용하는 자들이 천여 명이 넘는다."라는 기록이 보인다. 인수의책印綬衣幘을 빌려 자복自服하고 군郡(대방군)을 방문한 천여 명의 하호下戶들은 다름 아닌 상인商人 집단이라고 추정된다.

'하호下戶'라는 표현으로 보아 이들은 원래 신지臣智·읍차邑借 등의 수장들이 착용하는 인수印綬·의책衣幘을 착용할 수 없는 신분임에도 불구하고, 대방군帶方郡과의 통상을 위해 자복自服하고 군郡에 들어갔던 것이다. 중국 군현의 삼한에 대한 정보는 바로 이들 하호 출신 상인 집단을 통해 수집된 것일 가능성이 높다.

244~246년 유주자사幽州刺史 관구검毌丘儉이 이끄는 조위曹魏의 군대가 고구려高句麗, 동옥저東沃沮 등 동이東夷 북부지역을 공격하면서 직접 그 지역의 정보를 수집한 것과 달리, 남부의 삼한지역에 대해서는 직접 답사하고 정보를 수집할 수 있는 기회가 없었다. 동이東夷 북부지역과 남부지역에 대한 정보의 심도와 정확성에 차이가 나는 것도 이 때문이다.[81)]

삼한에 대한 정보는 그 관할 변군邊郡이었던 대방군帶方郡에서 수집한 정보에 기초하였다. 그 정보의 출처는 군郡을 출입했던 천여 명의 하호下戶(상인商人) 집단에서 나왔을 가능성이 높다. 우대된 신지臣智 가운데 진한의 국이 보이지 않는 것은, 주로 서해안과 남해안에 연해 있던 지역과 대방군과의 교역을 통해 얻어진 정보에 기초했기 때문일 것이다.

삼한과 중국 군현의 교섭은 교역로에 따라 구분되어 있었다. 대방군은 해로로 통하는 교역을 전담하였고, 육상 교통로에 의한 교역은 낙랑군이

81) 井上秀雄, 1989,「中國の歷史書に現れた二·三世紀の韓國と倭國」『東アジアの古代文化』61.

관장하였던 것으로 이해된다.[82] 낙랑군은 육로를 통해 진한지역과, 대방군은 서·남해안을 통해 주로 마한·변한과 교역하였던 것이다.

변한에서는 철鐵이 나와, 한韓(마한), 예濊, 왜倭 뿐만 아니라 2군郡(낙랑·대방군)에까지 공급되었다.[83] 변한의 철은 해로를 통해 대방군을 거쳐 낙랑군까지 이르렀던 것으로 추정된다.

대방군에 출입하였던 천여 명의 하호들은 바로 해상교역에 종사하던 상인 집단들이었다고 이해된다. 이들에 의해서 수집된 정보에는 자연스럽게 변한과 마한의 정보가 집중되었을 것이며, 그 가운데서도 해상교통로와 연해 있는 해안지역에 대한 정보가 많았을 것이다.

구야국에 대한 정보의 출처는 왜인전 서두에서도 확인할 수 있다. "군郡(대방군帶方郡)에서 왜倭까지는 해안을 따라 물길로 한국韓國을 거쳐 남쪽으로 가다가 동쪽으로 가면 그 북쪽 대안對岸인 구야한국狗邪韓國에 도착하는데 7천 여리다"[84]라는 기록이다. 대방군에서 왜로 가는 조위曹魏의 사신들이 반드시 지나간 중간 기항지寄港地로 구야한국狗邪韓國이 중요하게 기록된 것이다. 왜를 왕래한 중국 군현의 사행들이나 대방군에 갔던 왜의 사행들에 의해 구야국과 그 주변에 대한 정보가 전해졌을 것이다.

이런 교섭 환경 때문에 구야국 지역은 변한 가운데서도 가장 정보 수집이 용이한 지역이었다. 따라서 한전韓傳 말미에 보이는, "그(변한) 사람들의 형체가 모두 크고 의복이 청결하며 머리가 길다"라는 우호적인 정보나, "폭이 넓은 고운 베를 만들고 법속法俗이 특히 엄격하다"라는 서술도, 구야국 및 그 주변 지역과 관련된 것일 가능성이 높다. 여기서 변한의 '광폭세포廣幅細布'는 『위략魏略』의 염사착廉斯鑡 관련 기사에 보이는 '변한포弁韓布'를 가

82) 윤용구, 1999, 「三韓의 對中交涉과 그 性格-曹魏의 東侵과 관련하여-」『國史館論叢』 85, 116~20쪽.

83) 『三國志』 권30, 東夷傳 韓.

84) 『三國志』 권30, 東夷傳 倭人.

리키는 것이다.

이러한 변한에 대한 서술은 『삼국지』 한전韓傳에서 "그(마한) 북방의 군郡(대방군)과 가까운 제국諸國은 그런대로 예속禮俗을 알지만, 그 먼 지역은 곧 죄수와 노비들이 모인 것 같다"고 한 기록과 대조적이다. 대방군과의 거리로 따지면 변한이 마한보다 더 멀지만, 오히려 변한에 대해 선진적인 상황으로 서술하고 있다. 이러한 인식도 변한의 철鐵과 포布 등이 대방군과 낙랑군에 활발하게 유통되면서 생긴 결과라고 할 수 있다.

구야국의 국읍國邑이 어디에 위치했는지 짐작할 만한 기록은 『삼국지』에 보이지 않는다. 다만 후대의 기록이지만 『삼국유사』 가락국기에 국읍國邑의 위치와 관련하여 생각해 볼만한 기록이 있다.

H. (수로왕) 2년(서기 43) 계묘癸卯 봄 정월에 왕이 말하기를, "짐이 도읍을 정하고자 한다" 하고, 곧 임시로 지은 궁宮의 남쪽 신답평新畓坪[이는 오래된 한전閑田이었는데 새로 경작하였으므로 이렇게 말하는 것이다. 답畓은 속문俗文이다]에 행차하여, 사방으로 산악을 바라보고, 좌우를 돌아보며 말하기를, "이 땅은 협소하기가 여뀌 잎사귀와 같으나 수려하고 기이하니 16나한이 머물 곳이 될 만하다. 하물며 하나에서 셋을 이루고, 셋에서 일곱을 이루니, 칠성이 머물 곳은 진실로 이곳이 마땅하다. 강토를 개척하면 장차 좋은 곳이 될 것이다"고 하였다. 그리고 1,500보 둘레의 나성羅城과 궁궐宮闕의 전각과 여러 관서의 건물, 무기고와 창고를 건축할 땅을 마련하였다. 일을 마치고 궁궐로 돌아왔는데, 국내의 장정 인부들과 공장工匠을 두루 징발하여, 그달 20일에 견고한 성곽城郭을 축조하기 시작하여 3월 10일에 이르러 공사를 마쳤다. 궁궐과 옥사屋舍는 농한기를 기다렸다가 지었는데, 그해 10월부터 공사를 시작하여 갑진년(44) 2월에 완공하였다. 좋

은 날을 받아 왕이 새 궁궐에 들어가 모든 정사를 처리하고 서무에 힘썼다.[85)]

여기에 보이는 '신답평新畓坪'은 가락국의 수로왕이 궁궐과 나성羅城(성곽), 관청, 창고 등을 조영했던 지역이다. 신답평이 어느 지역인지는 구체적인 자료가 없어 확인하기 어렵지만, 남아있는 지명을 통해 위치를 대략 추정하기도 한다. 김해 회현동패총과 봉황대 기슭에 위치한 평지를 '논실'이라고 부르는데, 논은 신답평新畓坪의 답畓을 의미하고, 실은 평坪을 말하므로, 신답평을 봉황대 일대에 비정할 수 있다는 것이다.[86)]

김해시 봉황동 253번지 일대에 위치한 김해 봉황대유적(사적 제2호)은 봉황대(해발 45m) 자락을 중심으로 구溝(환호), 목책木柵, 주거지, 패총貝塚 등이 확인된다. 특히 봉황대 구릉 동편 평지에서는 특수한 바닥시설을 갖춘 대형주거지와 대형 주혈柱穴들이 다수 확인되어, 이 지역이 구야국의 중심지일 가능성이 높으며, 이런 배경에서 신답평은 봉황대에서 대성동 고분에 이르는 구릉을 지칭하는 것인지도 모른다고 추정되기도 했다.[87)]

최근 봉황대 주변에서 토성도 확인되었다. 조사는 봉황대의 북동쪽에서 실시되었는데, 성벽이 봉황대 서쪽 구릉까지 이어질 것으로 추정되며, 담벽 고정주 근부에서 기초와 관련되어 출토된 토기로 볼 때 5세기 후반대에 축조된 것으로 생각된다.[88)] 한편 성벽 기단 뻘층과 외벽 석축(혼토패층混土貝層)에서 출토된 4세기대 토기들을 근거로, 4세기 무렵에 이미 토성 축조가 이루어진 것으로 추정하기도 한다.[89)] 봉황대 서쪽 편 충적지에서는 한전旱

85) 『三國遺事』 권2, 紀異 駕洛國記.

86) 이종기, 1977, 『駕洛國探査』, 일지사.

87) 부산대학교 박물관, 1998, 『金海鳳凰洞遺蹟』, 9쪽 및 171쪽.

88) 경남고고학연구소, 2005, 『鳳凰土城』, 125쪽.

89) 金賢, 2004, 「김해 봉황대 토성 발굴조사 개요-김해 분성로~회현동사무소 소방도로 개

田 형태의 논(수전水田)도 확인되었다.[90]

봉황대 주변에서 환호, 패총, 논 등 취락 관련 유적이 연속적으로 확인되는 것을 생각하면, 봉황토성이 축조된 봉황동 일대는 구야국 시기부터 중심지였을 가능성이 높다. 봉황대 일대 유적지의 상한이 청동기시대까지 올라가고 가야 시기에 지속적으로 유적이 조영되었음이 확인되면서, 이 일대가 신답평에 해당하는 가락국의 궁궐지로 파악하는 데 연구자들의 견해가 모아지고 있다.[91]

특히 봉황대 동북쪽에서 발견된 토성은 봉황대를 중심으로 구릉 끝자락을 따라 돌아가며 단면 사다리꼴 모양의 거대한 황갈색 점질토로 포장된 토성을 염두에 두고 진행된 일련의 축조공정으로 판단된다. 봉황대 시굴조사와 봉황대 진입로 개설구간에서는 2~5세기대의 구溝가 발견되기도 했는데, 이런 시설들이 봉황대를 중심으로 구축되었다는 사실은 시사하는 바가 크다.[92]

봉황동 유적의 성격은 "왕자王者의 묘역인 대성동유적에 대응하는 생자生者의 생활공간, 그것도 구야국-금관가야의 최상위계층의 거주공간으로서, 그 중심에 신과 교감하는 신성한 공간으로서의 봉황대가 있었다."[93]고 이해된다. 봉황대는 소국의 별읍이나 국읍의 천군이 주재하는 신성지역(소도)으로 이해될 수 있는 곳이라 하겠다.

봉황대에 인접해 있는 회현리패총(김해패총)은 초기철기시대 삼한의 국읍國邑 혹은 읍락邑落의 형태 가운데 한 유형으로 이해된 바 있다.[94] 패총은 취

설구간-」『한국성곽학보』 4, 10~2쪽.

90) 경남발전연구소 역사문화센터, 2005, 『加耶人生活體驗敎地 發掘調査報告書』.

91) 부산대학교 박물관, 2006, 『傳金海加耶宮墟址』.

92) 윤태영, 2013, 「김해 봉황동유적의 발굴성과」『봉황동유적』(인제대 가야문화연구소·김해시 편), 주류성, 100쪽.

93) 전옥연, 2013, 「고고자료로 본 봉황동유적의 성격」『봉황동유적』, 주류성, 125쪽.

94) 이현혜, 1976, 앞의 글, 10쪽.

락의 존재를 보여주는 대표적인 유적으로 주목된다. 대규모 패총은 일정한 장소에 장기간 거주하면서 패류를 소비한 결과 형성한 것이어서, 그 주변에 주거지, 분묘, 광장을 갖춘 거점 취락이 존재했을 가능성을 시사해 준다.[95]

특히 마제형馬蹄形 또는 환상環狀 패총은 신석기시대 후기부터 지속적으로 조성된 대규모 거점취락의 존재를 보여주는 대표적인 유적이다.[96] 해변(수변)에 위치한 취락에서는 패총이 취락의 외곽시설로 기능한 경관상의 특징도 나타난다.[97]

회현리 패총에 대한 조사가 부분적으로 이루어져 그 전모를 확인하기 어렵지만, 일제강점기부터 조사된 지역만 연결해 보아도 길이 60m 이상의 패총유적이다.[98] 패총의 범위는 기존에 조사된 회현리 패총 구릉 서쪽의 봉황대 구릉의 남쪽과 서쪽 사면까지 연결되어, 두 패총의 전체 범위가 약 400m에 걸친 것으로 추정된다.[99]

회현리 패총 구릉과 봉황대 패총 구릉 사이에 약간의 돌출된 구릉이 있었던 것으로 추정되지만, 지금의 해반천에 연한 고김해만古金海灣 해안 구릉 사면을 따라 호형弧形으로 패총이 형성되었던 것으로 짐작된다. 패총이 해안과 접한 구릉 사면의 호안護岸 시설로도 기능하였던 것으로 보인다.

---

95) 스즈키 기미오(이준정·김성남 옮김), 2007,『패총의 고고학』, 일조각, 38~40쪽.
阿部芳郎, 2008,「貝塚形成とムラの成り立ち-定住活動と貝塚形成」『季刊考古學』105, 18~23쪽.

96) 戸澤充則, 1989,「貝塚と集落」『繩文人と貝塚』, 六興出版, 47~9쪽.
忍澤成視, 2008,「後·晩期の環狀貝塚と集落」『季刊考古學』105, 34~9쪽.

97) 後藤和民, 1989,「集落-貝塚のとらえ方」『日本考古學論集』2(集落と衣食住), 吉川弘文館, 92~9쪽.

98) 三江文化財硏究院, 2009,『金海會峴里貝塚』I (貝塚展示館 建立을 위한 發掘調査報告書), 27쪽 도면 3 참조.

99) 부산대학교 인문대학 고고학과, 2002,『金海會峴里貝塚-傳寫를 위한 試掘調査 報告書-』, 9쪽 도면 3. 김해 회현리패총 및 봉황대의 패총범위 참조.

대체로 회현리 패총의 연대는 토기 편년에 의해 기원전후~4세기로 추정되는데,[100] 이 시기는 『삼국지』에 나타난 구야국 시기와 정확히 겹치는 시기다. 구야국 시기에 회현리 패총은 구야국의 국읍을 보호한 외곽시설로 토루土壘와 같은 기능을 하였다고 이해할 수 있다. 4세기 이후 축조된 봉황토성도 기존의 회현리-봉황대 패총을 연장해 축조된 성곽 시설이라고 볼 수 있다.

회현리 패총에서는 복골卜骨이 다량 출토되어 봉황대 일대의 성격을 이해하는 데 단서를 준다. 회현리 패총에서 출토된 복골은 총 101점으로 동일 유적에서 발굴된 것으로는 비교적 많은 양이다. 사슴 견갑골 71점으로 전체의 70.2를 차지하고 나머지는 멧돼지 견갑골이다. 점복이 행해진 흔적(찬鑽 혹은 작灼)이 확실하게 남아 있는 것은 총 33점으로 사슴 견갑골 26점, 멧돼지 견갑골 7점이다. 복골들은 발굴 당시 대부분 작은 파편 상태로 발견되어 점복의 전체적인 양상을 확인하는 데 한계가 있다. 견갑골의 병부柄部는 단단하고 두터워 비교적 원형이 유지된 것이 많으나, 점복이 이루어진 복골 중앙의 오목하게 들어간 얇은 부위는 훼손되어 작흔灼痕을 제대로 파악하기 힘든 것이 대부분이다. 하지만 일부 복골은 병부와 중간부분이 모두 잘 보존되어 있고 작흔灼痕도 비교적 많이 남아 있어 점복 방식을 살필 수 있다.[101]

현재까지 복골 출토 양상을 살펴보면 남해안에 집중되어 있는데, 특히 사천 늑도, 창원 남산, 통영 연대도, 김해 봉황동(회현리)·부원동, 부산 조

100) 부산대학교 인문대학 고고학과, 2002, 앞의 보고서, 134쪽.

101) 朴載福, 2009, 「金海 會峴里貝塚 卜骨의 형태적 특징 고찰」『金海會峴里貝塚』Ⅱ(貝塚展示館 建立을 위한 發掘調査報告書), 195~208쪽. 사천 늑도에서도 사슴 견갑골을 위주로 하고 멧돼지 견갑골도 일부 사용한 卜骨들이 출토되었다.(정태진, 2006, 「泗川 勒島遺跡 出土 卜骨에 관한 小考」『勒島貝塚』Ⅴ, 162~170쪽.

도·동래 낙민동 등 변한지역에 밀집된 특징이 보인다.[102] 봉황대에서 인접한 부원동 패총에서도 녹각을 이용한 복골이 출토되었다. 부원동 유적은 패총과 주거지, 환호로 보이는 구상유구가 결합된 유적이라는 점에서 회현리-봉황대 유적과 유사한 점이 많다.

회현리 패총에서 100점에 달하는 복골이 출토된 것은 봉황대 일대가 제의와 관련된 지역이었음을 시사해준다. 복골을 이용한 점복은 천재지변이나 전쟁과 같은 큰 이변을 대비하기 위해 이루어진 제의의 일부였다. 일본 가나가와(神奈川) 지역의 패총에서도 고분시대 전기에 들어가면 사슴이나 멧돼지의 견갑골이나 늑골을 이용한 복골卜骨이 대량 출토되는데, 야요이시대에는 보이지 않던 현상이다.[103]

회현리 패총에서 출토된 복골은 문헌에 전하지 않는 기원전후~4세기 구야국의 제의 풍속을 알려주는 귀중한 자료이다. 『삼국지』에서 진한과 변한이 의복, 거처, 언어, 법속 등에서 모두 비슷했지만 귀신 제사에서는 차이가 났다고 했는데, 복골이 변한의 특징적인 제의 풍속을 전해주는 자료 중의 하나인지도 모르겠다.

회현리 패총에서 다량 출토된 복골은 봉황대 일대가 구야국의 신성한 제의공간인 소도蘇塗(상읍上邑)였음을 시사해준다. 이러한 신성지역으로서의 기능은 국읍으로 발전한 시기에도 계속 유지되었을 것이다.

봉황대를 중심으로 한 회현리-봉황동 일대는 환호-패총(토루)-토성 등 방위시설이 연속적으로 조성되었다는 점에서, 구야국의 국읍 지역으로 가장 유력한 곳이라 할 수 있다. 「가락국기」에서 신답평에 궁궐과 나성羅城(외

102) 殷和秀, 1999, 「韓國 出土 卜骨에 對한 硏究」, 전북대 석사학위논문; 李釩起, 2006, 「考古學 資料를 통해 본 古代 南海岸地方 對外交流」『지방사와 지방문화』 9-2, 115쪽.

103) 釼持輝久, 2010, 「神奈川縣內における彌生時代から奈良·平安時代の貝塚について」『考古學論究』 13, 立敎大學 考古學會, 452~4쪽. 고분시대 후기가 되면 소나 말의 늑골을 사용한 卜骨이 출토된다.

성外城)이 축조되었다는 것은, 신답평으로 비정되는 봉황대 주변 지역이 구야국의 중심지인 국읍國邑과 관련하여 가장 주목되는 후보지임을 알려준다.

최근 『김해읍지金海邑誌』(1929년 편찬)에 보이는 김해의 '분성盆城'을 「광개토왕비문廣開土王碑文」의 "임나가라任那加羅 종발성從拔城"과 연결시켜 보고, 분성(종발성)의 위치를 신답평과 봉황토성 등 봉황대 주변 유적과 연결시켜 본 시각이 제기되었다.[104)]

김해의 고지명이기도 한 '분성盆城'은 조선시대 지리지에서 자주 확인된다. 『동국여지승람東國輿地勝覽』(1481년)에서도 '분성盆城'은 김해도호부金海都護府의 군명郡名(고지명古地名)으로 보인다. 김해를 '분성盆城'으로 표현한 것은 고려 말 문신인 김득배金得培(1312~1362)의 「제김해객사題金海客舍」란 글에서 이미 확인된다.[105)] 김해를 '분성盆城'이라 표현한 예는 여말麗末·선초鮮初 활동한 쌍매당雙梅堂 이첨李詹(1345~1405)의 시詩에서도 보인다.[106)]

여말·선초의 승려 만우卍雨(만우滿雨, 1357~?)가 일본 승려 文溪를 배웅하며 지은 시에서도 '분성盆城'이 보인다.[107)] 성현成俔(1439~1504)의 『용재총화慵

104) 송원영, 2010, 「金官加耶와 廣開土王碑文 庚子年 南征記事-김해지역 고고학 발굴성과를 중심으로-」, 부산대 석사학위논문, 18쪽. 盆城의 盆이 '종바리(沙鉢)'를 의미하고, '종발성'은 분성의 음차 표기라고 파악했다.

105) 『東文選』 권21, 七言絶句, 題金海客舍[金得培], "來管盆城二十春 當時父老半成塵 自從書記爲元帥 屈指如今有幾人". 김득배는 공민왕을 따라 원나라에 숙위로 가기도 했던 신진사류 출신으로 반원정책을 주도하였다. 1360년 서경에 침입한 홍건적을 물리쳐 공신에 책봉되고 政堂文學에 제수되었다. 같은 해 知貢擧로 과거를 주관하였고, 鄭夢周가 급제하여 그의 門生이 되었다. 1362년에도 홍건적을 물리치는 데 공을 세웠지만, 이 때 摠兵官 鄭世雲을 安祐·李芳實과 謀殺한 죄로 효수되었다. 그 후 그의 문생이었던 정몽주의 노력으로 공양왕 4년(1392)에 누명이 벗겨지게 되었다.

106) 『東文選』 권8, 七言古詩, 次裴秘書山茶花韻[李詹], "憶昔探勝蓬萊東 山茶花開海雲紅 珊瑚枝横錦繡宮 仲冬坐我春風中 屈指歲月苦忩忩 旌旗雜沓到處同 仙凡路隔信不通 自開自落隨江風 邇來眼亂桃花叢 句法已類山東農 盆城城南忽相逢 向也所見空不空 花前置酒留雙松 且問誰是主人翁".

107) 『東文選』 권10, 五言律詩, 送日本僧文溪[釋卍雨], "相國古精舍 洒然無位人 火馳應自息 柴立更誰親 楓岳雲生屐 **盆城**月滿闉 風帆海天闊 梅柳古鄉春".

齋叢話』에서는 이 시를 회암사檜巖寺의 승려 둔량屯兩의 작품으로 소개했는데, 둔량屯兩은 만우卍雨의 잘못이다.[108] 『해행총재海行摠載』에 실린 송희경宋希璟(1376~1446)의 『日本行錄』(1420년)에도 김해를 '분성盆城'으로 표현한 시가 실려 있다.[109]

문헌상에서 김해를 '분성盆城'이라 부른 것은 고려 후기부터 확인된다. 조선 초기에도 계속 보이는데, 특히 일본과의 교류 관련 기록에서 많이 보인다. '분성盆城'은 여말·선초 김해金海의 별호로 널리 알려져 있었다. 조선 후기 조임도趙任道(1585~1664)의 문집인 『간송집澗松集』에서도 김해를 '분성盆城'으로 표기한 곳이 여러 번 보인다.

'분성盆城'을 구체적인 유적으로 기록하기 시작한 것은, 조선 정조대正祖代(1776~1800) 사실을 반영하고 있는 『김해부읍지金海府邑誌』[110]에서부터다.

---

108) 『慵齋叢話』 권6, "釋屯兩者 幻庵之高弟 自幼力學 內外經典 無不探討 精究其意 又能於詩 詩思淸絶 與牧隱陶隱諸先生相酬唱 我朝不崇釋敎 名家子弟不得祝髮 以故緇徒無知書者 而師名益著 四面學者如雲 集賢之士皆就問榻下 蔚爲儒釋士林之表 人皆敬之 我伯仲氏嘗讀書于檜巖寺 見師年九十餘 容貌淸癯 氣體尙强 或倂日不食 不甚饑餒 人若饋之飯 則或喫盡數鉢 亦無飽意 雖至數日 未嘗如厠 恒兀坐虛室 懸玉燈張淸几 徹夜看書 絲毫細字 一一硏究 未嘗交睫偃臥 辟人不許在傍若有所召則手擊小錚 門下隨而應之 未得高聲大喚也 日本國使僧文溪求詩 縉紳作者數十人 師亦承命賦詩 詩曰水國古精 灑然無位人 火馳應自息 柴立更誰親 楓岳雲生屨 **盆城**月滿闉 風帆海天闊 梅柳故園春 時春亭主文 改洒然無位之句 爲蕭然絶世人 師曰卞公眞不知詩者 蕭然豈如洒然 絶世豈如無位 是斲喪自然無爲之趣耳 每見文士 悵悵不已 今有千峯集 行於世". 여기 실린 시의 첫 구에는 마지막 한 글자가 빠진 채 "水國古精"으로 보인다. 『동문선』에 실린 시와 비교해 보면, "水國古精舍"가 원래 원문이었을 것으로 추정된다. 『동문선』의 '相國'은 '水國'의 誤寫로 일본을 의미하는 것으로 보인다.

109) 『(老松堂)日本行錄』, 二月 初三日, "衆岫南驅入海靑 三江卽三叉江也 東接浸樓明 **盆城**勝槩雖云美 獨倚難禁戀主情". 송희경이 回禮使로 일본에 다녀와서 쓴 『일본행록』에 따르면, 송희경 일행은 1420년(세종 2) 2월 5일쯤 東萊에 내려갔고, 15일 釜山浦를 출발하였다. 일본 사행을 마치고 9월 26일 제포(진해)로 들어와 김해를 거쳐 서울로 향하였다. 이 시는 송희경이 동래에 도착하기 전 김해를 지나면서 지은 것으로 보인다.

110) 『김해부읍지』는 조선 후기 金海府에서 만든 편년 미상의 邑誌이다. 현재 奎章閣에 소장되어 있으며, 조선 정조대 사실을 반영하고 있다고 한다.(김태식·이익주 편, 1992,

I. 土城[世傳 首露王蒸土築之 號曰盆城 今存體勢](『金海府邑誌』)

앞서 언급한 『김해읍지』도 『김해부읍지』의 기록을 기초로 속찬續撰한 것이다. 이 기록은 1832년 경 편찬된 『경상도읍지慶尙道邑誌』의 「김해부읍지金海府邑誌」 고적古蹟조에도 그대로 수록되었다. 『경상도읍지』의 「김해부읍지」에 의하면, 읍성邑城 안에 있던 객사客舍의 이름이 '분성관盆城館'이었으며, 객사客舍 담장 안에는 '분성대盆城臺'라는 누정도 있었다.[111] 김득배가 지은 "제김해객사題金海客舍"의 시에 '분성盆城'이 나온 것으로 보아, 고려 말부터 김해 객사客舍를 '분성관盆城館'이라 불렀던 것으로 보인다.

김해를 '분성盆城'이라 별칭한 이유는 정확히 알기 어렵지만, 조선 후기에 가서야 분성을 '토성土城'과 연결시킨 것을 보면, 실제의 고성古城 유적으로부터 이름이 나온 것 같지는 않다. 아마도 '분성盆城'이란 지명은 김해의 진산鎭山이었던 '분산盆山'에서 파생된 것이 아닌가 생각된다.

조선 초기 『경상도지리지慶尙道地理志』(1425년)에 이미 김해金海의 진산鎭山으로 '분산盆山'이 나오며, "분산성황盆山城隍 호국지신護國之神"이 수령守令의 행제소行祭所로 기재되어 있다. 『동국여지승람』(1481년) 고적古跡조에서는 "분산성盆山城[석축石築으로 주위가 1560척인데, 지금은 모두 퇴락하였고 안에 2개 우물이 있는데 동冬·하夏에도 마르지 않는다"고 하였다. 이로 보아 조선 초기에 이미 분산성盆山城이 허물어져 '고적古跡'이 된 것이다.

분산(해발 330m)은 지금도 김해의 진산이며, 정상 부근에 삼국시대에 처음 축조된 분산성盆山城(사적 제66호)이 있다. 분산성은 축성 기법과 출토 유물로 보아, 삼국시대에 처음 쌓은 뒤 조선 말까지 여러 차례 개축한 산성

「資料解題」『加耶史史料集成』, 駕洛國史蹟開發硏究院, 514쪽)

111) 『慶尙道邑誌』 金海府邑誌 公廨·樓亭(아세아문화사, 1982, 『邑誌』 1, 慶尙道①, 468쪽).

이다. 특히 보완하여 쌓은 성벽 받침돌 아랫부분에서는 상당량의 삼한·삼국시대 토기가 일본 야요이계 토기와 함께 수습되었다. 이것은 분산성 축성 이전부터 주민이 거주하였음을 보여주며, 분산성이 처음 축성된 시기를 삼국시대까지 올려볼 수 있는 근거가 된다.[112)]

고려 말부터 보이는 '분성盆城'이란 별칭은 김해의 진산인 분산盆山이나 분산성盆山城에서 비롯된 것이라 할 수 있다. 18세기에 가서야 비로소 "세상에 전하길 수로왕首露王이 흙을 쪄 만들었다"고 한 토성 유적의 존재가 나타난 것으로 보아, '분성盆城'이란 이름이 이 토성에서 유래하였을 가능성은 희박하다.

김정호金正浩(?~1866)의 『대동지지大東地志(동국여지고東國輿地攷)』(1864년 경)에서는 분산성盆山城과 분성盆城을 구분하여 기록하고 있어 주목된다.[113)]

> J. 邑城[辛禑時 本府使朴葳築 周四千六百八十三尺 甕城四 泉二十八 溪一 池一] 盆山城[周一千五百六十尺 井二] 盆城[土築 周八千六百八十三尺](『大東地志』 金海)

읍성邑城, 분산성盆山城, 분성盆城을 구분한 것으로 보아, 소위 '분성'은 분명히 이들과 다른 별도의 토성이다. 특히 그 주위가 8,683척이라고 구체적으로 기재하고 있어 주목된다. 1864년 무렵에는 토성 유적이 규모를 측정할 수 있을 정도로 남아있던 것이다. 18세기 읍지에서는 '토성土城'이라고

---

112) 경남문화재연구원, 2002, 『김해 분산성 시굴조사보고서』.

113) 『大東地志』 권10, 金海 城池(아세아문화사, 1976, 226쪽). 『大東地志』에서는 '盆城'을 김해의 '邑號'로도 기록하고 있다. 이로 보아 당시에도 김해 客舍의 이름은 '盆城館'이었던 것이다. 『大東地志』 金海 城池조에는 '新沓山城'이 府의 서쪽 15리에 있고 주위가 700여 척이라는 기록이 보인다. 이 산성은 『동국여지승람』에서는 보이지 않던 것인데, '新沓'의 한자가 약간 차이가 있지만 '新畓坪'과 관련하여 눈길을 끈다.

표제하고 '분성盆城'은 주에서 기재한 것과 달리, 『대동지지』에서는 '분성盆城'이라고 분명하게 명칭을 썼다.

분성盆城토성의 주위 8,683척은 「가락국기」에 보이는 신답평新畓坪 나성羅城(외성)의 규모 1,500보步(9,000척)에 매우 근접한 것이다. 분성토성과 신답평 나성의 규모는 경주 월성(둘레 1,023보=2.4km)보다는 크고 서울 풍납토성(둘레 3.5km)보다는 작다. 규모면에서 사로국과 백제국의 '국읍國邑' 토성과 비견되는 '국읍國邑'급의 토성이라고 할 수 있다.

최근 봉황대 주변에서 발견된 토성 추정 석렬 확인 지점을 근거로 추정한 봉황토성 추정범위(〈도면1〉)에 의하면, 봉황토성의 둘레는 약 1.5km 내외로 보인다.[114] 「가락국기」의 신답평 나성이나 『대동지지』의 분성(토성)보다 규모가 작다.

봉황대를 중심으로 축조된 것으로 추정되는 봉황토성이, 『김해부읍지』와 『대동지지』에 기록된 분성토성과 동일한 것인지는 단정하기 쉽지 않다. 하지만 이상에서 살펴본 바에 의하면 봉황토성과 문헌상의 분성토성은 서로 연결될 가능성이 높다.

1929년 편찬된 『김해읍지』에는 '분성대盆城臺'가 보인다. 이것은 『김해읍지』의 저본인 조선 후기의 『김해부읍지』에서는 보이지 않던 것으로 속찬續撰된 부분이다. 『김해읍지』에는 "가락고도궁허駕洛古都宮墟가 함허정涵虛亭 서쪽에 있었는데, 세월이 오래되어 퇴비頹圮하였다. 무진戊辰년(1928)에 김문배金文培가 수축하고 비를 세워 분성대盆城臺라고 이름 붙였다."라는 기록이 보인다.

김문배가 세운 '가락고도궁허駕洛古都宮墟'(앞면)와 '분성대盆城臺'(후면)라 새겨진 비석이 현재도 함허정 터인 연화사 대웅전 옆에 서있다. 이 비석으로

114) 국립가야문화재연구소, 2015, 『가야이야기-가야의 역사, 그리고 우리』, 42쪽에 실린 도면(김해 봉황동 유적 발굴조사 현황)에 근거해 추정한 수치이다.

인해 이 일대를 왕궁 터로 보는 설도 있지만, 최근 조사에서는 가야 유물이 확인되지 않았다고 한다.

'분성대盆城臺'가 세워진 지역은 조선시대 김해부 읍성 내 객사客舍(분성관盆城館)가 있던 지역이다. 함허정涵虛亭도 객사에 부속된 정자였다. 조선 후기 『김해부읍지』에 의하면, 객사인 분성관盆城館 경내에 분성대盆城臺라는 누정도 있었다. 1928년에 세워진 '분성대盆城臺' 비석은 이런 배경에서 후대에 만들어진 것으로 보인다. '분성盆城'이 수로왕이 수축한 토성이라는 '세전世傳'과 합해지면서, 근대에 들어와 '분성대盆城臺'가 왕궁 터와 관련된 유적처럼 와전된 것이다.

봉황대를 중심으로 형성되어 있는 회현리-봉황대 패총, 봉황토성은 구야국의 국읍과 관련된 방위시설로 파악된다. 봉황토성의 축조 시기는 4세기 이후로 추정되지만, 그 이전에 봉황대 구릉 사면을 따라 형성된 패총은 토루의 기능을 하였던 것으로 보인다. 해변에 위치한 국읍이라는 지형적 요인에 의해 패총과 토루가 결합한 경관이 나타난 것이다.

봉황대를 중심으로 한 국읍의 범위를 어느 지역까지 설정할지는 쉽지 않은 문제이다. 봉황대와 인접한 대성동 고분군 일대가 국읍의 범위에 포함되는 것은 문제가 없을 듯하다. 대성동 고분에서 출토되는 부장품이나 무덤의 입지 규모가 주변 유적들에 비해 우위에 있기 때문이다.

현재 김해지역에서는 크게 4개 권역에서 구야국 시기의 대규모 고분군이 확인되었다. 김해 예안리 고분군, 김해 양동리 고분군, 김해 칠산동 고분군, 김해 대성동 고분군 등이다.[115] 이 가운데 봉황대와 인접해 있는 대성동 고분군은 국읍의 묘지 유적으로 보이며, 나머지 3개 고분군은 국읍國邑 주변에 위치해 있던 읍락邑落의 고분군이라 파악할 수 있을 것이다.

115) 국립가야문화재연구소, 2007, 『가야무덤(가야고분)』 Ⅱ, 21~33쪽.

한편 2~3세기 양동리 고분군과 대성동 고분군의 위상에 대해서는 그동안 시각이 갈리는 부분이 있었다.[116] 이에 대해 고분 출토유물에 의하면 3세기 전반까지는 양동리 집단이 우위에 있었지만, 3세기 중엽 이후에는 구야국의 권력이 대성리 집단을 중심으로 이동했다고 보는 것이 일반적이었다.[117]

그런데 최근 봉황대와 대성동 고분 사이의 가야의 숲(현재 수릉원) 유적에서 1세기 구야국 최고 지배자급의 무덤으로 추정되는 목관묘(M3)가 발굴되었다. 이 무덤은 바닥에 요갱腰坑이 설치된 목관묘로 요갱 내에는 유기물의 흔적이 남아 있다. 목관 내부에서는 유기질 부채 2점, 칠이 된 쇠칼집 1점, 청동거울 1점이 출토되었다. 또한 목관 외부의 충전토에는 주머니호, 양이부호, 우각형파수부호, 청동과, 철환, 철모, 철부, 따비, 원통형칠기 등을 부장하였다. 무덤의 축조 시기는 출토된 토기로 볼 때 기원후 1세기 후반대로 보이며, 청동제 위세품과 철제 무기·농공구류, 장신구, 토기 등이 함께 출토된 것으로 보아 최고 지배자급의 무덤으로 추정된다.[118]

가야의 숲 3호 목관묘는 대성동 고분군 묘역이 남쪽부터 형성되어 확대되었음을 보여주는 유적이기도 하다. 대성동 고분군에서는 2세기 전반부터 목관묘가 형성되었는데, 목관 바닥 중앙에 요갱이 있는 형식도 확인된다. 가야의 숲 목관묘의 출토로 인해 대성동 고분군이 1세기부터 3세기까지 지속적으로 구야국의 최고 지배자급의 고분으로 위상을 차지하였던

116) 신경철, 1995, 「金海 大成洞·東萊 福泉洞 古墳群 點描-金官加耶 理解의 一端-」 『釜山史學』 19.
홍보식, 2000, 「考古學으로 본 金官加耶」 『考古學을 통해 본 加耶』, 한국고고학회.

117) 권오영, 1995, 앞의 글, 49쪽.
井上主稅, 2012, 「狗邪韓國の遺跡群」 『邪馬臺國をめぐる國々』(季刊考古學 別冊18, 西谷正 編), 雄山閣, 34쪽.

118) 정인성 외, 2012, 『嶺南地域 原三國時代의 木棺墓』(세종문화재연구원 학술총서2), 학연문화사, 353~7쪽.

것으로 이해할 수 있게 되었다.

양동리 고분군과 대성동 고분군의 위상은 유적의 입지에서도 비교가 된다. 양동리 고분군은 일반적인 원삼국시대 고분 입지와 비슷하게 야산의 구릉 사면 하단부에 분포하는 반면, 대성동 고분군은 단독으로 솟은 호형瓠形의 구릉 정상부에 축조되었다. 이러한 우월한 입지는 동래 복천동 고분군에서도 확인된다. 양동리 고분군에서도 낙랑계 유물, 왜계 유물 등 외래계 유물이 출토되어 주목할 만하지만, 고분의 입지에 의하면 대성동 고분군이 보다 우월한 국읍급의 고분 유적이었다고 추정된다.

한편 김해 퇴래리 고분에서 출토된 종장판판갑縱長板板甲을 근거로 퇴래리 집단을 대성동과 예안리의 중간에 위치한 읍락집단으로 추정하기도 한다.[119] 현재까지 출토된 고고자료를 근거로 구야국의 국읍 지역을 추정하는 것은 새로운 자료의 추가로 인해 유동적일 수밖에 없다. 신라 초기(사로국)의 국읍이 양산촌楊山村(양부梁部)과 고허촌高墟村(사량부沙梁部) 중심의 이원적二元的 구조였음을 고려하면,[120] 구야국에서도 봉황대~대성동 일대의 집단 외에 다른 집단이 추가로 국읍 세력으로 참여했을 가능성도 배제할 수는 없다.

다만 현재까지 봉황대 주변에서 확인된 패총(토루), 토성, 고분 유적의 존재를 미루어 보면, 구야국의 국읍은 봉황대를 중심으로 한 지역이었다고 판단할 수 있을 것이다. 국읍의 범위는 고김해만古金海灣의 지형을 고려할 때, 봉황대를 중심으로 서쪽으로는 해반천 건너 임호산林虎山, 동쪽으로 부원동 유적이 위치한 남산南山, 북쪽으로 구지봉龜旨峯으로 둘러싸인 지역이 아닐까 추정된다. 남쪽으로는 고김해만이 바로 접해 있는데, 봉황대 지역

119) 武末純一, 1992, 「韓國·禮安里古墳群の階層構造」『古文化談叢』 28; 권오영, 1995, 앞의 글, 50쪽.

120) 박대재, 2014, 앞의 글.

은 바다로 출입하는 중심 관문에 해당한다고 할 수 있다.

V. 맺음말

기존 연구에서는 삼한의 '국읍'을 일반 제국諸國(소국小國)의 중심 읍락으로 이해해 왔다. '국읍'은 『삼국지』 동이전에서 삼한에서만 보인다는 점에서 '읍락'과 같은 보편적인 개념으로 사용하기 어려운 점이 있다. 하나의 국으로 인식된 부여나 고구려와 달리 삼한에는 '한국韓國' 안에 70여 개의 '제국諸國'이 분포하는 구조였다. 이런 맥락에서 삼한에서 '국'은 부여나 고구려 등에서 사용된 일반적인 '국'의 개념과 차이가 있었다.

'국읍'의 용례를 검토해 보면, 제후의 '봉읍封邑'을 가리키는 것이 일반적이지만, 종종 외국의 '국도國都'나 성곽을 갖춘 '성읍城邑'을 가리킨 경우가 있다. 이 가운데 삼한의 '국읍'은 성곽을 갖춘 '성읍'의 의미에 가장 가까운 것으로 판단된다.

삼한의 70여 개 국은 대국大國과 소국小國으로 구분되는데, 둘 사이에는 크게는 10배의 인구 차이가 있었다. 신지臣智와 읍차邑借로 수장의 칭호에 차이가 있었던 것도 수준 차이를 시사해준다. 『삼국지』에 보이는 대·소국의 호수를 계산해 보면, 마한에는 대국이 5개 이내, 진·변한에는 대국이 8개 내외 분포했던 것으로 추정된다. 70여 국 가운데 대국이 10여 개 정도이고 나머지는 소국이었던 것이다. 하지만 인구의 대부분은 만 여가(마한) 또는 4~5천가(진·변한) 규모의 대국에 집중되어 있었다.

삼한의 국읍에는 제사장인 천군天君 1인이 제천의례를 주관하고, 정치적 군장인 주수主帥도 있어 주변 읍락을 통제했다. 비록 국읍 주수의 통제가 완벽하지 않았지만, 국중國中(국읍)에 큰 일이 있거나 관가官家에서 성곽城郭을 축조할 때 인민을 동원한 것을 보면 지배자의 범주에 해당된다.

『삼국지』에서는 마한에 성곽이 없다고 했지만, 다른 한편 국중國中의 관가官家에서는 성곽을 축조했다고 한다. 국중國中은 '국읍'과 동일한 의미로 보이며, 비교적 규모가 컸던 대국의 치소를 의미한다고 추정된다. 천군에 의한 제천의례와 주수에 의한 주변 읍락에 대한 통제가 이루어지던 제의·정치의 중심지였던 국읍이 삼한 70여 국에 일반적으로 분포했다고 보이지는 않는다. 대체로 성곽을 갖추고 있던 대국의 치소를 '국읍'이라고 칭한 것이라고 이해된다.

진·변한에는 마한과 달리 성책 또는 성곽이 있었다고 한다. 이것은 마한에 비해 진·변한지역에 대국이 보다 많이 분포하면서 상대적으로 성책(성곽)이 있다고 인식한 것이다. 마한에는 성곽이 없고 산해山海 간에 산재하고 있다고 기록한 것도 성곽이 없는 소국이 상대적으로 많았기 때문일 것이다.

이와 같이 '국읍'이 성곽을 갖춘 대국의 치소를 의미한다고 보면, 그와 상대되는 소국의 중심지는 '별읍'(소도蘇塗)이라고 파악된다. '소도'라고도 불린 별읍은 '솟터' 즉 상읍上邑(수읍首邑)이란 의미로 제정일치 단계에 있던 소국의 중심지며, 귀신 제사가 행해진 신성지역이었다. 소국의 별읍은 대국의 정치적·제의적 중심지인 국읍과 상대되는 제의적 중심지였다.

이상의 국읍國邑과 별읍別邑(소도蘇塗)에 대한 검토를 바탕으로 김해 구야국의 중심지를 살펴보면, 환호, 패총, 토성의 시설이 갖추어져 있는 봉황대 주변 일대가 단연 국읍의 후보지로 비정될 수 있다.

회현리 패총은 기원전후~4세기에 형성된 대규모 패총유적인데, 회현리 구릉부터 봉황대 구릉까지 약 400m에 이르는 긴 지역에 구릉 사면을 따라 호형弧形으로 형성된 것으로 추정된다. 회현리 패총과 같이 취락유적의 외곽을 따라 축조된 대형 패총은 장기간 지속된 거점취락의 존재를 시사해준다.

회현리 패총에서는 101점의 복골卜骨이 출토되었는데, 이것은 봉황대 일대가 제의의 중심지였음을 시사해준다. 소국 단계의 구야국 시기에는 봉황대 일대가 신성지역인 소도(별읍)로서 중심지 역할을 했을 것이다. 이러한 제의적 신성성은 이 일대가 구야국의 국읍으로 발전한 이후에도 계속 유지되었을 것이다.

봉황대 주변의 패총은 고김해만古金海灣(지금의 해반천)과 인접한 구릉 사면의 호안護岸 시설로도 기능했던 것으로 보인다. 패총이 거점취락의 외곽을 보호하는 토루土壘와 같은 방위시설이기도 했던 것이다. 4세기 이후에 축조된 봉황토성도 기존의 패총(토루) 시설을 연장해 확장한 외성이었다고 할 수 있다.

『삼국유사』에서는 신답평新畓坪에 수로왕首露王이 나성羅城과 궁궐, 관청 등을 축조했다고 하는데, 신답평 지역은 지금의 봉황대 주변 일대로 추정된다. 조선 후기의 『김해부읍지金海府邑誌』와 『대동지지大東地志』에는 김해의 토성 유적으로 '분성盆城'이 보인다. 분성의 규모가 둘레 8,683척이라고 했는데, 이것은 「가락국기」에 보이는 신답평 나성(외성)의 규모 1,500보(9,000척)에 매우 근접한 것이다. 최근 발견된 봉황토성이 위치나 규모로 보아 신답평 나성이나 분성토성과 관련될 가능성이 높다.

봉황대 북쪽에는 국읍의 묘지로 보이는 대성동 고분군이 위치해 있다. 그동안 양동리 고분군과 대성동 고분군의 위상을 둘러싸고 시각 차이가 있었다. 그런데 최근 가야의 숲 3호 목관묘 유적이 발견되면서, 1세기부터 대성동 일대가 지속적으로 김해지역에서 중심 고분군이었을 가능성이 높아지게 되었다.

현재까지 봉황대 주변에서 확인된 패총(토루), 토성, 고분 유적을 미루어

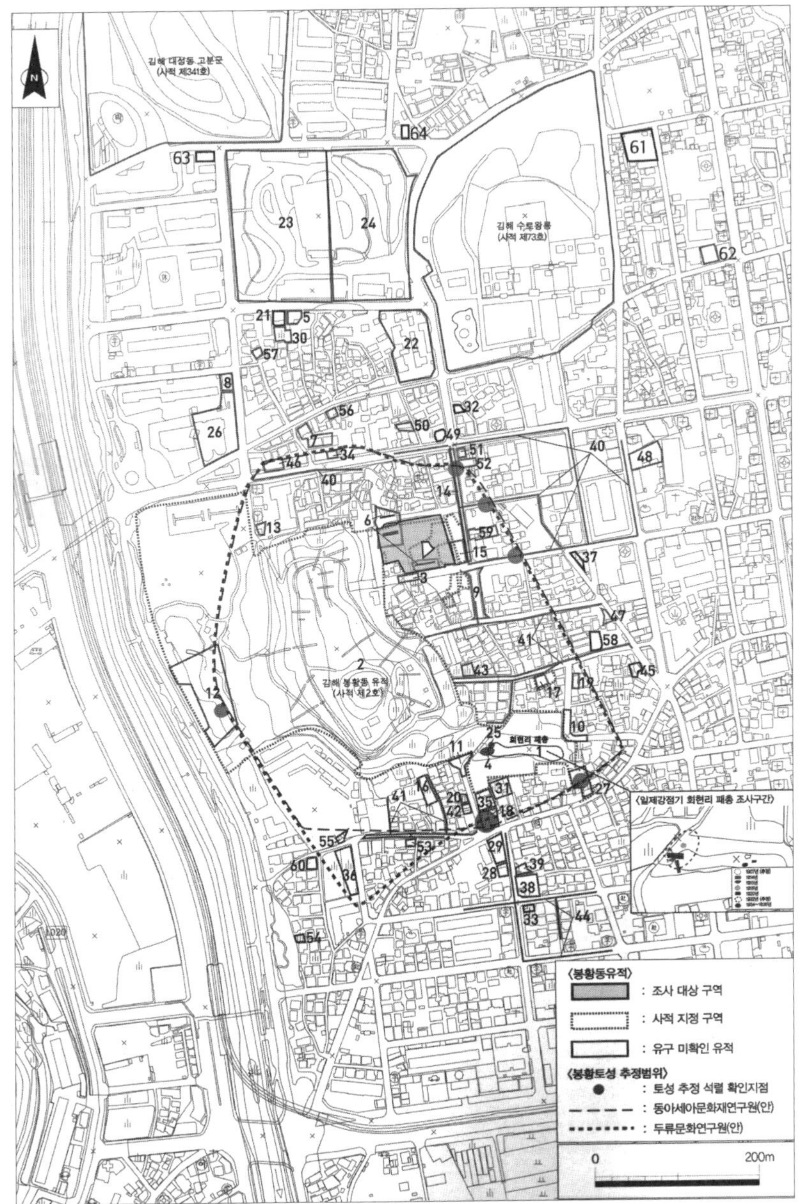

〈도면 1〉 봉황토성 추정범위(국립가야문화재연구소, 2015)

보면, 구야국의 국읍은 봉황대를 중심으로 한 지역이었다고 보인다. 봉황대를 중심으로 서쪽으로는 해반천 건너 임호산林虎山, 동쪽으로 부원동유적이 위치한 남산南山, 북쪽으로 구지봉龜旨峯으로 둘러싸인 고김해만古金海灣에 연한 지역이 국읍의 대체적인 범위가 아닐까 추정된다.

「삼한三韓의 국읍國邑을 통해 본 구야국狗邪國」에 대한 토론문

이 현 혜 (한림대학교)

이번 학술대회는 봉황동유적을 대상으로 변진弁辰 구야국狗邪國과 금관국의 정치 경제적 활동의 중심지 탐색과 그 발달 과정을 고찰하는 것이 중요 목적의 하나라고 생각된다. 지금까지의 한국고대사학계의 연구 성과에 의하면 『삼국지三國志』 위서魏書 동이전東夷傳에 나오는 '국읍國邑'이라는 용어는 삼한三韓 소국小國의 중심지를 지칭하는 것으로 해석되어 왔다. 그리고 삼한三韓의 소국小國은 다수의 읍락邑落으로 구성되었고 이들 중 정치, 경제, 이념적으로 중심 기능을 가진 대읍락大邑落을 국읍國邑으로 이해하고 있다. 그런데 "주수主帥와 천군天君이 함께 있던 곳이 국읍國邑이고 , 국읍國邑이 삼한 70여 국國에 균질적으로 존재했다고 보기는 어렵고 마한의 '대국大國'과 진·변한의 '대국大國' 가운데 성곽城郭과 관가官家를 갖추고 있던 중심지를 '국읍國邑'이라는 견해가 제시되었다.

그런데 만 여가에 달하는 마한 소국小國과 6-7백가에 불과한 진·변한 지역의 소국小國을 제외한 나머지 대부분의 삼한 소국小國들은 수 천가家 수준으로 볼 수 있다. 만약 소국小國의 규모를 국읍國邑 여부를 판단하는 중요 기준으로 삼는다면 수 천가 수준의 대다수 마한 소국小國에는 국읍國邑이 존재하지 않고 4-5천가 수준의 진·변한 지역의 소국小國에는 국읍國邑이 존재할 것이라는 논리가 된다. 물론 삼한 70여 소국小國의 상태가 균질적인 것이라고 할 수는 없겠지만 삼한의 각 소국小國들은 규모의 대소를 떠나서 대내외적으로 고유한 명칭을 지닌 독립적인 정치체들이다. 그리고 이들은 다수의 읍락군邑落群으로 구성되어 있었고 각 읍락邑落들은 거점취락과 다수의 취락군으로 구성된 개별 정치체들이다. 만 여가에 달하는 대국이라면 구성하는 읍락邑落의 수가 많았을 것이고 6–7백가 정도의 소국小國이라면 구성하는 읍락邑落의 숫자가 상대적으로 적었을 것이다. 그러므로 규모의 대소大小를 떠나 각 소국小國에는 어떤 형태로든 정치, 경제, 이념적으로 중심지 기능을 하는 대읍락大邑落이 있었을 것이므로 이를 국읍國邑으로 파악할 수 있을 것이다.

〈표 1〉『삼국지三國志』 한전에 보이는 호수戶數(호당 5명으로 인구수 추정, 박대재 발표문)

구분	대국大國	소국小國	합계
마한 (50여국)	10,000여 가家 (50,000여 명)	수천數千 가家	10여 만 호戶 (50여 만 명)
진·변한 (24국)	4,000~5,000 가家 (20,000~25,000명)	600~700 가家 (3,000~3,500명)	4~5만 호戶 (20~25만)

평양 정백동 364호분에서 나온 초원初元 4년(BC45)명 낙랑호구부 자료에도 보이듯이 각 현縣별 호수가 수 천호에서 2–3백 여 호에 이르기까지 편차가 대단히 크다. 이러한 양적인 차이가 해당 현의 질적인 차이라고 볼 수 없는 것처럼 소국小國의 대소 규모를 각 소국小國의 정치 사회적 발달 수준의 차이로 보기는 어렵지 않을까?

다음으로 국읍國邑이 정치, 경제, 의례 활동의 중심지로서의 대읍락大邑落이라고 한다면 취락의 공간적 분포형태는 일반 읍락邑落과 마찬가지로 중심 취락과 주변에 분포한 다수 취락군이 될 것이다. 이 경우 봉황동 일대의 유적이 구야국狗邪國 대읍락大邑落의 중심 취락에 해당한다면 국읍國邑에 속하는 주변의 다른 취락들의 공간적 분포 범위를 어떻게 잡을 것인가 의문이다. 그리고 가락국기駕洛國記에 나오는 9간干 세력의 중심지로서의 변진弁辰 구야국狗邪國을 구성한 읍락邑落의 분포 범위를 어떻게 추정할 것인가 하는 것도 중요한 문제이다. 예컨대 양동리유적의 경우, 봉황동유적군과는 별개의 읍락邑落의 중심지로 간주할 수 있겠고, 장유면 일대, 예안리 일대 역시 국읍國邑과 구별되는 또 다른 읍락邑落들로 볼 수 있을 것인지 검토되어야 할 것이다. 진한 사로국斯盧國의 예를 보면 월성月城을 중심으로 반경 15Km 내외 안에 다수의 목관묘, 목곽묘 유적들이 분포한다. 변진 구야국狗邪國 역시 봉황동 유적을 중심으로 구야국狗邪國을 구성한 다수 읍락邑落의 공간적 분포 범위를 추정할 수 있는 고고학적 자료와 방법론이 모색될 필요가 있다. 아울러 봉황동유적이 구야국狗邪國 초기부터 시종일관 구야국狗邪國의 중심취락으로 기능하고 있었는지의 여부에 대해서도 심도 있는 검토가 필요할 것 같다.

「삼한三韓의 국읍國邑을 통해 본 구야국狗邪國」에 대한 토론문

심 광 주 (토지주택박물관)

다음으로 박대재 선생님께 드리는 질문이다. 발표자는 『대동지지大東地志』의 기록에 읍성과 분산성盆山城, 분성토성盆城土城이 구분되어 있으며, 분성토성(8,638척)은 봉황토성일 가능성이 높다고 하였다. 그러나 『대동지지大東地志』에 기록된 조선시대 읍성(2.1km)을 기준으로 성곽의 규모를 감안할 때 분성토성은 조선시대까지 흔적이 잘 남아있었던 읍성의 외곽의 토성(5.4km)을 의미한다고 생각한다. 이 토성은 봉황동 토성 또는 김해 고읍성으로도 불리며, 발굴조사 결과 기단석을 갖추고 있으며 성벽기저부의 너비는 9m, 영정주간의 거리는 4.3m 정도이며 판축 토성으로 나말여초기 시기에 축성된 것으로 밝혀졌다. 또한 「가락국기駕洛國記」에 등장하는 신답평新畓坪 나성의 1,500보를 주척으로 환산하면 1.8km로서 봉황토성에 근접하므로 신답평 나성은 봉황토성을 지칭한다고 볼 수 있다고 생각하는데 이에 대한 발표자의 보완설명을 듣고 싶다.

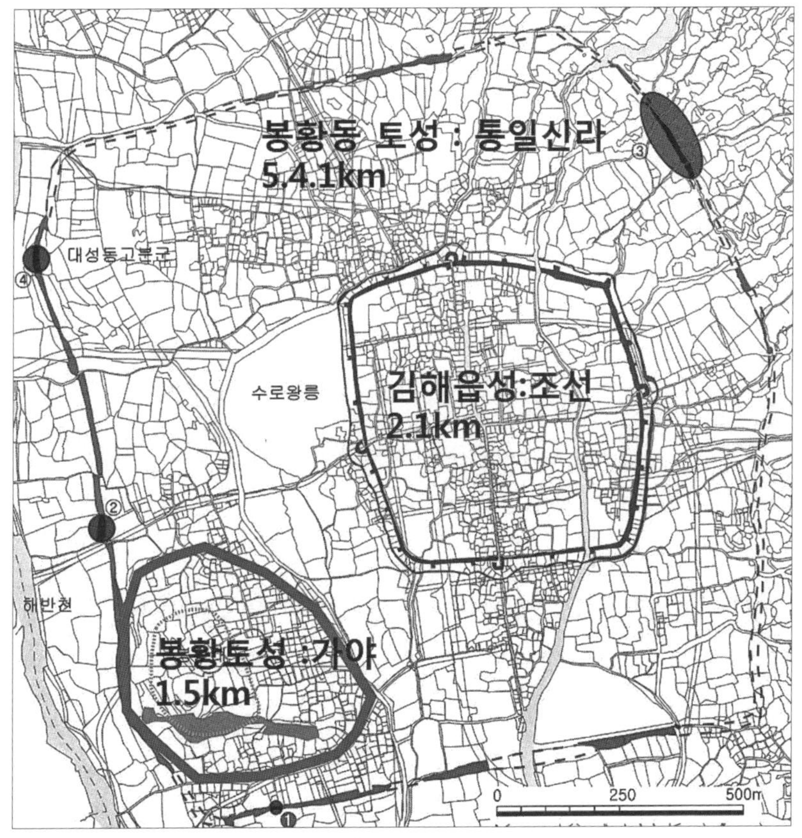

봉황토성, 봉황동 토성, 김해읍성 위치도[1)]

1) (재)동서문물연구원, 2010, 『김해 봉황동 토성지- 김해 봉황동 주택신축부지내(220-16) 유적-』17쪽 삽도(수정)

「삼한三韓의 국읍國邑을 통해 본 구야국狗邪國」에 대한 토론문

이 동 희 (인제대학교)

1. 발표자는 "중국 군현의 삼한에 대한 정보는 통상을 위해 군에 출입했던 하호 집단을 통해 간접적으로 수집된 것일 가능성이 높다."고 보았습니다.

이와 관련하여, 변진에 12개국이 알려져 있지만 '포상팔국'을 감안하면 변진에 더 많은 정치체가 있을 가능성이 높은데, 변진 및 삼한 소국의 수에 대해 부연 설명 바랍니다.

2. 『삼국지』한전에는 변진에 마한과 달리 성곽이 있었다고 하여 주목되는데, 이 '변진의 성곽'이 토성인지, 환호 및 목책인지 논란이 될 수 있습니다. 토론자는 후자라고 판단합니다.

그리고, 발표자는 3세기 중엽 이후에 봉황토성 축조가 이루어졌을 것으로 추정하셨지만, 현재까지의 조사성과로는 4-5세기대에 봉황토성이 축조된 것으로 파악됩니다.

삼한의 성곽에 대해 견해가 있으시면 밝혀 주시기 바랍니다.

3. 발표자는 "신라 초기(사로국)의 국읍이 양산촌楊山村(양부梁部)과 고허촌高墟村(사양부沙梁部) 중심의 이원적 구조였음을 고려하면, 구야국에서도 양동리와 대성동일대의 두 집단을 중심으로 하여 국읍이 성립되었을 가능성도 생각해 볼 수도 있다"고 주장하셨습니다.

고고학적 관점에서는, 구야국의 국읍이 양동리집단에서 대성동집단으로 이동했다는 설이 제기된 바 있습니다. 사로국 및 구야국 국읍의 이원적 구조에 대한 부연설명을 바랍니다.

成立期における日本古代の宮室

仁藤敦史*

目 次

はじめに－宮室から都城へ－

『古事記』や『日本書紀』には、初代の神武天皇から「橿原宮」のような宮号が記されている。しかしながら、その実在性については、原史料となった原帝紀が作られた六世紀以降にしか、確実性を求めることはできない。[1)]

五世紀以前においては、『三国志』魏書巻三十東夷伝倭人条に「宮室・楼観・城柵厳かに設け、常に人有りて兵を持ちて守衛す」とあり、

* 国立歴史民俗博物館

1) 本節の記載は、拙稿「王都」(『週刊朝日百科』一三、二〇一三年)、三七頁の記述を基礎とする。

中国側の史料によれば、すでに三世紀の邪馬台国の時代に卑弥呼の「宮室」が存在した。ただし、考古学的に公私の区別が明確に存在したかどうかは明らかではなく、むしろ公私の未分化な状態を「居処」や「宮室」と表現したものと考えられる。

初期の豪族居館の多くが短期(おそらくは一代)で廃絶していることは、王の「代替わり」を超越し、首長個人から峻別された恒常的な公的施設がまだ必要とされていなかったことを示している。大王による「歴代遷宮」もこのことと無関係ではない。

一方、日本側の資料としては和歌山県隅田八幡宮伝来の人物画像鏡銘に「男弟王、意柴沙加宮に在りし時」とあり、また埼玉県稲荷山古墳出土の鉄剣銘にも「獲加多支鹵大王の寺、斯鬼宮に在りし時」とある。ここに明記された「意柴沙加宮」「斯鬼宮」については諸説があるが、いずれも五世紀中葉から六世紀前半にかけて実在した宮であることについて異論はない。すでに遅くとも六世紀前半までには「ミヤ」が存在し、漢字の「宮」と結びついていたことになる。

さらに、内容的にも「ミヤ」は原義である「建築物」そのものを示す言葉から「大王が政治をおこなう施設の呼称」へと変化し、大王の治世たる「天下」と密接な関係を有する象徴的な用語となっていたことがうかがわれる。「宮」は六世紀代にはすでに他の一般住居とは質的に異なる複雑な家屋構造を有していたことが推定される。

ちなみに、推古朝ころの「某宮治天下大王」という表現と比較するならば、「記紀」によるいわゆる「歴代遷宮」の構想と対応した大王の「世々」と宮との一対一の対応は徹底しておらず、一代の大王が時間的な経過とともに複数の宮を経営していた可能性を示す表現になっている。「記紀」の記載に従うならば、磐余や飛鳥に宮が集中する継体朝以前、すなわち六世紀以前の宮の所在地が拡散していることと無関係ではないと考えられる。

六〇〇年の非公式な遣隋使派遣時には隋の文帝などから政務方式の未整備を非難された倭国は、隋の制度にならい、冠位十二階や十七条憲法などを早急に整備し、儀礼空間としての小墾田宮を造営した。飛鳥岡本宮以来、代替わりごとに新宮が飛鳥の同じ地に繰り返し造営された。まだ飛鳥の地には条坊地割などは行われておらず、役所や豪族の邸宅も分散的で、その名称も「飛鳥京」ではなく大きな広がりを示すため「倭京」と呼ばれた。

わが国初の律令制都城は、天武天皇の構想をもとに妻であった持統天皇が「新益京」として完成させた。大宝令以降には、左京·右京に分化された初の条坊制都城となった。唐の都·長安の都城制を模して造られた平城京は東西四·三キロ、南北四·八キロの広さであった。

その後、八世紀末には、水陸の便に考慮して副都難波京を廃止し、山背への遷都がなされ、長岡京そして平安京へ遷都した。古代の遷都は、権力的には天皇権力の確立および国家のみに従属する都市貴族の育成、経済的には米の消費の増大にともなう水陸交通の重視などが大きな課題となり、平安遷都によりそれらが一定の達成を迎えたことにより約一千年間「動かない都」になった。

1. 卑弥呼の宮室を考える論点

『三国志』魏書東夷伝倭人条に「宮室·楼観·城柵厳かに設け、常に人有りて兵を持ちて守衛す」とみえる卑弥呼の宮室は、どのようなものであったか。以後の宮室や都城の成立過程を考える場合には、この記載の位置付けが必要となる。まずは、この疑問を解決するための論点と視角を提示する。

第一には、「居所·宮室·楼観·城柵」の解釈である。中国史書に見られる類似の用例から、その実態にせまる可能性がある。

第二には、都市理論の問題で、古代日本に都市は存在したかという理論的かつ根本的な論争が続けられているが、近年では都市性(アーバニズム)という要素の強調により克服しようとする動きが顕著である。卑弥呼の宮室の有力な候補地である纏向遺跡には、東海系土器の割合が高いことなど指摘されている。

第三は豪族居館の問題で、古墳時代における豪族居館は、多くの場合、公私の未分化と一代限りの短期性が特徴として指摘されている。卑弥呼の宮室にもこうした性格を及ぼすことができるか検討する必要がある。具体的には、私的な居所と公的な宮室の使い分けという理解の妥当性が問題となる。

第四には歴代遷宮の問題で、卑弥呼の王権と初期ヤマト王権との連続性の検討が問題となる。初期ヤマト王権の宮は、「記紀」の記載によれば、一代ごとに遷宮をしているが、その記載がどの程度の史実を語っているかかが検討の対象となる。

2. 卑弥呼の宮室

まずは、『三国志』東夷伝を中心とする建造物を示す用語の記載を検討したい。[2)]

2) 佐伯有清『魏志倭人伝を読む』下、吉川弘文館、二〇〇〇年。

【屋室】

民衆レベルの住居については、次のような記載がある。

『三国志』東夷伝倭人条

有屋室、父母兄弟臥息異処。

一般民衆の住居は「屋室」と表現され、父母兄弟の寝室は異なっていたとの記載がある。なお、『後漢書』倭伝には「有城柵·屋室」との記載があり、さらに居宅を囲む施設の存在が書き加えられている。一般民衆の建物は、考古学的にも、後の『万葉集』などの文献的な記載によっても、一軒の家屋がいくつかの部屋に分かれていた様子はなく、父母兄弟が区画を異にする別室に居住したとは解釈しにくい。おそらくは、別棟の居住をこのように表現したものか、あるいは単なる修辞的な意味が強いか、上層階層の屋敷をイメージしたものと考えられる。

【邸閣】

倭人伝に見える建造物としては、さらに「邸閣」という表現がある。

『三国志』東夷伝倭人条

収租賦有邸閣。

「邸閣」の解釈については、日野開三郎による専論があり、[3] 税を納

3) 日野開三郎「邸閣－東夷伝用語解の二－」(『東洋史学』六、一九五二年)。

める軍用倉庫との理解がなされている。すなわち、『三国志』に見える「邸閣」の用例としては、

『呉志』巻十五、周魴伝
東主頃者潛部分諸将。図欲北進。……別遣従弟孫奐治安陸城。修立邸閣。輦貲運糧。
以為軍儲。

（東主の主君は、近ごろ秘かに武将たちに指示を与え、北方へ軍を進めようと図ってい る。……別に従弟の孫奐を派遣して安陸城を修繕し、軍用倉庫を建てて、そこに資財や 食料を運び込み、食料の備蓄を行った）

『魏志』巻十五、張既伝
酒泉蘇衡反。与羌豪鄰載及丁令胡万余騎攻辺県。既与夏侯儒撃破之。衡及鄰載等皆降。
遂上疏請。与儒治左城。築障塞置烽侯·邸閣。以備胡。

（酒泉の蘇衡が反逆し、羌族の有力者鄰載および丁令の蛮族一万余騎とともに国境の 県を攻めた。張既は夏侯儒とともに彼らを撃破し、蘇衡と鄰載らはすべて降伏した。かくて上奏して夏侯儒とともに左城を修理し、砦を杵築きのろし台·軍用倉庫を置いて蛮族に備えたいと請願した）

とあるように「邸閣」が、兵糧を収めた軍用倉庫を示すことが知ら

れる。

その他にも合計十数例の用例が「三国志」に見える。長安の屯将李傕の軍営には邸閣があり、そこに絹二万匹と売馬百匹の代価とが儲積されていた(『魏志』巻六、董卓伝)、牛渚営の邸閣に糧穀とともに戦具が貯積されていた(『呉志』巻一 孫策伝)、などの記載によれば、「邸閣」には糧食が貯えられ、また貨幣的物品である絹や戦具などが貯えられていたと考えられる。

また、雄父の邸閣には三十万斛の米があり、南頓の大邸閣には軍人四十日分の糧を備えていた(『魏志』巻二七、王基伝)、とあるによれば「邸閣」の規模は、すこぶる壮大であり、貯積量はおびただしい額にのぼっていたことになる。

さらに、呉は蛮地への街道を開き、互市を通じてその利を収めると共に、彼らの侵入に備えて軍用倉庫を設置した(『呉志』巻二、孫権伝赤烏八年八月条)。将軍全宗は、魏が呉に対する辺防上の要害屯軍地に置いた安城の邸閣を焼いた(『呉志』巻二、孫権伝赤烏四年四月条)。横門の邸閣は魏と蜀とを結ぶ交通幹線上の要地に設けていた魏の邸閣で、蜀との抗争に備えた(『蜀志』巻十、魏延伝)、蜀は対魏進撃のために街道上の要地に置いた斜谷口に邸閣を置き、兵糧を積貯していた。(『蜀志』巻三 後主伝建興十一年冬条)、などの記載がある。一方、役職としても「邸閣督」の語が見えるが、抜擢後に、ようやく県令に至る微官であった(『蜀志』巻十五、鄧芝伝)。

このように軍用倉庫である「邸閣」の築造地は、必然的に軍事上の要地であり、重要都市およびその近辺、交通上の要衝、異民族·他政権との境界線上の辺防要地などに置かれていた。

なお、晋代の邸閣についても、穀物を多く備えた倉庫であること、軍用倉庫であること、河川の流域に設定される場合が多いこと、邸閣の直接の管掌者は邸閣督であり、邸閣への軍糧の漕運と蓄積は度支校尉の役割であったことが指摘されている。[4)]

以上によれば、「倭人伝」に見える邸閣も租賦を収める大規模な軍用倉庫であったと考えることができる。

倭国での租賦は、収穫物の一部を初穂として司祭的首長に貢納する慣行から始まったとされるが、この場合にはやや異なり、単なる宗教的·儀礼的貢納だけではなく「倭国乱」と表現される軍事的緊張状態を背景とした、軍事的な首長による強制的生産物収取が行われていたことが「収租賦有邸閣」の表現から伺われる。

【市】

交易拠点としての市場については「倭人伝」に記載がいくつか見える。

『三国志』東夷伝倭人条

「対馬国……無良田、食海物自活。乗船南北市糴」

「一大国……差有田地、耕田猶不足食。亦南北市糴」

「収租賦、有邸閣。国国有市、交易有無。使大倭監之」

島国と推測される対馬国と一大(支)国の記載には、自給自足するだけの田地が不足しているため、船に乗り「南北市糴」を行い、物々交換により食料を求めていた様子が記載されている。一大(支)国に

4) 佐久間吉也「晋代の邸閣について」(佐藤博士還暦記念『中国水利史論集』国書刊行会、一九八一年)。

比定される壱岐島には、弥生時代の原ノ辻遺跡やカラカミ遺跡があり、朝鮮半島との交流を示す遺物が発掘されている。

前述の『呉志』孫権伝に、互市を通じてその利を収めると共に、彼らの侵入に備えて軍用倉庫(邸閣)を設置したとあるによれば、市場のある場所に軍用倉庫が存在したが、倭国においても「邸閣」と市がセットで語られていることに留意する必要がある。国々の市を監督したとある「大倭」とは、「倭人」のうちで勢力の大きな「大人」を示すものか、あるいは「邪馬台国」からの派遣官なので大倭＝ヤマトと表現されたとも考えられる。

また東夷伝にも活発な交易を示す記載が存在する。

『三国志』東夷伝韓(馬韓)条

乗船往来、市買中韓。

『三国志』東夷伝韓(辰韓)条

国出鉄、韓·濊·倭皆従取之。諸市買皆用鉄、如中国用銭又以供給二郡。

とりわけ、後者の記事は鉄を中国の貨幣のように用いて交易することが述べられ、倭人も鉄を必要としているようすがうかがわれる。

【卑弥呼の居所】

倭人伝には、魏から認められて倭国の女王となった卑弥呼は、邪馬台国を都としており女王国とも呼ばれていた。彼女の居所については以下のような記載がある。

『三国志』東夷伝倭人条

自為王以来、少有見者。以婢千人自侍。唯有男子一人給飲食、伝レ辞出入居所、宮室

·楼観·城柵厳設、常有人持兵守衛。

卑弥呼の居住場所については、「宮室·楼観·城柵、厳かに設け、常に人有りて兵を持ちて守衛す」とある。この記載によれば、卑弥呼の宮殿には、物見櫓やそれを取り囲む城柵などが厳重に設けられ、常に武器を持った人々がこれを守衛していた。前後の文章によれば、宮殿の奥に卑弥呼は住まい、王になってからは人々の前に姿を現すことはなかった。宮殿では女性の召使い千人が卑弥呼の身の回りの世話をした。ただ一人の男子だけが食べ物を給仕し、その言葉を伝えるため居所に出入りしたという。このように中国側の史料によれば、すでに三世紀の邪馬台国の時代に卑弥呼の「宮室」が存在したとある。卑弥呼の宮殿は、考古学的発掘成果や家屋文鏡などから推測すれば高床式建物·平屋の掘立柱建物·竪穴住居および高床の倉庫群などから構成されていたと考えられる。とりわけ、佐賀県吉野ケ里遺跡から年代はずれるが、環濠や物見櫓などのほか二重の壕で囲まれた大規模な高床式建物が発見され、卑弥呼の宮殿を推測する大きな手がかりとなっている。すなわち、北墳丘墓の南二〇〇メートルの地点に二重の壕で囲まれた中にある総柱の建物(ＳＢ一一九四)がそれである。一辺が約一二·五メートルで、縦横に四本ずつ計十六本の柱が立ち、楼風の建物が想定されている。[5] 宮殿の周囲には、召使

5) 佐賀県教育委員会『平成4年度·5年度吉野ヶ里遺跡発掘調査の概要－墳丘墓と北内郭跡を中心にして－』吉川弘文館、一九九四年。

い・兵士・男弟・大人などの住居や「まつりごと」の空間、工房なども存在したと推測される。

なお『隋書』倭国伝には、

唯有男子二人給王飲食、通伝言語。其王有宮室・楼観・城柵皆持兵守衛。

ともあり(男子は二人とある)、居所がなく宮室・楼観・城柵の三者のみが併記されており、居処は「宮室・楼観・城柵」という三者の総称として記されたと考えられる。これによれば卑弥呼の居所には「宮室・楼観・城柵」が存在したと解釈される。

ただし、『後漢書』倭伝には

唯有男子一人給飲食、伝辞語、居処・宮室・楼観・城柵。

ともあり、「居所・宮室・楼観・城柵」の四者を並列させる解釈もされている。あるいは「居所の宮室」という解釈も可能である。

この問題を考えるヒントとなるのは、東夷伝における以下の記載である。

『三国志』東夷伝韓条
居処作草屋・土室、形如冢。其戸在上、挙家共在中、無長幼男女之別。

まず、ここでは塚のような草屋根の土室、戸口は上にあり、家はその中(土中)＝竪穴住居との説明があり、明らかに草屋と土室を居所の用語で代表させていることが確認される。

【居処】

さらに、以下のような東夷伝における居所の用例をみると、いずれも住居の意であり、居処の用語により住居を代表させていることは明らかとなる。

『三国志』東夷伝東沃沮条

食飲、居処、衣服、礼節有似句麗。

(参考)『後漢書』東夷伝東沃沮条

言語、食飲、居処、衣服有似句麗。

『三国志』東夷伝濊条

疾病死亡輒捐棄旧宅、更作新居。…… 居処雑在民間。

『三国志』東夷伝弁辰条

弁辰与辰韓雑居、亦有城郭。衣服·居処与辰韓同。

これらの事例よれば、東夷伝の風俗記事として、言語·飲食·衣服と並んで、「居所」が住居の意味で用いられていることが明らかとなる。したがって、卑弥呼の「居所」についても「宮室·楼観·城柵」という三者の総称として用いられていると判断される。

【宮室】

それでは以下で、「宮室·楼観·城柵」の3つの用例を検討する。

『隋書』倭国伝(前掲)

唯有男子二人給王飲食、通伝言語。其王有宮室・楼観・城柵皆持兵守衛。

『隋書』の記載によれば、王の宮室であることを明言しており、この点を重視するならば、宮室は王の宮殿と解釈される。

一方、東夷伝には夫余の風俗記事として、定住生活をし、倉庫や牢獄と並んで「宮室」の表記がある。また高句麗でも民衆の家屋ではあるが、神を祀る施設として「宮室」の用例がある。

『三国志』東夷伝夫余条

其民土著、有宮室・倉庫・牢獄。

『三国志』東夷伝高句麗条

其俗節食、好治宮室。於所居之左右立大屋、祭鬼神、又祀霊星・社稷。

夫余と高句麗の事例は、いずれも風俗記事に見え、民衆の家屋とも考えられるが、特徴的な施設を列記したとも考えられるので、民衆の「家々」とは異なる君主や有力者(大人)の居所とも考えられる。高句麗では風俗として建物(宮殿)を建てることを好むとある。居所の近くに「大屋」を建て、鬼神を祭るともある。ここでは神殿としての大型建物の存在が知られる。

前述したように卑弥呼の宮室が後の内裏ように私的空間・公的空間が区別されていたかは重要な問題である。考古学的に公私の区別が明確に存在したかどうかは明らかではなく、むしろ公私の未分化な状態を「居処」や「宮室」と表現したものと考えられる。

まず「宮」の漢字の語義については、キュウ・グウあるいはクと音で訓まれ、基本的語義としては、①いえ·すまい、②かき、③とりかこむ·めぐる、④へや、⑤奥のへや、⑥みや、などがある。『説文』には「宮、室也」とあるように「室」と同義で、古代中国では住居とりわけ天子の住まいを意味する文字であった。[6] 和訓では「ミヤ」と訓み、語源としては「屋(ヤ)」「宅(ヤケ)」に尊称をあらわす接頭語の「御(ミ)」がついたものとされる。[7] すなわち、『出雲国風土記』神門郡宇比多伎山条には、この山自体が大穴持命の社であるとして「大神之御屋也」との表現があるように「宮」とは「御屋」であり、一般民衆の屋に対して神や首長の建物を尊称した名であることが知られる。元来、宮は一般の屋とは同じもので区別されなかったが、やがて首長が共同体成員と質的に区別される存在となるにつれて屋の中から「御屋」=「宮」が成立したと考えられる。ちなみに、木村徳国氏によれば、「屋」の語が有するイメージは、「殿」が大陸風の高級構造物を示すのに対して、建築材料としての植物性材料への愛好と鉱物性材料への拒否がみられ、自然との調和を求め、建築の物質的な壮麗華美を追求しないことが特徴であるとされる。[8]

「宮室」の語は後の天武天皇による複都宣言の詔には「およそ都城·宮室、一所にあらず、両参造らむ」とあり(『日本書紀』天武十二年十二月庚午条)、また桓武天皇の長岡京造営時にも「都城を経始して、宮殿を営作す」とある(『続日本紀』延暦三年六月己酉条)。七世紀後半以降には「都城」と「宮室」あるいは「宮殿」が対になって表現されており、中国的な都城と伝統的な宮室が別なものであるという考えが当

6) 諸橋轍次『大漢和辞典』三修訂版第二刷、大修館書店、一九八六年。
7)『日本国語大辞典』一二、小学館、二〇〇一年。
8)『上代語にもとづく日本建築史の研究』中央公論美術出版、一九八八年。

時の支配層に存在したことになる。都城制以前にさかのぼっても、神武天皇の「橿原宮」を「帝宅」と表記するように(『日本書紀』神武即位前紀己未年三月是月条)、「宮室」は本質的に王の私宅であり、古くからの家産制的な執務機関を象徴していた。さらに、仁徳天皇の難波高津宮についても「私曲の故」に「宮垣·室屋」を修理しなかったと伝える(『日本書紀』仁徳天皇元年正月己卯条)。また、初期の豪族居館の多くが短期(おそらくは一代)で廃絶していることは、王の「代替わり」を超越し、首長個人から峻別された恒常的な公的施設がまだ必要とされていなかったことを示している。大王による「歴代遷宮」もこのことと無関係ではない。これらによれば卑弥呼の邸宅についても、まだ「宮室」は公的なものではなく、女王の私的な邸宅としてしか位置づけられていなかった可能性が高い。卑弥呼の共立により倭国乱は一応克服されたが、それはあくまでも「一代限りの平和」であり、卑弥呼の宮殿も個人的な資質に依拠するところが大きかったがために、彼女と一体であり、その死とともに放棄されたことが想定される。

【楼観】

つぎは楼観について検討する。

『後漢書』単超伝

皆、競起第宅、楼観壮麗。

この記載によれば、邸宅の中にある高殿を楼観と呼んだと推測され、物見櫓や祭殿ではなく高殿を示すと考えられる。三国時代の楼閣として公孫讃は「楼櫓千重」と豪語し、「讃諸将家家各作高楼、楼以千計」とも注釈されるように諸将の家々を合わせれば千に及んだとある(『三国志』魏書第八、公孫讃伝)。また吉野ヶ里遺跡の大型建物の性格として楼閣と考える説が有力である。

【城柵】

東夷伝の記載によれば諸国には城柵が存在した。

『三国志』東夷伝夫余条

作城柵皆員、有似牢獄。

『三国志』東夷伝辰韓条

有城柵。

『後漢書』倭伝

有城柵·屋室。

唯有男子一人給飲食、伝辞語、居処·宮室·楼観·城柵。

城と柵のそれぞれの意味は、柵が木柱列を並べた施設であるのに対して、城は環濠から掘り上げた土を土塁として廻らす施設で、壕は必ずしも必要とされない。なお、馬韓·弁韓条には、城郭(囲郭集落)の表現も見える。

【小結】

これまでの検討によれば、市場の近くには「邸閣」という軍用倉庫があり、「倭国乱」と表現される軍事的緊張状態を背景とした、軍事的な首長による強制的な生産物収取が存在したと推測される。卑弥呼の居宅は、宮室・楼観・城柵という施設から構成され、宮室は宮殿、楼観は物見櫓、城柵は木柱列と土塁であったと考えられる。

3.記紀に見える宮室

先述したように『出雲国風土記』神門郡宇比多伎山条には、この山自体が大穴持命の社であるとして「大神之御屋也」との表現がある。

『出雲国風土記』神門郡宇比多伎山条(前掲)
大神之御屋也。

「宮」とは「御屋」であり、一般民衆の屋に対して神や首長の建物を尊称した名であることが知られる。元来、宮は一般の屋とは同じもので区別されなかったが、やがて首長が共同体成員と質的に区別される存在となるにつれて屋の中から「御屋」=「宮」が成立したと考えられる。

【タカドノ】
『日本書紀』には、以下のように楼・閣・台(宇)・(高)堂・観などと表現された高殿(高層建築)が見える。[9]

9) 辰巳和弘『高殿の古代学』白水社、一九九〇年、木村徳国『上代語にもとづく日本建築史の研究』中央公論美術出版、一九八八年。

台宇(海宮)　　　ー 神代十段本文

楼台(海宮)　　　ー 神代十段第一

高台(大隅宮)　　ー 応神二十二年三月条

「遠望」の行為／『古事記』仁徳段の「高台」と同じか

高台(大隅宮)　　ー 応神二十二年四月条

高台(高津宮)　　ー 仁徳四年二月条

『古事記』仁徳段は「高山」で「国見」を目的

台(高津宮)　　　ー 仁徳七年四月条

高台(高津宮ヵ)　ー 仁徳三十八年七月条

目的「避暑」ー「避暑殿」(顕宗元年六月条)

楼(山宮)　　　　ー 雄略即位前紀

『古事記』では「殿」／「遊目」(見回す)の行為／「楼下」の空間

楼閣·楼(朝倉宮)　ー 雄略十二年十月条

高堂·堂(安羅)　　ー 継体二十三年三月条

楼(川原直宮邸宅)　ー 欽明七年七月条

「騁望」の表現 渡来系氏族

高楼(高麗王宮)　　ー 欽明二十三年八月条

楼(穴穂部皇子宮)　ー 崇峻即位前紀

「楼上」「楼下」／宮内の建物／戦闘に利用

観(両槻宮)　　　　ー 斉明二年是歳条

楼(蘇我赤兄邸宅)　ー 斉明四年十一月

「登楼」軍議の場

これらの事例を集約するならば、(高)楼(閣)は八例、(高·楼)台(宇)は七例ある。さらに(高)堂が二例、観が一例確認される。全体としては楼あるいは高台の用例が多い。「昇堂」「堂下」「堂上」の用例があるように、高堂は基壇を有する中国的建築と推定される。高句麗王宮については高楼の表現があり、高楼は高句麗建築特有の表現と推測される。一方、観も斉明紀の記述に見え、「両槻宮」「天宮」「周垣」の表現からは道観(道教寺院)で中国風のものであったと考えられる。用語としては高台と台、高堂と堂、楼閣と楼、台と楼の互換性が指摘できる。おそらく楼と高台は基本的に同一実態を示すと推測される。中国では台は基壇の存在が重要とされる。基本は台＝楼で、仁徳紀の前後で異なっている用字をしているが、おそらくは『日本書紀』の巻ごとの用字法の差にすぎず、同一の高層建物を示すと考えられる。高台は「登高台以臨遠」(文選)のように、遠望(国見)から導き出された漢文様式的用語であろう。

一方、木簡表記との比較においては「殿」と「楼」の互換が確認される。

「南楼」(『続日本紀』天平八年正月丁酉条) 南殿との写本もあり

「南楼」(『続日本紀』天平二十年正月戊寅条)

「高殿」「西高殿」「東高殿」(平城宮木簡七－11898～11900)

これらの記載は、第一次大極殿院南面築地回廊の東西楼(ＳＢ7802·18500)に比定されるもので、同一実態を示すと考えられる。

つぎは訓について神代第十段本文·第一と『丹後国風土記』逸文を比較する

神代十段の「海神宮」—「台宇ﾀｶﾄﾞﾉﾉﾔ・ｳﾃﾅ・ｳﾃﾅﾔ」「楼台ﾀｶﾄﾞﾉﾔ・ﾀｶﾄﾞﾉﾐｳﾃﾅ・ﾐﾀｶﾄﾞﾉｳﾃﾅ」

亀比売の「蓬山」宮—「闕台ｳﾃﾅ」「楼堂ﾀｶﾄﾞﾉ」

いずれも漢文的修辞であり、訓は一定せず、内容に実態はないが、いずれも訓に「タカドノ」の訓が含まれていることは重要である。和訓では高層建築を「タカドノ」と呼んでいたことが知られる。

一方、『万葉集』や『風土記』には「高屋」との表記も散見する。

『万葉集』38番歌—吉野宮の「高殿」で「登り立ち」国見

『万葉集』1706番歌—「高屋」／地名の可能性も—「和名抄」には七例

『出雲国風土記』神門郡高岸条—「高屋を造り、高椅を建てて、登り降らせて」

風土記の例では「高床張りの建物」となっている。「高屋」と表記して「タカドノ」と呼んでいたと考えられる。

さらに、律令には「楼閣」の用例もある。

『令義解』営繕令私第宅条

「凡私第宅。皆不得起楼閣。臨視人家」

この法令の意味は、「楼閣」は、人家を臨視できるので、王宮内だけに建てることができ、私宅には建築禁止とされている。楼閣は高屋の惣名であり(営繕令私邸宅条古記)、楼は重屋·閣は楼なり(同義解他)との注釈もある。ここでも倭国的な「高屋」と、中国的な「楼閣」が対比的に記載されている。楼閣とは重層になった高い立派な建物であったことが確認される。

実例においても正史には恵美押勝(藤原仲麻呂)が私宅に楼を構えて内裏を臨み不臣の誇りを得たとあるように、臣下が高層建築を建てたので、非難される記事がある。

『続日本紀』宝亀八年九月丙寅条(藤原良継薨伝)
太師押勝起宅於楊梅宮南。東西構楼。高臨内裏。南面之門便以為櫓。人士側目。稍有不臣之譏。

さらに、雄略紀にも楼閣建築についての伝承がある。

『日本書紀』雄略十二年十月壬午条ー楼閣・楼(朝倉宮)
天皇命木工鶏御田、〈一本云猪名部御田、盖誤也。〉始起楼閣。於是御田登楼。疾走四面、有若飛行。時有伊勢采女、仰観楼上……。

大王雄略は木工闘鶏御田に命じて始めて「楼閣」を造らせたとあり、朝倉宮に楼が存在したとある。「楼登」「仰観楼上」の表現からは高層建築で、「四面」とあることから方形建物がイメージできる。大王雄略は「堅魚木」や「楼閣」を大王の独占物とすることで、王宮を他の建造物とは隔絶した存在にまで高めた人物として描かれている。

以上の検討によれば、殿(トノ)のうち高層の建物を「楼・台」と表記し、高殿(タカドノ)あるいは高屋(タカヤ)と呼び、主に遠望(遠望・国見・遊目・騁望)を目的としていたと考えられる。

【家屋文鏡】

さらに古墳時代の宮殿建築を考える素材としては、佐味田宝塚古墳出土の家屋文鏡があげられる。佐味田宝塚古墳は、奈良西部馬見古墳群に位置する四世紀後半ごろと推定される全長103メートルの前方後円墳である。したがって、そこから出土した鏡に描かれた家屋は四世紀有力首長の居館の建物構成を知ることができる貴重な資料といえる。そこには以下のように異なる四つのタイプの建物が描かれている。

A 入母屋型屋根の伏屋建物－雷文·神·キヌガサ

B 切妻型屋根の高床建物 －樹木·鳥

C 入母屋型屋根の高床建物－雷文·神·キヌガサ

D 入母屋型屋根の平屋建物－樹木·鳥

これまで考察してきた建物の類型を当てはめるならば、おそらくAは竪穴住居で室(むろ)と表記されるもので、大きい集会所ともされる。Bは高床倉庫の倉(くら)、Cは国見ができるような宮殿の楼閣(たかどの)、Dは殿(との)あるいは堂に比定される。

AとCに表現されている雷文と神を考える場合参考となるのは、以下の伝承である。

『釈日本紀』所引『山城国風土記』逸文

人と成る時に至りて、外祖父、建角身命、八尋屋を造り、八戸の扉を竪て、八腹の酒を醸(カ)みて、神集(カムツド)へ集へて、七日七夜楽遊したまひて、然して子と語らひて言りたまひしく、「汝の父と思はむ人に此の酒を飲ましめよ」とのりたまへば、即(ヤガ)て酒坏を挙(ササ)げて、天に向きて祭らむと為(オモ)ひ、屋の甍を分け穿ちて天に升(ノボ)りき。乃ち、外祖父のみ名に因りて、可茂別雷命と号(ナヅ)く。謂はゆる丹塗矢は、乙訓の郡の社に坐せる火雷神(ホノイカツチノカミ)なり。

これは「山城風土記」逸文に見える賀茂神社の縁起であるが、注目されるのは、可茂別雷命が八尋屋の甍から天に昇ったとある記述である。さらに『日本書紀』神代紀第七段には

素戔嗚尊が天照大神がこもる斎服殿に馬の死体を「殿の甍」から穿ち投げ入れたとある。これらの伝承によれば、(雷)神は屋根の棟(甍)を目標に去来することが想定される。このように考えるならば、AとCには雷文と人物の画像があり、雷神の表現かと想定される。さらにBとDには鳥が描かれ祖霊の表現とも考えられる。AとCにはキヌガサが描かれ、貴人の住居に蓑笠を着た神が行幸しているありさまを象徴しているとも考えられる。[10)]

さらに、前述した『三国志』東夷伝高句麗条には「立大屋、祭鬼神」とあるように、高句麗では居処の近くに大屋を立てて鬼神を祭るというAに表現された祭祀と類似のものが確認される。

さらに考慮すべきは、中国古典の思想によれば、冬と夏の住居が別で粗末であったと説明され、倭国においても『易経』を引用して、そのように考えられていたことである。

10) 堀口捨己「佐味田の鏡の家の図について」『古美術』一九六、一九四八年。

『礼記』礼運篇

昔者先王、未有宮室。冬則居営窟、夏則居檜巣。

『続日本紀』神亀元年十一月甲子条

上古淳朴、冬穴夏巣、後生聖人代、以宮室。

家屋文鏡にも宮室の新旧や季節が表現されている可能も考えられる。すなわち、Aのキヌガサのある伏屋建物(竪穴住居の窟)は古い時代の宮室の可能性が指摘でき、室(ムロ)と表現されるものに相当すると考えられる。一方、Bについては出雲大社の建築が参考となる。

『古事記』上巻 国譲り段

唯僕住所者、如天神御子之天津日継所レ知之登陀流〈此三字以音。

下効此。〉天之御

巣而、於底津石根宮柱布斗斯理、〈此四字以音。〉於高天原氷木多迦

斯理〈多迦斯理

四字以音。〉而、治賜者、僕者、於百不足八十坰手隠而侍。

大国主の宮は、「天の御巣」のように立派に造ることを希望したとある。Bは切妻屋根で、同じく切妻の出雲大社建築は「天の御巣」と呼ばれたとすれば、Bが中国古典に見える「夏巣」のイメージを表現していると考えられる。さらに、AとCには入母屋型の屋根・雷文・神・キヌガサという絵柄が共通し、BとDには樹木・鳥が共通する。

以上を総合すれば、AとBは「冬穴」と「夏巣」という古い先王の住居を表現し、CDが現在の宮・堂を表現したとも考えられる。

4．歴代遷宮

【遷宮と遷都】

七世紀末の藤原京以前には、「歴代遷宮」といって、大王の代が替わると同時に、必ず宮の移動がなされている。宮の移動は、必ずしも代替わりの時だけではなく、一代のうちに何度も宮を代えた大王もいた。遷宮前後の宮がどのようであったかについて記載は明瞭ではないが、王族層に居住者の範囲を広げるならば、必ずしも単純に新築と放棄を繰り返していたわけではなく、治世毎に宮号が改められることはあるものの、地域支配の拠点としては、改築を含みながらも、存続するのが一般的であったと考えられる。

七世紀には飛鳥に宮が累積的に営まれるが、遷宮はおこなわれても難波や近江など遠所への「みやこ」の移動である遷都とは質的に異なるものであったと理解される。すなわち、「記紀」の記載を前提とすれば、大王の住む「宮」の所在する周辺地域が「みやこ」とされているが、これら宮の周辺に配置された居住区や諸施設などの大規模な移動が遷都(みやこうつり)として定義される。

中国風の都市計画に基づく、政治経済のセンターとして「京」は、七世紀後半の新益京(藤原京)を画期として始まり、以後は代替わりごとの遷宮が不要となる。豪族層を位階秩序に従って集住させ、官僚都市貴族化させる受け皿としての「京」は、この段階から始まり、旧来の代替わり毎に宮を移動させる「歴代遷宮」段階から「京」の移動をともなう都城制段階となる。典型的には都城制段階の「京」の移動をともなうのが遷都であり、都城制以前を「歴代遷宮」の時代、以後を「遷都」の時代として大きくは二区分することが可能である。ただし、七世紀以降の飛鳥地域への累積的な宮造営を前提にして、斉明·天智朝段階以降においては「代替わり」を超えた恒常的な施設(漏刻·噴水施設)が建設されており、施設を管理する「留守司」が置かれるなど、旧来の「歴代遷宮」とは異なる過渡期的な「倭京」段階(プレ都城制段階)に達していたと評価される。[11)]

【歴代遷宮の諸説】

都城制以前における宮のあり方の特色として、「歴代遷宮」が行われたことについて、喜田貞吉は『帝都』において以下のように記述している。[12)]

> われらが古史を読んで常に奇異に感ずるものの一は、わが邦の古代において、歴代の天皇、たいてい御代ごとに遷都のことあり、時としては御一代間数度他に遷り給うがごとき記事の繰り返されることである。

この歴代遷宮の理由として、これまで本居宣長による父子別居制によるという説、久米邦武による死の穢を避けるため、即位に際して新しく適地を卜定して宮とするのが慣例であったとする説、喜田貞吉による建物の耐用年数によるという説、などが提起されている。

まず父子別居制によるという説は、

---

11) 拙稿「古代における宮の成立と発展」(『古代王権と都城』吉川弘文館、一九九八年)。

12) 喜田貞吉「帝都」『喜田貞吉著作集』五、都城の研究、平凡社、一九七九年、初出一九一五年)。

凡て書紀に、遷レ都とあるは、ただ漢籍にならひて記されたるものにして、実は後の世の如く引遷されたるには非ず、上代に、御代ごとに都のかはれるは、大方上代には、皇子たちも、御父天皇と、同じ宮には住坐ずて、多くは別地に住坐りしかば、御父天皇崩り坐て、皇太子天津日嗣ぎ所知めせば、其の元より住坐る郷、即都となれりしなり、さるは諸臣連たちなども、多くは各其の本郷に住めりしかば、都城と云ても、後の世の如く、こよなく大きになどはあらざりしかば、何地にまれ、元来住坐る宮ながらに、天の下治ししなり。[13)]

とあるように、夫婦は必ずしも同居せず、妻はその生家にあり夫がここに通い、その妻の子は母の家で成人するまで住むため、子の居住地が新たに宮と解するものである。

これに対して喜田貞吉は夫婦同居が一般的であったこと、同母兄弟の宮が異なることを根拠にこの説を批判している。しかしながら、「記紀」が夫婦同居を前提に記載するのは、律令制の父系優位の家族を理想とする立場からの記述であり、反対に光明皇后の皇后宮が宮外の法華寺や旧長屋王邸に所在したように、双系的な夫婦別居が一般的であったと考えられる。さらに、同母兄弟が別宮であった点は、成人後の独立や系譜上の作為、さらには後述する王子宮の存在などを考慮すれば成人後の父子別居は否定できない。

つぎに死の穢を避けるため即位に際して新しく適地を卜定して、宮とするのが慣例であったとする説は久米邦武により提起されて

13) 本居宣長『古事記伝』二一(『本居宣長全集』一〇、筑摩書房、一九四三年)。

いる。

> 諸穢中に於て尤も忌嫌ふは死穢なり。古代に人死すれば、其屋を不浄に穢れたりとて棄たり、……歴代天皇必す宮殿を遷さるるも、奥津棄戸に原由したることなるべし。[14)]

死穢を被るのは宮殿建築ではなく神器(レガリア)であるという説も提起されている。[15)] ちなみに、喜田貞吉による長岡京廃都が早良親王の怨霊を避けるためであったとする説も、こうした議論の延長線に位置付けられる。

しかしながら、死穢に汚染された旧宮で即位する事例が通時代的に存在すること、葬送の終了により死穢の汚染が解除されたとするならば、[16)] 遷宮の必要性自体が解消されてしまうという矛盾をはらむこととなり、単純な死穢説は成立しにくい。

さらに、「早良親王(崇道天皇)に対する怨霊畏怖」による長岡京放棄説も採用しがたい。その理由は、第一に怨霊が強く意識されるのは平安遷都後であり、早良親王の霊に対する処置が、極めて軽微であり、莫大な費用を要する平安京遷都と政策的に釣り合いがとれないことが指摘でき、当初は皇太子の病気平癒に限定された処置と考えられる。第二に長岡京が怨霊の住む忌避すべき場所であったとす

14) 久米邦武「神道は祭天の古俗」(『久米邦武著作集』三、吉川弘文館、一九九〇年、初出、一八九一年)。

15) 田村圓澄「古代遷宮考」(『飛鳥・白鳳仏教論』雄山閣出版、一九七五年、初出一九六四年)。

16) 井上光貞「古代日本の王権と祭祀」(『井上光貞著作集』五、一九八六年、初出一九八四年)。

れば、桓武が京内の仮御所としての東院に二年近く滞在したことは説明しにくい。桓武は平安遷都を決意してからも、長岡京内の東院に仮御所として住み、ようやく翌年十月に平安京に移動していることが確認される。さらに、廃都後の土地利用として皇族や寵臣にしばしば京内の土地が賜与されていることも指摘できる。平安時代には怨霊の祟りは拡大するが、道真の怨霊が活発化しても平安京は廃都されていないことも指摘できる。[17)]

一方、建物の耐用年数によるという説は、

> 遷都と言えないものでしかも宮名を異にするものは、遷都ではなくして、その実遷宮であらねばならぬ。これはただ旧い宮殿を捨てて、新しい宮殿に遷られたという、きわめて簡単な事実にほかならぬことと思われる。……旧い御殿が損じて御改築を要する場合に、遷宮が行われたことと思われる。……要するに古代における遷都の多数は、ただ宮殿改築という簡単なもので、事々しく遷都というべきものではない。[18)]

とあるように、建物の耐用年数による旧宮から新宮への移動、すなわち「遷宮」が本質であり、遠所への遷都とは区別されると論じる。

近年では、宮室内に起居した天皇の死を忌む心情と東宮を即位後の宮処とする慣習が表裏の関係にあったとして、平城京段階でも天皇と皇太子は別な宮に居住したことを前提に「平城宮内という一区

---

17) 小林 清『長岡京の新研究』比叡書房、一九七五年、拙稿「山背遷都の背景」(今谷明編『王権と都市』思文閣出版、二〇〇八年)。

18) 喜田貞吉「帝都」(『喜田貞吉著作集』五、都城の研究、平凡社、一九七九年、初出一九一五年)。

画のなかで、あたかも遷宮を行なうがごとき形態が明瞭に跡づけられる」として、平城宮内で遷宮が行われたとする説も提起されている。[19] 同じく都城制成立以降も宮内の改作や鎮祭に変質しつつも継続するという提起もある。[20]

歴代遷宮を建物の耐用年数とする説や死穢の忌避とする説は、一代の大王でも短期に数回の遷宮をしている事例が説明できないし、少なくとも遷宮ではない遷都の理由、とりわけ都城制段階の遷都の理由とはなりにくい。都城制段階の「宮内遷都」(改作)は「歴代遷宮」とは段階も質も異なるもので同一視できない。ただし、

> 国家の恒例は吉に就くの後、新宮に遷御するなり。……亮陰の後、更に新宮を建つ、古往今来、以て故実と為す。(『日本後紀』大同元年七月条)

とあるように平城朝までは平安京が「上都」「万代宮」という意識とともに「代替わり」毎に遷都·遷宮を当然視する意識が残っていたことは注目される。

さらに最近では和田萃氏により即位の儀場を卜定によって新たに定める慣行が存在したため歴代遷宮が行われたとの説が提起されている。[21]

この説は、雄略の即位記載に、

---

19) 八木 充『古代日本の都』講談社、一九七四年。

20) 瀧波貞子「歴代遷宮論」(『日本古代宮廷社会の研究』思文閣出版、一九九一年、初出一九七九年)。

21) 和田 萃「殯の基礎的考察」(『日本古代の儀礼と祭祀·信仰』上、塙書房、一九九五年、初出一九六九年)、同「タカミクラ」(同前、初出一九八四年)。

有司に命じて、壇を泊瀬の朝倉に設け、天皇の位に即き、遂に宮を定む

(『日本書紀』天武即位前紀)

とあり、さらに敏達の遷宮について、

卜者に命して、海部王の家地と糸井王の家地とを占ふ。卜へるに便ち襲吉し。遂に宮を訳語に営る。是幸玉宮と謂ふなり。

(『日本書紀』敏達四年是歳条)

とあることから、新しい大王の即位に際しては、適地を卜定し、壇場(タカミクラ)を設けて即位式を行い、宮地とするのが慣行であったとするものである。

殯という葬送儀礼や登壇という即位儀礼に関連した議論で、歴代遷宮が新たな王の即位にともなう儀礼の一環として位置付ける点は首肯される。しかしながら、宮地を決定する卜定がどの程度の拘束力を持つのかが問題であり、広狭を含めた候補地の限定や追認的な意味合いで行われた可能性も否定できない。仮に卜定による候補地の選定が制約なくおこなわれたとするならば、後述するように、時期により明らかに異なる傾向性を有したことが説明しにくくなる。少なくとも複数の限定された場所にしか占地されていないことは明らかであり、卜定によるとしても磐余や飛鳥のようにあらかじめ限定された候補地が選ばれていた可能性や、候補地内部における宮地のより狭い候補地の選定などに限られたことが想定される。あるいは決定した宮地の家相を追認的に占ったり、地鎮を行った可能性も

指摘できる。したがって、卜定による決定を第一義的に考えることはためらわれる。

【「代替わり」と歴代遷宮】

「記紀」の記載によれば、大王ー天皇の居所として再び使用されることは稀であったが、一度遷宮をしてしまえば、その宮は完全に廃棄され、二度と使用されることはなかったとは断定できない。[22] 王宮の居住者として大王ー天皇のみでなく、広く王族層一般を含めて考え、歴代遷宮と宮の伝領について統一的に考える必要がある。歴代遷宮の場所が大和·河内の限定された要地の間を移動していることを重視するならば、地域支配の拠点として宮を考えることが可能となる。

都城制以前の「倭京」的な宮都は、ヤマト王権が大王と王族·豪族との人格的な関係を基礎とするのに対応し、大王宮の周辺に皇子宮や豪族の居宅が散在する景観を示す。大王による人格的支配に基礎を置くため、代替わりごとの支配機構の再編に対応して、「遷宮」が必要とされたと考えられる。初期の豪族居館の多くが短期(おそらくは一代)で廃絶していることは、王の「代替わり」を超越し、首長個人から峻別された恒常的な公的施設がまだ必要とされていなかったことを示している。[23]

機構や制度を媒介とする結合および人格的·身分的従属関係を媒介とする結集という二重の形態において、前近代の諸国家における

22) 以下の記載は、拙著『都はなぜ移るのか』(吉川弘文館、二〇一一年)を前提とする。

23) 拙稿「貴族·地方豪族のイエとヤケ」(『古代王権と支配構造』吉川弘文館、二〇一二年、初出二〇〇七年)。

支配階級は結集するとされている。[24] とりわけ律令制以前の権力構造は大王と臣下との人格的隷属関係を基礎とし、機構や制度を前提とする官僚制的な秩序は未熟であった。血脈よりも人格·資質を重視して推戴された大王は、その人格的支配が強烈であるために、当代の大王が死亡した直後には必然的に権力の空白期間が生じ、「代替わり」に伴う「職位の確認」といった支配機構の再編成が必須の行事となっていた。[25]「歴代遷宮」の理由も、原理的には新大王が支配機構を再編するために行ったこうした行事の一環と考えられる。ただし父子別居説については、当時の分散的な権力構造を考慮し、かつ皇子宮が大王宮へ昇格するという現象面に限ってであれば承認できる。

律令制下とは異なり、大王宮のみに政務遂行の拠点が集中していたわけではなく、皇子宮·妃宮および豪族居館などに分散し、寺·市·広場などでもしばしば行事が行われた。こうした段階における「京」においても、大王宮以外に宮·宅·寺·市·広場などが必要な要素であったが、大王宮の超越性が弱く、「代替わり」に伴う支配機構の再編成が不可避である以上、まだ整然とそれらが配置されてはおらず、その必要もなかったと考えられる。律令制下の都城と比較するならば、諸機構の集中度は弱く、核としての大王宮が他の宮や宅と質的に異ならないため、広大な領域性·分散性·個別性を特徴として有した。[26] 推古朝以降において飛鳥地域に大王宮が集中し、このよ

---

24) 石母田正「古代官僚制」(『著作集』三、岩波書店、一九八九年、初出一九七三)。

25) 吉村武彦「仕奉と貢納」(朝尾直弘他編『日本の社会史』四、負担と贈与、岩波書店、一九八六年)。

26) 拙稿「『大津京』の再検討」(『古代王権と都城』吉川弘文館、一九九八年、初出一九八六年)。

うな支配機構が「代替わり」を越えて条里地割や条坊地割という統一的な秩序なしに集積された状態が「倭京」的景観であったと考えられる。潜在的には「代替わり」ごとに京は大きく変動する可能性があり、いうならば時々の支配層にとって必要な機構全体が「京」であり、その有機的な複合体が散在する範囲が「京域」であった。従って、明確な京域は存在せず、飛鳥を中心とする漠然とした地域が「倭京」にならざるをえない。倭京以外に近江や難波が永続的に「京」とされなかったのは、王権に結集した支配層の拠点の維持が一代限りのものであり、永続的には保持されなかったためと考えられる。[27)]

【大王の宮号表記】

初期の大王が居住したとして語られる宮号については、継体朝の前後でその表記は大きく変化する。すなわち遅くとも七世紀後半までには、法隆寺の薬師如来像光背銘に「池辺大宮治天下天皇」(用明)、「小治田大宮治天下大王天皇」(推古)と見えるように、「某宮治天下大王(天皇)」の語は倭王の自称として定着する。これは、大王の治天下と宮が一対一に対応した表記となることで、いわゆる「歴代遷宮」が統一的に表記される段階であり、「記紀」における表記に収斂していく。これは、大王が構想した「天下」の中心に宮が位置するという観念が明確に確立した段階である。しかし、継体朝以前には、

27) 浅野 充「律令国家と宮都の成立」(『日本古代の国家形成』校倉書房、一九八九年、初出一九八九年)、拙稿「倭京から藤原京へ」(『古代王権と都城』吉川弘文館、一九九八年、初出一九九二年)。

「在斯鬼宮時」(稲荷山鉄剣銘)

「在意柴沙加宮時」(隅田八幡宮人物画像鏡銘)

「坐弥乎国高嶋宮時」(『上宮記』逸文)

という表記が一般的であった。「在(坐)某宮時」表記からうかがわれるように、一代の大王が時間的な経過とともに複数の宮を経営した段階が想定される。ここには、後のようにまだ一つの宮と大王の治世が明確に対応していない段階が確認される。[28]

したがって、継体朝以前については、本来複数の宮室が伝承されていたにもかかわらず、遅くとも「記紀」編纂段階には、大王による治天下の宮が一つに統一された可能性が指摘できる。たとえば、雄略は長谷朝倉宮を居宮としたと伝承されるが、雄略に比定される「獲加多支鹵大王」の居宮としては「斯鬼宮」が、稲荷山鉄剣銘にみえる。この場合の「斯鬼宮」は大和の磯城郡ではなく、おそらくは、志幾大県主が「天皇の御舎」に似せて自分の家に堅魚木を上げたため、雄略により家を焼かれそうになり、奉納物を献上し服属を誓ったため許された話があることからすれば(『古事記』雄略段)、河内国の志紀郡(現大阪府藤井寺市付近)とも考えられる。

さらに、継体の居宮についても、「磐余玉穂宮」以外に「樟葉宮」(継体元年正月甲申条)、「山背筒城」(同五年十月条)、「弟国」(同十二年三月甲子条)など山城に三つの宮室を経営したとの伝承がある。通説では継体の「大和入り」(磐余玉穂宮への遷宮)が継体二十年まで遅れることから畿内に抵抗勢力が存在したと考えられてきた。しかしなが

28) 拙稿「古代における宮の成立と発展」『古代王権と都城』吉川弘文館、一九九八年)。

ら、すでに指摘があるように継体の内政記事がほとんどないことから、その空白を埋めるため伝えられていた四つの宮室名を継体紀のなかで配分したものにすぎないと考えられる。[29] これに加えて隅田八幡宮人物画像鏡銘には「意柴沙加宮」の名前があり、銘文の「癸未年」を五〇三年に比定するならば、即位前から大和に拠点を有していたと考えられる。[30]

【宮の分散と集中】

このように継体朝以前には、大王にはその治世において複数の拠点があったことが想定される。しかしながら、神武から開化までの大王の実在は疑問視されており、さらに崇神から仁徳までは畿内の統一から聖王の出現までを予定調和的に記載する構想により描かれており、[31] 宮号についても「記紀」成立時の潤色が想定され、そのまま史実とすることはできない。「記紀」による「歴代遷宮」の流れにおいては、履中以降は磐余·飛鳥·石上·長谷など、限定された拠点を周期的に巡回していることが確認される。[32] すなわち、『古事記』下巻の記載によれば、

29) 坂本太郎「継体紀の史料批判」(『日本古代史の基礎的研究』上、東京大学出版会、一九六四年、初出一九六一年)。

30) 拙稿「継体天皇－その系譜亜と歴史的位置－」(『日出づる国の誕生』古代の人物一、清文堂出版、二〇〇九年)。

31) 拙稿「帝紀·旧辞と王統譜の成立」(新川登亀男·早川万年編『史料としての『日本書紀』』勉誠社、二〇一一年)。

32) 原島礼二『倭の五王とその前後』塙書房、一九七〇年、鬼頭清明「磐余の諸宮とその前後」(『新版古代の日本』五、角川書店、一九九二年)。

履中 ー伊波礼之若桜宮	清寧 ー伊波礼之甕栗宮	継体 ー伊波礼之玉穂宮
反正 ー多治比之柴垣宮		
允恭 ー遠飛鳥宮	顕宗 ー近飛鳥宮	
安康 ー石上之穴穂宮	仁賢 ー石上広高宮	
雄略 ー長谷朝倉宮	武烈 ー長谷之列木宮	

というように履中から継体までに磐余を中心とした周期性が確認される。実在性が確認できるのは治世の期間が明記されるようになる敏達以降であり、この周期性は允恭の遠飛鳥宮と顕宗の近飛鳥宮のように帝紀による構想を読み取ることは可能であるが、宮の実在性を確認することは現状では出来ない。しかしながら、磐余·飛鳥·石上·長谷などの地点が大王にとって重要な拠点であったことをまでを否定するものではない。

六世紀になると継体の伊波礼之玉穂宮から崇峻の倉椅柴垣宮まで、磐余(桜井市南西部から橿原市南東部)の周辺に宮が集中するようになる。

継体ー伊波礼之玉穂宮(桜井市池内付近)

安閑ー勾之金箸宮(橿原市曲川付近)

宣化ー檜坰之廬入野宮(明日香村檜前付近)

欽明ー師木嶋大宮(桜井市金屋付近)

敏達－他田宮(桜井市戒重付近／桜井市大田)

用明－(磐余)池辺宮(桜井市池之内付近／桜井市谷)

崇峻－倉椅柴垣宮(桜井市倉橋)

さらに、七世紀には難波や大津への一時的な遷宮を除けば、推古の小治田宮から持統の浄御原宮まで基本的に飛鳥が宮室の所在となる。

以上によれば、五世紀以前には大和を中心に磐余·飛鳥·石上·長谷など、いくつかの拠点に遷宮していたが、六世紀には磐余、七世紀には飛鳥へ拠点が集中していく様相を確認することができる。このことは、継体期以降に王権の質が大きく変化したことを物語ると考えられる。おそらくは、代替わりを超えて累積する外廷的な機構が整備されてくることと関連した現象であろう。また五世紀以前の規則的な流動性は、宮が大王の治世と必ずしも一対一に限定していなかったことを前提に考えるならば、「記紀」編纂時に整理された可能性が否定できない。継体以前の宮号をそのまま史実として認定するには慎重でなければならないことになる。

おわりに

以上の検討によれば、卑弥呼の居宅は、宮室·楼観·城柵という施設から構成され、宮室は宮殿、楼観は物見櫓、城柵は木柱列と土塁であった。市の近くに存在した邸閣の存在は、「倭国乱」という軍事的緊張状態を背景とした首長による強制的生産物収取の状況をみることができる。卑弥呼の宮室を含む六世紀以前の「歴代遷宮」段階の宮室には、公私の未分化と一代限りの短期性が特徴として存在し、六世紀の継体·欽明期以降に王権の質が大きく変化したことを物語る。

韓国の金海鳳凰台遺跡も祭祀場·工房·港湾などを附属させた大加耶の王宮とされるが、古墳時代の宮室や豪族居館と同じく、首長に求められた祭祀·郡司·技術·交易など多様な性格をその構成に反映したものと推測される。さらに役所の集積度、道路の規格性などにおいても古墳時代的な王宮のあり方を示すと考えられる。

参考文献リスト

浅野 充「律令国家と宮都の成立」(『日本古代の国家形成』校倉書房、一九八九年、初出一九八九年)。

石母田正「古代官僚制」(『著作集』三、岩波書店、一九八九年、初出一九七三)。

井上光貞「古代日本の王権と祭祀」(『井上光貞著作集』五、一九八六年、初出一九八四年)。

喜田貞吉「帝都」(『喜田貞吉著作集』五、都城の研究、平凡社、一九七九年、初出一九一五年)。

鬼頭清明「磐余の諸宮とその前後」(『新版古代の日本』五、角川書店、一九九二年)。

木村徳国『上代語にもとづく日本建築史の研究』中央公論美術出版、一九八八年。

久米邦武「神道は祭天の古俗」(『久米邦武著作集』三、吉川弘文館、一九九〇年、初出、一八九一年)。

小林 清『長岡京の新研究』比叡書房、一九七五年、佐伯有清『魏志倭人伝を読む』下、吉川弘文館、二〇〇〇年。

佐賀県教育委員会『平成４年度・５年度吉野ヶ里遺跡発掘調査の概要－墳丘墓と北内郭跡を中心にして－』吉川弘文館、一九九四年。

坂本太郎「継体紀の史料批判」(『日本古代史の基礎的研究』上、東京大学出版会、一九六四年、初出一九六一年)。

佐久間吉也「晋代の邸閣について」(佐藤博士還暦記念『中国水利史論集』国書刊行会、一九八一年)。

瀧波貞子「歴代遷宮論」(『日本古代宮廷社会の研究』思文閣出版、一九九一年、初出一九七九年)。

辰巳和弘『高殿の古代学』白水社、一九九〇年。

田村圓澄「古代遷宮考」(『飛鳥・白鳳仏教論』雄山閣出版、一九七五年、初出一九六四年)。

仁藤敦史「『大津京』の再検討」(『古代王権と都城』吉川弘文館、一九九八年、初出一九八六年)。

仁藤敦史「倭京から藤原京へ」(『古代王権と都城』吉川弘文館、一九九八年、初出一九九二年)。

仁藤敦史「古代における宮の成立と発展」(『古代王権と都城』吉川弘文館、一九九八年)。

仁藤敦史「山背遷都の背景」(今谷明編『王権と都市』思文閣出版、二〇〇八年)。

仁藤敦史「継体天皇－その系譜亜と歴史的位置－」(『日出づる国の誕生』古代の人物一、清文堂出版、二〇〇九年)。

仁藤敦史『都はなぜ移るのか』吉川弘文館、二〇一一年。

仁藤敦史「帝紀・旧辞と王統譜の成立」(新川登亀男・早川万年編『史料としての『日本書紀』勉誠社、二〇一一年)。

仁藤敦史「貴族・地方豪族のイエとヤケ」(『古代王権と支配構造』吉川弘文館、二〇一二年、初出二〇〇七年)。

仁藤敦史「王都」(『週刊朝日百科』一三、二〇一三年)。

原島礼二『倭の五王とその前後』塙書房、一九七〇年。

日野開三郎「邸閣－東夷伝用語解の二－」(『東洋史学』六、一九五二年)。

堀口捨己「佐味田の鏡の家の図について」『古美術』一九六、一九四八年。

本居宣長『古事記伝』二一(『本居宣長全集』一〇、筑摩書房、一九四三年)。

八木 充『古代日本の都』講談社、一九七四年。

吉村武彦「仕奉と貢納」(朝尾直弘他編『日本の社会史』四、負担と贈与、岩波書店、一九八六年)。

和田 萃「殯の基礎的考察」(『日本古代の儀礼と祭祀・信仰』上、塙書房、一九九五年、初出一九六九年)、和田 萃「タカミクラ」(同前、初出一九八四年)。

성립기 일본 고대의 궁실宮室

仁藤敦史*
번역 : 김 헌 석**

目 次

머리말 -궁실宮室에서 도성으로-

『고사기古事記』나 『일본서기日本書紀』에는 초대 진무천왕神武天皇부터 「카시하라노미야橿原宮」과 같은 궁호宮号가 기재되어 있다. 그러나 그 실재성에 대해서 원사료原史料가 된 원제기原帝紀가 작성된 6세기 이후만이 확실하다 할 수 있다.

5세기 이전에 대해서는 『삼국지三国志』위서魏書 권30卷三十 동이東夷 왜인조倭人에 「宮室 · 楼観 · 城柵厳かに設け、常に人有りて兵を持ちて守衛す

* 国立歴史民俗博物館
** 국립경주문화재연구소

(궁실宮室·망루楼観·성책城柵을 엄중히 설치하고 항상 사람에게 병기를 소지시켜 수위한다)」로 되어 있고, 중국측 사료에 의하면 이미 3세기의 야마타이국邪馬台国의 시대에 히미코卑弥呼의 「宮室」이 존재했다. 단지 고고학적으로 공과 사의 구별이 명확하게 존재하는 가는 확실하지 않고, 오히려 공과 사가 미분화한 상태를 「居処」나 「宮室」로 표현한 것으로 생각된다.

초기 호족거관豪族居館의 많은 수가 단기(아마도 한 세대一代)로 단절된 것은 왕의 「代替わり[1](왕의 교체)」를 초월하고 수장개인을 초월한 수장개인과 엄격히 분리된 항상적인 공적시설이 아직은 필요하지 않았던 것을 나타내고 있다. 오오키미大王에 의한 「역대천궁歴代遷宮[2]」도 이것과 무관하지 않다.

한편, 일본의 자료로서는 와카야마현和歌山県 스다하치만궁隅田八幡宮 전래의 인물화상경人物画像鏡의 명문銘에 「男弟王、意柴沙加宮に在りし時(男弟王이 오시사카노미야意柴沙加宮에 있을 때)」가 있고, 또 사이타마현埼玉県 이나리야마고분稲荷山古墳 출토의 철검에도 「獲加多支鹵大王の寺、斯鬼宮に在りし時(와카타케루오오키미의 조정, 시키궁에 있을 때)」라고 있다. 여기에 기록된 「오시사카노미야意柴沙加宮」 「시키노미야斯鬼宮」에 대해서는 여러 설이 있으나, 모두 5세기 중엽부터 6세기 전반에 걸쳐서 실재한 궁인 점에 대해서는 이견이 없다. 이미 늦어도 6세기 전반까지는 「미야ミャ」가 존재하고, 한자의 「궁宮」과 연결되어 있었던 것이 된다.

더욱이, 내용적으로도 「미야ミャ」는 원래 의미인 「건축물」 그 자체를 가리키는 말에서 「대왕大王이 정치를 행하는 시설의 호칭」으로 변화하고, 대왕이 통치하는 「천하天下」와 밀접한 관계를 가지는 상징적인 용어가 된 것을 엿 볼 수 있다. 「궁宮」은 6세기대에는 이미 다른 일반적인 주거와는 질적으

1) 다음 대의 왕으로 교체가 이루어지는 것 이하는 왕의 교체로 표현

2) 왕의 교체와 함께 새로이 지낼 궁을 정하고 그 곳으로 이동하는 행위, 이하는 한자를 이용해 표기

로 다른 복잡한 가옥구조를 가지고 있었던 것으로 추정된다.

즉, 스이코推古왕 무렵의 「某宮治天下大王」이라는 표현과 비교하면, 「고사기古事記·일본서기日本書紀」에 의한 이른바 「역대천궁歷代遷宮」의 구상과 대응한 대왕의 「世々(순서)」와 궁의 일대일 대응은 철저하지 않고, 한 세대의 대왕이 시간적인 경과와 함께 복수의 궁을 경영했을 가능성을 제시하는 표현으로 되어있다. 「고사기古事記·일본서기日本書紀」의 기술을 따른다면 이와레磐余나 아스카飛鳥에 궁이 집중하는 케이타이継体왕 이전, 즉 6세기 이전 궁의 소재지가 확산되어 있는 것과 관계있을 것으로 생각된다.

600년의 비공식적인 견수사遣隋使 파견 시, 수 문제文帝 등에게서 정무방식의 미정비를 비난받은 왜국倭国은 수의 제도를 바탕으로 12관등이나 17조 헌법 등을 조급히 정비하고 의례공간으로서 오하리다노미야小墾田宮를 조영했다. 아스카노오카노모토미야飛鳥岡本宮 이후, 왕의 교체 때마다 신궁新宮이 아스카에 반복적으로 조영되었다. 또한, 아스카지역에는 조방제条坊地割 등은 이루어지지 않았고, 관청이나 호족의 저택도 분산적이고, 그 명칭도 「아스카飛鳥경」이 아닌, 커다란 범위를 지칭하기 위해 「아마토倭경」으로 불리었다.

일본 최초의 율령제 도성은 텐무천황天武天皇의 구상을 바탕으로 부인이었던 지토천황持統天皇이 「아라마시노미야코新益京 (현재의 후지와라궁)」으로 완성했다. 대보령大宝令 이후에는 좌경左京·우경右京으로 분화된 최초의 조방제 도성이 되었다. 당의 수도 장안의 도성제를 모방해 만든 헤이죠平城경는 동서 4.3km, 남북 4.8km의 크기였다.

그 후, 8세기말에는 수륙의 편리를 고려해서 부도성인 나니와難波경을 폐지하고, 산록으로 천도해 나가오카長岡경 그리고 헤이안平安경으로 천도했다. 고대의 천도는 권력적으로는 천황권력의 확립 및 국가에만 종속되는 도시귀족의 육성, 경제적으로는 쌀 소비의 확대와 함께 수륙교통의 중시

등이 큰 과제가 되어, 헤이안 천도에 의해 이들의 일정부분을 달성한 것에 의해 약 1000년간 '움직이지 않는 수도'가 되었다.

1. 히미코의 궁실宮室을 생각하는 논점

『삼국지三国志』위서魏書 권巻30 동이東夷 왜인倭人에 「궁실宮室·망루楼観·성책城柵을 엄중하게 설치하고, 언제나 사람에게 병기를 소지시켜 지키게 했다.」로 보이는 히미코의 '궁실宮室'은 어떠한 것이었을까. 이후의 '궁실宮室'이나 도성의 성립과정을 생각할 경우에는 이 기술의 평가가 필요하다. 이 의문을 해결하기 위한 논점과 시각을 제시하고자 한다.

첫째는 「거처居処·궁실宮室·망루楼観·성책城柵」의 해석이다. 중국의 사서에 보이는 유사용례에서 그 실태에 접근 할 가능성이 있다.

둘째는 도시이론의 문제로, 고대 일본의 도시는 존재했는가라는 이론적이고 근본적인 논쟁이 이어지고 있으나, 근년에는 도시성(urabanism)이라는 요소의 강조로 극복하려는 움직임이 현저하다. 히미코의 궁실宮室로 유력한 후보지인 마키무쿠纏向 유적에는 토카이계東海系[3]토기의 비율이 높은 점 등이 지적되고 있다.

셋째는 호족거관의 문제로 고분시대에 있어 호족거관의 많은 경우가 공과 사의 미분화와 한 세대 한정의 단기성이 특징으로 지적되고 있다. 히미코의 궁실宮室도 이러한 성격을 가지는 가는 검토할 필요가 있다. 구체적으로는 사적인 거처居処와 공적인 궁실宮室을 어떻게 구분해 사용했는지에 대한 이해의 타당성이 문제가 된다.

넷째는 역대천궁歴代遷宮의 문제로 히미코의 왕권과 초기 야마토왕권과

3) 본 섬 중부지방의 태평양에 면해있는 지역으로 기후현, 미에현, 아이치현, 시즈오카현의 지방의 토기

의 연속성 검토가 문제가 된다. 초기 야마토왕권의 궁은 「고사기古事記 · 일본서기日本書紀」의 기록에 의하면 한 세대마다 천궁遷宮을 하고 있으나, 그 기재가 어느 정도의 사실을 말하고 있는가가 검토의 대상이 된다.

2. 히미코의 궁실宮室

먼저 『삼국지三国志』동이전東夷伝을 중심으로 건조물을 나타내는 용어의 기재를 검토하고자 한다.

【옥실屋室】

민중의 주거에 대해서는 다음과 같은 기재가 있다.

『삼국지三国志』동이전東夷伝 왜인조倭人条

有屋室、父母兄弟臥息異処。

일반 민중의 주거는 「屋家」로 표현되어, 부모형제의 침실이 달랐다는 기재가 있다. 또한, 『후한서後漢書』왜전倭伝에는 「有城柵 · 屋室」라는 기재가 있고, 더욱이 집을 감싸는 시설의 존재가 덧붙여져 있다. 일반민중의 건물은 고고학적으로도, 후대 『만요슈万葉集』 등의 문헌적 기술에 의해서도 한 채의 가옥이 몇 개의 방으로 나누어진 모습이 아닌 부모형제가 구획을 달리하는 별실에 거주했다고 해석하기는 힘들다. 아마도 별채別棟의 거주를 이와 같이 표현했던지 혹은 단순히 수사적인 의미가 강하거나 상위계층의 가옥을 이미지해 표현한 것으로 생각된다.

【저각邸閣】

왜인전에 보이는 건조물로서는「저각邸閣」이라는 표현이 있다.

『삼국지三国志』동이전東夷伝 왜인倭人조

收租賦有邸閣。

「저각邸閣」의 해석에 대해서는 히노카이자부로日野開三郎에 의한 논쟁이 있는데, 세税를 납부하기 위한 군용창고로 이해되고 있다. 즉『삼국지三国志』에서 보이는「저각邸閣」의 용례로서는

『오지呉志』권15卷十五 주방周魴전

東主頃者潜部分諸将。図欲北進。……別遣従弟孫奐治安陸城。修立邸閣。輦貲運糧。以為軍儲。

(동주東主의 주군은 근래에 비밀리에 무장들에게 지시를 내려, 북방으로 군대를 진군시키는 것을 획책하고 있다. (…중략…) 별도로 종제従弟인 손환孫奐을 파견시켜 안륙성을 수선하고 군용창고를 세워서 그곳에 자재나 식료를 운반해 식량을 비축하였다.)

『위지魏志』권15卷十五 장기張既전

酒泉蘇衡反。与羌豪鄰載及丁令胡万余騎攻辺県。既与夏侯儒撃破之。衡及鄰載等皆降。遂上疏請。与儒治左城。築障塞置烽侯・邸閣。以備胡。

(주천酒泉의 소형蘇衡이 반역해, 강족羌族의 유력자 인재鄰載 및 정령丁令의 만족蛮族 1만여 기와 함께 국경의 현을 공격했다. 장기張既는 하후夏侯 유儒와 함께 그들을 격파하고 소형과 인재들은 모두 항복했다. 이를 상주上奏하고 하후夏

侯·유儒와 함께 좌성을 수리하고 요새砦를 축성하고, 봉수대와 군용창고를 두어 서 만족을 대비할 것을 청원했다.)

로 보이는 것과 같이 「저각邸閣」은 병기와 군을 두는 군용창고를 나타내는 것으로 알려져 있다.

그 외에도 합계 10여개의 용례가 『삼국지三国志』에 보인다. 장안의 둔장屯将 이확李確의 군영에는 「저각邸閣」이 있고, 그곳에 명주 2만필과 양마 4백필의 대금 등이 저축되어 있다(『위지魏志』권6卷六 동탁전董卓伝). 우저영牛渚営의 저각邸閣에 양곡과 함께 병장기가 저축되어 있다(『오지呉志』권1卷一 손책孫策) 등의 기재에 의하면 「저각邸閣」에는 식량이 저장되고, 또한 화폐적 물품인 면포나 전구 등이 저장되어 있었다고 생각된다.

또한, 웅부雄父의 저각邸閣에는 30만 섬의 쌀이 있고, 남돈南頓의 대저각大邸閣에는 40일분의 군량을 두었다(『위지魏志』권27卷二七 왕기王基) 라는 것에 의하면 「저각邸閣」의 규모는 매우 장대하고, 저장량은 엄청난 액수가 됨을 알 수 있게 된다.

더욱이, 오呉는 만지蛮地로의 가도를 열고, 호시互市를 통해서 그 이점을 취함과 동시에 그들의 침입에 대비하여 군용창고를 설치했다(『오지呉志』권2卷二 손권孫権 적오8년8월조赤烏8年 8月条). 장군 전종全宗은 위魏가 오呉에 대한 변방 상의 요충주둔지로 설치한 안성安城의 저각邸閣을 태웠다(『오지呉志』권2卷二 손권孫権 적오4년4월조赤烏4年 4月条). 횡문横門의 저각邸閣은 위魏와 촉蜀을 잇는 교통간선 상의 요지에 설치한 위의 저각邸閣으로, 촉과의 항쟁에 대비했다(『촉지蜀志』권10卷十 위연魏延), 촉은 위로의 진격対魏進撃을 위해서 가도 상 요지의 사곡구斜谷口에 저각邸閣을 두고, 병장기와 군량을 축적했다(『촉지蜀志』권3卷三 후주後主 건흥11년겨울조建興十一年冬条) 등의 기재가 있다. 한편, 직책으로서도 「저각독邸閣督」의 단어가 보이나, 발탁 후, 겨우 현령에 이르는 미관微官이었다(『촉지蜀志』권15卷十五 등지전鄧芝伝).

이와 같은 군용창고인 「저각邸閣」의 축조지는 필연적으로 군사상의 요지로 중요도시 및 그 주변, 교통상의 요충, 이민족 및 타 정권과의 경계선 위의 변방요지 등에 설치했다.

또한, 진대晋代의 저각邸閣에 대해서도 곡물을 다량 비축한 창고인 점, 군용창고인 점, 하천유역에 설치한 경우가 많은 점, 저각邸閣의 직접 관할자는 저각독邸閣督으로 저각으로의 군량 조운漕運과 축적은 도지교위度支校尉의 역할이었던 점이 지적되고 있다.

이상에 의하면 「왜인전倭人伝」에 보이는 저각邸閣도 조세를 저장하는 대규모의 군용창고였던 것으로 생각할 수 있다.

왜국倭国의 조세는 수확물의 일부를 첫 수확물初穂로서 제사적 수장에게 봉납하는 관행에서 시작된 것으로 알려져 있으나, 이 경우에는 약간 다르고, 단순히 종교적·의례적인 공납만이 아닌 「왜국대란(倭国의 大乱)」으로 표현되는 군사적 긴장상태를 배경으로 하는 군사적인 수장에 의한 강제적인 생산물수취가 이루어졌던 것이 「収租賦有邸閣」의 표현에서 엿보인다.

【시市】

교역거점으로서의 시장에 대해서는 「왜인倭人」에 기재가 몇 개 보인다.

『삼국지三国志』동이東夷 왜인倭人

「対馬国……無良田、食海物自活。乗船南北市糴」

「一大國……差有田地、耕田猶不足食。亦南北市糴」

「収租賦。有邸閣、国国有市、交易有無。使大倭監之」

섬나라島国으로 추측되는 츠시마국対馬国과 이키국一大(支)国의 기재에는 자급자족할 정도의 경작지가 부족하기에 배로 「남북시적南北市糴」을 행하고, 물물교환에 의해 식료를 구한 모습이 기재되어 있다. 이키국으로 비정되는 이키섬壱岐島에는 야요이시대의 하루노쯔지原ノ辻유적이나 카라카미유적이 있고, 한반도와의 교류를 나타내는 유물이 발굴되었다.

전술한 『오지呉志』 손권전孫権伝에 호시互市를 통해서 그 이익을 취함과 함께 그들의 침입에 대비해서 군용창고邸閣를 설치한 것에 의한다면 시장이 있는 장소에 군용창고가 존재했으나, 왜국에 있어서도 「저각邸閣」과 시장이 세트로 말해졌는가는 유의할 필요가 있다. 나라의 시장을 감독한 「대왜大倭」라는 것은 「왜인」 중에서 세력이 큰 「대인大人」을 지칭하는 것인지 혹은 「야마타이국邪馬台国」에서의 파견관이기에 대왜大倭=야마토(ヤマト)로 표현되었다고도 생각된다.

또한 동이전에도 활발한 교역을 나타내는 기재가 존재한다.

『삼국지三国志』동이東夷 한(마한)韓(馬韓)

乗船往来、市買中韓。

『삼국지三国志』동이東夷 한(진한)韓(辰韓)

国出鉄、韓·濊·倭皆従取之。諸市買皆用鉄、如中国用銭又以供給二郡。

그 중에서도 후자의 기사는 철을 중국의 화폐와 같이 이용해 교역하는 것이 서술되고, 왜인도 철을 필요로 하는 모습이 보인다.

【히미코의 거처居所】

왜인전倭人伝에는 위魏에게서 인정받은 왜국의 여왕이 된 히미코는 야마타이국邪馬台国을 수도로, 여왕국女王国으로도 불리었다. 그녀의 거처居所에 대해서는 이하와 같은 기재가 있다.

『삼국지三国志』동이東夷 왜인倭人

自為王以来、少有見者。以婢千人自侍。唯有男子人一給飲食、伝辞出入居所、宮室·楼観·城柵厳設、常有人持兵守衛。

히미코의 거주장소에 대해서는「宮室·楼観·城柵、厳設、常人有兵持守衛」으로 되어있다. 이 기재에 의하면 히미코의 궁전에는 망루나 이것을 감싸는 성책 등이 엄중히 설치되어 있고, 항상 무기를 가진 사람들이 이것을 수위하고 있다. 전후의 문장에 의하면 궁전의 안쪽에 히미코는 거주하고, 왕이 되어서는 사람들 앞에 모습을 나타내지 않았다. 궁전에서는 여성의 궁인召使 천명이 히미코의 주변을 돌보았다. 단지 한 사람의 남자만이 음식 시중을 들고, 그 말을 전하기 위해서 거처에 출입했다고 한다. 이와 같이 중국측 사료에 의하면 이미 3세기의 야마타이국邪馬台国 시대에 히미코의「궁실宮室」이 존재했다고 한다. 히미코의 궁실은 고고학적 발굴성과나 가옥문경家屋文鏡 등에서 추측한다면 고상식건물·단층의 굴립주건물·수혈식주거 및 고상의 창고군 등으로 구성되었다고 생각된다.

특히, 사가현佐賀県 요시노가리吉野ケ里유적에서 연대는 다르지만 환호나 망루 등 이외에 2중의 환호로 둘러싸인 대규모의 고상식건물이 발견되어, 히미코의 궁전을 추측하는 중요한 실마리가 되고 있다. 즉, 북분구묘北墳丘墓[4]의 남측 200미터 지점에 2중의 호로 둘러싸인 총주건물総柱建物[5] (SB 1194)이 그것이다. 한 변이 약 12.5미터로 종횡으로 4개씩 합계 16개의 기둥이 세워진, 망루형 건물로 생각하고 있다. 궁전의 주위에는 궁인·병사·

4) 요시노가리마을의 역대 왕이 매장되었다고 생각되는 마운드

5) 고상건물의 일종으로 작게 구획된 방이 있다.

남제男弟·귀족大人 등의 주거 또는 「통치(まつりごと)」의 공간과 공방 등도 존재한 것으로 추측된다.

또한 『수서隋書』왜국倭国에도

唯有男子二人給王飲食、通伝言語。其王有宮室·楼観·城柵皆持兵守衛。

으로 되어있고, 거처居所 없이 궁실宮室·누관楼観·성책城柵의 세 가지 만이 병기되어 있어 거처居所는 「궁실宮室·누관楼観·성책城柵」이라는 세 가지의 총칭으로서 표기되었다고 생각된다. 이것에 의하면 히미코의 거처居所에는 「궁실宮室·누관楼観·성책城柵」이 존재했다고 해석된다.

단, 『후한서後漢書』왜倭에는

唯有男子一人給飲食、伝辞語、居処·宮室·楼観·城柵。

으로 되어있고, 거처·궁실·누관·성책의 4가지를 나열시킨 해석도 되어있다. 혹은 「거소의 궁실」이라는 해석도 가능하다.

이 문제를 생각하는 힌트가 되는 것은 동이전에 있는 아래의 기술이다.

『삼국지三国志』동이東夷 한韓

居処作草屋·土室、形如冢。其戸在上、挙家共在中、無長幼男女之別。

먼저, 여기서는 무덤 같은 초가지붕의 토실, 입구는 위에 있고, 집은 지중(地中), 곧 수혈주거라는 설명이 있고, 명확히 초가집과 토실을 거처居所

의 용어로 표현하고 있는 점이 확인된다.

【거처居処】

더욱이 이하와 같은 동이전에서 거소居所의 용례를 보면 모두 주거의 뜻이고, 거소라는 용어로 주거를 대표하고 있는 점은 명확하다.

『삼국지三国志』동이東夷 동옥저東沃沮

食飲、居処、衣服、礼節有似句麗。

(참고) 『후한서後漢書』동이東夷 동옥저東沃沮

言語、食飲、居処、衣服有似句麗。

『삼국지三国志』동이東夷 예조濊

疾病死亡輙捐棄旧宅、更作新居。…… 居処雑在民間。

『삼국지三国志』동이東夷 변진조弁辰

弁辰与辰韓雑居、亦有城郭。衣服・居処与辰韓同。

이러한 사례에 의하면 동이전의 풍속기사로서 언어・음식・의복과 함께 「거소」가 주거의 의미로서 이용되고 있는 점이 분명해진다. 그래서 히미코의 「거소」에 대해서도 「궁실・누관・성책」이라는 세 가지의 총칭으로서 이용하는 것으로 판단된다.

【궁실宮室】

이제 아래와 같이 「궁실宮室・망루楼観・성책城柵」의 3가지의 용례를 검토한다.

『수서隋書』왜국倭国

唯有男子二人給王飮食、通伝言語。其王有宮室・楼観・城柵皆持兵守衛

『수서』의 기재에 의하면 왕의 궁실宮室인 점을 명확히 하고 있고, 이 점을 중시한다면 궁실은 왕의 궁전으로 해석된다.

한편, 동이전에는 부여의 풍속기사로서 정주생활을 하고, 창고나 감옥과 함께 「궁실宮室」의 표기가 있다. 또한 고구려에서도 민중의 가옥이지만 신을 모시는 시설로서 「궁실宮室」의 용례가 있다.

『삼국지三国志』동이東夷 부여夫余

其民土著、有宮室・倉庫・牢獄。

『삼국지三国志』동이東夷 고구려高句麗

其俗節食、好治宮室。於所居之左右立大屋、祭鬼神、又祀霊星・社稷。

부여와 고구려의 사례는 모두 풍속기사에서 보여, 민중의 가옥으로도 생각되지만, 특징적인 시설을 표기했다고도 생각되기에, 민중의 「가옥들家家」과는 다른 군주나 유력자의 거소로도 생각된다. 고구려에서는 풍속으로 건물(궁전宮殿)을 세우는 것을 좋아한다고 한다. 거소의 근처에는 「대옥大屋」을 세우고 귀신을 제사지내는 것도 있다. 여기에서는 신전으로서의 대형건물의 존재가 알려져 있다.

전술한 바와 같이 히미코의 궁실이 이후의 안채内裏와 같이 사적공간·공적공간이 구별되어있었는지는 중요한 문제이다. 고고학적으로 공과 사의 구별이 명확히 존재했는가의 여부는 명확하지 않고 오히려 공과 사가 미분화한 상태를 「거처」나 「궁실」로 표현한 것으로 생각된다.

먼저「궁宮」의 한자의 뜻에 대해서는 큐우(宮)キュウ·구우(官)グウ 혹은 '쿠'라는 음으로 읽혀지고, 기본적인 뜻으로는 ①집·주거 ②울타리 ③둘러싸다·에워싸다 ④방 ⑤후궁(奥のへや) ⑥궁궐 등이 있다.『설문說文』에는「宮、室也」이 있는 것 같이「실室」과 동의어로, 고대 중국에서는 주거 특히 천자天子의 주거를 의미하는 문자였다. 일본어 훈독和訓에서는「ミヤ(미야)」로 읽고, 어원으로는「야屋(ヤ)」「야케宅(ヤケ)」에 존칭을 표현하는 접두어인「미御(ミ)」가 붙은 것이다. 즉『이즈모국풍토기出雲国風土記』「神門郡 宇比多伎山 条」에는 이 산 자체가 오오아나모치노미코토大穴持命의 신사라는 의미로「大神之御屋也」라는 표현이 있는 바와 같이「궁」이라는 것은「어옥御屋」으로, 일반민중의 집에 대비해서 신이나 수장의 건물을 존칭한 이름인 것을 알 수 있다. 원래, 궁은 일반의 집과 동일한 것으로 구별되지 않았으나, 머지않아 수장이 공동체구성원과 질적으로 구별되는 존재가 되는 것과 함께 집들 사이에서「御屋」=「宮」이 성립했다고 생각된다. 즉, 키무라노리쿠木村徳国씨에 의하면「屋」의 말이 가지는 이미지는「殿」이 대륙풍의 고급구조물을 지칭하는 것에 반해 건축재료 로서 식물성재료의 애호와 광물성재료에의 거부가 보이고, 자연과의 조화를 추구하는 건축의 물질적인 장엄함과 화려함을 추구하지 않는 것이 특징이라고 되어있다.

「궁실」이란 용어는 후에 천무천황天武天皇에 의한「환도선언의 조」에는「대략 도성·궁실이 함께 있지 않고, 양참両参을 만들지 않았다」로 되어 있고(『일본서기日本書紀』천무12년12월경오조天武十二年十二月庚午条), 또한 환무천황桓武天皇의 나가오카경長岡京의 조영시에도「도성을 만들기 시작해 궁전을 만들었다」로 되어있다(『속일본기続日本紀』연력3년6월기유조延暦三年六月己酉条). 7세기 이후에는「도성都城」과「궁실宮室」혹은「도성都城」과「궁전」이 대칭적으로 표현되어 있고, 중국적인 도성과 일본의 전통적인 궁실이 다른 것이라는 생각이 당시의 지배층에 존재한 것이 된다. 도성제 이전으로 거슬러 올라가도 신무천황神武天皇의 「카시하라궁橿原宮」을 「제택帝宅」으로 표현하는 바와 같이(『일본서기日本書紀』신무즉위전기神武即位前紀 기미년己未年 3월三月 10월조是月条), 「궁실宮室」은 본질적으로 왕의 사택으로 예부터 가산제家産制[6]적인 집무기관을 상징하고 있다. 더욱이 인덕仁德천황의 나니와타카쯔노미야難波高津宮에 대해서도 「사적 부정을 이유(私曲の故)」로 「궁원宮垣·실옥室屋」을 수리하지 않았다고 전해진다(『일본서기日本書紀』인덕천황원년정월기묘조仁德天皇元年正月己卯条). 또한 초기 호족거관의 다수가 단기(아마도 한 세대)로 단절되는 것은 왕의 「교체(왕의 교체)」를 초월해서 수장개인에게서 구별되는 항시적인 공적시설이 아직 필요하지 않았던 점을 시사하고 있다. 대왕에 의한 「역대천궁」도 이것과 관계있다. 이에 의하면 히미코의 저택에 대해서도 아직 「궁실」은 공적인 것이 아닌 여왕의 사적인 저택으로서의 의미를 가졌을 가능성이 높다. 히미코의 공립으로 왜국대란은 일단 극복했으나, 이것은 어디까지나 「한 세대 한정의 평화」로, 히미코의 궁전도 개인적인 자질에 근거하는 점이 크기에 그녀와 하나로, 그 사후에 함께 폐기된 것으로 추정된다.

【망루楼観】

다음은 망루에 대해서 검토한다.

> 『후한서後漢書』 단초単超
>
> 皆、競起第宅、楼観壮麗。

이 기술에 따르면 저택의 안에 고전高殿을 누관으로 불렀던 것으로 추측

6) 가부장제가 국가적 구성체로서 전개한 것

되고, 망루物見櫓나 제전祭殿이 아닌 고전高殿을 지칭하는 것으로 생각된다. 삼국시대의 누각으로서 공손찬公孫讃은 「누로천중楼櫓千重」으로 호언하고, 「讃諸将家家各作高楼、楼以千計」라고 주석되는 것과 같이 제장의 집들을 합치면 천에 이른다고 한다(『삼국지三国志』위서魏書 제8第八 공손찬公孫讃). 또한 요시노가리유적의 대형건물의 성격을 누각으로 생각하는 설이 유력하다.

【성책城柵】

동이전의 기술에 따르면 여러 나라에는 성책이 존재했다.

『삼국지三国志』동이東夷 부여夫余

作城柵皆員、有似牢獄。

『삼국지三国志』동이東夷 진한辰韓

有城柵。

『후한서後漢書』왜倭

有城柵·屋室。

唯有男子人一給飲食、伝辞語、居処·宮室·楼観·城柵。

성城과 책柵의 각각의 의미는 책이 목주열을 늘어놓은 시설인 것에 반해서 성은 환호에서 파낸 흙을 토루로 두른 시설로 호壕를 반드시 필요로 하지 않는다. 또한 마한馬韓·변한弁韓 조에는 성곽城郭(囲郭集落)의 표현도 보인다.

【소결】

지금까지의 검토에 의하면 시장 근처에는「저각邸閣」이라는 군용창고가 있고,「왜국대란倭国乱」으로 표현되는 군사적 긴장상태를 배경으로 한 군사적 수장에 의한 강제적인 생산수취가 존재한 것으로 추측된다. 히미코의 거택居宅은 궁실宮室·누관楼観·성책城柵이라는 시설로 구성되어 궁실은 궁전宮殿, 누관은 망루, 성책은 목주열과 토루였다고 생각된다.

3.「고사기古事記·일본서기日本書紀」에 보이는 궁실宮室

전술한 바와 같이『이즈모국풍토기出雲国風土記』神門郡 宇比多伎山 조에는 이 산 자체가 대혈지명大穴持命의 신사임을 나타내는「大神之御屋也」라는 표현이 있다.

『이즈모국풍토기出雲国風土記』神門郡 宇比多伎山 조

大神之御屋也。

「궁宮」이라는 것은「어옥御屋」으로, 일반 민중의 집과 다른 신이나 수장의 건물에 대한 존칭으로 알려져 있다. 원래 궁宮은 일반민의 집과 같은 것으로 구별되지 않았으나, 이후에 수장이 공동체구성원과 질적으로 구별되는 존재가 되는 것에 따라 집들 중에서「어옥御屋」=「궁宮」이 성립되었다고 생각된다.

【타카도노タカドノ】

『일본서기日本書紀』에는 이하와 같이 누楼·각閣·태台(우宇)·(고高)당堂·관観 등으로 표현된 고전高殿(고층건축)이 보인다.

台宇(海宮) － 神代十段本文

楼台(海宮) － 神代十段第一

高台(大隅宮) － 応神22年3月조

「遠望」의 행위／『古事記』仁徳段의 「高台」과 동일한가?

高台(大隅宮 － 応神22年4月조

高台(高津宮) － 仁徳4年2月조

『古事記』仁徳段은 「高山」으로 「国見」를 목적

台(高津宮) － 仁徳7年4月조

高台(高津宮カ) － 仁徳38年7月조

目的「避暑」－「避暑殿」(顕宗元年六月条)

楼(山宮) － 雄略即位前紀

『古事記』에서는 「殿」／「遊目」(둘러보다)의 행위／「楼下」의 공간

楼閣·楼(朝倉宮)－ 雄略十12年10月조

高堂·堂(安羅) － 継体23年3月조

楼(川原直宮邸宅) － 欽明7年7月조

「騁望」의 표현 도래계씨족渡来系氏族

高楼(高麗王宮) － 欽明23年8月조

楼(穴穂部皇子宮)－崇峻即位前紀

「楼上」「楼下」／宮内의 건물／전투에 이용

観(両槻宮) － 斉明2年是歳조

楼(蘇我赤兄邸宅) － 斉明4年11月

「登楼」 문사회의 장소

이러한 사례를 집약하면 (고高)누楼(각閣)은 8례, (고高·누楼)태台(우宇)는 7례이다. 더욱이 (고高)당堂이 2례, 관観이 1례가 확인된다. 전체로서는 누楼 혹은 고태高台의 용례가 많다. 「승당昇堂」「당하堂下」「당상堂上」의 용례가 있듯이, 고당高堂은 기단을 가진 중국적 건축으로 추측된다. 고구려왕궁에 대해서는 고루高楼의 표현이 있고, 고루高楼는 고구려 건축 특유의 표현으로 추측된다. 한편, 관観도 제명기斉明紀의 기술에 보이고, 「양규궁両槻宮」「천궁天宮」「주원周垣」의 표현에서는 도관道観(도교사원)으로 중국풍의 건물이었던 것으로 생각된다. 용어로서는 고태高台와 태台, 고당高堂과 당堂, 누각楼閣과 누楼, 태台와 누楼의 호환성을 지적할 수 있다. 적어도 누楼와 고태高台는 기본적으로 동일한 실태를 나타내는 것으로 추측된다. 중국에서 태台는 기단의 존재가 중요하다. 기본은 태台=누楼로 인덕기仁徳紀의 전후에 다른 용자用字를 하고 있으나, 아마도 『일본서기日本書紀』 각 권별 용자법의 차이에 지나지 않고, 동일한 고층건물을 나타내는 것으로 생각된다. 고태高台는 「登二高台一以臨レ遠」(문선文選)과 같이 원망遠望(국견国見)에게서 도출된 한문양식적인 용어일 것이다.

한편, 목간표기와의 비교에 의해서 「전殿」과 「누楼」의 호환이 확인된다.

「남루南楼」(『속일본기続日本紀』天平8年正月丁酉조)

남전南殿이라는 사본도 있음

「남루南楼」(『속일본기続日本紀』天平20年正月戊寅조)

「고전高殿」「서고전西高殿」「동고전東高殿」(平城宮木簡七-11,898~11,900)

이러한 기재는 第一次大極殿院南面築地回廊의 東西楼(SB 7802·18500)로 비정되는 것으로 동일한 실태를 나타내는 것으로 생각된다.

다음 훈에 대해서 神代第十段 本文·第一과 『단후국풍토기丹後国風土記』

일문逸文을 비교한다.

神代十段의「海神宮」-「台宇タカトﾞノノヤ・ウテナ・ウテナヤ(타카도노노야·우테나·우테나야)」「楼台タカトﾞノヤ・タカトﾞノミウテナ・ミタカトﾞノウテナ(타카도노야·타카도노미우테나·미타가도노우테나)」

亀比売의「蓬山」宮 -「闕台ウテナ(우테나)」「楼堂タカトﾞノ(타카도노)」

모두 한문적 수사로, 훈도 일정하지 않고, 내용에 실태는 없으나 모두 훈訓에「タカドノ」의 훈訓이 포함되어 있는 것은 중요하다. 화훈和訓에서는 고층건물을「タカドノ」로 부르는 것이 알려져 있다.

한편, 『만엽집万葉集』나 『풍토기風土記』에는「고옥高屋」라는 표현도 조금씩 보인다.

『만엽집万葉集』38번 가요 - 吉野宮의「고전高殿」에「登り立ち(오르다)」国見(바라보다)

『만엽집万葉集』1706번 가요 -「고옥高屋」/지명의 가능성도 -「和名抄」에는 7례

『출운국풍토기出雲国風土記』神門郡 高岸조 -「고옥高屋을 만들고、고의高椅를 세워서、오르내리고」

『풍토기風土記』의 예에서는「고상의 바닥을 둔 건물」로 되어 있다.「고옥高屋」으로 표기하고「타카도노タカドノ」로 불렸을 것으로 생각된다.

더욱이 율령에는「누각楼閣」의 용례도 있다.

『영의해令義解』営繕令私第宅条

「凡私第宅。皆不得起楼閣。臨視人家」

이 법령의 의미는 「누각楼閣」은 남의 집을 감시할 수 있기에 왕궁 내에만 세울 수 있고, 사택에는 건축금지로 되어 있다. 누각楼閣은 높은 건물의 총칭으로(「営繕令」 私邸宅 조 古記), 루楼는 중옥重屋(여러 층의 집)·각閣은 누楼가 되어(同義解他:같은 뜻에 해석이 다름)라는 해석도 있다. 여기에서도 왜국적인 「고옥高屋」와 중국적인 「누각楼閣」이 대비적으로 기재되어 있다. 누각楼閣이라는 것은 중층의 높고 번듯한 건물이었던 것이 확인된다.

실례에 있어서도 정사正史에는 [에미노오시카츠恵美押勝·후지와라의나카마로藤原仲麻呂]가 사택에 누楼를 세워 다이리内裏를 보아 불신不臣의 비방을 받았다고 되어있는 것과 같이 신하가 고층건물을 세웠기에 비난받는 기사가 있다.

『속일본기続日本紀』 宝亀八年 九月 丙寅条(藤原良継薨伝)

太師押勝起二宅於楊梅宮南一。東西構レ楼。高臨二内裏一。南面之門便以為レ櫓。人士側レ目。稍有二不臣之譏一」

더욱이 「웅략기雄略紀」에도 누각건축에 대한 전승이 있다.

『일본서기日本書紀』 雄略十二年十月壬午条－楼閣·楼(朝倉宮)

天皇命木工鶏御田、〈一本云猪名部御田、盖誤也。〉始起楼閣。於是御田登楼。疾走四面、有若飛行。時有伊勢采女、仰観楼上。……。

오오키미大王 유랴쿠雄略는 목공木工 쯔게노미타鬬鶏御田에게 명해 처음으로 「누각楼閣」을 만들게 했다고 하는데, 아사쿠라노미야朝倉宮에 누가 존재했다고 되어있다. 「누등楼登」「仰観楼上」의 표현에서는 고층건물로, 「사면四面」이라는 단어가 있는 점에서 방형건물이 상상된다. 대왕大王 웅략雄略은 「견어목堅魚木」[7]이나 「누각楼閣」을 대왕의 독점물로 하는 것에서 왕궁을 다른 건조물과는 격리되는 존재로까지 높인 인물로 그려지고 있다.

이상의 검토에 의하면 전殿(トノ: 토노) 중 고층의 건물을 「누楼·태台」로 표기하고, 고전高殿(タカドノ) 혹은 고옥高屋(タカヤ)으로 부르며, 주로 조망(遠望·国見·遊目·騁望)을 목적으로 하고 있었다고 생각된다.

【가옥문경家屋文鏡】

이에 더해 고분시대古墳時代 궁전건축을 생각하는 소재로서는 사미타타카라쯔카佐味田宝塚고분 출토의 가옥문경을 들 수 있다. 사미타타카라쯔카고분은 나라 서남부 우마미馬見고분군에 위치해 4세기 후반 경으로 추정되는 전장 103m의 전방후원분이다. 따라서 여기에서 출토한 거울에 그려진 가옥은 4세기 유력 수장거관의 건물구성을 알 수 있는 귀중한 자료라 할 수 있다. 여기에는 이하와 같이 다른 4가지 타입의 건물이 그려져 있다.

A. 팔작지붕入母屋型屋根의 작은 건물伏屋建物－뇌문雷文·신神·비단양산(キヌガサ)
B. 맞배지붕切妻型屋根의 고상건물高床建物 －수목樹木·새鳥
C. 팔작지붕의 고층건물－뇌문·신·비단양산
D. 팔작지붕의 단층건물－수목·새

지금까지 고찰해 온 건물의 유형을 맞추어보면, 아마도 A는 수혈주거로

7) 지붕 위에 올리는 횡방향의 목재 혹은 구조

실室[むろ: 무로]로 표기되어 있는 것으로 큰 집회소로도 생각된다. B는 고상창고의 창倉[くら: 쿠라], C는 조망이 가능한 궁전의 누각楼閣(타카도노たかどの), D는 전殿(토노との) 혹은 당堂으로 비정된다.

A와 C에 표현되어 있는 뇌문과 신을 생각할 경우 참고가 되는 것은 아래의 전승이다.

『석일본기釈日本紀』소인所引 『산성국풍토기山城国風土記』일문逸文

人と成る時に至りて、外祖父、建角身命、八尋屋を造り、八戸の扉を竪て、八腹の酒を醸(カ)みて、神集(カムツド)へ集へて、七日七夜楽遊したまひて、然して子と語らひて言りたまひしく、「汝の父と思はむ人に此の酒を飲ましめよ」とのりたまへば、即(ヤガ)て酒坏を挙(ササ)げて、天に向きて祭らむと為(オモ)ひ、屋の甍を分け穿ちて天に升(ノボ)りき。乃ち、外祖父のみ名に因りて、可茂別雷命と号(ナヅ)く。謂はゆる丹塗矢は、乙訓の郡の社に坐せる火雷神(ホノイカツチノカミ)なり。

(사람을 만들 때가 되어 외조부外祖父 타케쯔노미코토建角身命가 야히로야八尋屋를 만들고, 팔호八戸의 문을 세우고, 팔복八腹의 술을 담그고, 신들을 모아서 7일 밤낮으로 즐겼다. 그래서 아들로 말해지는 이에게 아버지로 생각되는 이 술을 마시게 하라고 전하고, 즉시 술을 하늘에 올려서 기와지붕을 뚫고서 하늘로 올랐다. 이에 외조부만이 이름에 따라서, 카모와케이카즈치노미코토可茂別雷命로 불렀다. 이른바 이네리야丹塗矢는 오토쿠니군乙訓郡의 신사에 있는 호노이가츠치노카미火雷神가 되었다.)

이것은 「산성풍토기山城国風土記」 일문逸文에 보이는 카모진자賀茂神社의 기원으로 주목되는 것은 카모와케이타즈치노미코토가 야히로야의 기와지붕에서 하늘로 승천했다는 기술이다.

더욱이『일본서기日本書紀』神代紀 第七段에는 스사노오노미코토素戔嗚尊가 아마데라스오오미카미天照大神가 있는 이미하타도노斎服殿에 말의 사체를「건물의 지붕(殿の甍)」을 뚫고 집어넣었다고 한다. 이것은 전승에 의하면 (뇌雷)신神은 지붕의 천장을 목표로 왕래하는 것이 상정된다. 이와 같이 생각하면 A와 C에는 뇌문과 인물의 그림이 있고, 뇌신의 표현으로 생각된다. 더욱이 B와 D에는 새가 그려져 있고, 조상령祖霊의 표현으로도 생각된다. A와 C에는 비단양산이 그려져 있고, 귀인의 주거에 도롱이와 삿갓을 착용한 신이 행차한 모습을 상징하고 있다고도 생각된다.

이에 더해 전술한『삼국지三国志』동이東夷 고구려高句麗 조에는「立大屋、祭鬼神」으로 있는바와 같이 고구려에서는 거처居処의 근처에 대옥大屋을 세워서 귀신을 제사지냈다고 하는 A에 표현되는 제사와 유사한 것이 확인된다.

또한 중국 고전의 사상에 의하면 여름과 겨울의 주거가 별개로 변변치 않았다고 설명되고, 왜국에 있어서도『역경易経』을 인용해서 그와 같이 생각하고 있었던 것이다.

『예기礼記』예운편礼運篇

昔者先王、未有宮室。冬則居営窟、夏則居橧巣。

『속일본기続日本紀』神亀元年十一月甲子条

上古淳朴、冬穴夏巣、後生聖人代、以宮室。

가옥문경에도 궁실宮室의 신구新旧나 계절이 표현되어있을 가능성도 생각된다. 즉, A의 비단양산이 있는 작은 건물수혈주거가 모이는 곳은 이전 시대의 궁실의 가능성을 지적할 수 있고, 실室[ムロ: 무로]로 표현되는 것에 해당된다고 생각된다. 한편, B에 대해서는 이즈모대사出雲大社의 건축이 참고가 된다.

『고사기古事記』上巻 国譲り段

唯僕住所者、如二天神御子之天津日継所知之登陀流〈此三字以音。下効此。〉天之御巣而、於底津石根宮柱布斗斯理、〈此四字以音。〉於高天原氷木多迦斯理〈多迦斯理四字以音。〉而、治賜者、僕者、於百不足八十垧手隠而侍。

대국주大国主의 궁은 「하늘의 주거(天の御巣)」와 같이 훌륭하게 만드는 것을 희망했다고 한다. B는 맞배지붕으로 동일하게 맞배의 이즈모다이샤의 건축이 「하늘의 주거(天の御巣)」로 불려졌다면 B가 중국고전에 보이는 「하소夏巣」의 이미지를 표현하고 있다고 생각된다. 더욱이 A와 C에는 팔작형의 지붕·뇌문·신·비단양산이라는 문양이 공통되고, B와 D에는 수목·새가 공통된다.

이상을 종합하면 A와 B는 「동혈冬穴」과 「하소夏巣」라는 오래된 선왕의 주거를 표현하고 C·D가 현재의 궁宮·당堂을 표현했다고 생각된다.

4. 역대천궁歴代遷宮

【천궁遷宮과 천도遷都】

7세기 말 후지와라경藤原京 이전에는 「역대천궁」이라는 왕의 교체와 동시에 반드시 궁의 이동이 이루어졌다. 궁의 이동은 반드시 왕의 교체 시기만이 아닌 한 세대 중에 몇 번이고 궁을 바꾼 대왕大王도 있었다. 천궁 이후의 궁이 어떻게 되었는가에 대한 기재는 명료하지 않으나 왕족층으로 거주자의 범위를 넓히면 반드시 단순하게 신축과 폐기를 반복하지 않고, 치세마다 궁호가 바뀐 것이 있고, 지역지배의 거점으로서는 개축을 포함하면서도 존속하는 것이 일반적이었다고 생각된다.

7세기에는 아스카飛鳥에 궁이 누적되어 운영되고, 천궁이 이루어졌어도 나니와難波나 오우미近江 등의 원거리로의 「수도(미야코みやこ)」의 이동인 천도와는 질적으로 달랐던 것으로 이해된다. 즉, 「고사기古事記·일본서기日本書紀」의 기술을 전제로 한다면, 대왕이 사는 「궁」이 소재하는 주변지역이 「수도(みやこ)」가 되어있으나, 이러한 궁의 주변에 배치된 거주구역이나 제시설 등의 대규모 이동이 천도(みやこうつり)로 정의된다.

중국풍의 도시계획에 근거한 정치경제의 중심으로서 「경」은 7세기 후반의 新益京(藤原京)을 획기로 시작하고, 이후에는 왕의 교체마다 천궁이 필요하지 않게 된다. 호족층을 위계질서에 따라서 집중해 거주시키고, 관료를 도시귀족화시키는 토대가 되는 「경」은 이 단계부터 시작되고, 종래의 왕의 교체마다 궁을 이동시키는 「역대천궁」단계에서 「경」의 이동을 동반하는 도성제단계가 된다. 전형적으로는 도성제단계의 「경」의 이동과 함께하는 천도가 있고, 도성제 이전을 「역대천궁」의 시대, 이후를 「천도」의 시대로 크게 이분하는 것이 가능하다. 단, 7세기 이후의 아스카지역에서의 누적적인 궁의 조영을 전제로, 사이메이斉明·텐지天智조 시대 이후에 있어서는 「왕의 교체」를 넘어선 상시적 시설(물시계漏刻·분수시설)이 건설되어 있고, 시설을 관리하는 「유수사留守司」가 설치되는 등, 이전의 「역대천궁」과는 다른 과도기적인 「야마토경[왜경倭京]」단계(원초 도성제단계)에 도달했다고 평가된다.

【역대천궁歴代遷宮의 여러 가지 설】

도성제 이전 궁의 존재방식의 특색으로서 「역대천궁」이 이루어진 것에 대해서 키타사다기치喜田貞吉는 『제도帝都』에서 이하와 같이 기술하고 있다.

우리들이 고사를 읽고 항상 기이하게 느끼는 것의 하나는 우리나라의 고대에서 역대의 천황이 대체적으로 각 세대별로 천도가 있고, 때로는 한 세대에 수 차례 반복되는 기사가 반복되는 경우가 있다.

이 역대천궁의 이유로서 지금까지 모토오리노리나가本居宣長에 의한 부자별거제에 의한 것이라는 설, 쿠메쿠니타케久米邦武에 의한 죽음의 부정을 피하기 위해 즉위 시에 새로운 적지를 점을 쳐 궁을 정하는 것이 관례였다는 설, 기다사다키치喜田貞吉의 건물의 내구연수 때문이라는 설 등이 제기되어 있다.

먼저, 부자별거제에 의한 설은

모든 기록에 천도 곧 도읍을 옮긴다고 되어있는 것은 단지 중국기록을 따라 적은 것으로 실은 후대처럼 천도되는 것이 아니고, 상대에 세대마다 수도가 바뀌는 것은 보통 상대에는 왕자들도 부왕과 동일한 궁에 살지 않고, 다른 곳에 많이 살았다면, 부왕이 붕어하고 왕세자에게 양위를 알리면 살고 있는 곳이 즉시 수도가 된다. 신하들도 각자의 본향에 살고 있었다면 도성이라 해도 후대와 같이 그리 크지 않기 때문에 어떤 곳이라도 원래 살던 곳이 궁이 되고 거기에서 치세를 한다.

라고 있듯이 부부는 반드시 동거하지 않고, 부인은 친가에 있고, 남편이 여기를 다녀가면서 그 부인의 아들은 성인이 될 때까지 살기에 아들의 거주지가 새로운 궁이라는 해석이다.

이에 대해서 기다사다키치는 부부동거가 일반적이었단 점, 동모형제同母兄弟의 궁이 다른 점을 근거로 이 설을 비판하고 있다. 그러나 「고사기古事記·일본서기日本書紀」가 부부동거를 전제로 기술한 것은 율령제 부계우위의 가족을 이상으로 하는 입장에서 기술하고, 반대로 코묘光明황후의 황후궁이 궁 밖의 홋케지法華寺나 옛 나가야오우의 저택旧長屋王邸에 소재한 것과 같이 쌍계적인 부부별거가 일반적이었다고 생각된다. 더욱이 동모형제同母兄弟가 별궁이었던 점은 성인 후의 독립이나 계보상의 조작, 더욱이 후술하는 왕자궁의 존재 등을 고려하면 성인 후의 부자별거는 부정할 수 없다.

다음으로 죽음의 부정을 피하기 위해 즉위 시에 새로운 적지를 점복으로 정하고, 궁으로 하는 것이 관례였다는 설은 구메구니타케久米邦武에 의해서 제안되고 있다.

> 여러 불길함 중에 가장 혐오하는 것은 죽음의 액운이다. 고대에 사람이 죽으면 그 집은 부정해졌다고 폐기하거나, 역대 천황이 반드시 궁전을 바꾸는 것도 오키쯔스타에奥津棄戸(최후의 버리는 장소)에 기인한 것이다.

죽음의 부정이 타는 것은 궁전건물이 아니라 신기神器(regalia)라는 설도 제기되고 있다.

즉, 기다사다키치에 의한 나가오카쿄長岡京 폐도廃都가 사와라친왕早良親王의 원령怨霊을 피하기 위한 것이었다고 하는 설도 이러한 논의의 연장선에 위치한다.

그러나 액운에 오염된 옛 궁에서 즉위하는 사례가 통시대적으로 존재하는 점, 장송의례의 종료에 의해 죽음의 부정이 해제되었다고 한다면, 천궁遷宮의 필요성 자체가 해소되어 버린다는 모순을 포함하게 되기 때문에, 단순한 죽음의 부정설은 성립하기 힘들다.

더욱이, 「사와라친왕에 대한 원령의 두려움早良親王(崇道天皇)に対する怨霊畏怖」에 의한 나가오카경長岡京 포기설放棄説도 채용하기 힘들다. 그 이유는 첫째로 원령을 강하게 의식하는 것은 헤이안 천도 후로, 사와라친왕의 령霊

에 대한 조치가 매우 경미하고 막대한 비용을 필요로 하는 헤이안 천도와 정책적으로 맞지 않는 점이 지적되고, 당초는 황태자 병의 치유에 한정된 조치로 생각된다. 둘째는 나가오카쿄가 원령이 사는 기피해야할 장소였다면 칸무桓武가 궁내京内의 임시거처로 동원東院에 2년간 체재한 것을 설명하기 힘들다. 칸무는 헤이안 천도를 결의하고서도 나가오카쿄의 동원東院을 임시거처로 해 살았고, 다음해 10월에 헤이안경平安京로 이동하는 것이 확인된다. 나아가 폐도 후의 토지이용으로 황족이나 총신寵臣에게 종종 경내의 토지가 사여되는 점도 지적된다. 헤이안시대에는 원령의 해코지가 확대되나, 미치자네道真의 원령이 활발해져도 헤이안쿄는 폐도되지 않았던 점도 지적된다.

한편, 건물의 내구연수에 의한 것이라는 설은,

> 천도로 말할 수 없고 게다가 궁의 이름을 달리하는 것은 천도가 아닌 실제는 천궁이지 않을 수 없다. 이것은 단지 오래된 궁전을 버리고 새로운 궁전으로 돌아간다는 매우 간단한 사실에 지나지 않는 것으로 생각된다. 오래된 궁전이 파손되고 개축이 필요한 경우에 천궁이 이루어진 것으로 생각된다. 결국, 고대에서 천도의 다수는 단지 궁전 개축이라는 간단한 것으로 모두 천도라고 할 것은 아니다.

라고 하듯이, 건물의 내구연수에 의해서 이전 궁에서 새로운 궁으로의 이동, 즉「천궁」이 본질로, 먼 곳으로의 천도와는 구별된다고 논했다.

근년에는 궁실 내에 기거한 천황의 죽음을 기피하는 심정과 동궁을 즉위 후의 거처로 하는 습관이 표리의 관계가 있었고, 헤이조궁平城宮 단계에서도 천황과 황태자는 다른 궁에 거주한 것을 전제로 "헤이조궁平城宮 내라는 하나의 구획 속에서 마치 천궁遷宮을 하는 듯 한 형태가 명료하게 반증

된다"고, 헤이조궁平城宮 내에서 천궁遷宮이 이루어졌다고 하는 설도 제기되고 있다. 동일하게 도성제성립 이후도 궁내의 개작이나 지진제로 변질되어 가면서도 계속된다는 제기도 있다.

역대천궁을 건물의 내구연수로 하는 설이나 죽음의 부정을 회피하는 설은 한 세대의 대왕이어도 단기로 여러 차례의 천궁을 하고 있는 사례가 설명되지 않고, 적어도 천궁이 아닌 천도의 이유, 특히 도성제단계의 천도 이유가 되기 힘들다. 도성제단계의 「궁내천도宮内遷都(개작改作)」은 「역대천궁」과는 단계도 질도 다른 것으로 동일시 될 수 없다. 단

> 国家の恒例は吉に就くの後、新宮に遷御するなり。……亮陰の後、更に新宮を建つ、古往今来、以て故実と為す。(『일본후기日本後紀』大同元年七月条)

이라는 것과 같이 헤이제이平城 시대까지는 헤이안쿄平安京가 「상도上都」「만대궁万代宮」이라는 인식과 함께 「왕의 교체」마다 천도遷都·천궁遷宮을 당연시하는 의식이 남아있었던 것은 주목된다.

게다가 최근에는 와다아츠무和田萃에 의한 즉위식의 장소를 점복으로 정하는 관행이 존재했기에 역대천궁이 이루어졌다는 설이 제기되었다.

이 설은 웅략雄略의 즉위기술에

> 有司に命じて、壇を泊瀬の朝倉に設け、天皇の位に即き、遂に宮を定む(『일본서기日本書紀』天武即位前紀)

이라고 있고, 더욱이 비다츠敏達의 천궁에 대해서

ト者に命して、海部王の家地と糸井王の家地とを占ふ。トへるに便ち襲吉し。遂に宮を訳語に営る。是幸玉宮と謂ふなり。『일본서기日本書紀』敏達四年是歳条)

으로 있는 점에서 새로운 대왕大王의 즉위 시에는 적지를 점복으로 정하고, 제단壇場[タカミクラ: 타카미쿠라]을 설치해서 즉위식을 진행하고, 궁지(宮地)로 하는 것이 관행이었다고 하는 것이다.

빈殯이라는 장송의례나 등단登壇이라는 즉위의례에 관련한 논의로서 역대천궁이 새로운 왕의 즉위에 동반하는 의례의 일환으로 정의되는 점은 수긍된다. 그러나 궁터를 결정하는 점복이 어느 정도의 구속력을 가지는가는 문제이고, 넓이를 포함한 후보지의 한정이나 추인적인 의미로 이루어졌을 가능성도 부정할 수 없다. 만약, 점복에 의해 후보지의 선정이 제약 없이 이루어졌다면, 후술하는 것과 같이 시기에 따라 명확히 다른 경향성을 가지는 것을 설명하기 힘들다. 적어도 복수의 한정된 장소만이 점지되었던 것은 분명하고, 점복으로 인한 선정이어도 이와레磐余나 아스카飛鳥와 같이 다시 한정된 후보지를 선택했을 가능성이나, 후보지 내부에서 궁지宮地가 더욱 좁은 후보지의 선정 등에 한정된 것이 상정된다. 혹은 결정한 궁지宮地의 배치(가상家相)를 추인적으로 점친다든지, 지진제地鎮祭을 행한 가능성도 지적할 수 있다. 따라서 점복에 의한 결정을 제1의 원인으로 생각하기는 쉽지 않다.

【「왕의 교체」와 역대천궁歴代遷宮】

「고사기古事記 · 일본서기日本書紀」의 기술에 의하면 대왕大王－천황天皇의 거처로 다시 사용되는 것이 드물긴 했으나, 한번 천궁해 가게 되면 그 궁은 완전히 폐기되어 두 번 다시 사용되지 않았다고 단정할 수는 없다. 왕궁의 거주자로서 대왕大王 - 천황天皇만이 아닌 넓게는 왕족층 일반을 포함해서 생각해, 역대천궁과 궁의 전령伝領(소유권을 계승하는 행위)에 대해서 통일적으로 생각할 필요가 있다. 역대천궁의 장소가 야마토大和 · 카와치河内로 한정된 요지 사이를 이동하고 있는 점을 중시한다면, 지역지배의 거점으로서 궁을 생각하는 것이 가능하다.

도성제 이전의 「왜경倭京」적인 도성은 야마토왕권(ヤマト王権)이 오오키미大王와 왕족 · 호족과의 인격적인 관계를 기초로 하는 것과 대등하게, 오오키미궁(大王宮; 황궁)의 주변에 황자궁皇子宮이나 호족의 거택이 산재하는 경관을 나타낸다. 대왕大王에 의한 인격적 지배를 기초에 두기 위해 왕의 교체마다 지배기구의 재편에 대응해서 「천궁」이 요구되었다고 생각된다. 초기의 호족거관의 다수가 단기(아마도 한 세대)로 폐기되고 있는 것은 왕의 「교체(왕의 교체)」를 초월하고, 수장개인에게서 엄격히 구별된 항시적인 공적시설이 필요하지 않았던 점을 시사하고 있다.

기구나 제도를 매개로 하는 결합 및 인격적 · 신분적 종속관계를 매개로 하는 결집이라는 이중의 형태로 전근대의 여러 국가에서 지배계급이 결집하는 것으로 되어있다. 특히 율령제 이전의 권력구조는 대왕大王과 신하의 인격적 예속관계를 기초로, 기구나 제도를 전제로 하는 관료제적인 질서는 미숙했다. 혈통보다도 인격 · 자질을 중시해서 추대된 대왕大王은 그 인격적 지배가 강렬했기에 당대의 대왕이 사망한 직후에는 필연적으로 권력의 공백기간이 발생하고, 「왕의 교체」에 동반한 「직위의 확인」이라는 지배기구의 재편성이 필수의 행사가 되었다. 「역대천궁」의 이유도, 원리적으로는 새 대왕大王이 지배기구를 재편하기 위해 행한 이러한 행사의 일환으로 생각된다. 단, 부자별거설에 대해서는 당시의 분산적인 권력구조를 고려하면서 황자궁이 대왕궁으로 승격하는 현상면에만 한정한다면 인정할 수 있다.

율령제 시대와는 달리 대왕궁만으로 정무수행의 거점이 집중한 것이 아니고, 황자궁·비궁妃宮 및 호족거관 등으로 분산하고, 절·시장·광장 등에서도 종종 행사가 이루어졌다. 이러한 단계의 「경」에 있어서도 대왕궁 이외에 궁·저택·절·시장·광장 등이 필요한 요소였으나, 大王宮의 초월성이 약하고 「왕의 교체」에 동반한 지배구조의 재편성이 불가피한 이상 다시 정연하게 이것들이 배치되지 않고, 그렇게 할 필요가 없었다고 생각된다. 율령제 아래의 도성과 비교하면 제諸기구의 집중도는 약하고 중심으로서의 대왕궁이 다른 궁이나 저택과 질적으로 다르지 않기에, 광대한 영역성·분산성·개별성을 특징으로 가지고 있다. 추고조推古朝 이후에 아스카지역에 대왕궁이 집중하고 이와 같은 지배구조가 「왕의 교체」를 넘어서 조리제条里地割나 조방제条坊地割라는 통일적인 질서 없이 집적된 상태가 「야마토경倭京」적 경관이었다고 생각된다. 잠재적으로는 「왕의 교체」마다 京은 크게 변동할 가능성이 있고, 가끔 지배층에게 필요한 기구전체가 「경」이고, 그 유기적인 복합체가 산재하는 범위가 「경역京域」이었다. 따라서 명확한 경역京域은 존재하지 않고, 아스카를 중심으로 하는 막연한 지역이 「야마토경倭京」이 될 수밖에 없었다. 왜경倭京 이외에 오우미近江나 나니와難波가 영속적으로 「경京」이 되지 않았던 것은 왕권에 집결한 지배층 거점의 지속이 한 세대에 한정되어 영속적으로 유지되지 않았기 때문으로 생각된다.

【오오키미大王의 궁호표기宮号表記】

초기의 오오키미大王가 거주한 것으로 말해지는 궁호宮号에 대해서는 계체조継体朝의 전후에 그 표기는 크게 변화한다. 즉, 적어도 7세기 후반까지는 호류지法隆寺의 약사여래상薬師如来像 광배명光背銘에 「池辺大宮治天下天皇」(用明)、「小治田大宮治天下大王天皇」(추고推古)으로 보이듯이, 「某宮治天下大王(천황天皇)」의 말은 왜왕倭王의 자칭으로 정착했다. 이것은 대왕大王의 치천하治天下와 궁이 일대일 대응한 표기가 되는 것으로, 이른바 「역대천궁」이 통일적으로 표기되는 단계로, 「고사기古事記 · 일본서기日本書紀」의 표기로 수렴해 간다. 이것은 대왕大王이 구상한 「천하天下」의 중심에 궁이 위치한다는 개념이 명확하게 확립된 단계이다. 그러나 계체조継体朝 이전에는

「在斯鬼宮時」(이나리야마철검명稲荷山鉄剣銘)

「在意柴沙加宮時」(쓰다하치만궁인물화상경문隅田八幡宮人物画像鏡銘)

「坐弥乎国高嶋宮時」(『상궁기上宮記』일문逸文)

이라는 표기가 일반적이었다. 「在(坐)某宮時」표기에서 엿보이듯이, 한 세대의 대왕大王이 시간적인 경과와 함께 복수의 궁을 경영한 단계가 상정된다. 여기에서는 이후와 같이 다시 하나의 궁과 대왕大王의 치세가 명확하게 대응하지 않는 단계가 확인된다.

따라서 계체조継体朝 이전에 대해서는 본래 복수의 궁실이 전승되었음에도 불구하고 늦어도 「고사기古事記 · 일본서기日本書紀」의 편찬단계에는 대왕大王에 의한 치천하治天下의 궁이 하나로 통일되었을 가능성이 지적된다. 예를 들어, 雄略는 하쯔세노아사쿠라노미야[長谷朝倉宮;泊瀬朝倉宮]를 거궁居宮으로 했다고 전승되나, 雄略로 비정되는 「와카타케루노오키미獲加多支鹵大王」의 거궁居宮으로서는 「시키미야斯鬼宮」가 이나리야마철검稲荷山鉄剣의 명문에 보인다. 이 경우의 「시키미야斯鬼宮」은 야마토의 시키군磯城郡이 아닌 아마도 시키노오오아카타누시志幾大県主가 「天皇の御舎(천황의 거처)」을 모방해 자기의 집에 망루堅魚木를 올려 유라쿠雄略에 의해서 집이 불태워지게 되고, 공납물奉納物을 헌상하고 복속을 맹세했기에 용서받았다는 이야기가 있는 점에서 (『고사기古事記』雄略段)、카와치노쿠니河内国의 시키군志紀郡(; 현재 오사카부大阪府 후지이데라시藤井寺市 부근)으로도 생각된다.

이에 더해 게이타이継体의 거궁居宮에 대해서도 「이와레타마호노미야磐余玉穂宮」 이외에 「쿠스하노미야樟葉宮」(継体元年正月甲申条), 「야마시로노쯔쯔키노미야山背筒城」(同五年十月条), 「오토쿠니弟国」(同十二年三月甲子条) 등 산성에 세 개의 궁실宮室을 경영한 전승이 있다. 통설에서는 게이타이継体의 「야마토 입성」(이와레노타마호미야磐余玉穂宮으로의 천궁遷宮)이 게이타이継体 20년까지 늦어진 것에서 키나이畿内에 저항세력이 존재했다고 생각되어져 왔다. 그러나 이미 지적이 있듯이 게이타이継体의 내정기사가 거의 없는 점에서 그 공백을 메우기 위해서 전해져 온 4개의 궁실명宮室名을 계체기継体紀 속에 배분한 것에 지나지 않는 것으로 생각된다. 여기에 더해서 쓰다하치만궁인물화상경문에는 「오시사카미야意柴沙加宮」의 이름이 있고, 명문의 「계미년癸未年」을 503年으로 비정하면 즉위 전부터 야마토大和에 거점을 가지고 있었다고 생각된다.

【궁의 분산과 집중】

이와 같이 계체조継体朝 이전은 대왕大王에게는 그 치세기에 복수의 거점이 있었던 것이 상정된다. 그러나 신무神武부터 카이카開化까지의 대왕의 실재는 의문시되고, 게다가 숭신崇神부터 인덕仁徳까지는 키나이畿内의 통일과 성왕聖王의 출현까지를 예정하고 부회적으로 기술하는 구상에 의해서 작성되어 있고, 궁호에 대해서도 「고사기古事記 · 일본서기日本書紀」 성립기의 윤색이 상정되고, 그대로 사실로 할 수는 없다. 「고사기古事記 · 일본서기日本書紀」에 의한 「역대천궁」의 흐름에 대해서는 이중(履中) 이후는 아와래磐余 · 아스카飛鳥 · 이소노카미(石上) · 하세(長谷) 등, 한정된 거점을 주기적으로 순회하는 것이 확인된다. 즉, 『고사기古事記』하권下巻의 기술에 의하면

履中 ー伊波礼之若桜宮	清寧 ー伊波礼之甕栗宮	継体 ー伊波礼之玉穂宮
反正 ー多治比之柴垣宮		
允恭 ー遠飛鳥宮	顕宗 ー近飛鳥宮	
安康 ー石上之穴穂宮	仁賢 ー石上広高宮	
雄略 ー長谷朝倉宮	武烈 ー長谷之列木宮	

라는 것과 같이 리추履中에서 게이타이継体까지 이와레磐余를 중심으로 한 주기성이 확인된다. 실재성이 확인되는 것은 치세의 기간이 명기되게 되는 비다쓰敏達 이후로, 이 주기성은 윤공允恭의 토오츠아스카노미야遠飛鳥宮와 현종顕宗의 치카츠아스카노미야近飛鳥宮와 같이 『제기帝紀』에 의한 구상을 엿보는 것은 가능하나, 궁의 실재성을 확인하는 것은 현재는 불가능하다. 그러나 이와레磐余·아스카飛鳥·이소노카미石上·하세長谷 등의 지명이 대왕大王에게 중요한 거점이었던 점까지 부정하는 것은 아니다.

6세기가 되면 게이타이継体의 이와레노타마호노미야伊波礼之玉穂宮에서 숭준崇峻의 쿠라하시노시바가키노미야倉椅柴垣宮까지, 이와레磐余[사쿠라이시桜井市 남서부에서 카시와라시橿原市 남동부]의 주변에 궁이 집중하게 된다.

継体ー伊波礼之玉穂宮(桜井市 池内 부근)

安閑ー勾之金箸宮(橿原市曲川 부근)

宣化ー檜坰之廬入野宮(明日香村檜前 부근)

欽明－師木嶋大宮(桜井市金屋 부근)

敏達－他田宮(桜井市戒重 부근／桜井市大田)

用明－(磐余)池辺宮(桜井市池之内 부근／桜井市谷)

崇峻－倉椅柴垣宮(桜井市倉橋)

또한, 7세기에는 나니와難波나 오오츠大津로의 일시적인 천궁을 제외하면, 추고推古의 오와리다노미야小治田宮에서 지통持統의 키요미하라노미야浄御原宮까지 기본적으로 아스카飛鳥가 궁실의 소재지가 된다.

이상에 의하면 5세기 이전에는 야마토大和를 중심으로 이와레磐余·아스카飛鳥·이소노카미石上·하세長谷 등, 몇 군데의 거점에 천궁했으나, 6세기에는 이와레磐余, 7세기에는 아스카飛鳥로 거점이 집중되어 가는 양상이 확인된다. 이것은 게이타이기継体期 이후에 왕권의 질이 크게 변화한 것을 말하는 것으로 생각된다. 적어도 왕의 교체를 넘어서 누적된 외연적인 기구가 정비되어 가는 점과 관련된 현상일 것이다. 또한, 5세기 이전의 규칙적인 유동성은 궁이 대왕大王의 치세와 반드시 일대일 대응하지 않았다는 점을 전제로 생각하면, 「고사기古事記·일본서기日本書紀」 편찬 시에 정리되었을 가능성을 부정할 수 없다. 계체기継体 이전의 궁호를 그대로 사실로 인정하는 것은 신중해야만 할 것이다.

맺음말

이상과 같은 검토의 결과는 다음과 같다. 히미코卑弥呼의 거주는 궁실宮室·누관樓觀·성책城柵으로 구성되어 있었다. 문헌기록의 궁실·누관·성책은 고고자료로서 궁전·망루·목책열로 확인되었다. 시장 가까이에 존재했던 저각邸閣 곧 대형주거는 '왜국대란'이라는 군사적 긴장상태를 나타내는 것으로 수장이 강제적으로 징수해서 저장했던 생산물의 존재가 상정된다. 히미코의 궁실을 포함하는 6세기 이전 '역대천궁歷代遷宮' 단계의 궁실에는 공사의 미분화와 당대의 경영으로 한정되는 특징이 확인되는 것으로, 6세기의 케이타이継体·킨메이欽明 이후에는 왕권의 발전단계가 크게 변화했음을 말해준다.

한국의 김해 봉황대유적도 제사장·공방·항만 등을 포함하는 대가야의 왕궁으로 인식되고 있는데, 고분시대의 궁실이나 호족거관과 같이 수장에게 필요한 제사·행정·기술·교역 등의 다양한 성격이 궁실의 구성에 반영되었던 것으로 추측된다. 관청의 집중도나 도로의 규격성 등은 일본 고분시대 수준의 왕궁의 존재를 보여주는 것으로 생각한다.

국읍國邑으로서의 봉황동유적鳳凰洞遺蹟

이성주*

目次

Ⅰ. 머리말

국읍國邑은 '국國'의 중심지이다. 『삼국지三國志』 위서 동이전에서 국國은 주로 한韓과 왜倭지역의 독립 정치체를 일컫는 용어였다. 하나의 정치체가 어떤 성격을 가지고 있는지, 어떻게 운영되었는지를 해명하려면 그 중심지

* 慶北大學校 考古人類學科

의 규모, 형태, 기능, 의미에 대해 이해해야 한다. 국읍의 실태와 운영에 대해 문헌기록이 알려주는 것은 극히 적다. 그래서 물질자료에 삼한三韓의 국읍이 어떻게 나타나는지 관심 있게 찾아보게 된다. 이 연구에서는 국과 그 중에도 구야국狗邪國과 그 국읍에 대해 고고학적으로 해명해 보기 위해 다음과 같이 세 가지 논의를 시도해 보고자 한다.

첫째, 진·변한지역 국읍의 형성과 성장의 배경과 지역적 특성을 살펴보고자 한다. 이를 위해서 먼저 살펴 볼 것은 『삼국지三國志』 위서 동이전 기록자의 종족 및 정치체에 대한 인식이 어떤 것인지 알아볼 필요가 있다. 우리가 기록자의 인식을 대입시켜 볼 수 있는 것은 고고학 자료의 분포라고 생각된다. 그래서 그간의 국國과 국읍國邑의 형성에 대한 연구 성과들은 문헌기록에 근거하기도 하지만 고고학 자료에 크게 의존해 왔던 것이 사실이다. 지금까지 고고학적 성과를 보면 국읍의 형성을 논의해 볼만한 지역은 영남, 그 안에서도 동남부지역에 국한된다.

둘째, 그동안 김해 중심권에 대한 고고학적 시·발굴 조사의 성과를 종합적으로 검토하여 청동기시대부터 삼국시대에 이르는 취락과 분묘의 분포상과 그 변화에 대해 설명해 보고자 한다. 이를 통해 구야국狗邪國-금관가야金官加耶의 국읍이 언제, 어떻게 시작하여 어떠한 과정을 거쳐 변해갔는지 살필 수 있을 것이다. 특히 국읍의 핵심지역이라 할 수 있는 봉황동유적을 중심으로 최초의 점유와 집주의 과정, 위곽시설의 도입과 생산시설 및 건축물의 배치에 대해 검토하고 그것이 주변지대의 변화와 어떻게 맞물리는지 살피고자 한다.

셋째, 집주와 내부의 조직화에 의해 나타난 국읍國邑의 형성과 변동을 전반적 사회 복합화 과정에서 갖는 의미에 대해 살펴보고 서로 다른 시기와 지역에 나타난 국읍의 지역차에 대해서도 검토해 보았다.

Ⅱ. 진辰·변한弁韓의 정치체政治體

1. 물질문화物質文化와 종족種族 정체성正體性

초기철기시대 이후 만주와 한반도 일원의 사회문화변동을 설명하려면 첫째, 물질문화의 지역권 형성, 둘째, 각 지역권 내 정치사회집단의 성장, 이 두 가지 방향의 설명을 필요로 한다. 필자는 이에 대한 설명을 위해서 종족집단種族集團의 거주영역居住領域, 물질문화物質文化의 분포범위分布範圍, 그리고 정치체政治體의 영토嶺土 등에 대해 타당한 이론적 전제를 토대로 해야 한다는 지적을 한 적이 있었다(李盛周 1998: 66-72, 2007: 259-267). 적어도 이 시기부터는 문헌에 종족과 정치체의 명칭이 기록되어 있으므로 그 존재와 지리적 위치 및 범위를 역사기록과 맞추어 볼 수 있다. 특히『삼국지三國志』위서魏書 동이전東夷傳에 나오는 종족과 정치체의 범위는 물질문화의 공간적 분포의 어떤 측면과 어떻게 대응되는가? 하는 문제를 심도 있게 검토해 볼 필요가 있는 것이다.

청동기시대 이후 물질문화 요소의 일정한 조합이 시공간적 단위로 정의될 수 있을 때 우리는 그것을 유형 혹은 문화라고 불러 왔다. 그것을 유기체적 실체처럼 간주하고 그것의 생성과 소멸의 과정을 설명하려는 것은 무의미한 일이겠지만(李盛周 2006), 일정한 지리적 범위에 존속했던 인간집단 특히 역사기록에 등장하는 종족이라면 그것이 물질문화의 분포 범위와 일치하는가를 따져 볼 여지는 충분히 있다. 이것이 그 실재를 증명하고 그 집단의 의미를 파악해 보기 위한 작업은 아니다. 초기철기시대 이후는 단편적이지만 종족이나 정치체와 관련된 기록이 나오기 시작하는 시대이므로 고대 기록자의 종족변별체계에 접근해 보기 위해서이다. 이때 우리는 하나의 전제로서 물질문화의 정형성와 종족집단은 연관성이 있다고 볼 수는 있지만(朴淳發 2006), 물질문화의 분포영역이(기록에 전하는) 종족성에 대한 고고학적 구분의 절대적 근거는 될 수 없음을 받아들여야 한다고 본다.

가령 한강유역과 영동지방은 중도식 주거지와 중도식 무문토기의 분포권이다. 일찍이 이는 예계濊系문화로 인식된 바 있고(朴淳發 1996) 세부 지역차를 들어 하나의 예濊 종족種族이었지만 역사적 과정에서 영동과 영서 양지역이 문화적으로 이질성을 띠면서 종족적으로도 변별되어 갔다는 설명도 있다(金昌錫 2008). 그러나 한강유역은 예濊종족과 한韓종족이 섞여 있는 지역으로 물질문화의 양식으로 양자를 분리시키기는 어려운 것이 사실이다. 애써 주거지와 토기양식의 차이(박중국 2012)에 더하여 묘제의 차이를 비교하면 물질문화의 영역은 세분될 수 있기에 예濊와 한韓을 변별할 가능성은 있지만(權五榮 2010) 그것을 보증해주지는 못한다. 같은 지역권에 자리잡고 있었던 진한과 변한도 물질문화상으로 상당한 공통성을 보이긴 하지만 토기의 사용과 목곽의 구조에서 세부적인 차이가 지적되면서 구분의 타당성이 제기된 바 있다(金榮珉 1996). 그러나 물질문화에 의한 종족의 구분이 절대적으로 타당하다거나 고대古代 사가史家의 변별인식과 반드시 일치한다고 말하기는 어렵다.

그럼에도『삼국지三國志』위서魏書 동이전東夷傳에 나오는 제 종족種族의 지리적 분포는 원삼국시대 물질문화의 지역차에 어느 정도 대입해 볼 수 있는 것은 사실이다. 당시 중국 사가史家들도 그들의 관찰을 통해 물질생활과 언어, 관습에서 차이가 있었기 때문에 그리 구분하여 종족명을 붙였을 것이기 때문이다. 가령 철기시대 말기 서부유럽의 고고학 자료에서 파악되는 문화권도 카이사르가 갈리아사회를 문화적 집단으로 구분했던 것에 근사하게 나타난다(李盛周 2015a). 이처럼 타자에 의해 이름 붙여진 종족집단의 범위는 물질문화 유형의 분포에 대입될 가능성이 크지만 각 종족집단들이 스스로의 정체성을 가지고 있었을 가능성은 적을 것이라 생각된다(李盛周 2015a). 따라서 타자가 지녔던 종족적 변별의 관념을 동이족들이 그대로 가지고 있었다고 보기는 힘들다는 것이다.

집단의 정체성이란 어떤 것이 있을까? 첫째, 『삼국지三國志』 동이전東夷傳의 종족에 대한 인식처럼 고대의 역사가가 타자를 대상으로 한 집단의 구분이 있다. 둘째, 당시 집단 내의 주민들이 스스로 다른 집단과 차별화 하려는 자의식에 의한 변별이 있을 수 있다. 그리고 셋째, 지금 우리가 문헌과 고고학 자료의 분석을 통해 정의하려는 집단의 정체성이 있다(權五榮 2010, 李盛周 2015b). 만일 정체성이 현실적으로 존재한다면 그것은 집단 구성원들에게 공유된 의식과 같은 두 번째 경우가 아닐까 한다. 『삼국지三國志』 위서魏書 동이전東夷傳을 저술한 타자는 물질문화와 풍습과 언어의 차이로 종족을 구분했을 것이지만 소국小國에 대해서는 사회적으로 통합되고 작동하는 실체로서 파악했을 것이다. 종족은 물질문화의 특징을 통해 고고학자도 어렵지 않게 구분해 볼 수 있는 집단이다. 그런데 종족성에 대한 인류학적 연구 중에 "집단의 정체성은 문화적 내용물에 의해 구분되는 것이 아니라 집단의 경계 형성"이라고 한 의견이 있다(Barth 1969). 심지어 Derks와 Roymans은 "종족성을 정의하는 것은 정치이며 종족성이 정치를 결정하는 것은 아니다"라고까지 말한다(2009: 1). 이와 같은 인류학적 제안을 참고하면 정치적 통합을 이룩한 소국의 구성원들 사이에는 공유된 정체성 의식이 존재했을 가능성이 크다고 본다. 이에 비해 종족집단의 경우 고대의 역사가와 현재의 고고학자가 함께 문화적 특징을 통해 그 실체를 어렵지 않게 인식할 수는 있지만 그 구성원들이 자신의 종족에 대한 정체성 의식을 공유하고 있었다고 말하기는 어렵다.

2. 정치체政治體 성장成長의 지역성地域性

기존 동북아지역 청동기문화의 지역성이 철기문화의 확산에 따라 재편됨으로서 철기시대 이후의 지역문화가 형성된다. 철기시대 이후 재편된 지역문화는 대략 『삼국지三國志』 위서魏書 동이전東夷傳의 종족집단 거주영역에 얼추 대입될 것으로 생각된다. 각 종족의 물질문화는 형태적-양식적 차이도 지적될 수 있지만 계급적, 혹은 공간적 위계에도 차이가 있다. 이러한 지역차의 배경으로 생업의 차이를 지적한 의견도 있지만(金在弘 2015), 철기문화 수용과 관련된 상호작용 네트워크상에 어떤 위치에 있는가 하는 점이 중요하다고 본다(李盛周 1998).

철기문화의 확산과 수용의 지역차가 아니라면 청동기시대 토착사회의 지역성이 철기시대를 거치면서 완전히 재편되는 현상을 설명하기는 어렵기 때문이다. 문명의 중심지와 거점, 그리고 제 지역 토착사회를 연결하는 상호작용의 관계망, 그에 참여하는 방식의 차이, 중원지역으로부터 파급되는 신기술과 물질문화의 수용 양상, 그 배경이 되었던 제 지역사회의 사회·문화적, 이념적 맥락의 차이 등이 제 종족 간에 물질문화의 차이를 가져 온 것 같다(李盛周 1996, 1998). 특히 한제국의 거점과 토착사회들 간에 형성된 관계망으로부터의 거리나 상호작용의 방식에 따라 지역문화의 형성과 지역집단의 정치적 성장은 다른 방식으로 진행되었던 것으로 보인다.

『삼국지三國志』 위서魏書 동이전東夷傳에는 언어, 풍습, 지리적 위치 및 물질문화 등으로 구분되는 종족집단과 정치적으로 세력화한 국國, 이 두 가지 서로 다른 성질의 집단에 대해 뚜렷이 변별하고 있다. 동이전東夷傳의 기록에서 우리는 옥저沃沮, 예濊, 마한馬韓, 진한辰韓, 변한弁韓 등은 종족의 구분이며 백제국佰濟國, 사로국斯盧國, 구야국狗邪國은 국國의 명칭이란 것을 알 수 있다. 이에 비해 고구려와 부여의 경우, 종족의 이름이기도 했지만 그것을 범주로 정치체를 형성하였다는 것을 『삼국지三國志』 동이전東夷傳은 말하고 있는 것 같다. 한반도와 만주에 분포하였던 종족집단들은 거의 그 자체를 범위로 커다란 정치적 통합을 이룬 경우도 있고, 삼한三韓의 영역과 같이 한 종족 분포 영역에 수십 개의 정치체가 형성되어 있기도 했다. 그리고 옥저沃沮와 예濊라는 종족의 거주영역에는 통합을 이루어 이웃 집단과 경계를 뚜렷이 형성한 정치체들이 잘 식별되지 않는 것으로 보인다.

철기문화의 확산으로 만주와 한반도 일대에서는 사회의 복잡화와 정치체의 통합이 진행되어 갔다. 그런데 사회의 복잡화와 정치적 통합의 범위는 지역에 따라 커다란 차이가 있었던 것으로 보인다. 정치체 통합의 범위와 규모에 따라 구분해 본다면 부여나 고구려처럼 일찍부터 초기국가의 수준으로 광범한 정치적 통합을 이룬 경우가 있고 진·변한처럼 범위는 좁지만 높은 수준의 통합을 이룬 지역도 있으며 옥저나 예처럼 통합의 수준과 규모가 낮은 수준에 머무른 지역이 있다고 할 수 있다(李盛周 1998: 70-71). 요컨대 동이東夷의 제 종족들의 권역 안에서는 저마다 통합의 규모와 수준이 다른 정치체들이 형성되어 있었다는 것이다. 제 지역 정치체들이 서로 다른 과정으로 성장해 감에 따라 제 종족 문화의 양상과 그 분포도 서서히 재편되어 갔다. 제 종족 물질문화의 형성과 그 안에서의 정치체의 성장은 서로 긴밀히 연관되어 전개되어 갔다고 보는 것이 옳을 듯하다.

동이東夷의 제 종족 중에 국國이라는 정치체들이 분립되어 있는 상태로 묘사된 권역은 삼한三韓과 왜倭 지역이다. 삼한三韓 중에도 진辰·변한弁韓과 왜倭는 한漢 제국의 거점으로부터 가장 멀리 떨어져 있으면서 군현이 제공한 위세품을 무덤에 가장 많이 부장했던 권역이다. 『삼국지三國志』 한전韓傳을 통해 보면 삼한三韓의 권역에서 국國이라는 정치체는 도합 74개국이 분포해 있다고 하지만 고고학 자료상으로 국의 거점이 희미하게나마 파악되는 지역은 삼한 가운데 진·변한지역, 그 안에도 영남 동남부 일대에 국한된다. 그 외 삼한의 권역에서는 풍납토성 삼중환호三重環濠 취락聚落 말고는 국의 거점이라고 할 만한 유적이 찾아지지 않는다. 주지하다시피 국國이라는 정치체의 존재는 특정문화의 분포권으로부터 파악되는 것이 아니다. 국國은 그 중심지로부터 인식되며 그로부터 정치권력이 미치는 데까지가 그 공간적 범위로 인정된다(李盛周 1993).

3. 국國의 지역차地域差와 국읍國邑

문헌기록으로 국國의 지도자는 주수主帥이며 그 중심지는 그가 거주했던 국읍國邑이다. 주지하다시피 『삼국지三國志』 한전韓傳에는 국읍의 주수가 하위집단인 읍락을 잘 제어하지 못한다고 서술되어 있다. 하지만 국읍은 국國의 발생기부터는 아니라 하더라도 주거유형의 측면에서 보았을 때 정치, 경제, 이념적 중심지 역할을 했을 것이란 의견이 지배적이다(李賢惠 1976, 權五榮 1995a·b, 1996). 지역에 따라 국읍國邑의 역할과 주수主帥의 지위에는 차별이 있었을 것이며 시간의 흐름에 따라 아마 발전적으로 변해갔을 것이다. 어떤 지역에서 국읍의 존재가 거의 드러나지 않을 수도 있지만 다른 지역에서는 인구가 집중되어 복잡한 거점취락과 과시된 수장층 권력이 확인될 수도 있을 것이다. 특히 늦은 시기가 되어 국國의 통합이 더욱 진행된다면 국읍의 규모와 주수의 영향력도 훨씬 확대된 모습으로 나타날 수 있다.

삼한 지역의 고고학 자료에서 국읍國邑과 주수主帥의 존재를 어떻게 확인할 수 있을까? 첫째, 고고학 자료에 위계화된 분포를 보여주는 주거유형을 통해서 확인될 수 있다. 이 시기, 국國의 영역 안에서 인구가 집중되고 경제, 정치, 종교, 혹은 제의적祭儀的 구심점求心點의 역할을 한 중심취락의 존재가 있다면 그것이 바로 국읍이라 할 수 있다. 고고학 자료를 통해 그와 같은 국읍의 존재를 찾아본다면 삼한 지역의 토성유적들이 비정되고 있지만 아직 그 중심지적 기능과 성격이 발굴을 통해 소상하게 밝혀진 것은 거의 없다(權五榮 1996, 李盛周 2017). 하지만 김해 대성동-봉황동유적군과 경산 임당유적군을 중심으로 직경 10~20Km의 권역을 설정하고 그 안에 분포하는 대소 취락과 분묘군을 살피면 그 중심의 유적에서 좀 더 상위 위계의 유물과 대형의 주거나 분묘들이 집중되는 양상이 살펴진다. 이와 같은 주거유형은 여러 읍락의 분포권, 그 중심에 국읍이 있다는 것을 보여준 사례로 생각할 수 있을 것이다(金權九 2016).

둘째, 국읍의 존재를 확인해볼 수 있는 자료로서 또 다른 것은 주수主帥의 대형묘를 포함한 엘리트 분묘군墳墓群이다. 국國이라는 정치체를 어떤 것으로 보는가에 따라 의견은 다를 수 있겠지만 수장묘군의 출현을 기준으로 국國의 형성을 아주 이르게 보는 의견도 있다. 송국리 문화기에 비파형동검과 같이 특별한 계층만 소유할 수 있는 물품이 집중된 지석묘군의 존재를 들어 국의 출현을 상정하기도 한다(武末純一 2002a). 아마 북부 구주에서 국國의 형성을 야요이 전기 말에 등장하는 청동유물군 부장묘와 연결시켜온 일본학계의 관점에서 나온 의견으로 보인다(武末純一 2002b). 한편 청동유물군 중에 다뉴경을 만주와 한반도의 특별한 제의적 권력의 상징물로 보고 그 존재를 국의 지배자로 본 의견이 있다(李淸圭 2000). 그러나 제안자도 인정하듯이(李淸圭 2000: 44) 한반도 남부에서는 다뉴경부장묘의 정치적 중심지와 권력이 국國의 본령인 원삼국-삼국시대의 정치체로 이어지지 않는다.

주거유형의 관점에서 고고학 자료에 대입해 볼 수 있는 국의 내부조직에 대한 모델이 제안된 바 있다(李熙濬 2000a). 이에 따르면 몇몇 자연촌을 거느린 읍락을 구성단위로 하여 여러 읍락들이 국읍을 중심으로 통합된 모습이 국의 주거유형으로 그려진다. 이 모델을 상정해 본다면 국읍의 거점적,

혹은 중심적 성격이 드러나는 지역은 영남의 동남부일원에 국한된다. 한韓 종족의 권역은 물질문화상으로 마한과 진·변한의 차이가 뚜렷하고 마한지역 안에서도 해안과 내륙 그리고 남과 북의 지역차가 있다. 삼한三韓 권역의 정치체들은 대체로 좁은 범위지만 통합의 수준은 높다고 여겨지는데 이런 점이 74개의 국명을 열거하게 된 이유라고 생각된다. 그러나 정치체의 통합은 시기와 지역에 따라 매우 불균등했으리라 여겨지며 지역차도 뚜렷했을 것으로 보인다. 그런 중에도 물질문화상으로 중심지의 모습이 확인되는 지역은 영남 동남부이다.

영남 동남부지역이 국읍을 중심으로 한 통합의 수준이 높았던 요인으로는 두 가지 배경을 생각해 볼 수 있다고 본다. 첫째, 이 지역에는 청동기시대 중기 송국리 문화가 해체된 이후에도 유적이 집중되고 기념물의 축조가 지속되었다는 점이(李盛周 2018) 국읍 성장의 배경이었을 것으로 여겨진다. 둘째, 낙랑 설치 이후 문명거점과의 네트워크가 형성되어 주변 토착사회와의 상호작용이 이루어졌을 터인데 영남 동남부는 그 관계망 안에서 매우 특별한 위치를 점하고 있었기 때문으로 보인다. 당시 동북아 네트워크의 중심이었을 한漢 군현郡縣에서 보면 영남 동남부는 거리상으로는 멀지만 소백산맥을 넘어 연결되는 내륙교통로(崔鍾圭 2001)와 서해와 남해안 교역거점들을 연결하는 연안교통로(崔盛洛 1993: 253·265)가 이 지역에서 만나 왜와 연결되는 지점에 해당된다. 원삼국시대에 영남의 동남부와 북부구주에서 가장 많은 양의 중국제 위세품이 출토되는 것은 자연스런 현상인 듯하다. 이런 점에서 이 네트워크의 가장 핵심지역에 해당하는 변진구야국弁辰狗邪國, 혹은 금관가야金官加耶 국읍의 부상도 부자연스러운 일은 아닌 것이다.

Ⅲ. 금관가야金官加耶 국읍國邑의 형성形成과 변동變動

금관가야의 중심지는 대성동고분군과 봉황동유적을 연결하는 낮은 구릉지대이다. 이 일대를 중심으로 평지와 낮은 구릉이 교대되는 현재의 김해시 중심권역은 고김해만의 언저리에 있던 일종의 해안 분지라고 할 수 있다. 경운산, 분성산 그리고 임호산으로 둘러싸인 평지와 낮은 구릉 그리고 산록사면에 점유가 본격화된 것은 청동기시대 중기 송국리문화기부터라고 생각된다. 지금까지 시굴이나 발굴을 통해 확인된 유물과 유구의 분포를 통해 보면 AD 4~5세기가 토성, 대형묘, 대형건물지와 일반주거, 생산시설, 기타 사회기반시설의 점유가 가장 집중되고 복잡하게 구성된 시기였던 것으로 보인다. 김해의 중심권역에서 이루어진 발굴조사의 내용과 성과를 발견의 연대순으로 잘 정리한 연구가 있지만(윤태영 2013, 이기성 2014), 김해 중심권역에 대한 점유의 역사와 이를 통한 문화경관의 변동에 대해서는 아직 적극적으로 검토되지 않았다. 이 논고에서는 간략하게 청동기시대부터 주민의 점유에 의해 경관이 어떻게 변해갔는가 살펴보고, 범위를 좁혀 국읍의 중심지 즉 봉황대 일원의 변동에 대해 서술해 보고자 한다.

1. 청동기시대青銅器時代와 초기철기시대初期鐵器時代

대성동고분군 및 봉황동유적과 그 주변 일대에서 청동기시대 중기 이전에 속하는 점유의 증거는 찾아지지 않는다. 송국리문화기의 늦은 단계로 추측되지만 이때부터 상당한 외관을 지닌 기념물적 구획묘를 포함하여 지

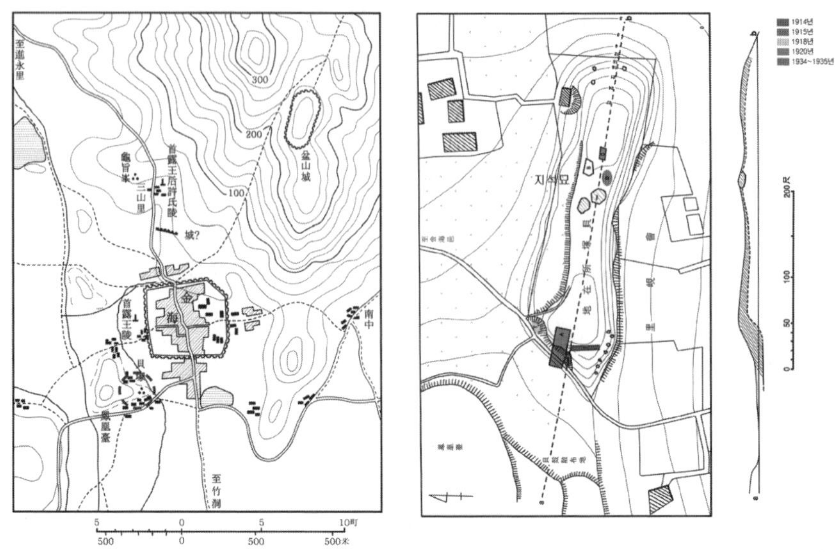

그림 1. 봉황동 구릉과 일제강점기의 발굴조사 피트 및 지석묘의 위치

석묘가 산자락과 낮은 구릉지대에 축조되기 시작했다. 김해분지의 중심에 해당하는 대성동 구릉 위에 1기가 배치되고(대성동고분박물관 2016) 그 북쪽으로 구산동(慶南考古學硏究所 2010), 서쪽으로 내동, 동쪽으로 서상동지석묘가 분포한다. 남쪽으로는 봉황대에서 동쪽으로 뻗어나간 구릉에 지석묘가 축조되어 있으며 분산성의 남쪽 능선 끝자락 부원동 패총 주변에도 지석묘로 추정되는 유구가 발견된 바 있다(沈奉謹 1981).

이 지석묘 중에는 내동1호(金廷鶴 1983)와 2호와 3호(林孝澤·河仁秀 2000, 林孝澤·郭東哲 2000), 대성동 지석묘(대성동고분박물관 2016) 등은 묘광을 깊이 파고 내부에 석곽을 축조한 다음 석곽 상부의 공간을 다중 개석 혹은 적석을 채우는 방식으로 축조되어 있다. 후대의 교란으로 지금은 불확실한 상태로 남아 있지만 구산동지석묘는 초대형의 묘역을 가졌다(慶南考古學硏究所 2010). 봉황대에서 남동쪽으로 뻗어나간 구릉 상의 지석묘도 묘역시설을 가진 구획묘라는 의견이 제시된 바 있다.[1] 그렇다면 봉황대 지석묘(국립김해박물관 2014)는 묘역식지석묘이며 묘역 주위에는 석관이 배장되고 묘역 안에는 옹관이 추가된 구조를 가진 것이 된다. 대성동 지석묘의 경우도 깊은 묘광에 석곽상부를 적석하여 채운 다음 상석을 얹어놓은 형식인데 목곽묘의 축조가 반복되어 묘역이 제거되었을 가능성을 생각하면 역시 대형의 묘역식지석묘로 추정해 볼만하다.

김해 중심권역 평지와 낮은 구릉지대에 기념물적 분묘를 포함한 지석묘가 배치된 시기는 언제인가? 연대를 추정할만한 자료로서 내동 1호 지석묘에서 출토된 세형동검과 흑도로 보면 초기철기시대 까지 축조되었음은 확실하다. 내동 2호 지석묘의 경우도 단도마연토기의 형식으로 보아 서기전 4~3세기경으로 추정한 바 있는데(林孝澤·河仁秀 1988)[2] 동반 출토된 미생식토기彌生式土器의 연대를 고려한다면 초기철기시대로 볼 수 있으며 내동 3호 지석묘도 같은 부장양상을 보인다(林孝澤·郭東哲 2000). 중심권역 밖이지만 김해 연지지석묘에서는 마제형馬蹄形청동제품이 출토된 바 있는데 비슷한 유물이 출토된 경기도 광주 역동지석묘와 비교한 의견이 있다(최경규 2012). 역동지석묘에서 출토된 마제석촉의 형식으로 보면 초기철기시대에 속할 가능성이 크다. 대성동 구릉상의 1호 지석묘에서 출토된 마제석촉과 단도마연토기의 형식으로 보면 역시 늦은 시기에 속하며 BC 4세기 이전으로 보기는 어렵다. 김해 중심권역에 지석묘가 배치되어간 시기는 전반적으로 지석묘 축조시기 중 늦은 단계이다. 해안분지의 기념물적 분묘복합이었던 진동유적, 율하유적 등과 유사한 성격을 가지며 지석묘 축조의 늦은 시기에 볼 수 있는 독특한 의미를 가진 문화경관이었다고 생각된다.

---

1) 봉황동 구릉 하단의 석관묘열과 내동지석묘가 묘역식지석묘일 가능성에 대해서는 李相吉(1966) 참조.

2) 영남 동남부 단도마연토기의 편년에 따르면 후기 후반의 형식에 가깝다(宋永鎭 2016).

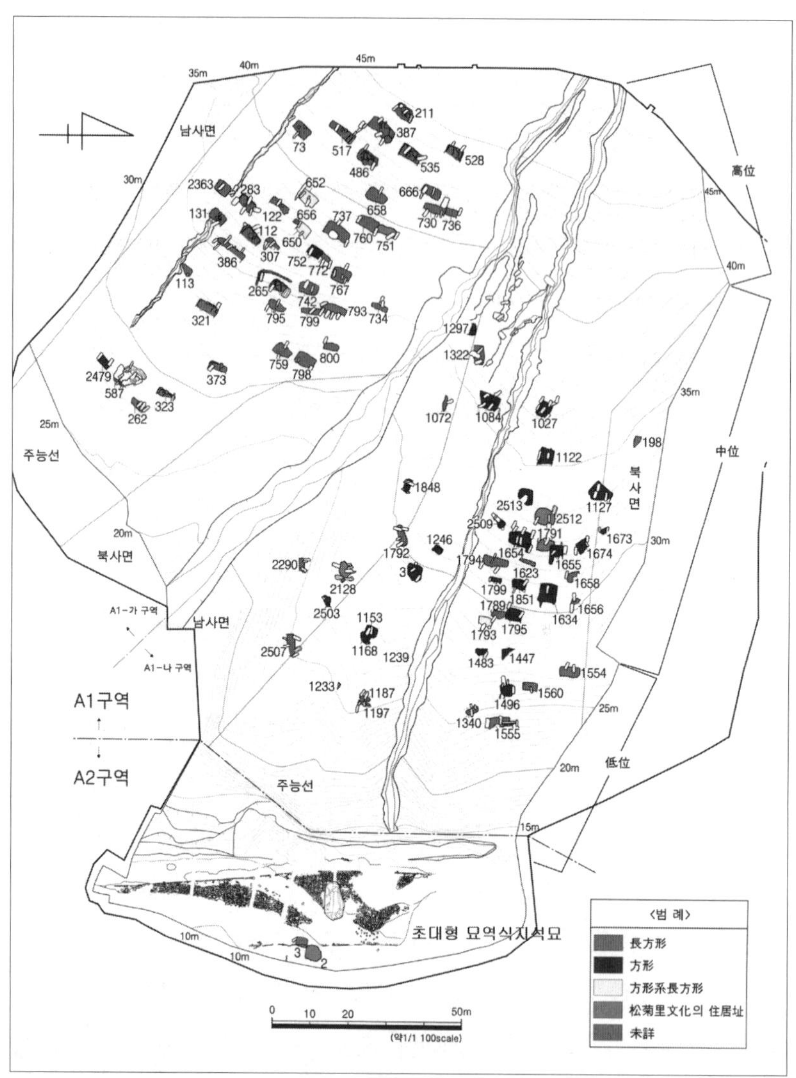

그림 2. 구산동 무문토기 취락과 대형 묘역식지석묘

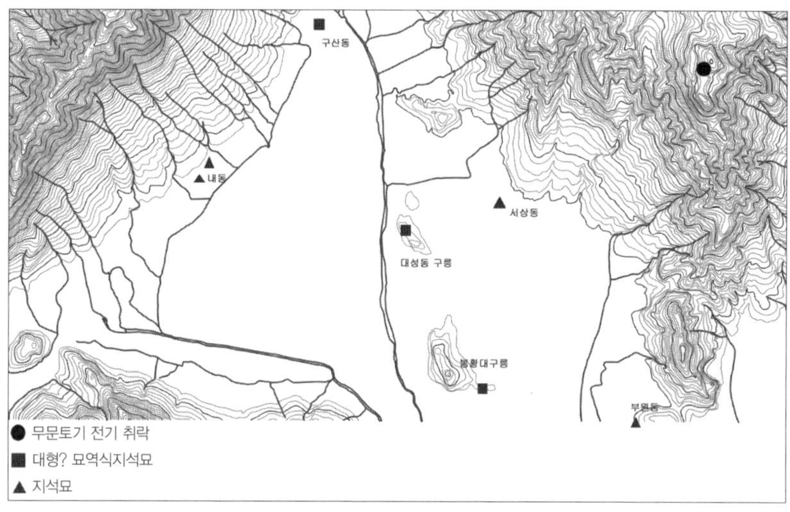

그림 3. 김해분지 내 지석묘의 분포

청동기시대 전기의 주민은 김해분지 내의 저습한 평지와 낮은 구릉을 점유하지는 않았다. 김해 어방동漁防洞의 고지성취락(慶南考古學研究所 2006)과 같이 주민들은 산정부 평탄대지의 취락에 기거하면서 가까운 곳에 경작지를 조성했을 것으로 보인다. 취락의 입지로 보면 이때의 김해 분지 중심권역은 농경민의 거주에 접합한 환경은 아니었던 것으로 추정된다. 송국리문화기에 취락이 처음 들어설 때 구산동 곡부의 사면부터 시작한 점으로 보아도 분지 내 해반천 일대 평지는 넓게 하구환경이 아니었을까 한다. 김해분지를 에워싼 산지 사면 끝자락에 송국리 취락이 들어서고(慶南考古學研究所 2010), 대성동 구릉 가까이에서도 주거지는 확실하지 않지만 환호가 발견된 바 있다(東義大學校博物館 2013, 김성진·김문철·김시환 2007). 이 주민들에 의해 대성동, 봉황대 동남부, 그리고 부원동의 낮은 구릉지에 지석묘가 축조된다. 김해분지 북편 곡저면을 사이에 두고 마주보는 사면에 형성된 청동기시대 취락은 송국리시기에 시작되지만 점토대토기 단계에 주거지의 수가 훨씬 늘어난다(崔鍾圭 2010). 그리고 봉황대와 그 동남쪽 구릉 일대와 그것이 어떤 성격이든 점유가 본격화 되는 것도 점토대토기 단계부터 이다.

구산동 묘역식지석묘와 취락의 조합은 특별하다. 구산동 취락은 구릉 하단부터 시작되었을 가능성이 크다. 취락이 들어서고 난 뒤 일정기간이 경과 한 다음 사면 하단에 대지를 조성하고 초대형 묘역을 가진 지석묘를 축조했다. 이로부터 상당한 거리를 두고 사면 위쪽의 취락에서 주민이 거주를 지속한 듯하다. 초대형 묘역식지석묘와 같은 기념물적인 분묘는 조상으로서 특정인에 대한 기억을 위해 축조되었던 것으로 여겨진다. 취락과 지석묘가 조합될 경우 개별집단이 지석묘를 축조했다는 것이고 이는 각자 기억해야할 지도자가 존재했다는 이야기가 된다. 김해 중심권역에서 지석묘 축조의 전성기는 초기철기시대일 가능성이 크다. 이시기에는 지역적 통합이 상당한 수준으로 이루어졌다고 보기 때문에(李熙濬 2000a·b) 그러한 소규모 집단의 분화는 생각하기 어렵다. 김해 중심권역의 집단들이 분지 전체를 대상으로 문화경관을 조성해 나갔다고 보는 것이 옳을 듯하다. 그렇다면 그 중심지가 어디인지 검토해 볼 만한데 현재로서는 대성동고분군 동편 다중환호가 발견된 저평한 대지가(김성진·김문철·김시환 2007, 노재헌·윤성현 2015) 그 후보지였을 가능성이 있다. 현재로서 초기철기시대 사회에 대해서는 독립성을 가진 소규모 지역공동체와 이들을 연결한 중심집단의 존재를 동시에 인정해야 하지 않을까 한다.

2. 원삼국시대原三國時代

김해분지 중심권역에서 원삼국시대 취락의 형성에 대해서는 자료가 많지 않다. 원삼국시대 초기 삼각형점토대토기 단계의 주거지는 송국리문화기부터 지속된 구산동 취락의 연장선에서 발견된다. 그리고 삼각형점토대토기 단계의 유물은 봉황동 구릉 하단을 부분적으로 에워싼 환호에서 발견되고 주변 패총의 최하층에서 발견되고 있다. 구산동 일원 산지 사면의 하단에 형성된 무문토기 중·후기 취락에는 삼각형점토대토기 이후 더 이상 점유가 이루어지지 않는다. 원삼국시대 전기의 표지적인 생활유적은 대성동 소성유구라 할 수 있는데(李尙律·李昌燁·金一奎 1998) 이 지점은 국읍의 중심지구에 가까운 곳이긴 하지만 구산동 취락의 입지처럼 산지 사면의 끝자락에 해당된다.

회현리패총 최하층에서 출토되는 유물로 보아 국읍의 중심지구에 점유가 시작된 것은 원형점토대토기 단계일 것으로 여겨진다. 하지만 중심지구에 대한 주거의 점유뿐만 아니라 대성동 애꾸지 구릉의 주변 저지에 목관묘가 조성되는 것과 연동하여 국읍으로 집주集住가 본격화된 것은 원삼국시대 전기부터이다. 특히 송국리문화 후기부터 초기철기시대까지 기념물적 분묘는 대성동과 봉황대 구릉에도 배치되지만 주로 김해 분지 중심권역 외곽에 분포한다고 보아도 틀린 말은 아니다. 그러나 원삼국시대 들어서면 국읍의 중심지구 즉 대성동 구릉 주변저지에 분묘군을 배치하고 봉황대 구릉 하단을 에워싸는 환호를 축조한다. 아울러 분지의 외곽에서는 주거가 발견되지 않으므로 봉황대 중심지구로 집단이 이주했을 가능성을 내다 볼 수 있다.

김해분지 주위 사면과 대성동 및 봉황대 구릉의 경관을 지배했던 지석묘는 적어도 원삼국시대 전기까지는 경관적 의미가 컸다고 보며 그에 묻힌 조상에 대한 기억도 간직하고 있었으리라 추측된다. 대성동 구릉 정상부에 자리 잡은 기념물적 지석묘와 그 동편 저지에 대규모 토량작업으로 축조된 다중환호는 서로 긴밀한 관련성을 가지고 있었을 것이며 이 일대는 송국리문화 말기부터 의례의 중심지였을 가능성이 크다. 대성동 1호 묘역식 지석묘는 그 지배적 입지가 경관을 지배하고 있어서 이 피장자와 관련된 기억

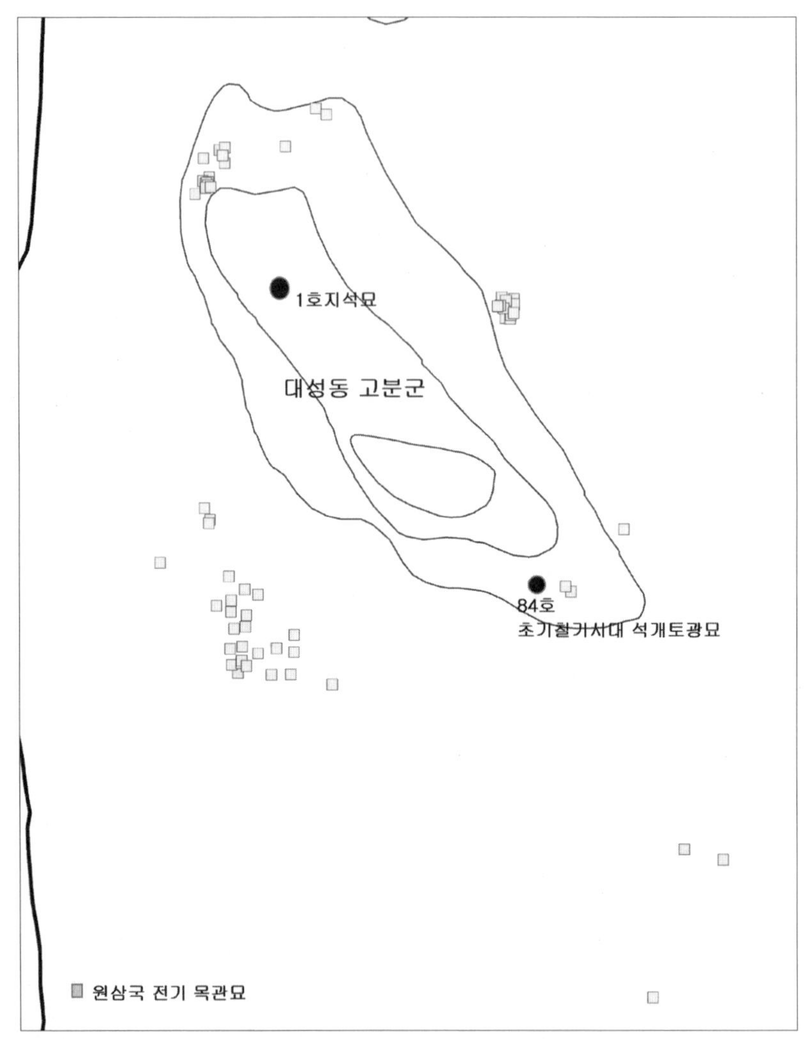

그림 4. 대성동지석묘와 석개토광묘 그리고 원삼국 전기 목관묘의 분포

은 적어도 원삼국 전기까지 전승되었을 것으로 생각되며 수백 년 후의 목관묘의 배치와 입지에 큰 영향을 주었을 것이다(李盛周 2017). 하지만 원삼국시대 전기에 봉황대 주변으로 주거의 이동은 분명한 추세였고 적어도 삼각형점토대토기 단계부터는 봉황대가 주거의 중심권역이 되었을 것으로

보인다. 대성동유적의 분묘역 조성, 그리고 봉황대 일원의 집주가 본격화된 것은 원삼국시대 초기부터이며 이것을 국읍 형성의 기점으로 잡아도 문제없을 듯하다.

3. 삼국시대三國時代

삼국시대 국읍의 주거유형이 정립되어 가는 양상은 다음과 같은 다섯 가지 과정으로 요약된다.

첫째, 국읍 중심지로의 집주와 유구 밀도의 급증 현상이다. 원삼국시대부터 시작된 국읍의 중심지구, 즉 대성동 구릉 주변의 분묘역 조성과 봉황대 일원으로의 집주가 삼국시대에 더욱 진행되어 중심지구의 유구의 밀도는 크게 높아진다. 유구가 분포하는 범위도 크게 확장되었을 뿐만 아니라 봉황대와 대성동 구릉을 중심으로 주거지, 수혈, 굴립주건물 및 기타 유구의 분포밀도가 크게 증가한다.

둘째, 분묘권역과 생활권역의 분리 성장하였다는 점이다. 대성동구릉을 중심으로 한 분묘군 구역과 봉황대를 중심으로 한 일상생활의 권역이 뚜렷이 구분되어 유구가 집적된다. 4세기에는 대형목곽묘들이 구릉 정상부를 따라 집중 배치되고 소형묘들은 구릉 둘레에 배치됨으로써 분묘역은 공간적 위계가 뚜렷해지는데 이는 삼국시대 가야 중심고분군의 조성원리가 철저히 실천된 결과이다. 이에 비해 봉황대를 중심으로 한 생활공간은 주거와 수혈, 주혈군 등이 밀집되며 특히 봉황토성의 축조를 전후해서 국읍의 공간으로서 시설물의 기획배치가 이루어졌을 것으로 추측된다. 다만 삼국시대 유구들이 상당한 깊이 아래 퇴적되어 있고 지금까지의 발굴조사는 평면적·층위적으로 극히 제한된 부분만 노출시켰기에 전체적인 양상은 알 수 없다.

그림 5. 김해 봉황동-대성동유적의 범위(경남고고학연구소 2005)

셋째, 주거구역이 이전 시기에 비해 훨씬 확대된다. 원삼국시대 유구들은 봉황대 구릉 언저리를 중심으로 분포범위가 그리 넓게 확장되지 않았을 것으로 추정된다. 그러나 삼국시대 유구들은 주변으로 넓게 확산되어 봉황토성 권역의 밖으로도 확장된 것으로 보인다. 이를테면 부원동 구릉 남쪽 하단에 삼국시대 패총이 상당한 규모로 형성되었던 것을 보면(沈奉謹 1985) 4~5세기에 구릉지와 사면 일대에 대규모 취락이 형성되었다고 볼 수 있다.

넷째, 이 시기 어느 시점부터 국읍의 인프라 구축과 공간 배치가 완성된 형태로 운영되었으리란 점이다. 봉황토성이 축조되고 위곽시설 안팎으로 이전까지 볼 수 없었던 사회기반시설이라고 할 수 있는 다양한 건축물들이 배치된다. 4~5세기에는 봉황토성의 축조를 전후로 해서 주거와 창고, 공방, 대형 건물 등 다양한 건축물과 시설이 성장城牆시설 안과 밖으로 축조되었고 국읍의 공간 배치가 완성된 구조로 운영되었을 것으로 보인다.

다섯째, 국國의 영역 안에서 취락과 분묘군이 증가하고 위계화가 진행되면서 중심권역이 더욱 지배적 입지를 확고히 하게 된다. 국읍의 중심권역이라 할 수 있는 김해의 중앙분지를 넘어서 취락과 고분군이 형성된다. 국읍의 중심취락과 중심고분군에 대해 하위, 혹은 주변 집단에 속하는 취락 및 고분군이 빠르게 늘어나는 것이 고고학 자료상에서 확인되고 있다. 이러한 과정과 함께 식량과 각종 생산물, 그리고 교역품들이 집중되어 위계상 국읍의 입지는 더욱 높아지게 되었을 것이다.

4. 봉황동유적鳳凰洞遺蹟의 형성과정形成過程

봉황대 일원의 점유가 처음 이루어진 것은 송국리 문화기 늦은 단계부터라고 할 수 있다. 묘역식 지석묘의 외연 석축으로 추정되었던(李相吉 1996)

석열의 바깥쪽에 석관묘들이 배치되어 있다. 그중 5호 석관에서 단도마연토기와 마제석촉 등이 출토된 바 있다. 단도마연토기는 동체부와 경부의 경계가 거의 없이 이어지는 기형으로 가장 늦은 형식 중에 하나로 생각되며 대성동 1호 지석묘에 출토된 단도마연토기에 비해 늦은 형식일 것으로 여겨진다. 대형 묘역식 지석묘에 배장하는 성격의 유구라면 봉황동 지석묘가 들어서고 석관들이 배치되었다고 보는 것이 순리이다. 설령 5호석관이 초기철기시대까지 내려간다 하더라도 지석묘는 보다 이른 시기에 축조되었을 것이다.

지석묘의 축조와는 별도로 패총의 발굴조사와 봉황대 구릉의 시굴조사를 통해 출토된 유물을 보면 점유의 상한시기를 가늠해 볼 수 있다. 봉황대 구릉의 남동쪽에 형성된 패총의 최하층에서는 원형점토대토기가 간혹 발견되는 일이 있기는 하지만 유물이 급격히 늘어나는 시점은 삼각형점토대토기 단계부터이다. 특히 봉황대 구릉 자체에 대한 시굴조사 자료를 보면(釜山大學校博物館 1998) 트렌치의 최하층에서 삼각형점토대토기가 출토되었고 그 이전의 유물은 채집되고 있지 않다. 해남 군곡리, 사천 방지리와 늑도, 고성 동외동유적 등과 같은 초기철기~원삼국시대 남해안의 (교역)거점적 취락들을 보면 이른 경우 원형점토대토기 단계부터이고 늦으면 삼각형점토대토기 단계부터 집주가 시작되었던 것으로 살펴진다. 봉황대 일원에서 한시적 점유나 장송의례와 같은 집단활동이 시작된 것은 송국리문화기부터라고 할 수 있지만 집주가 시작된 것은 삼각형점토대토기 단계부터이다. 집주의 최성기는 4~5세기인 듯하고 적어도 6세기까지 이 일대의 집단적 점유는 지속된 것으로 보인다.

국의 중심권역으로서 국읍은 대성동 구릉을 중심으로 한 분묘권역과 봉황대를 중심으로 한 생활권역으로 구성되어 있다(慶南考古學硏究所 2005: 10-17, 李盛周 2017). 이 두 개의 권역은 서로 분리된 공간에 자리 잡고 있으

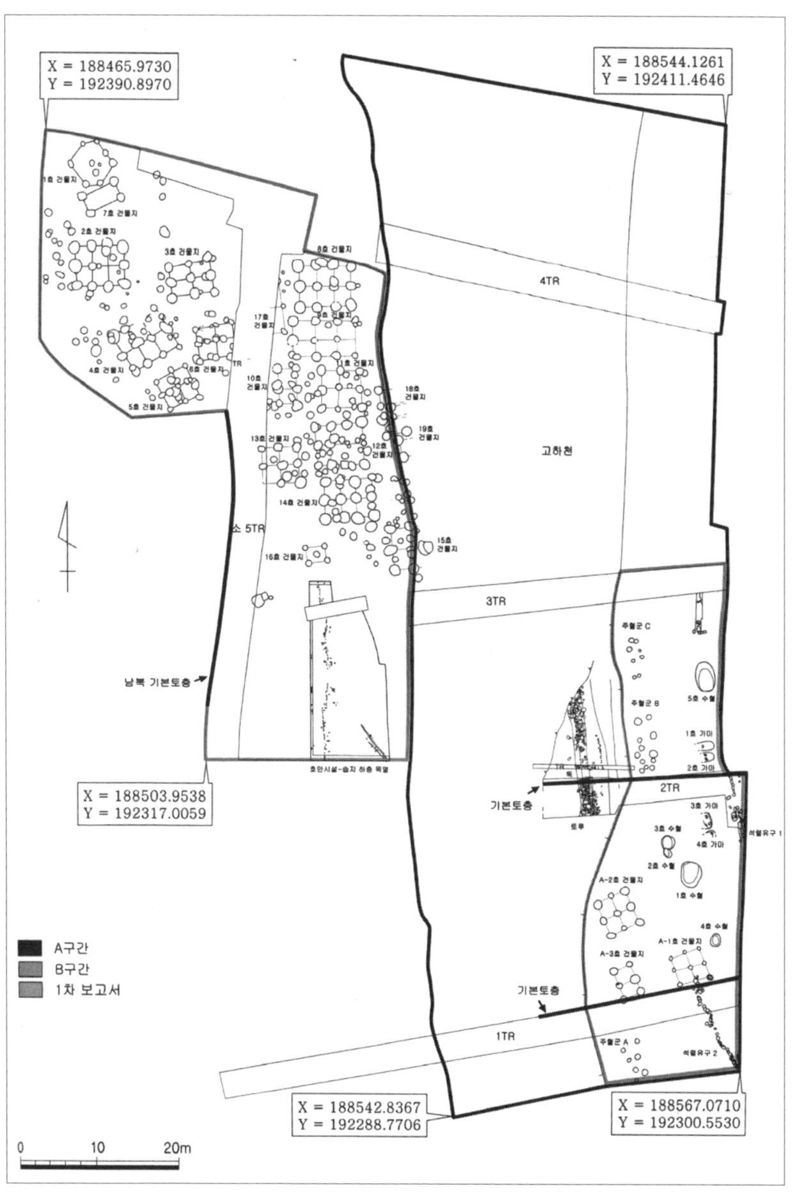

그림 6. 가야인 생활체험촌 발굴조사의 하층 유구(경남발전연구원 역사문화센터 2013)

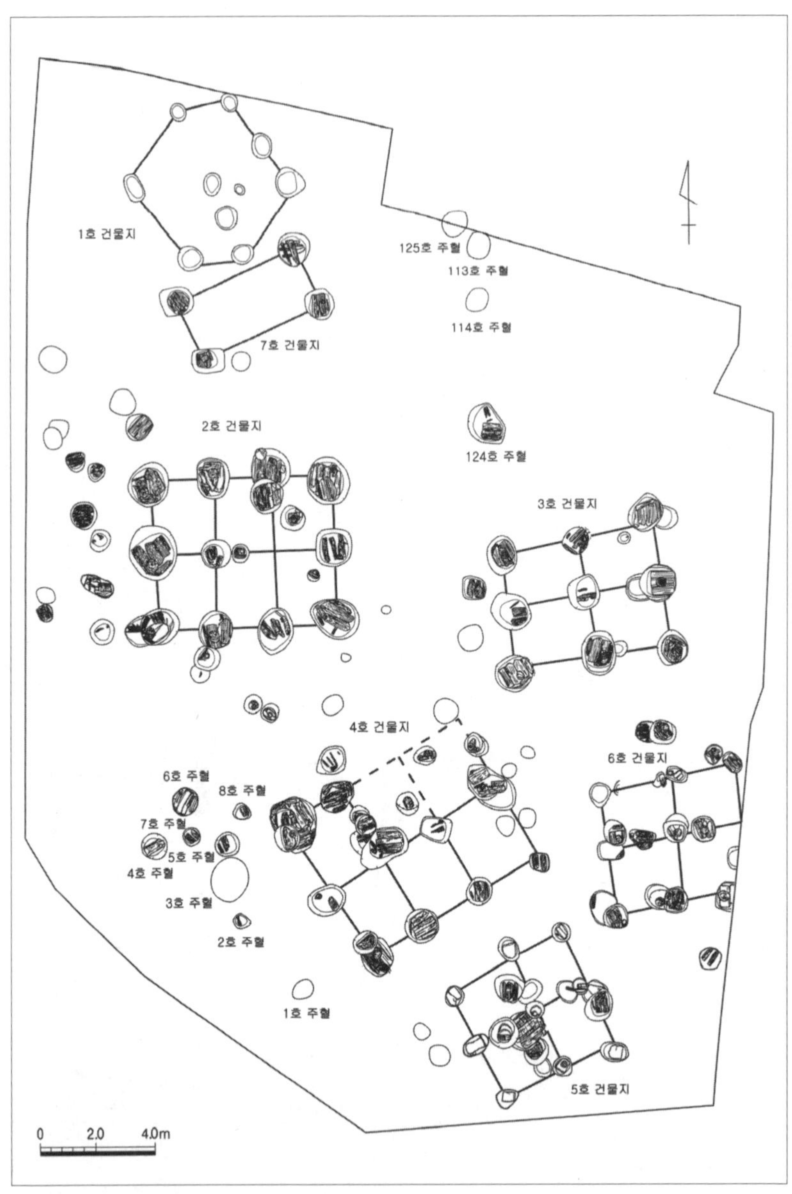

그림 7. 가야인 생활체험촌 유적에서 발굴된 고상건물지

며 서로 겹치는 범위가 거의 없고 두 권역은 서로 독자적 원리에 따라 공간이 조직되었다. 대성동유적이 구릉 주변으로부터 구릉 정상부가 점유되고 이후 위계에 따라 점유의 밀도가 높아져 간 것으로 보이지만 봉황동유적은 환호와 토성으로 핵심과 주변을 나누면서 단계적 확장과 밀도의 증가를 이루었다. 말하자면 두 권역에서는 독자적 공간조직의 원리에 의한 병행 성장이 진행된 것 같다. 그러나 국國의 중심권역을 형성하는데 있어서 두 개의 권역은 서로 떼려야 뗄 수 없는 관계에 있었다. 두 권역을 따로 생각하기보다 통합적으로 하나의 국읍을 이루었다고 보는 것이 옳을 듯하고 정치, 행정, 경제, 이념적 중심지로서 함께 혹은 각기 서로 다른 역할을 했을 것으로 생각된다.

지금까지 시·발굴 조사자료를 검토해 보면 봉황대를 중심으로 한 국읍의 생활권역은 두 단계에 걸쳐 확장 설정되었다. 첫 번째는 점토대토기 시기의 환호에 의해 봉황대 구릉 하단이 둘러싸이고 두 번째로는 토축성장土築城牆 시설을 이용하여 봉황대 구릉 외곽을 훨씬 확장된 범위로 에워싸게 된다(慶南考古學硏究所 2005: 10-17). 구획시설 혹은 방어시설에 의해 둘러싸인 범위는 특별한 공간으로서의 의미가 부여되었을 것이고 특별한 인물이 거주하고 특별한 건축물, 시설 등이 배치되었을 것이다. 말하자면 봉황대 구릉과 그 주변은 원삼국시대 초기부터 국읍의 핵심지역으로 설정된 것으로 보인다.

봉황대 구릉의 전체를 방사상으로 구획하여 전면 시굴조사 한 자료에 따르면 2조條의 구溝 혹은 환호가 봉황대 구릉을 일주하지는 않지만 부분적으로 끊어지다 이어지면서 돌아가는 것으로 파악되었다. 구릉 정상부 가까이에서 좁은 범위를 둘러싸는 구는 깊이가 20cm 내외로 얕고 4~5세기로 편년된다. 이에 비해 또 다른 구溝는 구릉 하단부를 따라 봉황대를 넓게 감싸고 돈다. 이 환호는 깊이도 깊고 일부 구간의 바닥은 단면 V자형이며 내부 퇴적토에서는 점토대토기가 출토된다(釜山大學校博物館 1998). 두 유구가 어떤 성격의 시설인지 명확히 정의할 수 없다. 다만 위쪽을 감싸는 구溝는 다른 점토대토기 환구環溝처럼 구릉 정상부를 상징적 의미로 감싸는 시설물로 보는 것이 옳을 듯하다. 다만 구릉 하단을 감싸는 점토대토기粘土帶土器 환호시설環濠施設은 규모와 범위가 위쪽 구溝와는 상당히 대조적이긴 하지만 이 역시 내외의 건축물이나 시설물이 확인되지 않는 한 그 성격을 파악하기는 어렵다. 다만 2조條의 구溝 시설을 통해 우리가 짐작할 수 있는 사실은 봉황대가 적어도 점토대토기 단계부터는 최소한 상징적인 측면에서라도 김해지역 정치체의 중심구역으로 인정되어 왔을 가능성이 크다는 것이다.

봉황동 토성의 존재와 그 성격은 2003년도 회현동사무소~분성로 간 소방도로 개설구간의 발굴조사를 통해 분명해졌다. 이 좁은 범위의 발굴조사에서 봉황토성의 성장城牆의 구조가 분명히 드러났고 성장의 축조 시기는 5세기 후반으로 파악되었으며 성벽으로 둘러쳐진 그 안쪽에 수혈식, 혹은 지면식 주거지와 고상건물지 등이 분포해 있음을 알게 되었다(慶南考古學硏究所 2005: 125). 이후 여러 지점에서 체성의 잔존이 확인되고 성내 외에서 각종 건물지, 수혈, 고상건물, 생산유구들이 노출되었다. 5세기 후반에는 봉황토성이 축조되고 그 내외의 중요 시설과 건축물의 배치되어 국읍의 정비된 모습을 갖추었다고 여겨진다.

봉황동유적의 발굴성과 중에도 봉황대 서측 사면과 해반천변의 조사가 중요하다. 봉황토성의 추정선 서쪽 완사면이 넓게 조사되었는데 상하 두층으로 유구들이 노출되었다. 상층에서는 늦은 시기의 호안시설, 수혈, 주혈군, 경작유구가 노출된데 반해 하층에서는 토성의 장체墻體 일부가 확인되었다. 이 토성의 안쪽에서는 6주식柱式 9주식柱式 고상건물지, 토기가마, 수혈이 노출되었고 토성 바깥쪽으로는 습지 가장자리에 마련된 하층 호안시

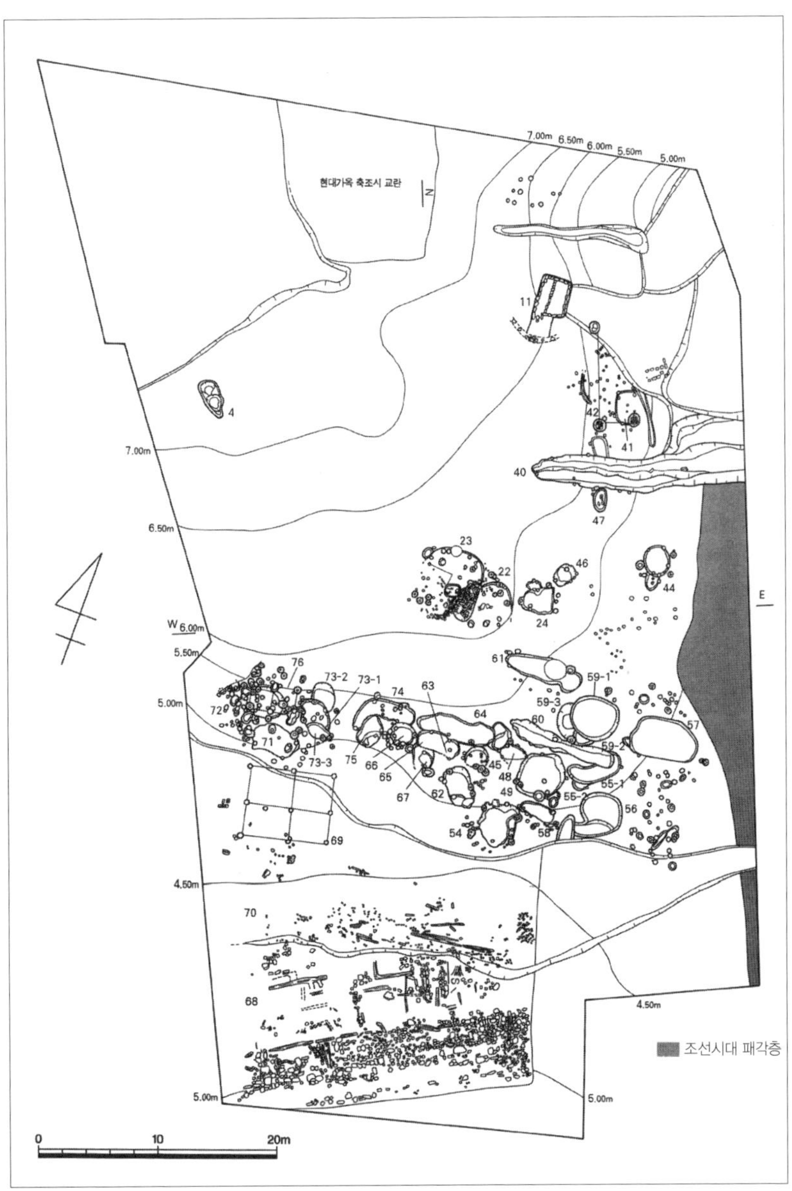

그림 8. 봉황토성 동북 외곽에서 발굴된 토기생산 공방유적(경남고고학연구소 2007)

설, 9주식, 12주식 고상건물지가 밀집된 형태로 발견되었다(慶南發展研究院 歷史文化센터 2000, 2013). 후대 하천의 침식작용으로 체성과 함께 주요건물과 시설이 대부분 유실되었지만 이 조사에서 드러난 잔존 유구만으로도 봉황토성의 서측 사면과 해반천변이 어떤 성격인지 알 수 있게 되었다. 해반천변은 지질학적 조사결과 과거 하구지형 즉 해안이었을 것으로 추정되었다(유춘길·강소라·윤선 2005). 유적의 상층에는 6세기경의 유물이 포함되고 하층의 유물은 5세기 이후 것은 거의 출토되지 않아 하층유구는 4~5세기로 비정되었다(慶南發展研究院 歷史文化센터 2013: 257). 하층 유구들 중 토성 바깥쪽 호안시설과 기둥 침하를 방지하기 위해 주춧목을 받친 고상건물은 접안시설과 창고군으로 추정되어 금관가야국 대외교역의 거점시설로 추측해 볼 수도 있을 것이다.

봉황토성의 바깥쪽 동북편 김해 한옥생활체험관 조성부지의 조사에서는 5~6세기의 수혈과 채토장, 토기가마, 토기제작 수혈 등이 확인되었다. 토성 밖으로 생산시설이 배치되었다는 것을 말해주는 조사 성과로 여겨진다(慶南考古學研究所 2007). 봉황대 구릉 동북편 사면 일대의 발굴을 통해 드러난 특이 건축물의 존재도 주목해 보아야 할 조사성과로 보인다. 봉황대 진입로 공사구간 발굴에서 확인되어 46호 주거지로 명명된 것(釜山大學校博物館 1998)과 2017년도 가야문화재연구소의 2차 기획발굴에서 노출된 3호 원형주거지(국립가야문화재연구소 2017) 등과 같은 대형의 지면식건물지와 방형주구형方形周溝形 유구遺構로 보고된 건물지(釜山大學校博物館 2003) 등은 국읍의 주요 건축물 중에 하나가 아닐까 생각된다.

그러나 지금까지의 조사 성과에도 불구하고 국읍으로서의 봉황동유적에 대해 아직 분명치 않은 두 가지 의문점이 있다. 첫째, 토성의 연대에 대해서이다. 봉황토성 체성부의 구조를 처음으로 밝힌 조사에서 축조연대를 5세기 후반으로 추정하였고 이후의 조사에서도 이른 시기로 추정할 만한 유물은 출토되지 않았다. 5세기 후반의 연대는 너무 늦은 시기로 과연 성장城牆 전체가 시기에 처음 축조되었는지 아니면 그 이전에 축조되었지만 이때 전면 혹은 일부가 개축되었는지에 대해 알 수 있는 자료가 아직 나오지 않았다. 차후의 자료를 기다릴 필요가 있다(전옥연 2013).

둘째, 국읍 안에서 봉황대 구릉이 가진 의미와 수장층의 거처 혹은 왕궁지의 위치와 구조는 어떠했는가 하는 문제이다. 대성동 애꾸지 구릉을 중심으로 왕릉군이 조성되었다면 봉황대 구릉은 일종의 고지성 환호취락으로 금관가야의 중심취락이 입지한 곳으로 추정되어 왔다(申敬澈 1992). 이와 같은 의견에 대해 봉황대 구릉을 전면 시굴조사 한 후 발간된 보고서에서는 이에 의문점을 제기하고 지배층의 주거구역을 봉황대 동편 완사면과 평지로 추정하였다(徐姈男 1998: 170-171). 이러한 제안이 나오게 된 것은 봉황대를 에워 싼 환호가 구릉을 일주하는 것도 아니고, 규모로 보아 방어시설로 보기는 어렵기 때문이다. 구릉의 정상부가 좁은 평지인데다 아래로 경사가 급한 편이어서 환호 안쪽이 지배층의 주거구역으로 활용되었다고 보기는 힘든 것이 사실이다. 점토대토기 단계의 환호, 혹은 이중환호들은 보통 구릉 정상부와 같이 의미 있는 공간을 두르는 것이 보통이며 그 장소 자체에 특별한 의미를 부여하기 위해 축조된 것이다(金權九 2012). 경산 임당유적이 압독국의 국읍이란 점은 대부분의 연구자들이 동의하는 바이다. 이 국읍유적도 점토대토기 단계부터 점유되며 서북부 I지구에 2중환호가 개설되는데 그 내부에서는 주거지나 다른 유구가 일절 발견되지 않음으로서 의례적 의미로 축조된 것이라는 제안이 나오기도 했다(金玟徹 2011).

Ⅳ. 집주集住와 초기初期 도시화都市化의 과정에서 본 금관가야金官加耶 국읍國邑

1. 중심취락中心聚落과 국읍國邑

고고학에서 정치사회 시스템의 진화과정, 혹은 국가형성과정을 설명하고자 할 때 흔히 주거유형의 변동을 관찰하는 접근방법을 취한다. 주거유형의 측면에서 정치체의 발전에 접근하고자 한다면 우리는 중심지의 성장과 취락의 위계화의 과정에 초점을 맞추어야 한다. 한 지역 단위의 사회가 중심지의 권력이 지속적으로 확대되고 꾸준히 통합의 범위를 확대해 감으로써 국가를 형성하게 된다는 전제하에서 이런 접근법을 취하게 된다. 그와 같은 과정을 거쳐 중심지는 주변의 하위취락에 비해 지배적인 위치에 이를 정도로 규모가 확대되고 복잡하게 조직될 것으로 예측된다. 물론 삼국의 고대국가와 그 도성이 형성되어 온 것도 그러한 과정을 거쳤을 것이라는 점은 부정할 수 없는 사실이겠지만 그 과정이 단선적이고 지역적으로 균일하게 진행되어 온 것인가 하는데 있어서는 의문이 제기된다.

청동기시대 중기가 되면 규모가 큰 거대취락이 등장한다. 거대취락 내에는 다른 취락에서 볼 수 없는 시설이나 건축물이 들어서 있고 주거지의 군집이나 내부의 공간조직이 복잡성을 띠기도 한다. 인구가 집중되고, 기념물적 분묘들이 축조되거나 의례의 장소나 시설을 갖추었으며, 특수한 물품생산의 공방이 들어서 있거나 규모가 큰 저장시설과 대형건물이 있거나, 환호나 목책과 같은 방어시설로 둘러쳐지고, 대규모 토목공사에 의한 구축물 혹은 광장을 갖춘 경우도 있다(李相吉 2011). 이와 같은 모든 속성을 다 가진 거대취락은 볼 수 없다지만 이중에서 여러 속성을 함께 갖춘 취락을 청동기시대 중심취락으로 볼 수 있을 것 같다. 그런 점에서 청동기시대 중심취락의 대표적 사례는 아마 부여 송국리유적이 아닐까 한다(정치영 2009, 孫晙鎬 2010, 김경택·주동욱·박병욱 2018).

진주 대평리유적, 사천 이금동유적, 대구 동천동유적, 청도 진라리유적, 창원 진동유적 등은 위의 여러 중심취락의 속성 중 몇 가지를 갖춘 유적이라 할 수 있다. 물론 개별 거대취락이 어떤 속성들을 가지고 있는가도 중요하지만 주변의 소규모 취락을 거느린 진정한 의미의 중심취락으로서 그 위치가 더욱 의미 있게 고려되어야 할 것으로 여겨진다(裵德煥 2005, 李相吉 2011). 위와 같은 여러 물질적 속성 중 거대취락이 주변집단에게 정치적 의사결정을 관철시켜 지역적 통합을 이루어낸 핵심 속성이 무엇인지에 대해서는 아직 의미 있는 논의가 이루어지지 않고 있다. 중국 신석기시대 만기의 중심취락이 엘리트묘와 결합되는 것처럼 여러 가지 방식으로 지배권력을 물질화한 수장묘와의 관련성을 살펴 볼 필요가 있을 것이다(李盛周 2009). 하지만 청동기시대 중기에는 분묘의 위계가 인정되기는 하지만(金承玉 2007, 裵眞晟 2007) 당시 지도자가 다양한 근원의 권력을 통합하고 그것을 과시했다고 볼 수 있는지에 대해서는 의문이 든다(李熙濬 2011). 시간의 흐름에 따라서 정치적 통합에 중요한 역할을 한 것이 무엇인지도(李熙濬 2011) 아직 충분한 연구가 이루어지지 않았다. 다만 송국리문화기라고 하는 청동기시대 중기에 거대취락이 형성되고 취락의 지리적 분포를 보면 지역적 통합을 이룬 정치체의 모습을 보여주는 것은 사실이다(李熙濬 2000a). 분묘군에 초점을 맞춘 연구에서는 국의 형성시기를 올려보지만 취락유형의 관점에서 접근한 연구에서는 송국리문화기의 변동을 읍락의 발생으로 이해하고 있다(李熙濬 2000a·b, 金權九 2016).

남한지역에서 송국리문화기까지 진행된 주거유형의 변화와 그를 통해 추론되는 정치조직의 변동은 매우 의미 깊은 것으로 전기 사회에 비해 양적으로나 질적으로 크게 다른 양상을 보여주었다. 그러나 이러한 변동의 추세는 다음 시기로 이어져 더욱 큰 규모로 통합되고 복합화된 양상으로 발전했다고 보기 어렵다. 말하자면 송국리문화기에 읍락이 형성되었다면 이후 어느 한 읍락이 더욱 발전적 양상을 보이고 통합의 범위가 확장되어 정치체의 발전을 이루는 양상이 보이지 않는다. 적어도 호서·호남의 낮은 구릉성 대지나 남강유역의 충적평야를 점유해 나간 거대취락은 송국리문화기의 종언과 함께 놀라울 정도의 속도로 해체되고 만다. 생업적 기반의 붕괴에 의한 해체이든 아니면 집단의 군사적·이념적 갈등에 의한 분해이든 이전의 거대취락을 지탱해 왔던 시스템은 붕괴하고(이희진 2016) 인구는 재배치된다(李盛周 2012).

송국리문화를 대체한 것은 점토대토기문화이다. 이 교체의 현상은 지역적으로 큰 폭의 차이를 보여준다는 것은 잘 알려져 있다(李亨源 2015, 2016). 이른 시기에 교체가 이루어진 중서부지역과 영동지역은 송국리 시스템 안에 점토대토기문화가 끌어들여지는 양상이 덜 보인다. 마치 송국리시스템이 붕괴하고 점토대토기 취락, 생업, 경관 시스템이 들어서는 것 같다는 것이다. 이 점에 있어서 경남 서부지역까지는 사정이 비슷했던 것으로 보인다. 이 지역에서는 기념물적 분묘와 입대목 결합의 의례공간(李宗哲 2015)도 빠른 속도로 구릉 정상부에 입지한 환구環溝의 공간으로(金權九 2012) 대체된다. 의례의 중심지와 정치적 중심지는 상당한 연관성을 가질 것이라고 본다. 점토대토기문화기로 전이하면서 이전의 거대취락이 해체되고 소규모의 취락으로 분해되면서 이전과는 다른 경관에 입지하는 것을 보면 변동이 단절적이었다는 느낌을 준다. 이념적 공간이 이동했다는 것은 송국리시스템에 점토대토기 시스템으로 점진적 전이가 아니라 급격한 교체와 같은 변동으로 이해될 수 있다는 것이다.

송국리문화에서 점토대토기문화로의 전이가 단절적이지 않은 지역은 영남 동남부이다. 점토대토기문화의 유입은 비교적 늦은 시기에 토착집단에 의해 수용되는 양상을 보여주며 그 과정에서 급격한 대체나 단절은 보여주지 않는다(李秀鴻 2007, 申英愛 2011). 충적지보다는 선상지와 단구에 취락과 기념물이 배치된 금호강분지와 태화강, 형산강 분지 그리고 경남의 해안 분지에서는 다른 지역에서 축조가 중단되고 의미 없어진 기념물적 분묘의 축조가 늦은 시기까지 지속되는 듯하다. 토착집단의 취락에 점토대토기가 수용되는 양상이 현저해지는 편이며 토착집단의 취락 입지와 경관이 그대로 유지되는 가운데 이념적 경관에도 큰 변동이 없다. 대성동 구릉 정상의 지석묘 입지가 목곽묘 배치에 영향을 주었다면 송국리문화기 늦은 단계에 시작된 중심지가 국읍으로 이어졌다고 보아도 틀린 말이 아닌 것 같다. 진·한제국의 접근과 이후 한 군현의 설치와 함께 원거리 상호작용의 관계망이 형성되면서 동남해안지역에 정치사회적 발전이 가속화 되었을 것이다. 특히 사천 늑도유적처럼 점토대토기 단계부터 경작지도 없는 곳에 집주가 이루어져 해안의 거점들이 발생하는 변화는 그와 같은 거시적 변동과 맞물려 있을 것이다. 그러한 봉황동유적도 해안 거점 중에 하나가 아닐까 한다. 영남 동남부에서 국읍의 물질적 경관이 비교적 뚜렷이 나타나는 것은 그와 같은 정치사회변동의 지역성으로 설명될 수 있으리라고 본다.

2. 진辰·변한弁韓의 국읍國邑과 도성都城

『삼국지三國志』 위서魏書 동이전東夷傳에 표현된 동이 사회의 정치체들은 그 규모와 조직의 수준이 극히 불균등하였다. 그 서술이 3세기의 사정을 기록한 것이라면 당시에는 초기국가 수준의 고구려와 부여 같은 정치체도 있지만 예나 옥저처럼 정치적 통합을 살피기 어려운 경우도 있다. 한韓의 '국國' 중에도 그 규모는 천차만별이어서 대국의 인구는 소국에 약 20여배

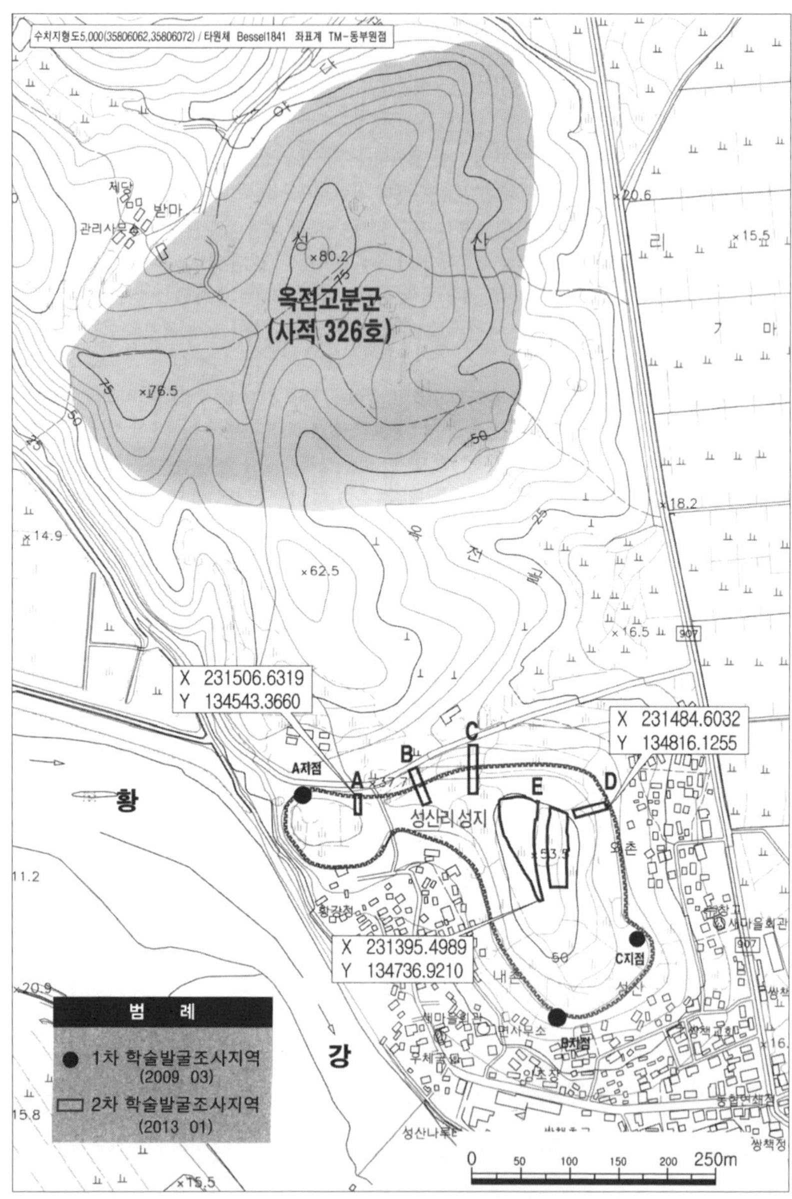

그림 9. 다라국의 국읍, 옥전고분군과 성산토성(동서문물연구원 2013)

나 될 정도였다. 말하자면 삼한三韓의 부족들 중에는 열 개가 넘는 읍락을 연결하여 하나의 국을 이루기도 했지만 하나의 읍락 정도가 독립적 정치체로서 행세하기도 했으리라 여겨진다. 이러한 불균등한 정치체의 분포는 카이사르가 진출하여 직접 관찰하고 기록으로 남긴 철기시대 갈리아지역의 부족들 사이에서도 마찬가지였다(李盛周 2015). 브리튼 섬의 철기시대 사회에도 사회적 통합이 훨씬 진전된 동남부지역의 부족들이 있는가 하면 웨일즈와 스코틀랜드로 갈수록 사회적 통합의 규모와 조직의 수준은 낮아진다(배리 컨리프 저·이성주 역 2017).

3세기 삼한 국國의 실체와 규모는 그 중심지, 즉 국읍國邑로부터 파악되어야 한다. 국읍의 물질적 경관으로 그동안 여러 연구자들이 토성을 생각해 왔지만 지금까지 발굴조사를 통해 확인된 영남지방의 토성 축조 시기는 그리 이르지 않다. 그러나 토성의 연대는 4세기 후반이나 5세기 후반으로 추정되더라도 그것이 소재한 곳에서는 그 이전부터 중심취락으로서의 특징을 가진 점유가 확인되기도 한다. 이와 같은 양상이 발굴을 통해 파악된 대표적인 유적이 경산 임당유적과 김해 봉황동유적이다. 국읍의 존재를 확인할 수 있는 또 하나의 물질적 경관은 수장묘군이다. 국의 주수主帥를 비롯한 지배집단의 대형묘가 일정한 배치원리에 따라 집중 축조되어 형성된 중심고분군을 통해 국의 중심지를 파악할 수 있다. 중심고분군은 적어도 3세기 후반부터 영남 동남부 전역에서 확인된다. 이 중심고분군의 분포를 통해 국의 영역을 추론해보면 작은 규모의 국은 반경 6~7km 내외에 그치지만 대국은 반경 20km를 넘는 규모가 된다(李盛周 1993, 2017a).

진변한 주요국들의 국읍은 중심취락과 중심고분군으로 구성되었고 이 둘은 바로 인접하여 형성되어 있다. 이와 같은 방식으로 형성된 정치체의 중심지는 진·변한지역의 국읍에 그치지 않는다. 우선 가까이의 풍납토성 하층의 3중환호로 둘러싸인 거점적 취락과 석촌동 수장묘군의 조성이 진변한 국읍과 비교된다. 중국 신석기시대 만기 엘리트분묘군이 인접한 위곽읍락이라든가 유럽 내륙의 할슈타트기 수장묘군과 함께 형성된 위곽읍락도 그 형성의 배경과 과정은 비슷하다 할 수 있다(李盛周 2012, 2017a).

3세기 진변한 국國의 규모와 조직이 무척이나 불균등하였던 것은 국의 형성과정에서 큰 차이가 있었기 때문이다. 같은 영남지역 안에서도 동남부 지역에서는 국의 성장이 이르고 북부와 서부 내륙으로 갈수록 정치체의 성장이 지체되었다는 것은 사실인 듯하다. 국의 중심취락은 물론이거니와 국의 중심고분군의 형성도 상대적으로 늦다. 3세기 후반이면 동남부 지역에서는 능선의 정선부를 따라 대형목곽묘가 배열되는 중심고분군의 형성이 시작되지만 동시기 내륙지역에서는 이러한 현상을 볼 수 없으며 수장묘군의 형성시기는 훨씬 지체된다.

임당유적에서 2~3세기 국읍 지배집단의 I지구 주거는 F지구의 소형주거지들과 완전 분리되어 군집된다. 지배집단의 지면식 대형주거는 일반주거 면적의 3배 정도 되고 건물의 구조에도 차이가 있다. 4세기 어느 시점에 G지구와 F지구 사이의 구릉성 대지를 이용해 토성을 축조하게 되고 엘리트 주거는 그 안으로 이주해 간 것으로 보인다(張容碩 2008, 2016, 河眞鎬 2010). 3~4세기의 대형목곽묘의 조사성과는 아주 한정된 것이어서 수장묘군의 양상은 파악되지 않지만 목관묘 단계부터 석실분까지 임당유적이 수장층의 분묘군이라는 것은 다 알려진 사실이므로 재론은 필요 없으리라 여겨진다.

국읍의 물질적 잔존으로 발굴을 통해 확인된 또 하나 중요한 사례는 합천의 성산토성과 옥전고분군이다. 옥전고분군은 합천지역의 중심고분군이다. 이 고분군에 처음 등장한 수장묘는 제 54호 대형목곽묘로 4세기 중후엽에 해당된다. 옥전고분군에 인접한 구릉에는 대지의 평탄면을 따라 축조되어 독특한 평면형을 가진 성산토성이 자리 잡고 있다. 발굴보고자는 성장城牆의 축조시기를 단정적으로 보지 않고 5~6세기로 폭넓게 제시한 바 있다. 토성조사 그 자체에서 연대 근거로 삼을 만한 자료가 출토되지 않아 내부의 건물지와 구상유구에서 출토된 유물을 고려하여 추정한 연대로 생각된다. 토성 축조방법으로 일부는 토축에 석축을 보강하고 일부는 석축 성벽으로 구축하였다. 삼국시대 토성축조의 일반적 기법을 사용하지만 보고자는 판축의 짜임새가 좀 엉성했던 것으로 판단한 바 있다(東西文物硏究院 2013, 김형곤 2013). 성내부에는 상위층의 주거로 대벽건물이 배치되어 있으며 출토된 유물 중에는 4세기까지 올라갈 수 있는 것도 포함되어 있다. 흥미로운 점은 이 구릉이 처음 점유된 것은 삼각형점토대토기 단계부터라는 사실이다. 너무 나아간 해석이긴 하지만 진변한 지역 국과 국읍의 시작은 공통적으로 초기철기시대 부터라고 해도 무리는 아닐 것 같다.

하지만 국의 형성과정은 영남 동남부 안에서도 지역적 편차가 뚜렷하다(李盛周 2017a). 김해를 중심으로 한 변진구야국도 중심지로부터 상당히 넓은 범위로 통합을 이룬 대국이며 점토대토기 단계부터 국읍의 중심지가 형성되어 성장한 특징을 보인다. 그러나 경주를 중심으로 한 사로국의 경우 국을 대표하는 국읍의 존재가 경주분지 안에서 찾아지지 않는다. 만일 존재했다 하더라도 경주 분지 외곽에 흩어진 목곽묘군들에 대해 지배적인 위치를 점했을까 하는 의문이 든다. 그러나 4세기 후반 월성이 축조되고 월성 북고분군이 형성되는 즈음에는 국읍의 규모가 탁월한 모습으로 등장한다. 엘리트의 거처와 왕릉군의 조합으로 조성된 국읍의 규모도 그러하거니와 그 중심으로부터 직접 권력이 미칠 수 있는 범위는 동남부의 어느 국보다 우세했을 것으로 보며 심지어 이 단계를 초기국가로 보기도 한다.

이후 통합과 복속 등의 과정을 거치면서 국읍의 형태는 큰 변화를 겪게 된다. 여러 국國의 국읍들 중에 결국 어느 하나가 뒤에 초기국가의 도성都城으로 발전한다(여호규 2015, 2017). 여기에서 두 가지 답해야 할 의문점이 제기 된다. 첫째, 삼한三韓 국國의 국읍國邑과 초기국가初期國家의 도성都城을 어떻게 구분하는가 하는 문제이다. 어떠한 기준에서 국읍과 도성의 단계를 변별할 것인가 하는 문제인 것이다. 국읍은 점진적으로 도성으로 성장했을 터이기에 그 구분 자체는 모호할 수밖에 없다. 물론 동아시아의 도성제를 부분적으로 수용했겠지만 그러한 제도적 실행을 기준으로 도성의 성립을 정의할 수는 없을 것이다. 삼국의 도성은 주어진 국읍의 구조 안에서, 그리고 그 지형적, 환경적 조건에서 자체적으로 발전하여 간 측면이 있기 때문에 이를 충분히 고려해야 할 것이다. 둘째, 그렇다면 과연 봉황동–대성동유적은 국읍에 머무른 것인가 아니면 도성으로 발전한 것인가 하는 문제이다. 사실 우리가 국읍과 도성의 고고학적 변별 기준을 가지고 있다 하더라도 5~6세기 김해 중심권역의 평면플랜을 발굴을 통해 확인해 보지 않는 한 쉽게 답할 문제는 아닌 듯하다. 다만 4세기 이후 부원동 구릉으로 연결되는 취락의 확장양상이 확인되고 후대의 고총고분이 구산동 일원으로 이동하는 것이 인정된다면 면적상으로는 도성의 규모에 가깝지 않을까 한다.

V. 맺음말

삼한三韓 국國의 국읍國邑은 청동기시대 중심취락으로부터 단선적으로 발전해 온 것이 아니라 넓게 보면 집주, 해체와 분산, 다시 집주의 반복을 거쳐 형성되었다. 그리고 그 중 몇몇이 탁월한 성장을 거쳐 주변 '국國'을 통합하여 초기국가의 도읍으로 발전하였다. 이러한 양상이 물질적 잔존으로 비교적 잘 확인되는 지역이 진·변한이고 그 중 영남 동남부의 국들이다. 그 중에도 봉황동–대성동유적은 변진구야국, 금관가야로 칭해지는 국의 국읍으로서 그동안 많은 고고학 조사를 거쳤다. 이 연구에서는 김해분지 안의 고고학 자료를 검토하여 점토대토기 단계에 핵심지역인 봉황동 일원에 집주가 이루어지면서 국읍의 형성이 시작되었으며 4~5세기에는 봉황토성이 구축되고 그 내부와 외부 도시화에 가까운 변동이 진행되었음을 보여주고자 했다. 그러나 지금까지의 조사는 평면적으로나 층위적으로 아주 한정된 조사였기에 이 연구에서의 추론과 해석은 지극히 단편적이며 상상력으로 메꾸어진 것에 불과하고 주요 의문점들에 대해서는 답변을 내놓지도 못하였다. 하지만 봉황동–대성동의 국읍 형성과정에 대한 체계적 검토는 지금 이 시점에 더욱 필요한 작업이며 미래의 발굴과 분석의 지침으로도 제시되어야 한다. 국읍은 진변한 역사의 특수한 맥락에서 발생한 정치체의 중심지이지만 고고학자들은 이 초기 정치중심지를 복합사회 형성의 일반적 과정 중에서 어떤 위치에 있는 것인지, 그리고 신라와 가야의 역사적 변동과정에서 어떤 의미를 부여해야 할지 충분히 검토해보지 못하였다. 앞으로 이와 같은 방향의 연구에 조그만 밑거름이 된다면 더 바랄 것이 없겠다.

참고문헌

慶南考古學硏究所, 2005, 『鳳凰土城』, 慶南考古學硏究所.

慶南考古學硏究所, 2006, 『金海 漁防洞 無文時代 高地性聚落遺蹟』, 慶南考古學硏究所.

慶南考古學硏究所, 2007, 『金海 鳳凰洞遺蹟』, 慶南考古學硏究所.

慶南考古學硏究所, 2010, 『金海 龜山洞遺蹟Ⅸ』, 慶南考古學硏究所.

慶南發展硏究院 歷史文化센, 2005, 『김해 가야인 생활체험촌 조성부지 내 유적 Ⅰ』, 慶南發展硏究院 歷史文化센터.

慶南發展硏究院 歷史文化센, 2013, 『김해 가야인 생활체험촌 조성부지 내 유적 Ⅱ』, 慶南發展硏究院 歷史文化센터.

국립가야문화재연구소, 2017, 「2017년도 김해 봉황동 유적 발굴조사 현장설명회 자료」.

國立金海博物館, 2014, 『김해 회현리패총』, 日帝强占期 資料調査 報告 9輯.

權五榮, 1995a, 「三韓 國邑의 기능과 내부구조」, 『釜山史學』 28, pp. 27~54.

權五榮, 1995b, 「三韓 社會 '國'의 구성에 관한 고찰」, 『韓國古代史學報』 10, pp. 1~53.

權五榮, 1996, 「三韓의 '國'에 대한 硏究」, 서울大學校大學院文學博士學位論文.

權五榮, 2009, 「원삼국기 한강유역 정치체의 존재양태와 백제국가의 통합양상」, 『고고학』 8-2호, pp. 31~49.

權五榮, 2010, 「馬韓의 종족성과 공간적 분포에 대한 검토」, 『韓國古代史硏究』 60, pp. 5~33.

金吉植, 1998, 「扶餘 松菊里 無文土器時代墓」, 『考古學誌』 9, 韓國考古美術硏究所, pp. 5~49.

김경택·주동훈·박병욱, 2018, 「扶餘 松菊里遺蹟 調査 現況과 課題」, 『부여 송국리 유적의 의미와 활용』, 국립부여박물관 특별전 〈부여 송국리〉 연계 국제

학술심포지엄, pp. 9~30.

金權九, 2012, 「청동기시대-초기철기시대 고지성 환구(高地性 環溝)에 관한 고찰」, 『韓國上古史學報』 76, pp. 51~76.

金權九, 2016, 「영남지역 읍락의 형성과 변화」, 『韓國古代史硏究』 82, pp. 159~192.

金大煥, 2016, 「진한 '國'의 형성과 발전」, 『辰·弁韓 國의 形成과 發展』 제25회 영남고고학회 정기학술발표회, pp. 43~60.

金玟徹, 2011, 「林堂丘陵 環濠의 年代와 性格」, 『慶北大學校考古人類學科30周年紀念考古學論叢』, 大邱: 慶北大學校出版部, pp. 211~246.

김성진·김문철·김시환, 2007, 『金海 大成洞·東上洞 遺蹟』, 慶南文化財硏究院.

金承玉, 2007, 「분묘 자료를 통해 본 청동기시대 사회조직과 변천」, 한국고고학회 편, 『계층사회와 지배자의 출현』, 서울: 사회평론, pp. 61~139.

김장석, 2011, 「청동기시대 취락과 사회복합화과정연구에 대한 검토」, 『湖西考古學』 17, pp. 4~25.

金在弘, 2015, 「생업으로 본 한과 예의 종족적 특성」, 『韓國古代史硏究』 79, pp. 97~134.

金昌錫, 2008, 「古代 嶺西地域의 種族과 文化變遷」, 『韓國古代史硏究』 51, pp. 5~48.

김형곤, 2013, 「玉田 城山山城의 調査 成果」, 『多羅國의 위상과 역할』, 제3회 합천박물관 학술대회, pp. 15~43.

노재헌·윤성현, 2015, 『김해 대성동 91-8번지 유적』, 동양문물연구원.

東西文物硏究院·陜川郡, 2013, 『陜川 城山里 城址(2013)』, 東西文物硏究院.

東義大學校博物館, 2013, 『金海 龜山洞 遺蹟』, 東義大學校博物館.

武末純一, 2002, 「遼寧式銅劍墓와 國의 形成」, 『淸溪史學』 16·17, pp. 27~39.

朴淳發, 1996, 「漢城百濟 基層文化의 性格」, 『百濟硏究』 26, pp. 167~183.

朴淳發, 2006, 「한국 고대사에서 종족성의 인식」, 『韓國古代史硏究』 44, pp. 5~19.

박중국, 2012, 「중도문화의 지역성」, 『中央考古研究』 11, 中央文化財研究院, pp. 42~87.

裵德煥, 2005, 「南江 · 太和江流域의 靑銅器時代 據點聚落」, 『文物研究』 9, pp. 4~23.

裵德煥, 2007, 「靑銅器時代 環濠聚落의 展開樣相」, 『石堂論叢』 39, 동아대학교 석당학술원, pp. 113~156.

裵德煥, 2009, 「慶南地域) 청동기시대(靑銅器時代) 후기(後期) 취락(聚落)의 입지형태(立地形態)에 따른 지역성(地域性) 연구(研究)」, 『文物研究』 15, pp. 3~22.

裵眞晟, 2007, 「無文土器 社會의 階層構造와 國」, 한국고고학회 편, 『계층사회와 지배자의 출현』, 서울: 사회평론, pp. 141~178.

釜山大學校博物館, 1998, 『金海 鳳凰臺遺蹟』, 釜山大學校博物館.

釜山大學校博物館, 2003, 『傳金官加耶宮墟址』, 釜山大學校博物館.

徐姈男, 1998, 「봉황대 유적의 성격」, 『金海 鳳凰臺遺蹟』, 釜山大學校博物館, pp. 164~171.

孫畯鎬, 2010, 「송국리 취락의 시기와 성격」, 『부여 송국리유적으로 본 한국 청동기시대 사회』, 제38회 한국상고사학회 학술발표대회, pp. 33~56.

宋永鎭, 2016, 「韓半島 靑銅器時代 磨研土器 研究」, 慶尙大學校 史學科 博士學位論文.

申英愛, 2011, 「嶺南地方 粘土帶土器 段階 文化接變」, 慶北大學校 大學院 碩士學位論文.

여호규, 2015, 「삼국 초기 도성의 형성과정과 입지상의 특징」, 『삼국시대 국가의 성장과 물질문화 1』, 성남: 한국학중앙연구원출판부, pp. 293~337.

여호규, 2017, 「삼국형성기 문헌사와 고고학의 접점: 삼한의 國邑과 삼국의 都城」, 『동아시아에서의 한국 상고사』, 한국상고사학회 창립 30주면 기념 제48회 학술대회, pp. 143~157.

유춘길·강소라·윤선, 2005, 「김해 가야인 생활체험촌 조성부지 내 유적 지질환경 조사」, 『김해 가야인 생활체험촌 조성부지 내 유적 Ⅰ』, 慶南發展硏究院 歷史文化센터.

윤태영, 2013, 「김해 봉황동유적의 발굴성과」, 인제대학교 가야문화연구소 편, 『봉황동유적』, 서울: 주류성.

이기성, 2014, 「일제강점기 김해패총 조사의 학사적 검토」, 『김해 회현리패총』, 日帝强占期 資料調査 報告 9輯, pp. 99~109

李相吉, 2011, 「남부지방 무문토기시대 거점취락과 그 주변」, 『고고학에서의 중심과 주변』, 第20回 嶺南考古學會 學術發表會, pp. 25~54.

李尙律·李昌燁·金一奎, 1998, 『金海 大成洞 燒成遺蹟』, 釜慶大學校博物館.

李相吉, 1996, 「靑銅器時代 무덤에 대한 一視角」, 『碩晤尹容鎭敎授停年退任紀念論叢』, 碩晤尹容鎭敎授停年退任紀念論叢刊行委員會, pp. 91~114.

李相吉, 2011, 「남부지방 청동기시대 거점취락과 그 주변」, 『고고학에서의 중심과 주변』, 第 20回 嶺南考古學會 學術發表會, pp. 25~54.

李盛周, 1993, 「1~3세기 가야 정치체의 성장」, 『韓國古代史論叢』 5, 1993, pp. 69~209.

李盛周, 2006, 「韓國 靑銅器時代 '社會' 考古學의 問題」, 『古文化』 68, 韓國大學博物館協會, pp. 7~24.

李盛周, 2009, 「族長墓와 '國'의 成立」, 『21세기 한국고고학』Ⅱ, 서울: 주류성: pp. 75~116.

李盛周, 2012, 「都市와 마을(村落)에 대한 고고학적 논의」, 『考古學』 11-3, pp. 5~31.

李盛周, 2015, 「鐵器時代의 部族(1): 유럽과 韓國 原史時代 集團의 時空間과 記錄」, 『考古學探究』 18, pp. 1~22.

李盛周, 2016, 「유형설정에 관련된 고고학의 설명논리」, 『時, 空 ,形態, 그리고 量』, 중앙문화재연구원 편, 서울: 진인진, pp. 166~199.

李盛周, 2017a, 「辰弁韓 國의 形成과 變動」, 『嶺南考古學報』 79, pp. 27~62.

李盛周, 2017b, 「가야고분군 형성과정과 경관의 특징」, 『가야고분군 세계유산 등재 추진 학술대회』, 문화재청 외, pp. 51~81.

李秀鴻, 2007, 「東南部地域 靑銅器時代 後期의 編年 및 地域性」, 『嶺南考古學報』 40, pp. 27~50.

李秀鴻, 2017, 「진주 대평리유적 옥방 1지구의 미시적 검토」, 『韓國靑銅器學報』 20, pp. 32~54.

李在興, 2009, 「경주와 경산지역의 중심지구 유적으로 본 4~5세기 신라의 변모」, 『韓國考古學報』 70, pp. 156~191.

李宗哲, 2015, 「청동기시대 立大木 祭儀에 대한 고고학적 접근」, 『한국고고학보』 96, pp. 36~63.

李淸圭, 2000, 「'國'의 形成과 多鈕鏡副葬墓」, 『先史와 古代』14, pp. 27~47.

李亨源, 2015, 「住居文化로 본 粘土帶土器文化의 流入과 文化變動」, 『韓國靑銅器學報』 16, pp. 92~120.

李亨源, 2016, 「忠淸西海岸地域의 粘土帶土器文化 流入과 文化接變」, 『湖西考古學』 34, pp. 4~29.

李賢惠, 1976, 「三韓 國邑과 그 成長에 대하여」, 『歷史學報』 69, pp. 1~39.

李熙濬, 2000a, 「三韓 小國 形成過程에 대한 考古學的 接近의 틀」, 『韓國考古學報』 43, pp. 113~138.

李熙濬, 2000b, 「대구 지역 古代 政治體의 형성과 변천」, 『嶺南考古學報』 26, pp. 81~119.

李熙濬, 2011, 「한반도 남부 청동기~원삼국시대 수장의 권력기반과 그 변천」, 『嶺南考古學』 58, pp. 81~119.

이희진, 2016, 「환위계적 적응순환 모델로 본 송국리문화의 성쇠」, 『韓國靑銅器學報』 18, pp. 24~53.

林孝澤·郭東哲, 2000, 「金海 內洞3호 큰돌무덤」, 『金海 興洞遺蹟』, 東義大學校

博物館. pp. 91～129.

林孝澤·河仁秀, 1988,「金海 內洞2호 큰돌무덤」,『金海 興洞遺蹟』, 東義大學校 博物館. pp. 59～88.

張容碩, 2008,「4世紀 新羅의 土城築造 背景-達成과 林堂土城의 例를 통하여-」,『嶺南考古學』46, pp. 5～31.

張容碩, 2016,「林堂土城 築造에 따른 취락공간의 再編」,『韓國考古學報』101, pp. 90～123.

전옥연, 2013,「고고자료로 본 봉황동유적의 성격」, 인제대학교 가야문화연구소 편, 『봉황동유적』, 서울: 주류성, pp. 109～128.

鄭治泳, 2009,「송국리취락 '특수공간'의 구조와 성격」,『韓國靑銅器學報』4, pp. 50～74.

최경규, 2012,「종합고찰」,『金海蓮池支石墓 金海邑城·客舍址』, 東亞細亞文化財研究院, pp. 31～48.

崔盛洛, 1993,『韓國 原三國文化의 研究』, 서울: 學研文化社.

崔鍾圭, 2001,「談論瓦質社會」,『古代研究』8, 古代研究會, pp. 27～37.

崔鍾圭, 2008,「考古文化의 導入을 위하여」,『考古學探究』3, 考古學探究會, pp. 75～104.

崔鍾圭, 2010,「龜山洞集落의 構造」,『金海 龜山洞遺蹟 X』, 慶南考古學研究所.

沈奉謹, 1981,『金海 府院洞遺蹟』, 東亞大學校博物館.

하진호, 2012,「林堂遺蹟 聚落의 形成과 展開」,『嶺南文化財研究』25, 嶺南文化財研究院, pp. 103～131.

洪潽植, 2000,「考古學으로 본 金官加耶」,『考古學을 통해 본 加耶』, 한국고고학회, pp. 1～48.

Barth, F.(ed), 1969, *Ethnic Groups and Boundaries: The Social Organization of Cultural Difference,* Oslo: Universitetsforlaget.

Derks, T., and Roymans, N., 2009, Introduction, In Derks, T., and N. Roymans (eds), *Ethnic Constructs in Antiquity: The Role of Power and Tradition,* Amsterdam: Amsterdam University Press, pp. 1~10.

Fernandez–Götz, M., 2014, Understanding the Heuneburg: A biographical Approach, In Fernandez–Götz, M., H. Wendling and K. Winger (eds), *Paths to Complexity: Centralization and Urbanization in Iron Age Europe,* Oxford: Oxbow, pp. 24~34.

「국읍國邑으로서의 봉황동유적鳳凰洞遺蹟」에 대한 토론문

이동희(인제대학교)

1. 발표자는 "영남 동남부지역이 국읍을 중심으로 한 통합의 수준이 높았던 요인 중 하나가 이 지역에서 청동기시대 중기 송국리문화가 해체된 이후에도 유적이 집중되고 기념물의 축조가 지속되었다는 점이 국읍 성장의 배경이 되었다."고 주장하였습니다.

이에 대해서는 타지역과 비교하면서 보완 설명이 필요할 것으로 보입니다.

2. 구산동 무문토기 취락과 대형 묘역식 지석묘는 인접하고 있고 시기적으로도 연결됩니다. 토론자는 이러한 지석묘는 해당 집단의 엘리트층의 무덤이자 집단의 기념물로 보고자 합니다.

다른 청동기시대 유적에서도 그러하지만, 취락구성원의 수보다 지석묘 등 분묘유적의 수가 희소하다는 점이 문제가 됩니다. 김해지역 지석묘 피장자의 위계와 중하위층의 무덤에 대해 어떻게 생각하시는지, 그리고 이 단계의 사회발전단계에 대해 서구 이론과 관련지어 설명해 주셨으면 합니다.

3. 발표자가 제시한 김해분지 내 지석묘의 분포를 보면, 일정한 거리를 두고 6개 지석묘 군집이 있습니다. 초대형 묘역식 지석묘(구산동), 묘역식 지석묘(대성동, 봉황대구릉), 일반 지석묘(내동, 서상동, 부원동) 등으로 구분되는데, 상호간의 위계 관계가 있는지 궁금합니다.

그리고, 김해분지의 지석묘군은 구야국 형성기의 '구간'과도 연관성이 있는데 구간사회의 시·공간적 범위 등에 대해 견해가 있으시면 설명해주시기 바랍니다.

4. 발표자는 봉황대 일대에 점유가 본격화되는 것은 점토대토기단계부터로 보고 있습니다. 점토대토기문화는 외래계로 인식하는 것이 일반적인데 김해지역에서 점토대토기문화단계에 이주민의 역할에 대해 어떻게 생각하시는지, 그리고 수로왕 세력의 등장과는 어떠한 관련성이 있는지 궁금합니다.

5. 발표자는 김해 분지 내 지석묘의 연대를 대개 초기철기시대로 파악하고 있습니다. 지석묘의 하한과 목관묘의 상한은 어느 정도 접점이 있을 것으로 판단되지만, 유물상이나 입지 등으로 보면 차이점도 보입니다. 목관묘 집단에 대해 이주민이라는 설도 있습니다. 국읍이나 읍락의 상위층과 관련되는 목관묘는 김해분지에서 대성동일대에만 집중하고 있어 전단계인 지석묘 집단의 6개 분포권과 상이합니다. 김해분지 내에서 두 묘제의 피장자간 상호 계승관계가 있는지 여부 등에 대해 의견이 있으시면 밝혀 주시기 바랍니다.

6. 발표자는 봉황대 구릉과 그 주변은 원삼국시대 초기부터 국읍의 핵심지역으로 설정된 것으로 보고 있는데, 구야국의 초기 국읍으로 제기된 바 있는 주촌면 양동리세력과의 관계설정이 필요합니다.

그리고, 최근 창원 다호리 세력의 고 김해만으로의 이주설이 제기된 바 있는데, 이에 대해 견해가 있으시면 설명을 부탁드립니다.

「국읍國邑으로서의 봉황동유적鳳凰洞遺蹟」에 대한 토론문

정인성(영남대학교)

흔히 일본 고고학계의 '국國'의 연구, 그리고 한국의 '소국小國'연구가 동일한 시간대의 고고학적 현상을 대상으로 한다고 이해하는 경향이 있다. 그러나 토론자가 판단하기로 양자는 연구대상에서 차이가 있다. 일본고고학에서 국國의 연구는 대체로 야요이시대 전체가 그 중심대상이지만 한국고고학의 경우에는 초기철기시대 즉 세형동검과 점토대토기 단계에서 원삼국시대까지를 연구의 주된 시간대로 판단한다. 혹자는 원삼국시대 와질토기 등장 이후를 삼한시대의 상한으로 이해하며 그 이전 시기를 대상으로 '국'이나 '국읍'문제에 접근하는 것에는 대단히 인색하다.

결국 야요이시대란 한국 고고학의 〈청동기, 초기철기, 원삼국시대〉를 모두 포괄하는 의미이며, 개시 이래는 비교적 단선적이며 내재적인 발전모델이 선호된다. 그렇지만 한국고고학에서는 청동기시대와 초기철기시대를 계승적으로 이해하지 않는 것이 일반적이다. 이질적 문화요소로 이해되는 점토대토기의 확산에 따른 물질문화의 대변화가 왜, 한반도 여러 지역에서 현저하게 인지된다.

그런데 이성주 선생님은 금관가야의 성장과 지정학적 위치의 중요성을 영남 동남부지역의 특수성과 관련시켜 이해하고 있다. 즉 "영남 동남부지역이 '국읍'으로서 통합의 수준이 높았던 것은 청동기시대 송국리문화 해체 이후에도 유적이 집중되고 기념물 축조가 지속되었다는 점이 중요한 배경"이라고 하였다. 그리고 낙랑설치 이후 문명거점과의 네트웍이 형성되고 배후의 왜와 교역네트웍으로 연결되었던 점을 높이 평가하였다.

큰 틀에서 동의하지만 토론자가 판단하건데 위에서 설명한 '초기철기문화의 이질성'은 영남 전역에서도 동일하게 포착되는 현상이라고 이해한다. 즉 지석묘문화의 점진적 발전과는 다른 세형동검, 점토대토기 문화라고 이해한다. 오늘 학술대회에서 다루는 금관가야 '봉황토성'의 형성과 그 주변의 고고학적 현상도 이성주 선생님은 선행하는 지석묘단계부터의 계승성에 무게를 두시는 듯하다. 그렇지만 토론자는 계승성보다는 '단절'이라고 판단한다.

지금까지의 발굴성과로 보건데 김해패총 퇴적은 봉황대 쪽에서 발생한 패각류 등이 집중적으로 버려진 결과로 이해한다. 그리고 패각퇴적과 하층의 석관묘 사이에는 분명 간층이 존재하는데 이는 일제강점기 도리이 류조가 확보한 단면에서 분명히 증명되었다. 즉 '묘장공간墓葬空間'이던 봉황대와 그 주변이 '생활공간生活空間'으로 극적으로 바뀐 것이며 그 시기는 패총 최하층의 유물을 참고하건데 삼각형점토대토기가 잔존하는 시기일 수 있다. '국읍'으로서 봉황대가 기능하게 된 것도 이 무렵이라고 생각된다. 결국 김해지역, 특히 봉황대 주변에서 인지되는 '국읍國邑'과 국의 형성과정에서 그 성장을 주도했던 것은 지석묘를 축조하던 집단이 아니라는 것이 토론자의 이해인데, 이와 관련하여 의견을 듣고자 한다.

마지막으로 낙랑군의 설치와 배후의 왜가 김해세력의 성장 배경이라고 하셨다. 그러나 낙랑군에만 방점을 둘 경우 늑도 유적의 위치와 기능, 아울러 기원전 1세기를 소급하는 교역의 흔적과 네트웍은 설명이 어려워지는 문제가 있다. 일본열도에서 출토되는 낙랑군 이전의 금속자료도 이해할 수 없는 고고학적 현상이 되고 만다. 이와 관련하여 후기고조선과 김해지역세력 간 그리고 일본 야요이 사회와의 상호작용을 금관가야 성장의 '최초동인'으로 볼 수 없을지 의견을 구하고자 한다.

토론자가 판단컨데 낙랑군의 설치란 중원세계가 한반도와 그 주변이라는 공간을 본격적으로 인지하고 관리할 수 있게 된 계기였지 결코 '문명화의 시작'이 아니었다. 실크로드 역시 한제국이 장건을 파견해서 처음 개척한 것이 아니다. 이미 존재했던 지역 간 장거리 교역망을 한제국이 인식하고 통제하기 위한 첫 시도였음은, 장건이 도착한 중앙아시아에 이미 서남이과 촉의 상인들이 왕래하고 있었다는 점에서 분명히 드러난다.

「국읍國邑으로서의 봉황동유적鳳凰洞遺蹟」에 대한 토론문

송원영(대성동고분박물관)

먼저 이성주 선생님은 봉황동유적을 중심으로 해반천권역의 사회 발전 단계를 잘 정리하고 설명해주셨다고 생각된다. 그런데 "봉황동–대성동 유적은 국읍에 머무른 것인가 아니면 도성으로 발전한 것인가 하는 문제이다. 사실 우리가 국읍과 도성의 고고학적 변별 기준을 가지고 있다 하더라도 5~6세기 김해 중심권역의 평면플랜을 발굴을 통해 확인해 보지 않는 한 쉽게 답할 문제는 아닌 듯하다. 다만 4세기 이후 부원동 구릉으로 연결되는 취락의 확장양상이 확인되고 후대의 고총고분이 구산동 일원으로 이동하는 것이 인정된다면 면적상으로는 도성의 규모에 가깝지 않을까 한다."라고 단서를 달았지만 내심으로는 제목에서 보듯이 봉황동유적을 도성이 아닌 국읍으로 보는 견해가 더 큰 것 같다.

선생님은 "원삼국시대 전기에 봉황대 주변으로 주거의 이동은 분명한 추세였고 적어도 삼각형점토대토기 단계부터는 봉황대가 주거의 중심권역이 되었을 것으로 보인다. 대성동유적의 분묘역 조성 그리고 봉황대 일원의 집주가 본격화된 것은 원삼국시대 초기부터이며 이것을 국읍 형성의 기점으로 잡아도 문제없을 듯하다."라고 하셨다.

그런데, 무문토기 전기의 어방동 고지성집락유적 이후 구지봉을 둘러싼 환호유적, 대성동구릉 및 봉황대를 둘러싼 환호, 환호와 취락은 확인되지 않았으나 최근에 발굴된 묘역식 지석묘를 보면 분산 자락에도 취락이 있었을 것으로 보인다. 점토대토기 단계까지도 분산성내외에 고지성 집락이 계속되고 있으며, 구산동 및 흥동, 부원동을 비롯하여 대성동고분 구릉에도 주거 및 패총이 형성돼 있으므로 이때부터 봉황대가 주거의 중심 권역이 되었을 것이라는 것은 사실과 다른 것으로 보인다.

확실하게 주거와 무덤영역이 분리되고 집주가 시작되는 시점을 기준으로 국읍의 성립이라고 본다면 주거영역의 확장과 기능영역별 세분화–지배계층의 주거공간 분리, 시장, 공방지, 제사공간 등–는 도성 및 국가체로 보는 것이 더 타당할 것으로 보인다. 봉황동유적에서 향후 어떤 유구가 더 발굴된다면 국읍이 아닌 도성으로 판단할 수 있을 것인지 구체적으로 설명을 부탁드린다.

古墳時代の西日本地域における港関連遺跡と鳳凰洞遺跡
―瀬戸内ルートを中心として―

高田貫太*

目 次

はじめに

金海鳳凰洞遺跡は鳳凰台遺跡(鳳凰土城)を中心として、金官加耶の中心集落や港湾施設、それに関連する諸施設の存在が想定される複合遺跡として評価されている。また、古金海湾沿岸の中心という

* 日本国国立歴史民俗博物館

地勢的な環境のみならず、遺跡各所において確認される土師器系統の土器、そして鳳凰洞119-1番地遺跡において確認された古船舶の部材など、当時の金官加耶と倭の交渉史を具体的に追究するうえでも、非常に貴重な遺跡として評価できる。

環海地域としての認識 古墳時代、三国時代の倭と金官加耶の交渉ルートを具体的に復元していくためには、まずは日朝両地域における日常的な(基層的な)地域間交渉の経路についての研究成果を把握する必要がある。なぜなら、当時の日朝関係とは、たとえ王権間の外交であっても、何か特別な交渉経路が用いられたとは考えにくいからである。おそらくは、両地域において活用された基層的な海上、河川、陸上交通路が用いられ、それを王権や地域社会が整備する中で積み重ねられていたと把握する方が自然であろう。

このような意味合いをこめて、筆者はかつて、朝鮮半島と日本列島の一帯を、諸地域社会が広義の対馬(大韓)海峡、日本(東)海、黄海、玄界灘、そして瀬戸内海を媒介として多角的に交渉を重ねてきた「環海地域」(濱下1997 35頁)と認識したことがある(高田2014)。環海地域では、基層的な交渉関係を政治経済的な基礎とする地域社会が形成され、それぞれの地域社会には互いに異なる種族や文化が共存し、拠点性を有すると同時に、それぞれを結びつけるネットワークが形成されたことが想定される。このネットワークこそが日朝両地域の交渉を可能としたと推測している。

本発表の視点 今回、発表者に与えられた課題は、古墳時代の日本列島(西日本地域を中心に)における港関連遺跡の紹介や検討と、それを通して鳳凰洞遺跡の重要性を浮き彫りにすることである。ただし、率直に述べると、現状では、鳳凰洞遺跡との関連を想定し得るような、大規模な港の存在を示す直接的な遺構(船着場·堤防·道路·倉庫など)がセットとなって確認された古墳時代遺跡の事例は、ほぼ皆無である。[1)]

そこで、本発表ではやや視点を変えて、釜山·金海地域から日本列島諸地域へ向かうルートの中で瀬戸内海沿岸をつたうルートを取り上げ、ルートの結節点に位置し、遺構や遺物において朝鮮半島諸地域との関わりがうかがえる遺跡や地域を浮き彫りにすることで任を果たしたい。対象とする時期はあえて幅広くとらえ、4世紀~6世紀前半頃を中心とするが、資料の制約と発表者の力量の不足から、5世紀が中心となってしまうことをご了解いただきたい。[2)] これが本発表の目的のひとつである。

次に、3世紀後半~4世紀前半頃に焦点を絞り、釜山·金海地域と北部九州地域に国際的な港湾施設が連動するように形成されていく状況を推定し、その中で金海鳳凰洞遺跡が中心的な役割を担った可能性について予察する。[3)] 発表目的の2つめである。

1. 瀬戸内海ルートに関するいくつかの研究

瀬戸内地域は、瀬戸内海を挟んで東西にのび、西の九州地域と東の畿内地域を結ぶ位置にある。瀬戸内海は古くから海上交通の場と

1) 弥生後半期からの事例としては、壱岐島原の辻遺跡と岡山県上東遺跡(図4—38)がある。

2) 筆者はかつて、瀬戸内海ルートにおける朝鮮半島系資料の分布状況について検討したことがある(高田2016)。第2節の記述はそれに基づいていることを明記しておく。

3) 3、4世紀代の西日本地域出土の朝鮮半島系土器を集成した作業としては次山2009があり、第3節の記述において、その成果を参考としている。

なり、基幹的な交通路としての役割を果していた。ここでは、瀬戸内海ルートの大枠をイメージするために、文献記録に基づく成果と考古資料の分布による成果のいくつかをとりあげたい。まず、前者について概観する。

736年の遣新羅使と661年の「百済の役」古墳時代よりも後の奈良時代における瀬戸内海ルートの実態については、736(天平8)年に派遣された遣新羅使一行の航行により知ることができる。この一行が航海の途中で詠んだ歌が『万葉集』巻15に144首残されており、その詠まれた場所や停泊地などを具体的に明らかにできる。

この船旅を詳細に検討した松原弘宣によれば、停泊地は図1のように考えられる(松原2004)。すなわち、天平8年6月に難波津を出発し、明石浦(兵庫県明石川の河口)→多麻浦(岡山県高梁川の河口)→長井浦(広島県沼田川の河口)→風速浦(広島県三津湾)→長門浦(広島県倉橋島)→麻里布浦(山口県今津川の河口)→熊毛浦(山口県平生町)へ至る。そして、次の停泊地の佐婆浦(山口県防府市)を目指したが、航行途中で一晩中漂流してしまう。結局、分間浦(大分県中津市)にたどり着き、関門海峡を渡って那津(博多津)へ至る。那津には7月7日には到着していたと考えられている。

そして、韓亭(福岡市)—引津亭(糸島郡志摩町)—玄界灘—壱岐·対馬と航行する。対馬の到着は秋ごろである。そして新羅へと渡り、再び同様のコースで帰路につき、737(天平9)年正月27日に平城京へ到着した。

また、『日本書紀』には661(斉明7)年の「百済の役」の際に、斉明大王とその一行は難波津を出て、大伯海(岡山県邑久郡牛窓)を経て伊予の熟田津(愛媛県松山市)に至り、那津(博多津)へ到着したことが記録されている。

このような文献の記載は、あくまでも7、8世紀の実態を示すものであり、停泊地の位置については必ずしもすべてが考古学的に確認されたわけでもない。しかしながら、古墳時代の瀬戸内海ルートを考えるうえで示唆するところは大きい。例えば、736年の遣新羅使は100人程度が乗り込むことができる大型船によって航行したと考えられているが、基本的には陸岸の目標物を頼りに沿岸を航行する「地乗り方式」の航法であったとされる(松原2004)。よって、ある意味では当然のことではあるが、古墳時代においても「地乗り方式」の航法が基本であった可能性は高い。

「吉備型甕」の分布からの推定一方で、考古資料の分布から瀬戸内海ルートを復元した近年の代表的な研究としては、次山淳の研究成果をあげることができる。次山は、弥生時代終末期から古墳時代初頭の瀬戸内海ルートを「吉備型甕」の分布から復元した(次山2007 図2)。「吉備型甕」とは吉備地域(備前、備中南部の平野、現在の岡山県)に製作の中心を置く特徴的な甕であり、岡山県地域以外の地域で出土した「吉備型甕」の多くは、搬入品と考えられている。次山は、その出土数が多い遺跡をつなぎ合わせることによって、博多湾沿岸—周防灘(山口県)—松山平野·今治平野(愛媛県)—備後東南部(広島県)—吉備(岡山県)—播磨—摂津沿岸(兵庫県)—大阪湾という基幹ルートを推定している。

「地域間のネットワーク」という視点 また、橋本達也は古墳の分布や広域に移動する様ざまな副葬品の分布に基づいて、古墳時代前·中期の地域間交流のルートを推定している(橋本2010 図3)。橋本の研究は九州·四国の地域間交流をきめ細やかに分析している点、また西日本における「瀬戸内を中心軸としてそれに連なるネットワーク」(橋本2010 104頁)、すなわち地域間のネットワークの拡散と集約を論じている点に特徴がある。

5つの区域 以上のような研究成果を参考にすると、古墳時代における畿内地域—瀬戸内海—朝鮮半島へ至るルートは、次のように大きく5つの区域に分けることができそうである(図1·4)。

(1)玄界灘·響灘 ⇔ (2)瀬戸内海西部(関門海峡—周防灘—伊予灘—安芸灘—燧灘) ⇔ (3)備讃瀬戸 ⇔ (4)播磨灘 ⇔(5)大阪湾

2. 瀬戸内海ルートと朝鮮半島系資料

次に、考古学的な検討を通して、当時の日朝交渉において用いられた港津の存在が想定できる遺跡や地域を紹介する。(5)の大阪湾沿岸地域についてはすでに多くの論考があるので、本発表では(1)～(4)の沿岸地域を検討する。特に、臨海性が高く(もしくは地勢的に容易に海に出ることができ)、朝鮮半島系の考古資料が出土する集落や古墳の分布に注目する(図4)。特に注目できるのは、長胴甕、平底鉢、平底多孔甑、鍋など、朝鮮半島系の軟質土器が出土する集落遺跡である。朝鮮半島系の軟質土器の外面には平行文、格子文といったタタキ目がみられ、外面をハケ調整で仕上げる土師器と区分が可能である。ただ、5世紀の資料については渡来人の在地への定着の可能性も考え、ハケ調整を施したものも取り上げる。

(1) 玄界灘·響灘沿岸地域[4)]

1) 博多湾沿岸－糸島半島

古墳時代前期の国際港—西新町遺跡 ①の区間については、やはり博多湾沿岸地域に位置する福岡市西新町遺跡を挙げる必要がある。西新町遺跡(図4－1)は福岡平野の博多湾沿岸の砂丘に位置する臨海性の高い集落である。古墳時代前期になると、集落が大規模化するとともに、さまざまな特徴をみせるようになる。久住猛雄はその特徴について、①朝鮮半島系の厨房施設たるカマドの導入と普及、②大量の朝鮮半島系土器の搬入、③日本列島各地からの外来系土器の集中を挙げた(図5)。そして、西新町遺跡が対外交易の一大拠点＝貿易港として変貌を遂げたと評価している(久住2007)。

4世紀後半以後の状況 西新町遺跡は4世紀前半以降に急速に衰退する。重藤輝行は、4世紀後半から5世紀前半の北部九州地域における交易拠点の一つとして、鳥足文土器やそれが在地化した土器などを出土する糸島市三雲·井原遺跡群を候補として挙げている。また、福岡県新宮町夜臼·三代遺跡群や福岡市唐原遺跡群などの集落から、格子タタキで仕上げられた軟質土器甕が出土している点にも注目している(重藤2011)。

また5世紀中頃以降には、早良平野の南西部の吉武遺跡群(図4－2)に朝鮮半島系資料が集中し、集落域からは朝鮮半島中西部から西南部に系譜を求められる土器が多数出土する。重藤は「5世紀中頃～6世紀

---

4) この区域の朝鮮半島系資料の様相については、長年にわたって、精力的に検討されている。以下の記述は、基本的にそれらの成果によるものである(九州前方後円墳研究会2005、久住2007、重藤2011、亀田2013など)。

後半にかけて韓半島の複数の地域からの渡来人が居住するとともに、交易の拠点として機能していた」(重藤2010 139頁)と推測している。

ここで紹介した遺跡それぞれも容易に玄界灘へ出ることができる位置にあり、糸島半島や西新町遺跡より東方の玄界灘沿岸にも港津が複数存在した可能性は高い。

堤蓮町1号墳 ここで、博多湾沿岸から内陸へさかのぼった朝倉地域に位置する堤蓮町1号墳(図4―3)にも触れておく。この古墳は直径18〜20mほどの円墳で、埋葬施設は竪穴系横口式石室の可能性が高い。注目すべきは、日本列島では数少ない漢城百済系の垂飾付耳飾と東莱福泉洞10・11号墳に類例がある三累環頭が共伴している点である(図6)。橋本達也が提示した交流ルート(図3)を参考とすれば、有明海から筑後川を遡上し、浮羽―日田―豊前(周防灘)・豊後(別府湾)というような九州東西を結ぶ交通路と博多湾―朝倉―浮羽へ至る交通路の結節点の近くに位置している点に注目できる。

2) 宗像地域

津屋崎海岸 博多湾沿岸の東方に宗像地域がある。宗像地域の中でも、現在の福津市の在自〜勝浦にかけて形成されていた潟湖の周辺に5、6世紀の津屋崎古墳群やいくつかの集落遺跡(在自遺跡群、生家釘ヶ浦遺跡、奴山伏原遺跡)が展開する。津屋崎古墳群では最初期の前方後円墳である勝浦峯ノ畑古墳(図4―4)から出土した装身具類が注目される。いずれも細片ではあるが、金銅製の龍文透彫帽冠は、漢城百済に系譜を求められる可能性が高い。また、長柄の木心鉄板張輪鐙(初葬)や木心鉄板張壺鐙(追葬)も、大きくは百済・大加耶系の範疇で把握できる資料である。

また、津屋崎古墳群の狭間に位置する集落遺跡では、多様な朝鮮半島系土器が出土し、オンドル施設を備えた住居(在自下ノ原遺跡SC55住居や奴山伏原遺跡SC112住居など)も確認されている。この点は生家釘ヶ浦遺跡も同様で、6世紀前半頃の外面にタタキを施した移動式カマドや軟質土器(平底鉢、平底多孔甑)が出土している(図8)。これらの集落の構成員の中に、朝鮮半島からの渡来人が含まれていた可能性は高い。すでに指摘されているように、潟湖周辺に港津が存在した可能性は高い。

釣川流域 津屋崎古墳群の東には釣川が玄界灘へ流れているが、その流域にも朝鮮半島中西部から西南部に系譜を追える土器を出土する集落遺跡がいくつか確認されている。例えば、冨地原川原田遺跡(図4―5)のSB27竪穴住居(5世紀前半～中頃)には初期のカマドが付設されており、陶質土器壺や朝鮮半島系の軟質土器(平底鉢、平底多孔甑、車輪文風の特異なタタキを施した甕など)が出土した。また他の住居では鳥足文土器も出土している。この地域の集落からは、釣川の水系をたどって玄界灘へ出ることができる。河口付近に港津の存在を考えてみてもよい。

3) 遠賀川流域

宗像地域から沿岸を東へ伝うと、遠賀川の河口に至る。遠賀川流域、特に上流域の嘉穂地域や田川盆地において、5世紀後半頃に豊富な朝鮮半島系の副葬品を有する古墳が集中する。相対的に洛東江以東地域との関わりが濃厚である。

嘉穂地域 例えば、嘉穂地域の小正西古墳1号石室(図4―6)では、新羅系の長柄輪鐙と共伴して、百済·大加耶系の刀身式鉄鉾や鉄製f字形鏡板付轡、木心鉄板張壺鐙が出土した(図7)。また、2号石室では朝鮮半島系の工具である鋸も出土している。その類例として「達城古墳」出土例がある(国立大邱博物館2001)。

田川盆地 田川盆地のセスドノ古墳(図4−7)では、金銅製の偏円魚尾形杏葉や有蓋把手付小壺など新羅系の副葬品と、宝珠式垂飾付耳飾などの大加耶系の副葬品が出土している。

いずれの古墳も遠賀川水系に立地しており、水系をつたって遠賀川河口へ至り、響灘へと出ることができる。遠賀川河口の状況が今一つ判然とはしないが、先にみた宗像地域の釣川流域と同様に、河口付近に港津があった可能性を考えてみたい。また、田川盆地からは陸路で、次に紹介する豊前北部の周防灘沿岸の各地へと抜けることができる。

(2) 瀬戸内海西部沿岸地域

1) 関門海峡

玄界灘沿岸を経て瀬戸内西部沿岸へ向かう際に、関門海峡を通過する。その沿岸部にもさまざまな朝鮮半島系資料が出土している。ここでは、遺跡の立地と朝鮮半島系の軟質土器の分布から、海上交通との関わりを想定できるいくつかの遺跡を紹介する。

山口県側 まず、現在の山口県側については、響灘に面した入り江の海浜砂丘上に位置する下関市吉母浜遺跡(図4−8)がある。5、6世紀代の各種の軟質土器(甑、有溝把手片、格子目タタキを施した長胴甕)や、金海鳳凰洞遺跡でもよく出土する移動式カマドが出土している(図9)。玄界灘、響灘をこえてきた船が寄港するのに最適の立地である。

次に、下関市秋根遺跡(図4―10)を挙げることができる。この遺跡では古墳時代前期の住居址(LS005)から縄蓆文を施した軟質土器壺片が出土している。また、この住居が廃絶した後、さほど時間をおかずに重複して築かれた住居址(LS004)は、初期のカマドを備えている(図9)。綾羅木川の流域に位置するが、当時はその近隣まで海が入り込んでいたとされ、入り江の沿岸に位置していた可能性が高く、船の停泊に適した立地である。

福岡県側 一方、福岡県側では、紫川河口の海浜砂丘上に立地する北九州市小倉城下屋敷跡(平底深鉢 図4―10)や、関門海峡へ突き出た企救半島東端の入り江の沿岸に立地する大積前田遺跡(有溝把手片、多孔式甑の底部片 図4―11)などで、軟質土器が出土している。

以上の関門海峡沿岸に位置する遺跡は、いずれも入り江や河口に立地し、船の停泊に適した地勢的な環境にある。半島系の軟質土器や秋根遺跡の初期カマド付住居などから、おぼろげながらも渡来人の姿も垣間見える。

2) 周防灘沿岸(豊前北部)

豊前北部の京都平野 関門海峡を経て九州の沿岸を南東方向へつたうと、京都平野に至る。この地域は多様な朝鮮半島系資料が確認されている。釜山·金海地域との関わりにおいて注目できるのは、稲童古墳群(図4―13)に属する21号墳(TK208段階、竪穴系横口式石室)である。21号墳は豊富な副葬品を有するが、その中に樹状立飾(福泉洞10·11号墳出土冠の立飾に類似)が取りつけられた金銅装眉庇付冑、鑣轡などが含まれている。

この地域では現在の長峡川、今川、祓川が流れ込む入り江が形成されていたと考えられ、後の豊前国の国津たる「草野津」に比定されている。否洞古墳群はその南側の海浜砂丘上に位置する。

3) 周防灘沿岸(周防)

周防灘をはさんで京都平野対岸の周防地域側でも、さまざまな朝鮮半島系資料が出土している(亀田2008)。ここでは、百済系の装身具が出土した防府市桑山塔ノ尾古墳(図4―16)と、5世紀代の軟質土器を出土した光市御手洗遺跡(図4―17)を取り上げたい。

桑山塔ノ尾古墳の飾履 1782年に発見されたために墳丘の規模や形態は不明であり、掘り出された副葬品も桑山山頂に再埋納されたが、詳細な絵図が残された(桑原1988)。古墳の造営は6世紀前葉と考えられる。副葬品の中で注目できるのは、飾履の存在である。

この飾履は側板には、おそらく点打ち彫金によって亀甲繋文が表現されており、底板にはスパイクを備え、円形や魚形歩揺が取りつけられた。熊本県江田船山古墳出土資料と同系統、すなわち百済系である可能性が高い。他に、蛇行状鉄製品や、小型の鈴など半島系の資料が含まれており、その被葬者の朝鮮半島との密接な関係がうかがえる。

この古墳の位置する桑山は、佐波川下流域東岸に位置する独立丘陵であり、臨海性の高い立地である。古墳の位置からは佐波川下流域を広く眺望でき、周辺の海岸部に港津があった可能性は考えられる。ちなみに、その東方には周防国府の港が設けられていたと考えられる「船所」が確認され、先に紹介した遣新羅使が向かう途中に難破した「佐婆浦」に比定されている。

御手洗遺跡 御手洗遺跡では5世紀にさかのぼる、外面にタタキを施した移動式カマドと軟質土器甕が出土している。周防灘に小さく突出した室積半島に形成された内湾(室積湾)に面して立地している。臨海性が高く、港津の存在を想定してもよいであろう。

4) 松山平野

松山平野出土の半島系土器については詳細な整理が行われている(三吉2003、梅木2012など)。古墳出土の陶質土器には、主に慶南西部、咸安、高霊系などの資料が確認されている。集落遺跡でも、朝鮮半島からの渡来人の存在をうかがわせる資料がいくつか確認できる。ここでは代表的な2つの遺跡を紹介する。

樽味遺跡群 松山平野を横断し瀬戸内海へ流れる河川の一つとして重信川がある。樽味遺跡群(図4－18)は、その支流、石手川の中流域の微高地に位置する。5、6世紀の集落域の一部を検出しており、竪穴住居からかなりまとまって朝鮮半島系土器が確認されている。特に軟質土器をみると、平底鉢、多孔式甑、長胴甕などで構成されている。甑には丸底と平底の両者があり、朝鮮半島南部の複数の地域からの渡来人の存在がうかがえる。

そして住居の構造も重要である。例えば、樽味四反地9次調査地の竪穴住居SB102(5世紀前葉頃 図11)は、初期のカマド、「周壁溝」、小溝による間仕切りなどが確認できる。梅木謙一は、松山平野において朝鮮半島系土器を出土する竪穴住居には、住居床面に溝を配する住居が多いことを指摘している(梅木2012)。このような構造は、近年、注目を浴びている「大壁竪穴建物」の範疇に収まる可能性がある。「大壁竪穴建物」は、北部九州、吉備、畿内地域などで確認されている。田中清美は「原三国時代～三国時代に朝鮮半島の南部地域から渡来人によって伝えられた朝鮮半島系の建築様式」(田中2012 590頁)と判断している。

舟ヶ谷遺跡 第4次調査地の自然流路の埋土から多量の軟質土器片が出土している。その器種は、長胴甕、平底鉢、把手付鍋、多孔の甑片などで構成されている(図12)。松山平野の北西部の沖積低地に位置している(図4−19)。

5) 広島平野

安芸·備後の安芸灘沿岸地域でも、多様な朝鮮半島系資料は確認される(三吉2008、伊藤2012など)。5世紀頃の朝鮮半島系資料の分布は広島平野に中心がある。例えば、池の内3号墳や砂走遺跡出土の把手付短頸壺は釜山·金海地域に系譜を求めることができそうである。他にも池の内2号墳の三叉鍬先、空長1号墳の竪穴系横口式石室(鋌が出土)などは、朝鮮半島東南部との関連性がうかがえる。

また、近年、広島平野で出土した初期須恵器の中に、上述の松山平野に位置する市場南組窯で生産されたものが含まれていることが明らかとなり(三吉2008)、瀬戸内海を介した交流ルートが想定されている。

(3) 備讃瀬戸地域

この地域は瀬戸内海沿岸地域の中でも、朝鮮半島系資料が比較的豊富である(亀田1997、岡山県立博物館2006)。また、その地勢から港津の存在をうかがわせる地点が数多く存在する。そのような中で、朝鮮半島との交流が活発に行われ、例えば吉備中枢部では渡来人が居住したと考えられる岡山市高塚遺跡などが知られている。ここでは港津との関係が具体的にうかがえる瀬戸内海沿岸地域の古墳資料を中心にいくつか紹介する。

1) 足守川下流域

足守川下流域は吉備地域の中枢域のひとつである。上東遺跡は弥生時代中期後半に形成される拠点集落であり、当該期の波止場状遺構が確認されている(図4−38)。敷葉工法を用いて盛土し、盛土の縁辺や内部に大量の杭を打ち込む構造である。上東遺跡では古墳時代前期前半まで盛行する。この頃と推定されるタタキを施した瓦質土器壺片が出土した。

2) 高梁川河口付近

高梁川河口は、瀬戸内海ルートと高梁川や小田川など内陸へのルートの結節点に位置しており、港津が存在した可能性は高い。朝鮮半島系資料も比較的豊富である(図15)。

菅生小学校裏山遺跡(図4−23)5世紀代には入り江(阿智潟)が遺跡付近まで入っていたと考えられ、海上交通や港湾管理に関わる遺跡として評価されている(亀田1998)。港湾施設自体は発掘調査されていないが、5世紀前半頃の多様な朝鮮半島系土器が出土している(図15−右)。特に丸底で細筋孔を有する甑は洛東江以東地域に系譜を求められる。

天狗山古墳の陶質土器 天狗山古墳(図4−24)は小田川と高梁川の合流点を見下ろすことができる標高約80mの丘陵頂部に位置する。その埋葬施設は釜山·金海地域に系譜を求め得る竪穴式石室であり、副葬品にも東萊福泉洞21·22号墳に類例がある胡籙が含まれる。造り出し状遺構では、羅州や高敞系と推定される陶質土器の蓋杯が出土した(図15－左)。

3) 児島

児島の北側には本来小規模な内海(穴海)が形成されており、海上交通の要衝であった。八幡大塚2号墳の装身具 八幡大塚2号墳(図4－25)は児島の北岸丘陵に位置し、その地勢的位置をみるだけでも臨海性の高い古墳と判断できる。石棺内部から、百済系の垂飾付耳飾(図16－2)と鍍金された空玉を繋ぎ合わせた頸飾が出土した。これらの装身具は、被葬者に着装された状態で出土しており、被葬者が百済との密接な関わりを有していたことをうかがわせる。

吉備地域では、『日本書紀』欽明16、17年条(555、556)に「白猪屯倉」、「児島屯倉」が設置されたと記録されている。八幡大塚2号墳は、児島屯倉の設置との関連で注目できる。

4) 吉井川下流域·牛窓湾沿岸

この地域の動向と瀬戸内海ルートとの関わりについては、亀田修一が詳細に検討している(亀田2007·2008など)。また、5、6世紀に臨海性の高い前方後円墳が多く築かれ、海との密接な関わりも指摘されている(宇垣2015)。

牛文茶臼山古墳の帯金具 特に注目できるのは、牛文茶臼山古墳(図4－26)から出土した金銅製の獣面(獅噛)文帯金具である(図16－1)。類例の1つに公州水村里4号石室墳出土資料(図16－3)がある。この古墳は、吉井川下流域の東岸に位置しており、吉井川をつたうなどして比較的容易に瀬戸内海へ出ることができる。また、近隣にはほぼ同じ頃かやや先行して、熊本県宇土市付近から搬入された阿蘇溶結凝灰岩製の石棺を竪穴式石室に収めた築山古墳が位置する(石棺文化研究会2007)。

5) 讃岐地域

瀬戸内海をはさんで吉備地域の対岸にあたる讃岐地域でも、朝鮮半島系資料は比較的豊富である。特に、高松平野東部に尾崎西遺跡(図4－27)が注目される。居住域で確認された流路跡などから多くの朝鮮半島系土器が出土した。特に軟質土器の器種には平底浅鉢や鉢、甑、壺、長胴甕などが含まれ、その特徴から半島中西部から西南部との関わりを考えられる。この遺跡は、瀬戸内海から内陸へ向かう際の河川や陸路の結節点に位置する。

朝鮮半島系古墳の存在 また古墳資料としては、近年調査された相作馬塚古墳が注目される(図4－37)。5世紀後半の築造で、短壁側に副室を備えた竪穴式石室を埋葬施設としており、洛東江以東地域に系譜を求め得る(図14－左)。「古高松湾」に注ぐ本津川の河口付近の高台に立地する。

さらに、木槨という日本列島には定着しなかった埋葬施設を採用する原間6号墳も重要である。この古墳は讃岐地域の東部、湊川上流域の丘陵尾根上に位置する。5世紀前葉の築造で、東萊福泉洞10·11号墳に類例のある初期の三累環頭大刀が副葬されていた。また、近隣の原間遺跡では5世紀後半頃の竪穴住居(Ⅱ区SH207)から、甑(外面ハケ目調整の折衷型土器)が出土しており、当地への定着をはかる洛東江下流域から渡ってきた渡来人集団の存在がうかがえる。

島嶼部の古墳 備讃瀬戸は多島海であり、島嶼部に古墳が築かれる。女木島もそのひとつであり、丘陵の尾根筋に丸山古墳(図4−22)が位置している。短径14.5m、長径16m程の円墳と考えられ、埋葬施設は箱式石棺である。5世紀前半〜中頃の造営と考えられる。副葬品としては曲刃鎌、大刀が確認され、垂飾付耳飾が被葬者に着装された状態で出土した(図14−右)。この垂飾付耳飾は、典型的な漢城百済の垂飾付耳飾であり、それを着装した被葬者については、百済からの渡来人、もしくは彼らと密接な関わりを有した在地の有力層と想定できる。

女木島からは瀬戸内海は無論のこと、当時の有力な地域社会であった讃岐地域や吉備地域の沿岸部を広く眺望できるので、航海途中に寄港地として利用されていた可能性がある。

(4) 播磨灘沿岸地域

播磨灘沿岸地域における古代の港津については『播磨国風土記』や『万葉集』などの史料に詳細な記載があり、それに基づいて海上交通の実態について研究が行われている(松原2004など)。また、朝鮮半島系資料も豊富で、それに関する多くの研究成果がある(第5回播磨考古学研究集会実行委員会2003、亀田2004、中久保2010など)。播磨地域では西から東に見て、千種川、揖保川、市川、加古川、明石川の河川などが瀬戸内海へ流れており、それぞれの河口に古代の港津の存在が想定されている。そして、それぞれの流域に朝鮮半島系資料が分布する。

千種川流域 有年原·田中遺跡(図4−28)で5世紀前半頃の平底多孔甑が出土している。また、竹万宮の前遺跡(図4−29)では竪穴住居

SH01(6世紀)で煙突の可能性が高い円筒形土器と平底鉢が出土した(図17−1)。円筒形土器については半島中西部から西南部との関わりがすでに指摘されている(坂2007)。

揖保川流域 古代の揖保郡に比定される地域に、朝鮮半島系資料がまとまって確認されている。その中で、尾崎、竹万、長尾·小畑遺跡群(小畑十郎殿谷、長尾谷)などの集落遺跡ではいずれも平底多孔甑が出土し、その時期もおおむね5世紀前半頃である。平底多孔甑に加えて、尾崎遺跡では平底浅鉢、平底鉢、甕などの軟質土器が出土し、竹万遺跡(図4−30)でも長胴甕、平底鉢(?)などが出土している。竹万遺跡では鞴羽口、鉄滓、砥石、鋳造鉄斧など鍛冶関係の遺物も出土し、渡来人と鉄器生産の関わりが考えられる(図17−5〜9)。

市川流域 下流域の集落遺跡として注目できるのは、市之郷遺跡(図4−31)である。5世紀前半に営まれた複数の竪穴住居から軟質土器が出土している。特に住居出土の軟質土器が複数の器種(長胴甕、平底浅鉢、平底鉢、甑、鍋など)によって構成されている点や、いずれもカマドを備えつけている点などが特徴的である。例えば、竪穴住居SH18(兵庫県第1次調査区)では、東辺のほぼ中央にカマドが備え付けられ、その内部や周辺から平底多孔甑、鍋、平底鉢などが出土している(図19)。また、兵庫県第5次調査区では、5世紀前葉から後葉にかけての竪穴住居が11棟確認されたが、その中に半島系軟質土器を出土した住居が4棟含まれていた。

古墳関係資料としては、宮山古墳(図4−32)が注目できる。その埋葬施設は釜山·金海地域に系譜を求められる竪穴式石室であり、垂飾付耳飾や馬具(鑣轡、鐙)など、朝鮮半島系の副葬品も豊富に納めている。

加古川流域 まず、加古川とその支流を含めた水系の中流域に、点数は少ないながらも、軟質系の土器が出土する集落遺跡が多い状況に注目できる。列挙すると、加西市朝垣遺跡(把手付平底鉢)、古谷遺跡(平底二孔甑)、土井ノ内遺跡(平底甑)、小野市窪木遺跡(平底多孔甑)、加東郡家原堂ノ元遺跡(平底甑)、三木市大二遺跡(壺)などがある。また、加古川支流の淡河川流域の淡河中村遺跡では、初期のカマド付竪穴住居が確認され、住居内から平底鉢と丸底多孔甑が出土している。

また、下流域において軟質系の土器が出土する集落遺跡としては加古川市砂部遺跡や溝之口遺跡がある。溝之口遺跡の竪穴住居SH301Bでは土師器とともに平底鉢や長胴甕が出土した、また小型の椀形滓が出土し、渡来人と鉄器生産との関わりが考えられる。古墳出土の副葬品としては、東岸域の行者塚古墳(図4−33)から出土した晋式帯金具が特筆される。金海大成洞70·88号墳の事例、共伴した馬具(鑣轡、鏡板轡 図18−1〜3)や鋳造鉄斧の系譜が洛東江下流域に求められることを考慮すれば、金官加耶と倭の交渉の中でもたらされた可能性が高い。

また、西岸域の池尻2号墳(図4−34)出土の馬具(鑣轡、鐙)は市川下流域の宮山古墳第2主体部出土資料と同型式であり、半島中西部に類例がある(諫早2012 図18−4)。

明石川流域 下流域には、玉津田中遺跡などのように半島系の軟質土器やカマド付住居が確認される集落遺跡が展開している。また、4世紀代から朝鮮半島との関わりを有していたことが指摘されている(亀田2004)。ここでは、出合遺跡(図4−35)と上脇遺跡(図4−36)について紹介したい。特に注目できるのは、出合遺跡の須恵器窯跡である(図20ー左)。窯の構造や出土した土器の特徴から、4世紀後半頃に朝鮮半島西南部[5)]からの渡来人が主体となって操業したものと考えられている。その後の倭における須恵器生産の直接の母体とはならなかったようであるが、土器生産の技術を有する半島西南部の人びとが渡ってきて、たとえ短期間ではあっても実際に窯を構築し、土器を生産したことは確かである。また、この遺跡では5世紀頃の軟質土器や陶質土器も出土している。さらに近隣に立地する出合古墳群の12号墳では、成形時にタタキ技法が用いられた埴輪が出土しており(図20ー右)、「韓式系軟質土器の技術的影響の産物」(廣瀬2017 73頁)と評価されている。そして、上脇遺跡(図4ー36)では、5世紀前半頃の竪穴住居から平底二孔甑が出土した。他にも溝から煙突の可能性がある円筒形土器(図17ー2〜4)や平底鉢、瓦質焼成の壺、有溝把手、陶質土器片など多様な資料が出土している。

(5) 瀬戸内ルートの特質

古墳時代の瀬戸内海ルート沿いに展開する、朝鮮半島との関わりがうかがえる遺跡や古墳の様相(おおむね5世紀)は、次のように整理できる。

① 北部九州地域や吉備、播磨地域に集中する一方で、瀬戸内海沿岸の各地にも分散する。特に松山平野や讃岐平野など、四国側にも事例がまとまっている点に注目できる。

② 朝鮮半島諸地域との交流がうかがえる遺跡や古墳は、河川の流

5) 本稿では錦江流域から栄山江流域にかけての地域を「朝鮮半島西南部」とする。

域や河口、入り江沿岸などに分布する。

③ 渡来人との関わりがうかがえる集落遺跡と朝鮮半島系の副葬品を有する古墳が、近接している地域が多い。

④ 詳細が明らかな遣新羅使(736年)の航路や、次山淳が提示した弥生時代終末期から古墳時代初頭の瀬戸内海ルートと比較すると、高い相関性がうかがえる。

以上の諸点を考え合わせれば、今回提示した地域には、港津が存在した可能性は高く、それをたどる「地乗り方式」の航法によって、日朝交渉が積み重ねられていたと考えられる。③のような状況が確認できる地域、特に北部九州、吉備、播磨などは、日本列島の地域社会が先進的な物資、技術、情報を受容するための「相互交渉の場」となっていたと考えられる。

3. 3-4世紀の日朝関係史からみた鳳凰洞遺跡の性格(予察)

北部九州—釜山·金海ルート 前節でも述べたように、北部九州地域においては3世紀後半頃に西新町遺跡という国際的な港津が整備される。西新町遺跡に搬入された朝鮮半島土器の系譜は、朝鮮半島中西部から西南部にかけてのものと、東南部のものに大別でき、遺跡全体では前者が多い。そして、カマドや炊事用の半島系土器、そして模倣土器の存在は、西新町遺跡に朝鮮半島の各地から人びとが渡来し、在地の人びとともに居住していたことを示している。西新町遺跡から出土した大型の板状鉄斧、ミニチュアの鉄器、鉛板、ガラス小玉の鋳型などからみて、渡来人たちは当時の先進的技術をたずさえていたと考えられる。そして、近畿、山陰、瀬戸内系という西日本各地の土器が集中することからみて、先進文物や技術を求める列島各地の人々もまた当地に多く集まっていたと考えられる。

このように西新町遺跡は、すでに多くの指摘があるように、まさしく日朝両地域の人びとが交渉を重ねる国際的な港津であったと評価できる。その背景に北部九州と釜山·金海地域をつなぐ基幹的な交渉ルートの整備が想定できる(久住2007など)。前節で紹介した瀬戸内海ルートの状況を鑑みれば、例えば吉備地域(上東遺跡など)や畿内地域の人びとも交渉に参加していた可能性が高い。

日本海(東海)ルートと出雲地域 そして日本海ルートを用いて、活発な対外交渉を積み重ねていた地域が、出雲地域である。特に西部の出雲平野一帯が3、4世紀には交渉の中心であり、山持遺跡(弥生中期後半以来の集落)や古志本郷遺跡(3世紀後半頃には大規模化する集落)やなどが拠点集落と考えられる。その立地は、かつて出雲平野に広がっていた天然の良港となる潟湖に面しており、港を備えていた可能性が高い。

出雲平野の諸遺跡からは北部九州や西部瀬戸内系の土器、そして朝鮮半島系土器が出土する。朝鮮半島系土器の系譜についてみると、山持遺跡で出土した二孔を穿つ把手を有する壺(図21—5)は、2つの二孔把手と1つの円環把手を備えた三耳付壺の可能性が高く、壱岐島原の辻遺跡や金海良洞里280号墓などに類例がある。また、古志本郷遺跡出土の瓦質短頸壺(図21—3)も、釜山·金海地域に系譜を求められそうである。

その一方で、山持や古志本郷、そして出雲東部の南講竹草田遺跡やタテチョウ遺跡などでは、上下方向に円孔に穿つ平面方形の把手を有する両耳付壺の破片が出土している(図21—2·4·6·7)。このような器種は、釜山·金海地域にも一部認められるが、分布の中心はむしろ朝鮮半島西南部であろう(福泉博物館2015)。また、古志本郷では、同部の上半と下半で異なるタタキを施す短頸壷の破片が確認されている(図21−1)。これも、朝鮮半島西南部に系譜を求めることが可能である。このよう想定が妥当とすれば、出雲地域の朝鮮半島系土器は、洛東江下流域を中心とした朝鮮半島東南部のものとともに、少数ながら西南部系の土器も含まれるようである。そして、朝鮮半島東南部において山陰地域系統の土器が出土する状況を勘案すれば、3世紀後半以降に、山陰—北部九州—釜山·金海地域という基幹的な交渉ルートが整備され、出雲地域の人びとも北部九州や釜山·金海地域との交渉を積み重ねていたと判断される。

結節点としての洛東江下流域 ここで問題となるのは、朝鮮半島西南部からの渡来人が、どのようなルートで北部九州や出雲地域に渡ってきたのか、という点である。その際に注目できるルートのひとつが、朝鮮半島西南部から西·南海岸をつたって洛東江下流域に至り、そこから対馬(大韓·朝鮮)海峡を渡るというルートである。[6)]

周知のように、古金海湾一帯では、金海官洞里·新文里遺跡、そして金海鳳凰洞遺跡などをはじめとして、港津の存在が想定される遺跡が分布し、北部九州地域や山陰地域系統の土師器系土器が出土している。また、古金海湾の周辺に目をむければ、西方の鎮海地域にも龍院遺跡や石洞遺跡のように、4世紀には海を望む集落が営まれ、土師器系土器も出土している。さらにその西には、馬山湾をもつ昌

6) むろん、洛東江下流域を経由せずに朝鮮半島西南部から北部九州地域へ至るルートも存在したと考えるが、土師器系土器の分布の中心が洛東江下流域である状況は重要である。

原地域が広がり、土師器系土器が出土した城山貝塚などが確認される。一方で古金海湾の東方、洛東江をはさんで対岸の東萊地域(瀆盧国)には、港津の存在が想定される東萊貝塚が位置している。

このように、遅くとも4世紀には洛東江下流域やその周辺において、港津の存在を想定できる遺跡が展開しており、特に古金海湾一帯は、湾全体がひとつの関門地として機能していたようである。したがって、洛東江下流域における港津の展開は、北部九州地域や出雲地域における大規模な港津の形成や展開と連動している可能性が高い。

東萊貝塚の性格を検討した洪潽植は、土師器系土器の存在からその付近に倭人集団が定住し、彼(彼女)らが船着場の近くに居住しながら、日本列島との交易と交渉に関与したとみている(洪潽植2004)。そして、東萊貝塚とその周辺について港津としての性格を想定し、鍛冶炉が確認されていることとあわせて、鉄素材と鉄器を購入·保管して、それを倭人の船舶に引渡す役割を担った可能性を指摘している。そして、朝鮮半島西南部をはじめとする他地域の土器が出土する状況から、在地集団が半島のさまざまな地域とも交渉を行ったと判断した(洪潽植2004)。

同様に、官洞里の港湾施設との関連が深い新文里遺跡でも、東萊貝塚と並行する時期の北部九州地域や山陰地域系統の土師器系土器とともに、朝鮮半島西南部系の土器も確認されている。鳳凰洞遺跡(會峴里貝塚)においても土師器系土器とともに、西南部系の土器が確認されている(洪潽植2014b、趙晟元2017)。[7)]

このように洛東江下流域には朝鮮半島南西部系統の土器が少な

7) 洪潽植は相対的に錦江水系と洛東江下流域の交流が、3世紀後半から4世紀前半にかけて活発化すると推定している(洪潽植2014b)。

からず分布していること(洪潽植2008·2013、福泉博物館2015など 図22)、そして土師器系土器の分布の中心が洛東江下流域にあること(井上2014など)などを考慮すれば、朝鮮半島西南部地域から西日本地域にいたる、広範で錯綜した地域間交渉において、洛東江下流域が最も重要な結節点の役割を果たしていたと考えられる。この点が金官国(金官加耶)の政治経済的な特質のひとつである(洪潽植2014a)。[8)]

鳳凰洞遺跡の位相 そして踏み込めば、関門地としての古金海湾一帯における最も中心的な港津が、おそらく鳳凰洞遺跡であったと考えられる。先学の研究を参考に、筆者なりにその理由を列挙すると次のようになる。

① 鳳凰洞遺跡は古金海湾沿岸の最奥の中央部という良好な立地にある。これまで確認された掘立柱建物(倉庫?)、木柵、準構造船の部材などから、港津の存在を想定し得る。

② 鳳凰台遺跡(土城)を取り巻くように複合遺跡(竪穴住居、掘立柱建物、木柵、窯、鍛冶関連の遺構など)が形成·展開し、かつ遺跡の存続期間が長期にわたる。

③ 金海大成洞古墳群との密接な関連がうかがえ、古墳群を造営した集団の拠点的な集落や港津であった可能性が高い。

④ 広範な鳳凰洞遺跡の各地点において土師器系土器が多く出土する。その移入·模倣の時期も—詳細な検討が必要であるが—おおむね4世紀代を通した時期と考えられる。その系譜からみて、北部九州や山陰地域からの倭系渡来人やその子孫が、現地の人びとと雑

8) この点において、李賢恵が早くに狗邪国を「gateway community」(李賢恵1988)と把握していることは高く評価すべきである。

居するような状況がうかがえる。鳳凰洞遺跡は継続的に発掘調査が行われ、遺跡の性格の一端をうかがい知ることのできる成果が蓄積されつつある。筆者はその成果を十分に咀嚼しておらず、①〜④は改めて指摘するまでもないことなのかもしれない。それでも、鳳凰洞遺跡が遅くとも4世紀以降、古金海湾やその周辺の港津の中で、中心的な位置にあったと推測しえる重要な事象であることは確かであろう。

おわりに

本発表では、古墳時代における瀬戸内海ルート沿いに分布する朝鮮半島系資料について紹介しつつ、その特質について検討した。また、3世紀後半から4世紀前半頃に焦点を定めて、北部九州地域や山陰地域、そして洛東江下流地域において、国際的な港津が連動して形成·展開していく状況を具体化した。その中で、金海鳳凰洞遺跡の中心性について言及した。

雑駁な論を展開しているが、当時の朝鮮半島南部諸地域と西日本地域に至る「環海地域」における、多様で錯綜した地域間交渉の実態が少しでも浮き彫りになれば、と考える。

主要参考文献(発掘調査報告書の多くについては割愛させていただいた。ご容赦願いたい。)

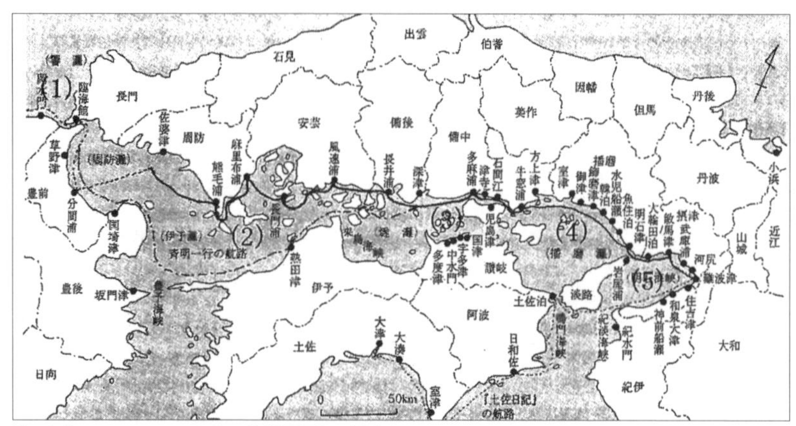

註：実線のルートは天平八年の遣新羅便行の航路である。

図1. 古代瀬戸内海の港と航路 (松源2004)

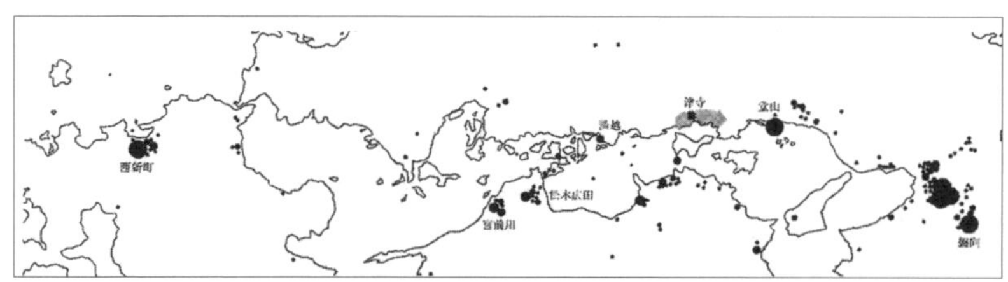

図2. 瀬戸内海ルートと吉備形甕の分布 (次山2007)

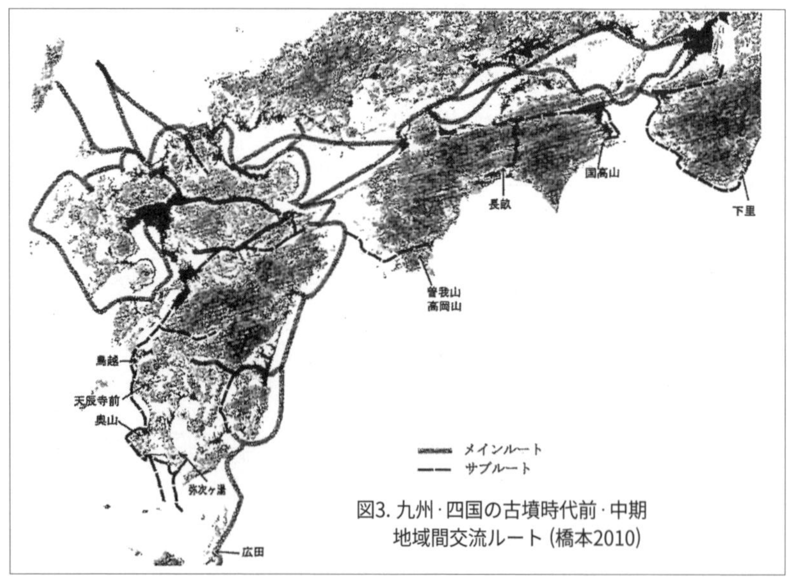

図3. 九州·四国の古墳時代前·中期
地域間交流ルート (橋本2010)

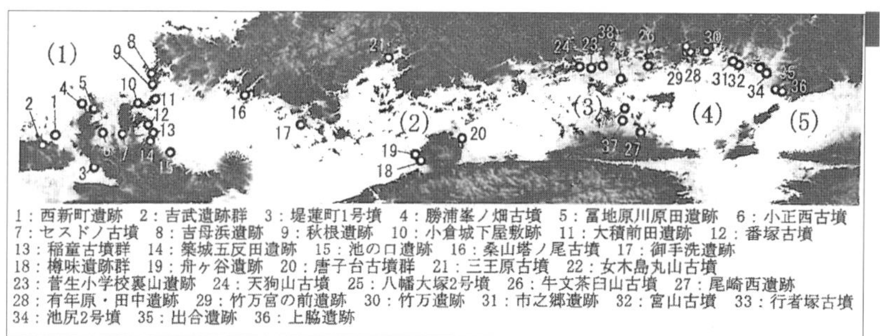

図4. 瀬戸内海ルートと朝鮮半島系資料が確認された遺跡

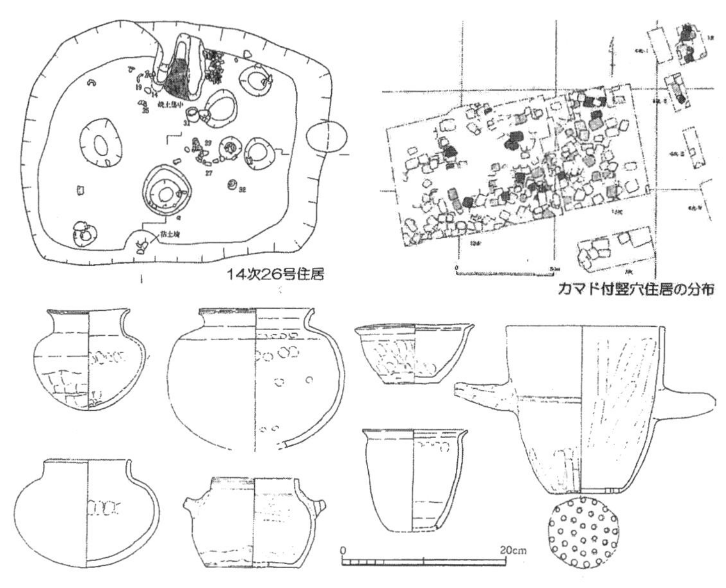

図5. 西新町遺跡のカマド付竪穴住居と朝鮮半島系土器

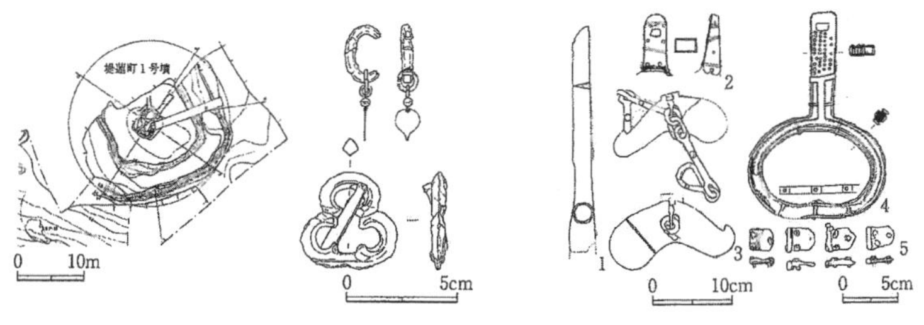

図6. 堤蓮町1号墳

図7. 小正西古墳1号石室出土遺物

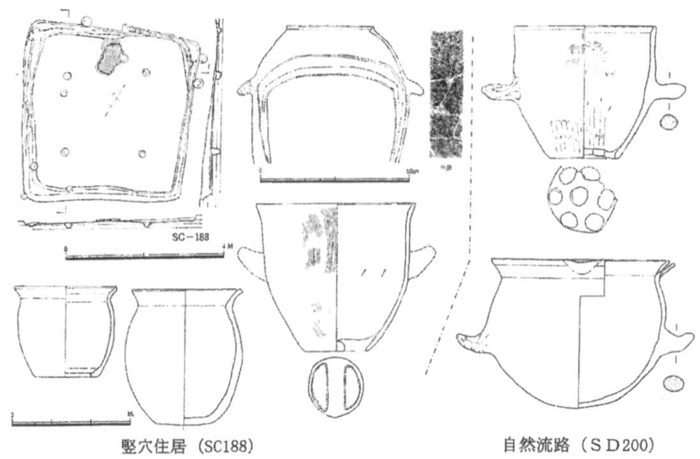

図8. 生家釘ヶ裏遺跡出土の朝鮮半島系資料

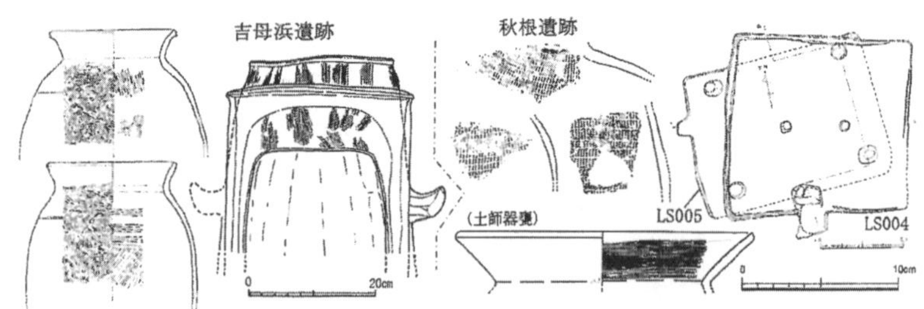

図9. 関門海峡沿岸地域（山口県側）の朝鮮半島系資料

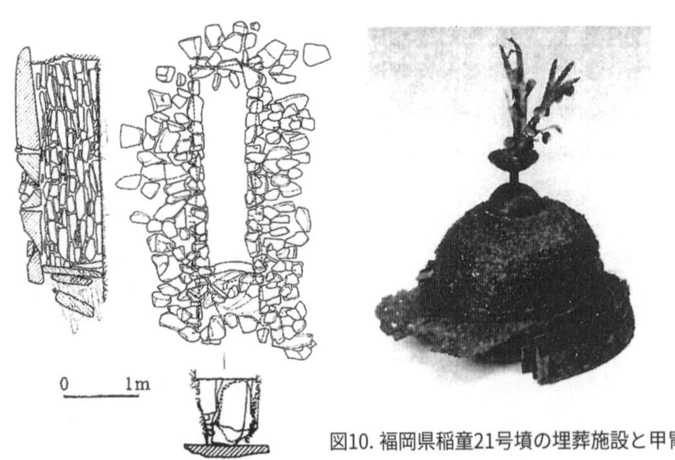

図10. 福岡県稲童21号墳の埋葬施設と甲冑

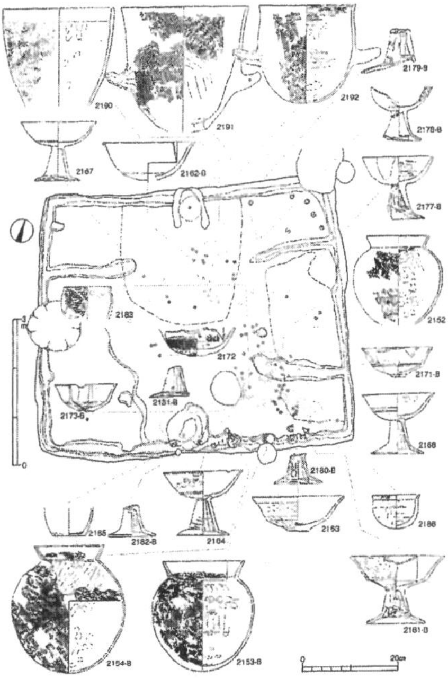

図11. 樽味四反地遺跡（9次）の竪穴住居SB102

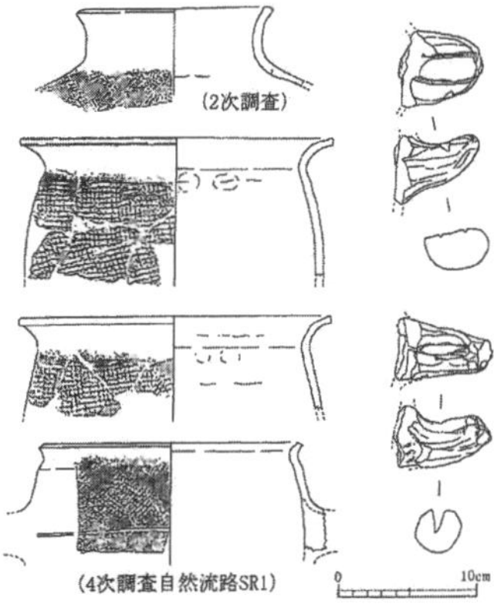

図12. 舟ヶ谷遺跡出土朝鮮半島系資料

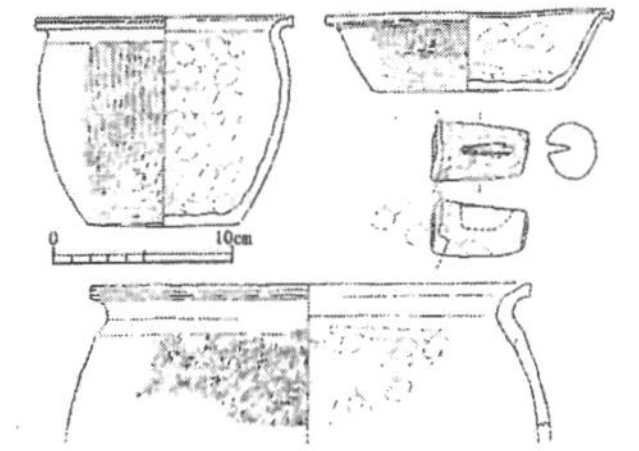

図13. 尾崎西遺跡出土朝鮮半島系資料

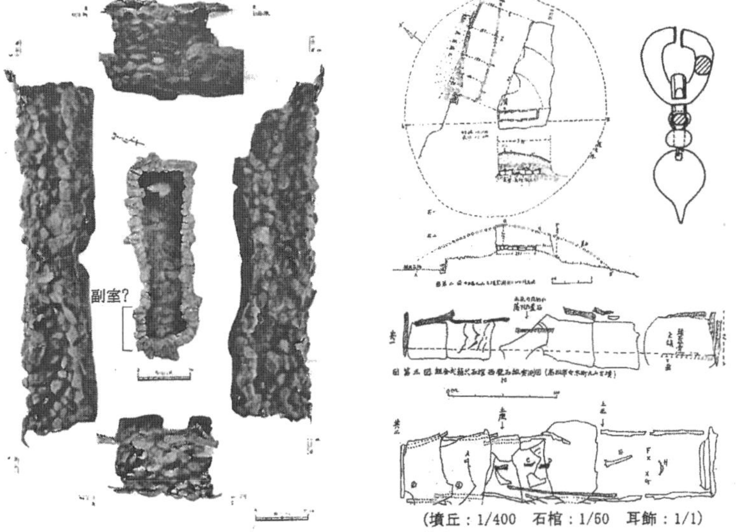

図14. 讃岐地域の朝鮮半島系古墳（左：相作馬塚古墳　右：女木島丸山古墳）

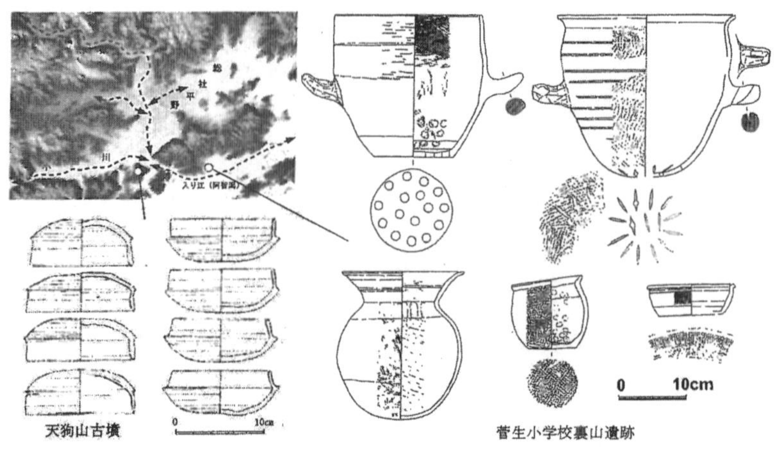

図15. 高梁川河口付近の朝鮮半島系資料

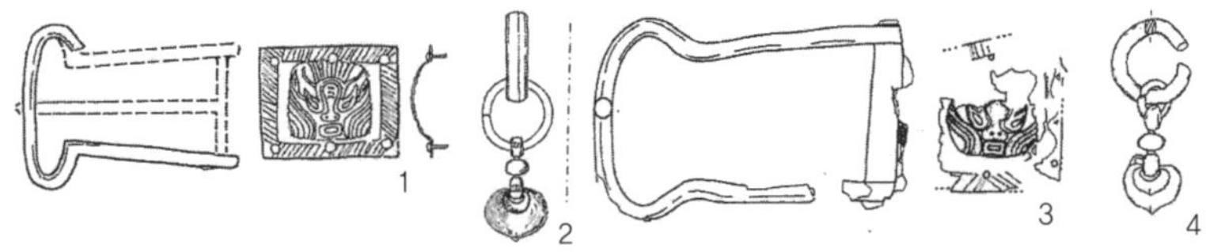

1：牛文茶臼山古墳　2：八幡大塚2号墳　3：公州水村里4号石室墳　4：扶余官北里

図16. 牛文茶臼山古墳と八幡大塚2号墳の装身具と類例

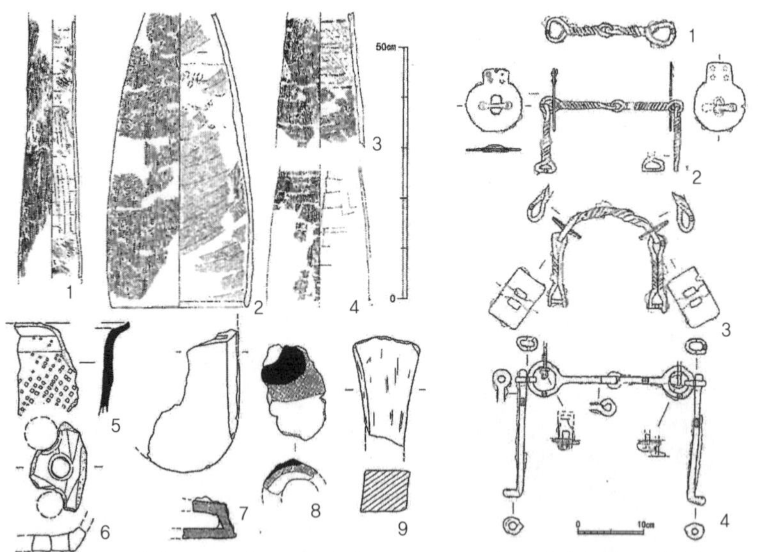

図17. 播磨灘沿岸地域 (円筒型土製器 鉄器生産)　図18. 播磨灘沿岸地域 (初期馬具)

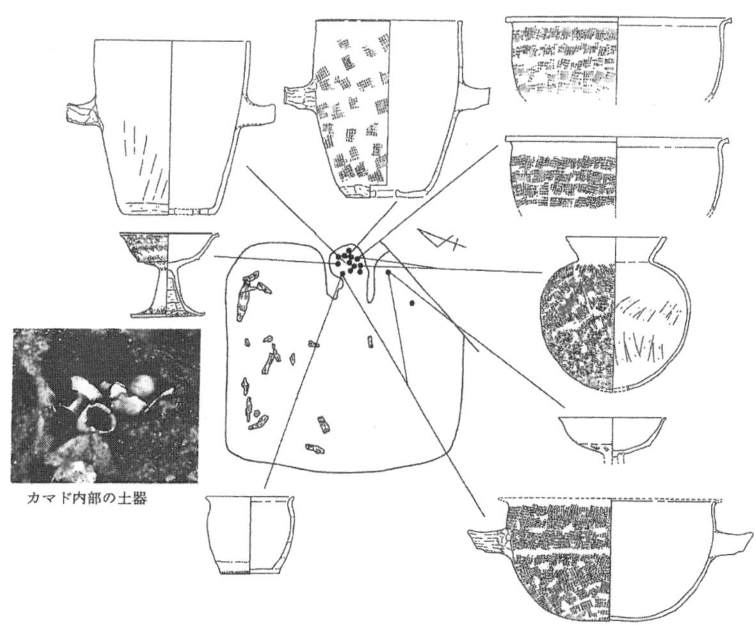

図19. 播磨灘沿岸地域（市之郷遺跡 竪穴住居SH18）

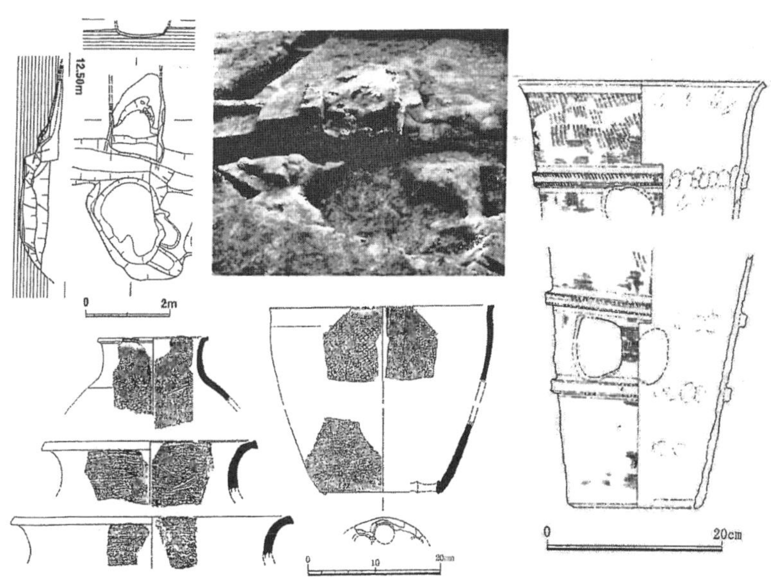

図20. 播磨灘沿岸地域（出合遺跡の窯跡と出合12号墳の埴輪）

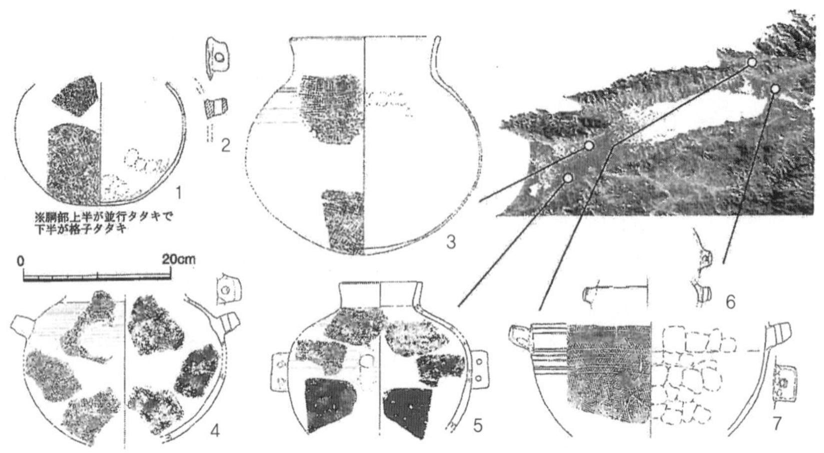

図21. 出雲地域出土の朝鮮半島系土器 (朝鮮半島西南部系?の資料が中心)
(1~3 : 古志本郷 4 · 5 : 山持 6: タテチョウ 7: 南講武草田

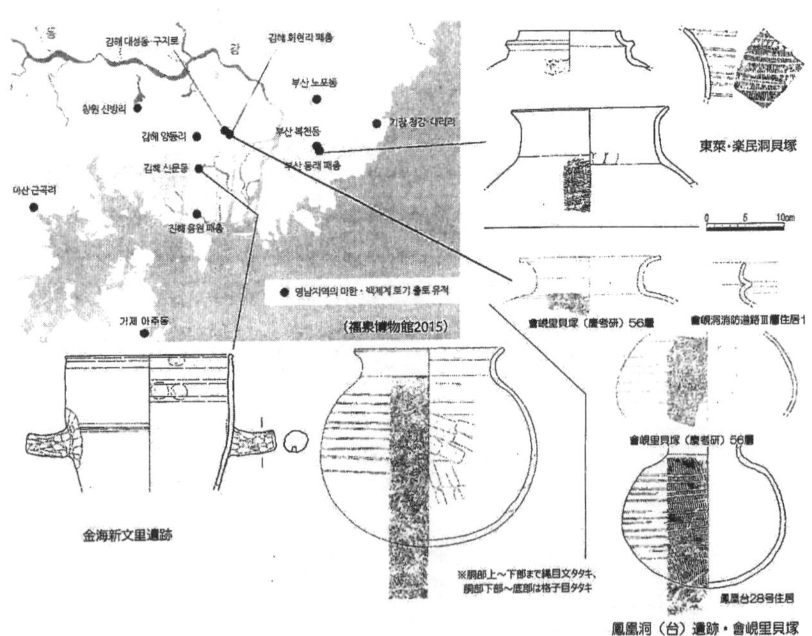

図22. 洛東江下流域出土の朝鮮半島西南部系土器

日本語文献

伊藤 実, 2012,「古代ひろしまの渡来系遺物」『古代の東アジアとひろしま―白村江の戦いと寺町廃寺』(財)広島県教育事業団.

宇垣匡雅, 2015,「列島の海浜型前方後円墳 瀬戸内海沿岸」かながわ考古学財団編『海浜型前方後円墳の時代』同成社.

梅木謙一, 2012,「四国概観」『日韓集落の研究―弥生·古墳時代および無文土器～三国時代―』日韓集落研究会.

大橋信弥·花田勝広編, 2005,『ヤマト王権と渡来人』サンライズ出版.

岡山県立博物館, 2006,『吉備の渡来文化―渡り来た人びとと文化―』.

鹿島町教育委員会, 1992,『講武地区県営圃場整備事業に伴う発掘調査報告書5－南講武草田遺跡』亀田修一2001「出雲·石見·隠岐の朝鮮系土器―古墳時代資料を中心に―」『斐伊川放水路建設予定地内埋蔵文化財発掘調査報告書XII―蟹沢遺跡·上沢III遺跡·古志本郷遺跡III―』島根県教育委員会ほか.

亀田修, 一2004,「播磨北東部の渡来人―多可郡を中心に―」『考古論集 河瀬正利先生退官記念論文集』.

亀田修一, 2008,「ものが語る朝鮮半島との交流」『山口県史 通史編 原始·古代』山口県.

亀田修一,「考古学から見た渡来人」(『古文化談叢』三〇(中)、一九九三)

亀田修一, 2009,「播磨出合窯跡の検討」『岡山理科大学埋蔵文化財研究論集』岡山理科大学埋蔵文化財研究会.

亀田修一, 2010,「遺跡·遺物にみる倭と東アジア」荒野泰典ほか編『日本の対外関係一 東アジア世界の成立』吉川弘文館.

亀田修一, 1997,「考古学から見た吉備の渡来人」『朝鮮社会の史的展開と東アジア』山川出版社.

亀田修一, 2013, 「古代宗像の渡来人」『「宗像·沖ノ島と関連遺跡群」研究報告』III「宗像·沖ノ島と関連遺跡群」世界遺産推進会議.

九州前方後円墳研究会, 2005, 『第8回九州前方後円墳研究会資料集 九州における渡来人の受容と展開』.

九州前方後円墳研究会, 2012, 『第15回 九州前方後円墳研究会資料集 沖ノ島祭祀と九州諸勢力の対外交渉』.

久住猛雄, 2007, 「『博多湾貿易』の成立と解体」『考古学研究』53−4.

久住猛雄, 2014, 「「博多湾貿易」の成立と解体·再論―土器からみた倭と韓半島の交易網の変遷―」『금관가야의 국제교류와 외래계 유물』제20회 가야국제학술회의 인제대학교 가야문화연구소.

桑原邦彦, 1988, 「山口県防府市桑山塔ノ尾古墳―その史·資料構成と再検討―」『古文化談叢』20(上) 九州古文化研究会.

重藤輝行, 1999, 「北部九州における横穴式石室の展開」『九州における横穴式石室の導入と展開』九州前方後円墳研究会.

重藤輝行, 2010, 「九州に形成された馬韓·百済人の集落―福岡県西新町遺跡を中心として―」中央文化財研究院編『馬韓·百済人たちの日本列島への移住と交流』書景文化社.

重藤輝行, 2011, 『「宗像·沖ノ島と関連遺跡群」研究報告』I「宗像·沖ノ島と関連遺跡群」世界遺産推進会議.

島根県教育委員会, 2012, 『山持遺跡 Vol.8(6,7区)』.

島根県教育委員会ほか, 2001, 『斐伊川放水路建設予定地内埋蔵文化財発掘調査報告書XII―蟹沢遺跡·上沢III遺跡·古志本郷遺跡III―』.

島根県教育委員会ほか, 2003, 『古志本郷遺跡VI―K区の調査―』.

島根県教育委員会ほか, 1990, 『朝酌川河川敷改修工事に伴うタテチョウ遺跡発掘調査報告書III』.

石棺文化研究会, 2007,『大王の棺を運ぶ実験航海―研究編―』.
第5回播磨考古学研究集会実行委員会, 2003,『渡来系文物からみた古墳時代の播磨』.
高田貫太, 2014,『古墳時代の日朝関係―百済·新羅·大加耶と倭の交渉史―』.
高田貫太, 2016,「日本列島における百済関連の海上交通路と寄港地―瀬戸内海ルートと百済·栄山江流域―」『百済学報』16 百済学会.
田中清美, 2012,「近畿の渡来人集落」『日韓集落の研究―弥生·古墳時代および無文土器～三国時代―』日韓集落研究会.
次山 淳, 2007,「古墳時代初頭の瀬戸内海ルートをめぐる土器と交流」『考古学研究』54－3.
次山 淳, 2009,『3·4世紀を中心とする西日本出土朝鮮半島系土器資料集成』平成18～20年度科学研究費補助金成果報告書.
土屋隆史, 2013,「金銅製飾履の製作技法と展開」『古代文化』64－4 古代学協会.
寺井 誠, 2016,『日本列島における出現期の甑の故地に関する基礎的研究』平成25～27年度(独)日本学術振興会科学研究費補助金研究成果報告書.
中久保辰夫, 2010,「渡来文化受容の地域格差―古墳時代中期の播磨地域を中心に―」『待兼山考古学論叢』II 大阪大学考古学研究室.
橋本達也, 2010,「古墳時代交流の豊後水道·日向灘ルート」『弥生·古墳時代における太平洋ルートの文物交流と地域間関係の交流』高知大学人文社会科学系.
濱下武志, 1997,「歴史研究と地域研究―歴史にあらわれた地域空間」『地域史とは何か』山川出版社.
坂 靖, 2007,「筒形土製品からみた百済地域と日本列島」『考古学論究 小笠原好彦先生退任記念論集』真陽社.
福岡市教育委員会, 2009,『西新町遺跡IX』.
松原弘宜, 2004,『古代国家と瀬戸内海交通』吉川弘文館.

三吉秀充, 2003, 「伊予出土陶質土器に関する基礎的研究」『古文化談叢』49 九州古文化研究会.

三吉秀充, 2008, 「広島平野出土の初期須恵器·陶質土器に関する基礎的研究」愛媛大学法文学部考古学研究室編『地域·文化の考古学一下條信行先生退任記念論文集一』.

韓国語文献

국립대구박물관, 2001, 『大邱 오천년』.

복천박물관, 2015, 『가야와 마한·백제 1,500년 만의 만남』.

李賢惠, 1988, 「4세기 加耶 社會의 交易體系의 변천」『韓国古代史研究』1.

인제대학교 가야문화연구소, 2017, 『금관가야의 국제교류와 외래계 유물』제20회 가야국제학술회의.

조성원, 2017, 「4세기 금관가야의 대외관계 검토」『고고광장』21 부산고고학연구회.

洪潽植, 2014a, 「낙동강하구지역 가야문화」『가야문화권 실체 규명을 위한 학술연구』가야문화권 지역발전 시장·군수협의회.

洪潽植, 2014b, 「외래계 유물로 본 금관가야의 국제교류와 사회구조－삼한삼국시대 낙동강하구 집단의 대외교류－」『금관가야의 국제교류와 외래계 유물』제20회 가야국제학술회의 인제대학교 가야문화연구소.

고분시대 서일본지역의 항구 관련 유적과 봉황동유적 -세토나이카이(瀨戸内海)루트를 중심으로-

高田貫太*
번역 : 김 도 영**

目 次

머리말

김해 봉황동유적은 봉황대유적(봉황토성)을 중심으로 금관가야의 중심취락과 항만시설, 그리고 이와 관련된 여러 시설의 존재가 상정되는 복합유적으로 평가된다. 또 고김해만 연안의 중심이라는 지세적인 환경만이 아니

* 일본 국립역사민속박물관
** 일본 종합연구대학원 대학

라 여러 유적에서 확인되는 하지키 계통의 토기, 그리고 봉황동119-1번지 유적에서 확인되는 고선박의 부재部材 등 당시 금관가야와 왜의 교섭사를 구체적으로 추구하는 데도 매우 중요한 유적으로 평가할 수 있다.

고분시대, 삼국시대의 왜와 금관가야의 교섭 루트를 구체적으로 복원하기 위해서는 우선 한일 양 지역의 일상적(기층적)인 교섭 경로에 대한 연구 성과를 파악할 필요가 있다. 왜냐하면 당시의 한일관계가 설령 왕권간 교섭이라고 하더라도 특별한 경로가 사용된 것으로 보기는 어렵기 때문이다. 아마도 양 지역에서 일상적(기층적)으로 활용된 해상, 하천, 육상교통로를 그대로 이용하였으며 그것을 왕권과 지역사회가 정비하는 가운데 반복적으로 사용한 것으로 파악하는 편이 자연스러울 것이다.

이러한 이유 때문에 필자는 이전 한반도와 일본열도의 일대를 여러 지역사회가 광의의 대한(쓰시마)해협, 동(일본)해, 황해, 현해탄(겐카이나다), 그리고 세토나이카이瀬戸内海를 매개로 다각적으로 교섭한 「환해環海지역」(濱下 1997:35)으로 인식한 적이 있다(高田 2014a). 환해지역에서는 기층적인 교섭관계를 정치·경제적인 기초로 하는 지역사회가 형성되었다. 그리고 여러 지역사회에는 서로 다른 종족과 문화가 공존하며 거점성을 갖는 동시에 서로를 연결하는 네트워크가 형성된 것으로 상정된다. 이 네트워크가 한일 양 지역의 교섭을 가능하게 한 것으로 추측하고 있다.

발표자에게 주어진 과제는 고분시대 일본열도(서일본지역을 중심으로)의 항구 관련 유적의 소개와 검토 그리고 이를 통해 봉황동유적의 중요성을 부각시키는 것이다. 그러나 솔직히 말하면 현재로써는 봉황동유적과 관련을 상정할 수 있는 대규모 항구의 존재를 나타내는 직접적인 유구(선착장, 제방, 도로, 창고 등)가 세트로 확인된 유적의 사례는 거의 없다.[1)]

---

1) 야요이 후반기 이후의 사례로 이키시의 하루노츠지(原の辻)유적과 오카야마현 上東유적(도4-38)이 있다.

따라서 본 발표에서는 약간 관점을 바꾸어 부산·김해지역에서 일본열도의 제 지역으로 향하는 루트 가운데 세토나이카이 연안을 따라 이동하는 루트에 주목하여 루트의 결절점에 위치하면서도 한반도 여러 지역과 관련성을 엿볼 수 있는 유적과 지역을 부각시키는 것으로 소임을 다하고자 한다. 대상 시기는 굳이 넓게 4~6세기 전반 경으로 설정하지만 자료의 제약과 발표자의 역량이 부족한 관계로 5세기를 중심으로 하는 점에 대해서는 양해를 구하는 바이다.[2] 이것이 본 발표의 첫 번째 목적이다.

다음으로 3세기 후반~4세기 전반 경에 초점을 두고 부산·김해지역과 북부 큐슈지역에 국제적인 항만시설이 연동하듯이 형성되어 가는 상황을 추정하고 그러한 가운데 김해 봉황동유적이 중심적인 역할을 담당하였을 가능성에 대하여 예찰한다.[3] 본 발표의 두 번째 목적이다.

1. 세토나이카이瀨戸內海루트에 관한 몇 가지 연구

세토나이지역은 세토나이카이를 사이에 두고 동서로 뻗어있으며, 서쪽의 큐슈지역과 동쪽의 키나이畿內지역을 연결하는 지역에 해당한다. 세토나이카이는 일찍부터 해상교통의 장이었으며, 기간基幹적 교통로의 역할을 담당했다. 여기서는 세토나이카이 루트에 관한 대략적인 틀을 구체화하기 위해 문헌기록의 성과와 고고자료의 분포에 의한 몇 가지 연구 성과를 검토하고자 한다. 우선 전자에 대해 개관한다.

736년 견신라사와 661년「백제의 역役」 고분시대 이후, 나라시대 세토나이카이 루트의 실태에 대해서는 736(天平8)년에 파견된 견신라사 일행의 항

2) 필자는 예전 세토나이카이루트에서 확인되는 한반도계 자료의 분포상황에 대해 검토한 적이 있다(高田 2016). 제2절은 이를 기반으로 한 것임을 명기해둔다.

3) 3, 4세기대 서일본지역 출토 한반도계 토기를 집성한 작업으로는 次山(2009)의 연구가 있다. 제3절은 이 성과를 참고로 하였다.

행航行을 통해 알 수 있다. 이 일행이 항해 도중에 읊은 노래가 『만엽집万葉集』권15에 144수가 남아있어 읊은 장소와 정박지를 구체적으로 알 수 있다.

이 선편여행船旅을 상세하게 검토한 마쯔바라 히로노부松原弘宣에 의하면 정박지는 제1도와 같다(松原 2004). 天平8년 6월에 나니와즈難波津를 출발해 아카시우라(明石浦, 효고현 아카시강의 하구)→多麻浦(오카야마현 高梁川의 하구)→나가이우라(長井浦, 히로시마현 沼田川 하구)→風速浦(히로시마현 三津湾)→長門浦(히로시마현 倉橋島)→麻里布浦(야마구치현 今津川 하구)→熊毛浦(야마구치현 平生町)에 이른다. 그리고 다음 정박지인 佐婆浦(야마구치현 防府市)로 가려했으나 항해 도중 표류하게 된다. 결국 分間浦(오이타현 나카츠시)에 이르고 간몬関門해협을 건너 那津(하카타항구)로 이른다. 那津에는 7월 7일에 도착한 것으로 생각된다.

그리고 韓亭(후쿠오카시)—引津亭(糸島(이토시마)郡志摩町)—현해탄—이키·대마도로 항행한다. 대마도에는 가을 무렵에 도착한다. 신라로 건너 간 이후 동일한 코스로 귀로하였으며 737(天平9)년 정월27일에 헤이죠큐(平城京)로 도착했다.

또『일본서기』에는 661(斉明7)년「百濟의 役」때 斉明대왕과 그 일행이 나니와즈難波津를 출발해 大伯海(오카야마현邑久郡牛窓)를 거쳐 伊予의 熟田津(에히메현 마츠야마시(松山市))에 이른 뒤, 那津(하카타항구)에 도착한 것으로 기록되어 있다.

이상의 문헌의 기재는 어디까지나 7, 8세기의 실태를 나타내며, 모든 정박지의 위치가 고고학적으로 확인된 것도 아니다. 그러나 고분시대 세토나이카이 루트를 생각하는데 시사하는 점이 많다고 생각한다. 예를 들어 736년 견신라사는 100명 정도가 탈 수 있는 대형배를 운행한 것으로 생각되는데, 기본적으로는 육지에서 멀리 떨어지지 않고 만에 근접함으로써, 육지의 목표물(산이나 만)을 보면서 운행하는 항법(地乗り方式)이었던 것으로 여

겨진다(松原 2004). 따라서 고분시대에도 기본적으로 이와 유사한 항법이었을 가능성이 크다.

한편 고고자료의 분포를 분석하여 세토나이카이 루트를 복원한 최근의 대표적 연구로 츠기야마준次山淳의 연구 성과를 들 수 있다. 츠기야마는 야요이시대 종말기부터 고분시대 초두의 세토나이카이 루트를 「키비형옹」의 분포를 통해 복원했다(次山 2007, 도2). 「키비형옹」이란 키비지역(備前, 備中南部의 평야, 현재의 오카야마현)을 중심으로 제작된 특징적인 옹으로, 오카야마현 지역 이 외의 지역에서 출토된 대부분의 「키비형옹」은 이 지역에서 반입된 것으로 생각된다. 츠기야마는 키비형옹이 많이 출토된 곳을 서로 연결함으로써 博多湾沿岸—周防灘(山口県)—松山平野·今治平野(愛媛県)—備後東南部(広島県)—吉備(岡山県)—播磨—摂津沿岸(兵庫県)—大阪湾 이라는 基幹루트를 상정하였다.

하시모토타츠야橋本達也는 고분의 분포와 넓게 퍼진 다양한 부장품의 분포에 근거하여 고분시대 전·중기의 지역 간 교섭 루트를 상정했다(橋本 2010, 도3). 하시모토의 연구는 큐슈·시코쿠의 지역 간 교섭을 매우 세밀하게 분석한 점, 또 서일본에 대해 「세토우치를 중심으로 그것과 연결된 네트워크」(橋本 2010:104), 즉 지역 간 네트워크의 확산과 집약을 논하다는 점이 특징이다.

이상과 같은 연구 성과를 참고로 하면 고분시대의 키나이지역에서 세토나이카이를 지나 한반도에 이르는 루트는 다음과 같이 크게 5개 구역으로 나눌 수 있을 것 같다(도1·4).

(1)겐카이나다, 히비키나다(玄界灘, 響灘) ⇔ (2)세토나이카이 서부(瀬戸内海西部)(関門海峡—周防灘—伊予灘—安芸灘—燧灘) ⇔ (3)비산세토備讃瀬戸 ⇔ (4)하리마나다播磨灘 ⇔ (5)오사카만大阪湾

2. 세토나이카이루트와 한반도계 자료

다음으로 고고학적 검토를 통해 당시 한일교섭에 이용된 기항지의 존재를 상정할 수 있는 유적과 지역을 소개한다. ⑸오사카만大阪湾 연안지역에 대해서는 이미 많은 연구가 있기 때문에 본 발표에서는 ⑴~⑷의 연안지역을 검토한다. 특히 임해성이 좋고(혹은 지세적으로 쉽게 바다에 나갈 수 있거나), 한반도계의 고고자료가 출토된 취락과 고분의 분포에 주목하고자 한다(도4). 특히 주목할 수 있는 것은 장동옹, 평저발, 平底多孔시루(시루), 鍋 등 한반도계 연질토기가 출토된 취락유적이다. 한반도계 연질토기의 외면에는 평행문, 격자문이라는 타날문이 있기 때문에, 외면을 목리조정하여 완성하는 하지키와 구분이 가능하다. 다만, 5세기대 자료는 도래인이 재지에 정착하였을 가능성도 있기 때문에 목리조정이 베풀어진 자료에 대해서도 함께 검토한다.

⑴ 겐카이나다·히비키나다 연안 지역[4]

1) 하카타博多만 연안 – 이토시마糸島반도

고분시대 전기의 국제항 – 니시진마치西新町유적 ①에 대해서는 하카타만 연안지대에 위치하는 후쿠오카시 니시진마치유적을 주목할 필요가 있다. 니시진마치유적(도4-1)은 후쿠오카평야 하카타연안 사구에 위치하는, 임해성이 좋은 취락이다. 고분시대 전기가 되면 취락이 대규모화 하는 동시에 다양한 특징을 보이게 된다. 쿠스미타케오久住猛雄는 그 특징으로

4) 이 구역의 한반도 자료 양상에 대해서는 오랫 기간에 걸쳐 정력적으로 검토되고 있다. 이하의 기술은 기본적으로 이 연구 성과의 의한 것이다(큐슈전방후원분연구회 2005, 久住 2007, 重藤 2011, 亀田 2013).

①한반도계 주방시설인 부뚜막의 도입과 보급 ②대량의 한반도계 토기의 반입 ③일본열도 각지로부터 외래계토기의 집중을 들었다(도5). 그리고 니시진마치유적이 대외 교역의 일대거점=무역항으로써 변모를 이룬 것으로 평가하였다(久住 2007).

니시진마치유적은 4세기 전반 이후에 급속도로 쇠퇴한다. 시게후지 테레유키重藤輝行는 4세기 후반부터 5세기 전반 북부큐슈지역의 교역거점의 하나로 조족문토기와 그것이 재지화된 토기가 출토되는 이토시마시糸島市 미쿠모三雲·이와라井原유적군을 후보로 들었다. 또 후쿠오카현 신구마찌新宮町 유우스·미시로夜臼·三代유적군과 후쿠오카시 토우노바루唐原유적군의 취락에서 출토된 격자문타날의 연질토기군에도 주목한다(重藤 2011).

5세기 중엽 이후에는 사와라早良평야 서남부의 요시다吉武유적군(도4-2)에 한반도계 자료가 집중되고 취락에서는 한반도 중서부~서남부에서 계보를 구할 수 있는 토기가 다수 출토된다. 시게후지는「5세기 중엽~6세기 후반에 걸쳐 한반도의 여러 지역으로부터 도래인이 거주함과 동시에 교역의 거점으로 기능하였다」(重藤 2010:139)고 추측한다.

이상에서 소개한 여러 유적이 쉽게 겐카이나다(현해탄)으로 나갈 수 있는 위치에 존재하는 것을 고려하면 이시마糸島반도와 니시진마치유적보다 동쪽의 현해탄연안에도「기항지」가 다수 존재했을 가능성은 크다.

하카타연안에서 내륙으로 들어간 아사쿠라朝倉지역에 위치하는 츠츠미하스마치堤蓮町1호분에 대해 언급한다. 이 고분은 직경 18~20m 정도의 원분으로 매장시설은 횡혈계횡구식석실의 가능성이 크다. 주목되는 것은 일본에서 보기 드문 한성백제계의 수식부이식과 동래 복천동10, 11호분에 유례가 있는 삼루환두가 공반된 점이다(도6). 하시모토타츠야가 제시한 교섭루트(도3)를 고려하면 아리아케카이有明海에서 筑後川을 역상해 浮羽—日田—豊前周防灘·豊後(別府湾)와 같이 큐슈의 동서를 잇는 교통로와 博多

湾—朝倉—浮羽에 이르는 교통로의 결절점에 가깝게 위치한 점에 주목할 수 있다.

2) 무나카타宗像지역

하카타만연안의 동쪽에 무나카타지역이 있다. 무나카타 중에서도 현재 후쿠쓰福津시 아라지在自에서 가쓰우라勝浦에 걸쳐 형성된 세키코潟湖 주변에 5, 6세기 츠야자키津屋崎고분군과 몇 개의 취락유적(在自遺跡群、生家釘ケ浦遺跡、奴山伏原遺跡)이 전개된다. 츠야자키고분군에서는 최초기의 전방후원분인 카츠우라미네노하타勝浦峯ノ畑고분(도4-4)에서 출토된 장신구가 주목된다. 대부분 파편이지만 금동제 용문투조관은 그 계보를 한성백제에 구할 수 있을 가능성이 크다. 또 장병의 목심철판피윤등初葬과 목심철판피호등(추가장)도 크게는 백제·대가야계로 파악할 수 있는 자료이다.

또 츠야자키고분군 협간에 위치하는 취락유적에서는 다양한 한반도계 토기가 출토되었으며 온돌시설을 갖춘 주거지(在自下ノ原遺跡SC55住居, 奴山伏原遺跡SC112주거 등)도 확인된다. 한반도계 토기는 조족문토기를 비롯해 한반도 중서부 및 서남부에 계보를 구할 수 있는 것이 많다. 이 점은 生家釘ケ浦유적도 동일한데, 6세기 전반경 외면에 타날을 베푼 이동식 부뚜막과 연질토기(평저발, 平底多孔시루)가 출토되었다(도8). 이 취락의 구성원 가운데 백제와 영산강유역에서 온 도래인이 포함되었을 가능성이 크다. 이미 지적된 것처럼 세키코潟湖주변에 「기항지」가 존재했을 가능성은 크다.

츠야자키고분군의 동쪽에는 츠리가와釣川가 현해탄으로 흐르는데, 이 유역에도 한반도 중서부 혹은 서남부에서 계보를 구할 수 있는 토기가 출토된 취락 유적이 몇 군데 확인된다. 예를 들어 冨地原川原田유적(도4-5)에서는 SB27수혈주거지(5세기 전반~중경)에는 초기 부뚜막이 확인되었으며, 도질토기호와 한반도계의 연질토기(平底鉢、平底多孔시루、車輪文風이 특징인

타날을 베푼 甕 등)가 출토되었다. 또 다른 주거지에서는 조족문토기도 출토되었다. 이 지역의 취락에서 츠리가와의 수계를 거슬러 가면 현해탄으로 나갈 수 있다. 하구 부근에「기항지」의 존재를 상정해도 좋을 것이다.

3) 온가가와遠賀川유역

무나카타지역에서 해안을 동쪽으로 이동하면, 온가가와遠賀川 하구에 이른다. 온가가와 유역, 특히 상류역의 가호嘉穂지역과 타가와田川분지에는 5세기 후반경에 풍부한 한반도계 부장품이 출토된 고분이 집중한다. 상대적으로 낙동강 이동지역과 관련이 깊다.

예를 들어 가호지역 오바사니시小正西고분 1호 석실(도4-6)에서는 신라계 장병윤등과 백제·대가야의 刀身式철모와 철제f자형경판비, 목심철판피윤등이 공반되었다(도7). 또 2호 석실에서는 한반도계 공구인 톱鋸도 출토되었다. 유사한 톱은「달성고분」에서 출토된 사례가 있다(국립대구박물관 2001).

타가와분지의 세스도노セスドノ고분(도4-7)에서는 금동제 편원어미형행엽과 유개파수부소호 등 신라계 부장품과 보주형 수식부이식 등 대가야계 부장품이 출토되었다.

모든 고분이 온가가와 수계에 입지하고 있으며 수계를 따라 이동하면 온가가와 하구에 이르러 현해탄으로 나갈 수 있다. 온가가와 하구의 상황은 현재 불분명한 점도 있지만 위에서 언급한 무나카타지역의 츠리가와유역과 마찬가지로 하구 부근에「기항지」가 있었을 가능성이 있다. 또 타가와분지에서는 육로를 통해, 후술하는 부젠豊前북부의 스오우나다周防灘 연안의 각지로 나갈 수 있다.

(2) 세토나이카이 서부연안지역

1) 간몬関門해협

현해탄연안을 거쳐 세토나이 서부연안으로 향하면 간몬해협을 통과한다. 그 연안부에도 다양한 한반도계 자료가 출토된다. 여기서는 유적의 위치와 한반도계 연질토기의 분포를 통해 해상 교통과 관계를 상정할 수 있는 몇 군데 유적을 소개한다.

야마구치현 히비키나다響灘에 면한 포구入り江의 해변사구 위에 위치하는 시모노세키下関시 吉母浜유적(도4-8)이 있다. 5, 6세기대 각종의 연질계토기(시루), 유개파수편有溝把手片, 격자문타날을 베푼 장동옹, 이동식부뚜막이 출토되었다(도9). 겐카이나다와 히비키나다를 넘어 오는 배가 기항하기에 최적의 입지이다.

다음으로 시모노세키시 아키네秋根유적(도4-10)을 들 수 있다. 이 유적에서는 고분시대 전기 주거지(LS005)에서 승석문을 베푼 연질토기호 편이 출토되었다. 또 이 주거지가 폐기된 후 그 위에 중복해 지어진 주거지(LS004)에서 초기의 부뚜막이 발견되었다(도9). 아야라기가와綾羅木川유역에 위치하지만 당시에는 그 근처까지 바다물이 들어왔던 것으로 생각되므로 유적은 연안의 포구에 위치했을 가능성이 크다. 배가 선박하기에 적합한 입지이다.

한편 후쿠오카현에서는 무라사키가와紫川 하구의 해안사구 위에 입지하는 키타큐슈北九州시 코쿠라죠小倉城 下屋敷跡(평저심발, 도4-10)와 간몬해협으로 튀어나온 키쿠企救반도 동단의 포구에 입지하는 오오츠미마에다大積前田유적(유구파수편, 다공식시루의 저부편, 도4-11)에서 한반도계 연질토기가 출토되었다.

간몬해협 연안에 위치하는 위의 유적은 대부분 포구와 강의 하구에 입지하므로 배를 정박하기에 적합한 지세적 환경이다. 한반도계 연질토기와 아키네秋根유적에서 확인된 초기 부뚜막이 설치된 주거지로 보아 희미하게나마 도래인의 모습을 엿볼 수 있다.

2) 스오나다周防灘연안 (부젠豊前북부)

부젠豊前북부의 교토평야 간몬해협을 거쳐 큐슈 연안을 동남쪽으로 이동하면 교토평야에 이른다. 이 지역에서 다양한 한반도계 자료가 확인된다. 부산·김해지역과 관련하여 주목할 수 있는 고분이 이나도우稲童고분군(도4-13) 21호분(TK208단계, 수혈계횡구식석실)이다. 21호분에서 출토된 다양한 부장품 가운데 가지모양의 입식(복천동10, 11호분 출토 관의 입식과 유사)이 달린 금동장미비부주, 표비 등이 포함되어 있다.

이 지역에서는 현재 나가오長峡川, 이마가와今川, 하라이가와祓川가 흘러들어 가는 포구가 형성된 것으로 생각되어 이후의 부젠豊前국의 항구인「草野津」로 비정된다. 否洞고분군은 그 남측에 해빈사구 위에 위치한다.

3) 스오우나다周防灘연안 (스오우周防)

스오우나다周防灘를 사이에 둔 교토평야 대안의 스오우周防지역에서도 다양한 한반도계 자료가 출토되었다(亀田 2008). 여기서는 백제계 장신구가 출토된 호후防府시 쿠마노야마토노오桑山塔ノ尾고분(도4-16)과 5세기대 연질계 토기가 출토된 光市 미타라이御手洗유적(도4-17)에 대해 언급한다.

쿠마노야마토노오桑山塔ノ尾고분은 1782년 발굴되었기 때문에 분구의 규모와 형태는 정확하지 않다. 부장품은 쿠마노야마桑山 산정부에 재매납되었는데 상세한 그림이 남아 있다(桑原 1988). 6세기 전반에 축조된 것으로 생각된다. 부장품 중 주목되는 것은 식리이다.

식리의 측판에는 귀갑문을 점을 새겨 표현하였고 바닥판에는 스파이크가 있으며 원형과 물고기 모양의 보요가 달려 있다. 에타후나야마江田船山 고분 출토 식리와 동일한 계보, 즉 백제계일 가능성이 크다. 이 외에 사행상철제품蛇行状鉄製品, 소형 방울 등 한반도계 자료가 포함되어 있어 피장자가 한반도와 깊은 관련을 맺고 있음을 알 수 있다.

이 고분이 위치하는 쿠마노야마桑山는 사바가와佐波川 하류역 동안에 위치하는 독립구릉으로 임해성이 좋다. 고분의 위치를 볼 때 사바가와佐波川 하류역을 멀리 조망할 수 있어 주변의 해안부에 「기항지」가 존재하였을 가능성이 있다. 동쪽에는 스오우周防國府의 항구가 설치된 것으로 생각되는 「船所」와 관련된 유적이 확인되었다. 앞서 소개한 견신라사가 향하는 도중에 난파되었던 「佐婆浦」로도 비정된다.

미타라이유적에서는 5세기대로 소급되는, 외면에 타날문을 베푼 이동식 부뚜막과 연질계토기옹이 출토되었다. 스오우나다周防灘에서 약간 돌출된 무로즈미室積반도에 형성된 내만(무로즈미室積만)에 면하여 입지한다. 임해성이 좋아 「기항지」의 존재를 상정해도 좋을 것이다.

4) 마츠야마松山평야

마츠야마평야 출토 한반도계 토기에 대해서는 상세한 정리가 이루어졌다(三吉 2003, 梅木 2012 등). 고분에서 출토된 도질토기는 주로 경남서부, 함안, 고령계 자료가 확인된다. 취락유적에서도 도래인의 존재를 엿볼 수 있는 자료를 확인할 수 있다. 여기서는 대표적인 2개의 유적을 소개한다.

마츠야마평야를 횡단해 세토나이카이로 흐르는 하천의 하나로 시게노부가와重信川가 있다. 타루미유적군(도4-18)은 그 지류, 이시테가와石手川의 중류역 미고지에 위치한다. 5, 6세기 취락 일부가 발견되었는데 횡혈주거지에서는 한반도계 연질토기 편이 한데 모인채 확인되었다. 특히 연질토기는 평저발, 다공식시루(多孔式시루), 장동옹으로 구성되어 있다. 시루는 환저와 평저가 있는데 한반도 남부의 여러 지역에서 건너 온 도래인의 존재를 엿볼 수 있다.

그리고 주거지 구조도 중요하다. 예를 들어 타루미 西反地 9차 조사지 수혈주거지SB102(5세기 전엽경, 도11)는 초기 부뚜막, 「주벽구周壁溝」, 소구小溝에 의한 칸막이 등을 확인할 수 있다. 우메키 켄이치梅木謙一는 마츠야마평야에서 한반도계 토기가 출토된 수혈주거지의 바닥에 구를 배치하는 주거지가 많다고 지적하였다(梅木 2012). 이런 구조는 최근 주목받는 「대벽수혈건물」의 범주에 속할 가능성이 있다. 「대벽수혈건물」은 키타큐슈, 키비吉備, 키나이지역에서 확인된다. 타나카 키요미田中清美는 「원삼국시대~삼국시대 한반도 남부 지역의 도래인에 의해 전해진 한반도계의 건축양식」으로 판단한다(田中 2012:590).

후나가타니(舟ヶ谷)유적 제4차 조사지 자연유로의 매몰토에서 다량의 연질토기 편이 출토되었다. 기종은 장동옹, 평저발, 파수부과把手付鍋, 다공의 시루편이다(도12). 마쓰야마평야 북서부의 충적저지에 위치하고 있다(도4-19).

5) 히로시마広島평야

아키安芸·빈고備後의 아키나다安芸灘연안지역에서도 한반도계 자료가 다양하게 확인된다(三吉 2008, 伊藤 2012 등). 5세기경 한반도계 자료의 분포는 히로시마평야가 중심에 있다. 예를 들어 이케노우치池の内3호분과 砂走유적 출토 파수부단경호는 부산·김해지역에서 계보를 구할 수 있을 것 같다. 이 외에 이케노우치池の内2호분의 쇠스랑, 소라나가空長1호분 횡혈계횡구식석실(꺾쇠 출토) 등은 한반도 동남부와 관련성을 엿볼 수 있다.

또 최근 히로시마평야에서 출토된 초기 스에키 가운데 앞서 언급한 마쓰야마평야에 위치하는 이치바미나미쿠미市場南組요에서 생산된 것이 포함되어(三吉 2008) 세토나이카이를 매개로 한 교류 루트가 상정된다.

(3) 비산세토備讃瀬戸지역

이 지역은 세토나이카이 연안지대 중에서도 한반도계 자료가 비교적 풍부하다(亀田 1997, 岡山県立博物館 2006). 또 그 지세로 보아 항구가 존재했을 것으로 추정되는 지점이 여럿 존재한다. 이러한 가운데 한반도와 교류가 활발히 이루어지는데 예를 들어 키비吉備 중심지역에서는 도래인이 거주했던 것으로 생각되는 오카야마岡山 타카츠카高塚유적이 알려져 있다. 여기서는 「기항지」와 관계를 구체적으로 엿볼 수 있는 세토나이카이 연안지역의 고분 자료를 중심으로 몇 가지 소개한다.

1) 아시모리가와足守川 하류역

아시모리가와足守川 하류역은 키비지역의 중추 지역 중 하나이다. 죠우토우上東유적은 야요이시대 중기후반에 형성된 거점취락으로 당시의 波止場状 유구가 확인된다(도4-38). 부엽敷葉공법을 이용하여 성토하고 성토 주변과 내부에 대량의 말뚝을 박는 구조이다. 죠우토우上東유적은 고분시대 전기전반까지 성행한다. 당시에 제작된 것으로 생각되는 와질토기 호편이 출토되었다.

2) 타카하시가와高梁川 하구 부근

타카하시가와高梁川 하구는 세토나이카이루트와 타카하시가와, 아다가와小田川 등 내륙으로의 루트의 결절점에 위치하고 있어 「기항지」가 존재했을 가능성이 크고 한반도계 자료도 비교적 풍부하다(도15).

菅生小学校裏山유적(도4-23) 5세기대에는 유적 부근에 포구가 있었다고 생각되며 해상교통과 항만관리에 관한 유적으로 평가된다(亀田 1998). 항만시설 자체의 발굴은 이루어지지 않았지만 5세기 전반경의 다양한 한반도계 토기가 출토되었다(도15). 특히 평저이며 세근공細筋孔이 있는 시루는 낙동강 이동지역에서 계보를 구할 수 있다.

텐구야마고분(도4-24)은 아다가와小田川와 타카하시가와高梁川의 합류점을 내려다 볼 수 있는 표고 약 80m 부근의 정상부에 위치한다. 매장시설은 부산·김해지역에서 계보를 구할 수 있는 수혈식석실이며 부장품 가운데 동래 복천동21,22호분에서 출토된 것과 유사한 호록도 출토되었다. 造出部에서는 나주와 고창계로 추정되는 도질토기의 개배가 출토되었다.

3) 고지마児島

고지마의 북측에는 원래 소규모의 내해(혈해)가 형성되어 있어 해상교통의 요충지였다.

야하타오오츠카八幡大塚2호분(도4-25)은 고지마 북안구릉에 위치하는데 지세적 위치만 보아도 임해성이 좋은 지역에 축조된 것으로 판단할 수 있다. 석관 내부에서 백제계 수식부이식(도16)과 도금된 공옥을 이어 만든 경식이 출토되었다. 장신구는 피장자에게 착장된 상태로 출토되어 피장자가 백제와 밀접한 관계를 가지고 있었던 것으로 보인다.

키비吉備지역에서는 『일본서기』긴메이(欽明)16, 17년조(555, 556)에 「시라이(白猪)屯倉」, 「児島屯倉」이 설치된 것으로 기록되어 있다. 야하타오오츠카 2호분은 児島屯倉 설치와 관련해 주목할 수 있다.

4) 요시이가와吉井川하류역, 우시마도牛窓만 연안

이 지역의 동향과 세토나이카이루트와의 관계에 대해서는 亀田修一가 상세히 검토하였다(亀田修一 2007, 2008 등). 또 5, 6세기 임해성이 좋은 전방

후원분이 많이 축조되어 바다와 밀접한 관계도 지적된다(宇垣 2015).

우시부미챠우스야마牛文茶臼山고분의 대장식구 백제와의 관계에서 특히 주목할 수 있는 것은 우시부미챠우스야마 고분(도4-26)에서 출토된 금동제 귀면문대장식구이다(도16). 유사한 대장식구 가운데 공주 수촌리4호 석실 출토 자료가 있다. 이 고분은 요시이가와吉井川 하류역의 동안에 위치하는데 요시이가와를 이동해서 비교적 쉽게 세토나이카이로 나갈 수 있다. 또 근처에 거의 동일한 시기이거나 혹은 약간 선행하여 아소용결응회암제의 석관을 수혈식석실에 매납한 츠키야마築山고분이 위치한다.

5) 사누키讃岐지역

세토나이카이를 사이에 두고 키비吉備지역의 대안에 해당하는 사누키讃岐지역에서도 한반도계 자료가 비교적 풍부하다. 특히 타카마쓰평야 동부의 오자키니시尾崎西유적(도4-27)이 주목된다. 거주지로 확인된 유로에서 많은 한반도계 토기가 출토되었다. 특히 연질토기 기종에는 평저심발과 발, 시루, 호, 장동옹 등이 포함되어 있는데 그 특징으로 보아 한반도 중서부 및 서남부와의 관계를 생각할 수 있다. 이 유적은 세토나이카이에서 내륙으로 향할 때, 하천과 육로의 결절점에 위치한다.

또 고분 자료로 최근 조사된 아이사코우마츠카相作馬塚고분이 주목된다(도4-37). 5세기 후반에 축조되었으며 단벽측에 부실을 갖춘 수혈식석실을 매장시설로 보아 낙동강이동지역에서 계보를 구할 수 있다(도14-좌). 「古高松湾」로 흘러 들어가는 혼즈가와本津川 하구 부근의 고지대에 입지한다.

또 일본열도에 정착하지 않은 매장시설(목곽)을 채용하는 와라마原間6호분도 중요하다. 이 고분은 사누키지역 동부, 미나토가와湊川 상류역의 구릉능선 위에 위치한다. 5세기 전엽에 축조되었으며 동래 복천동 10, 11호분 출토 삼루환두대도와 유사한 대도가 부장되었다. 또 근처의 와라마原間유적에서는 5세기 후반경의 수혈주거지(Ⅱ구 SH207)에서 시루(외면 하케메조정의 절충형토)가 출토되어 이 지역에 정착을 시도한 낙동강 하류역에서 건너온 도래인 집단의 존재를 엿볼 수 있다.

도서부島嶼部의 고분 비산세토는 다해도이며 도서부에 고분이 축조된다. 메기시마女木島도 그 중 하나로 구릉의 능선에 마루야마丸山고분(도4-22)가 위치한다. 단경14.5m, 장경16m 정도의 원분으로 생각되며 매장시설은 상자형석관이다. 5세기 전반~중경에 축조된 것으로 보인다. 부장품으로는 곡인겸, 대도가 확인되고 수식부이식이 피장자에게 착장된 상태로 출토되었다(도14-우). 이 수식부이식은 전형적인 한성 백제의 수식부이식이므로 이를 착장한 피장자는 백제의 도래인, 혹은 그들과 밀접한 관계를 가진 재지유력층으로 상정할 수 있을 것이다.

메기시마는 세토나이카이는 물론, 당시 유력 지역사회였던 사누키讃岐지역과 키비吉備지역 연안을 넓게 조망할 수 있기 때문에 항해 도중 기항지로 이용되었을 가능성이 있다.

(4) 하리마나다播磨灘 연안지역

하리마나다播磨灘 연안지역의 고대 항구에 대해서는 『播磨国風土記』와 『万葉集』 등 사료에 상세한 기록이 남아 있어 이를 근거로 해상 교통의 실태에 대한 연구가 이루어지고 있다(松原 2004 등). 한반도계 자료가 풍부하고 이와 관련된 많은 연구 성과도 있다(第5回播磨考古学研究集会実行委員会 2003, 亀田 2004, 中久保 2010 등). 하리마播磨지역에서는 서쪽에서 동쪽으로 가면서 치쿠사가와千種川, 이보가와揖保川, 이치가와市川, 카코가와加古川, 아사키가와明石川 등이 세토나이내카이로 흘러 들어가는데 각 강의 하구에 고대 항구의 존재가 상정된다. 그리고 각 유역마다 한반도계 자료가 분포한다.

우네하라·타나카有年原·田中유적(도4-28)에서 5세기 전반경의 平底多孔시루가 출토되었다. 또 치쿠마미야노마에竹万宮の前유적(도4-29) 수혈주거지 SH01(6세기)에서 굴뚝의 가능성이 큰 원통형토기와 평저발이 출토되었다(도17-1). 원통형토기에 대해서는 한반도 중서부 및 서남부와의 관계가 이미 지적되었다(坂 2007).

고대 이보가와揖保川군으로 비정되는 지역에 한반도계 자료가 확인된다. 그 중에서 오사키尾崎, 치쿠마竹万, 長尾·小畑유적군(小畑十郎殿谷, 長尾谷) 등 취락유적에서 모두 平底多孔시루가 출토되는데 그 시기는 대략 5세기 전반경이다. 平底多孔시루 외 에도 오사키尾崎유적에서는 평저심발, 평저발, 옹 등 연질토기가 확인되고 치쿠마竹万유적(도4-30)에서도 장동옹, 평저발(?)이 출토되었다. 치쿠마유적에서는 송풍관, 철재, 지석, 주조철부 등 단야관련 유물도 확인되므로 도래인과 철기 생산의 관계를 엿볼 수 있다(도17-5~19).

하류역의 취락으로 주목할 수 있는 것은 이치노고市之郷유적(도4-31)이다. 5세기 전반에 조영된 복수의 수혈주거지에서 연질토가가 출토되었다. 특히 주거지에서 출토된 연질토기가 여러 기종(장동옹, 평저심발, 평저발, 시루, 鍋 등)으로 구성된 점과 모두 부뚜막을 설치했다는 점이 특징적이다. 예를 들어 수혈주거지SH18에서는 동변의 거의 중앙에 부뚜막이 설치되었고 그 내부와 주변에서 平底多孔시루, 鍋, 평저발 등이 출토되었다(도19). 또 효고현교육위원회 제5차 조사구에서는 5세기 전엽부터 후엽으로 비정되는 수혈주거지 11동이 확인되었다. 이 가운데 한반도계 연질토기가 출토된 주거지는 4동이다.

고분관계 자료로는 미야야마(宮山)고분(도4-32)을 주목할 수 있다. 매장시설은 부산·김해지역에서 계보를 구할 수 있는 수혈식석실이며 수식부이식과 마구(표비, 등자) 등 한반도계 부장품도 풍부하게 매장되었다.

카코가와加古川와 그 지류를 포함한 수계의 중류역에서는 출토 수는 적지만 연질계토기가 출토된 취락유적이 많은 상황에 주목할 수 있다. 열거해 보면 加西市朝垣遺跡(파수부평저발), 古谷遺跡(平底二孔시루), 土井ノ内遺跡(평저시루), 小野市窪木유적(平底多孔시루), 加東郡家原堂ノ元유적(평저시루), 三木市大二유적(호) 등이 있다. 또 카코가와 지류 오우고가와淡河川유역의 오우고나카무라淡河中村유적에서는 초기 부뚜막이 있는 수혈주거지가 확인되었는데 여기서는 평저발과 丸底多孔시루가 출토되었다.

또 하류역에서 연질계토기가 출토된 취락유적으로 카코가와시 砂部유적과 溝之口유적이 있다. 수혈주거지SH301B에서는 하지키와 함께 평저발과 장동옹이 출토되어 도래인과 관련성을 엿볼 수 있다. 고분 출토 부장품으로는 동안東岸의 교자츠카行者塚고분(도4-33)에서 출토된 진식대금구를 특기할만하다. 김해 대성동70, 88호분의 사례, 공반된 마구(표비, 경판비, 도18-1~3)와 주조철부의 계보를 낙동강 하류역에서 구할 수 있는 것을 고려하면 금관가야와 왜가 교섭을 하는 가운데 이입되었을 가능성이 크다.

또 서안의 이케지리池尻2호분(도4-34) 출토 마구(표비, 등자)는 이치카와市川하류역의 미야야마(宮山)고분 2주체부 출토 자료와 같은 형식으로 한반도 중서부에 유례가 있다(諫早 2012, 도18-4).

아카시가와明石川유역 하류역에는 타마츠타나카玉津田中유적과 같은 한반도계 연질토기와 부뚜막을 갖춘 주거지가 확인되는 취락유적이 전개된다. 또 4세기부터 한반도와 관계를 맺었다는 지적이 있다(亀田 2004). 여기서는 데아이出合유적(도4-35)과 카미와키上脇유적(도4-36)에 대해 소개한다. 특히 주목할 수 있는 것은 데아이出合유적의 스에키 가마이다(도20-좌). 가마의 구조와 출토된 토기의 특징으로 보아 4세기 후반경에 한반도 서남부[5]에

5) 본고에서는 금강 하류역에서 영산강 유역에 걸친 지역을 '한반도 서남부'라고 한다.

서 온 도래인이 주체가 되어 조업했던 것으로 생각된다. 그 후 왜의 스에키 생산의 직접적인 모체가 된 것 같지는 않지만 단기간이기는 해도 토기 생산 기술을 가진 사람들이 건너 와서 실제로 가마를 구축하고 생산했던 것은 분명하다. 또 이 유적에서는 5세기 경의 연질토기와 도질토기도 출토되었다. 더욱이 근처에 위치한 出合고분군 12호분에서 성형시 타날기법이 이용된 하니와가 출토되어(도20-우) 「한식계 연질토기가 기술적으로 영향을 끼친 산물」(廣瀨 2017:73)로 평가된다.

그리고 카미와키上脇유적(도4-36)에서는 5세기 전반경 수혈주거지에서 平底二孔시루가 출토되었다. 이 외에도 구에서 굴뚝의 가능성이 있는 원통형토기(도17-2~4)와 평저발, 연질소성의 호, 유구파수, 도질토기편 등 다양한 자료가 출토되었다.

(5) 세토나이카이루트의 특질

고분시대 세토나이카이루트를 따라 가며 분포하는 한반도 관련 유적과 고분의 양상(대체로 5세기)은 아래와 같이 정리할 수 있다.

① 북부큐슈지역과 키비, 하리마지역에 집중하는 한편 세토나이카이 연안의 각지에도 분산되어 있다. 특히 마츠야마평야와 사누키평야 등 시코쿠四國에도 사례가 있다는 점에 주목할 수 있다.

② 한반도의 여러 지역과 교류를 엿볼 수 있는 유적과 고분은 하천의 유역과 하구, 포구 연안에 분포한다.

③ 도래인과 관련이 있는 취락유적과 한반도계 부장품이 부장된 고분이 근접해 있는 지역이 많다.

④ 구체적인 내용을 알 수 있는 견신라사(736년)의 항로와 츠기야마가 제

시한 야요이시대 종말기부터 고분시대 초기 세토나이카이루트를 비교하면 상관성이 높음을 알 수 있다.

이상을 종합적으로 생각하면 이번에 제시한 지역에는 기항지가 존재했을 가능성이 크며 육지에서 멀리 떨어지지 않고 만에 근접함으로써, 육지의 목표물(산이나 만)을 보면서 운행하는 항법(地乗り方式)으로 한일교섭이 이루어졌던 것으로 보인다. ③과 같은 상황을 확인할 수 있는 지역, 특히 북부큐슈, 키비, 하리마 등은 일본열도의 지역사회가 선진적인 물자, 기술, 정보를 수용하기 위한「상호교섭의 장」이었던 것으로 볼 수 있다.

3. 3·4세기 한일관계사로 본 봉황동유적의 성격(예찰)

북부큐슈–부산·김해 루트 전절에서 언급하였듯이 북부큐슈지역에서는 3세기 후반경에 니시진마치유적이라는 국제적인 기항지가 정비된다. 니시진마치유적에 반입된 한반도 토기의 계보는 한반도 중서부에서 서남부에 걸친 것과 동남부의 것으로 대별할 수 있으며 유적 전체로 보아 전자가 많다. 그리고 부뚜막과 자비용의 한반도계 토기 그리고 모방 토기의 존재는 니시진마치유적에 한반도 각지로부터 도래한 사람과 재지의 사람들이 함께 거주한 것을 나타낸다. 니시진마치유적에서 출토된 대형의 판상철부, 미니어쳐철기, 연판鉛板, 유리소옥의 거푸집으로 보아 도래인들은 당시 선진적 기술을 지니고 있었던 것으로 보인다. 그리고 긴키, 산인, 세토나이계 등 서일본 각지의 토기가 집중되는 것으로 보아 선진문물과 기술을 획득하고자 하는 열도 각지의 사람들도 니시진마치에 많이 모여 있었던 것으로 보인다.

이처럼 니시진마치유적은 이미 거듭 지적된 것처럼 한일 양 지역의 사람들이 교섭한 국제적인 기항지로 평가할 수 있다. 그 배경에는 북부큐슈와 부산·김해를 잇는 기간적 교섭루트의 정비를 상정할 수 있다(久住 2007 등). 전절에서 소개한 세토나이카이루트의 상황을 고려하면 예를 들어 키비지역(上東유적 등)과 키나이지역의 사람들도 교섭에 참가하였을 가능성이 크다.

동해(일본해)루트와 이즈모出雲지역 그리고 동해(일본해)루트를 이용하여 활발히 대외교섭을 한 지역이 이즈모지역이다. 특히 서부 이즈모평야 일대가 3, 4세기에는 교섭의 중심이며 야마모치山持유적(야요이중기후반 이후의 취락)과 코시혼고우古志本郷유적(3세기 후반경에 대규모화하는 취락) 등이 거점취락으로 생각된다. 그 입지는 이전 이즈모평야에 펼쳐진 천연의 항구인 세키코潟湖에 접하고 있어 항구를 갖추었을 가능성이 크다.

이즈모평야의 여러 유적에서는 북부큐슈와 서부 세토나이계의 토기, 그리고 한반도계 토기가 출토된다. 한반도계 토기의 계보에 대해서 보면 야마모치유적에서 출토된 이공(二孔)을 뚫은 파수부호는 2개의 이공파수와 1개의 원환파수를 갖춘 삼이부호의 가능성이 큰 데 이키섬의 하루노츠지原の辻유적과 김해 양동리280호분 등에서 유례가 있다. 또 코시혼고우유적 출토 와질단경호도 부산·김해지역에서 계보를 구할 수 있을 것 같다.

한편 야마모치, 코시혼고우유적, 그리고 이즈모 동부의 미나미코우부쿠사타南講竹草田유적과 타테쵸우タテチョウ유적에서는 상하방향으로 둥근 구멍을 뚫고 평면 방형의 파수가 있는 양이부호 파편이 출토되었다. 유사한 기종은 부산·김해지역에도 일부 확인되지만 분포의 중심은 오히려 한반도 서남부일 것이다(복천박물관 2015). 또 코시혼고우古志本郷유적에서는 동체의 상부와 하부에 다른 타날문을 베푼 단경호 파편이 확인된다(도21-1). 이것도 한반도 서남부에서 계보를 구할 수 있다.

이상과 같은 상정이 타당하다면 이즈모지역의 한반도계 토기는 낙동강 하류역을 중심으로 한 한반도 동남부의 것과 함께 소수나마 서남부계 토기도 포함된 것 같다. 그리고 한반도 동남부의 산인지역계통의 토기가 출토되는 상황을 감안하면 3세기 후반경에는 산인–북부큐슈–부산·김해지역이라는 기간적 교섭 루트가 정비되어 이즈모지역의 사람들도 북부큐슈, 부산·김해 지역과 교섭한 것으로 판단된다.

결절점으로서 낙동강하류역 문제는 한반도 서남부 사람들이 어떠한 루트를 거쳐 북부큐슈와 이즈모지역에 건너 왔는가이다. 이와 관련하여 주목할 수 있는 루트 중 하나가 한반도 서남부에서 서·남해안을 따라 낙동강하류역을 거쳐 대한(쓰시마)해협을 건너는 루트이다.[6]

주지하듯이 고김해만 일대에서는 김해 관동리·신문리유적 그리고 김해 봉황동유적 등을 포함하여 기항지의 존재가 상정되는 유적이 분포하고 북부큐슈지역과 산인지역계통의 하지키계 토기가 출토된다. 또 고김해만의 주변으로 눈을 돌리면 서쪽의 진해지역에도 용원유적과 석동유적과 같이 4세기대 바다에 접한 취락에서 하지키계 토기도 출토된다. 그 서쪽에는 마산만에 접한 창원지역에서 하지키계 토기가 출토된 성산패총 등이 확인된다. 한편 고김해만의 동쪽, 낙동강을 사이에 두고 대안의 동래지역(독로국)에는 기항지 존재가 상정되는 동래패총이 위치하고 있다.

이처럼 늦어도 4세기대에는 낙동강하류역과 그 주변에 기항지의 존재를 상정할 수 있는 유적이 전개되며 특히 고김해만 일대는 만 전체가 하나의 관문지로 기능하였던 것 같다. 따라서 낙동강하류역에서 항구 관련 유적의 전개는 북부큐슈지역과 이즈모지역의 대규모 기항지 형성 및 전개와 연동되었을 가능성이 크다.

동래 패총의 성격을 검토한 홍보식은 하지키계 토기로 보아 그 부근에

6) 물론 낙동강하류역을 경유하지 않고 한반도 서남부에서 북부큐슈지역으로 달하는 루트도 존재했을 것으로 생각하나 하지키계 토기 분포의 중심이 낙동강하류역이라는 점은 중요하다.

왜인집단이 정주하였고 그(그녀)들이 선착장 부근에 거주하면서 일본열도와 교역, 교섭이 관여한 것으로 본다(홍보식 2004). 그리고 동래패총과 그 주변에 대해서 기항지로 성격을 규정하고 단야로가 확인되는 것을 근거로 철소재와 철기를 구입, 보관하고 그것을 왜인의 선박에 인도하는 역할을 담당하였을 가능성을 지적하였다. 그리고 한반도 서남부를 비롯하여 다른 지역의 토기도 출토되므로 재지집단이 한반도 여러 지역과도 교섭하였다고 판단한다(홍보식 2004).

마찬가지로 관동리의 항만시설과 관련이 깊은 신문리유적에서도 동래패총과 병행하는 시기의 북부큐슈지역과 산인지역계통의 하지키계 토기와 함께 한반도 서남부계 토기도 확인된다. 봉황동유적(회현리패총)에도 하지키계 토기와 함께 서남부계 토기가 확인된다(홍보식 2014b, 조성원 2017).[7)]

낙동강하류역에는 한반도 서남부계통의 토기가 적지 않게 분포하는 점(홍보식 2008, 2013; 복천박물관 2015 등, 도15), 하지키계 토기 분포의 중심도 낙동강하류역에 있는 것(井上 2014 등)을 고려하면 한반도 서남부지역에서 서일본지역까지 광범위하게 착종된 지역 간 교섭에서 낙동강하류역이 매우 중요한 결절점의 역할을 담당한 것으로 볼 수 있다. 이 점이 금관국(금관가야)의 정치·경제적 특질 중 하나이다(홍보식 2014a).[8)]

좀 더 부언하자면 고김해만일대에서 관문지로서 가장 중심적 기항지가 아마도 봉황동유적이었을 것이다. 선학의 연구를 참고로 필자 나름대로 그 이유를 열거하면 아래와 같다.

① 봉황동유적은 고김해만연안의 가장 안쪽 중앙부의 양호한 입지에 위

7) 홍보식은 상대적으로 금강수계와 낙동강하류역의 교류가 3세기 후반부터 4세기 전반에 걸쳐 활발화하는 추정한다(홍보식 2014b).

8) 이와 관련하여 이현혜가 일찍히 구야국을「gateway community」(이현혜 1988)로 파악한 것은 높이 평가해야 할 것이다.

치한다. 지금까지 확인된 굴립주건물(창고?), 목책, 준구조선의 부재로 보아 기항지가 존재한 것으로 상정된다.

② 봉황동유적(토성)을 둘러싸듯이 복합유적(수혈주거지, 굴립주건물, 목책, 요, 단야관련 유구 등)이 형성, 전개되며 긴 시간에 걸쳐 유적이 존속하였다.

③ 김해 대성동고분군과 밀접한 관련을 엿볼 수 있으며 고분군을 조영한 집단의 거점적인 취락과 기항지였을 가능성이 크다.

④ 광범위한 봉황동유적의 각 지점에서 하지키계 토기가 많이 출토된다. 그 유입·모방 시기에 대해 상세한 검토가 필요하나 대략 4세기대의 토기로 생각된다. 그 계보로 보아 북부큐슈와 산인지역에서 건너 온 왜계 도래인과 그 자손이 현지의 사람과 함께 거주한 상황을 엿볼 수 있다.

봉황동유적은 현재까지도 발굴조사가 이루어져 유적 성격의 일단을 엿볼 수 있는 성과가 축적되고 있는 중이다. 필자가 그 성과를 충분히 파악한 것은 아니기 때문에 ①-④는 재차 지적할 필요가 없는 당연한 것일지도 모른다. 그러나 봉황동유적이 늦어도 4세기 이후 고김해만과 그 주변 기항지 가운데 중심적인 위치였다고 추측할 수 있는 중요한 사상事象이라는 점은 분명할 것이다.

맺음말

본 발표에서는 고분시대 세토나이카이루트 연안에 분포하는 한반도계 자료에 대해 소개하고 그 특질에 대하여 검토하였다. 또 3세기 후반부터 4세기 전반경에 초점을 맞추어 북부큐슈지역과 산인지역 그리고 낙동강하류역의 국제적인 기항지가 연동하여 형성·전개된 상황을 구체화하였다.

그 가운데 김해 봉황동유적의 중심성에 대해서 언급했다.

두서없는 글이 되었지만 당시 한반도 남부의 제 지역부터 서일본지역에 이르는 「환해지역」에서 다양하고 착종된 지역 간 교섭의 실태를 조금이나마 이해할 수 있는 계기가 되었으면 한다.

「고분시대 서일본지역의 항구 관련 유적과 봉황동유적 -세토나이카이瀨戶內海 루트를 중심으로-」에 대한 토론문

이현혜(한림대학교)

다음은 고古 김해만 일대에서 관문지로서 가장 중심적 기능을 하는 기항지를 봉황동유적으로 추정하는 견해와 관련된 것이다. 『삼국유사三國遺事』 가락국기駕洛國記를 보면 구야국狗邪國의 왕성으로 들어오는 두 개 이상의 루트가 나온다. 수로왕이 허왕후를 맞아 들이는 기사와 탈해의 도전을 물리치는 기사 중에 그들이 이용한 교통로와 선박이 정박한 포구가 나온다. 탈해가 도전에 실패하여 도주하는 기사에서 탈해가 가까운 교외의 포구(渡頭)에 도착하여 중국배가 드나드는 수로水路를 이용하여 나아가려 하자 이를 지켜 본 수로왕은 탈해가 그곳에 머물며 모반을 꾀할 것을 우려하여 배와 군사를 동원하여 그를 추격하였다는 내용이다. 이 기사에서 알 수 있는 것은 구야국狗邪國 중심부에서 가까운 교외에 중국배가 정박하는 포구가 따로 있었다는 사실이다.

허왕후의 기사에서도 두 가지의 교통로가 나온다. 하나는 처음 수로왕이 허왕후 일행을 유도하고자 한 루트로서 외부에서 김해만으로 배가 들어 올 경우 망산도望山島에 일단 정박한 후 배를 바꾸어 타고 구야국狗邪國의 중심부로 들어 가는 것이다. 다른 하나는 허왕후가 선택한 코스로 산외山外 별포別浦(허왕후의 도착을 기려 이곳을 주포촌主浦村으로 명명했다고 함)에서 배를 내려 산고개를 넘어 육로로 구야국狗邪國 중심부로 들어 가는 길이다. 구체적인 고증은 별개로 하고 이같은 기사들은 선박과 수로가 구야국狗邪國의 중요한 교통수단으로 이용되고 있음을 나타내는 동시에 이동 루트와 접촉대상에 따라 일정한 수로 교통 체계가 형성되어 있었음을 뜻한다. 봉황대의 접안 시설의 성격을 해석할 때 구야국狗邪國의 수로 교통체계에 대한 내용을 염두에 둘 필요가 있다.

한반도 성의 출현과 전개
- 백제를 중심으로 -

박순발*

目 次

Ⅰ. 공공토목과 성의 출현

축성과 밀접한 관련을 가진 토목기법은 퇴축堆築·항축夯築·판축版築 등이 있다. 퇴축은 가장 원시적인 기법으로서 구溝·혈穴을 파낸 흙을 주변에 쌓는 것을 말한다. 항축은 흙을 다지면서 쌓는 것을 말하지만 매질에 쓰인 도구흔인 항와夯窪가 남아 있지 않으면 퇴축과 구분하기 쉽지 않다. 판축은 항축의 한 유형이지만 판재 등으로 거푸집을 만들어 항축하는 것이다. 어느 경우든 선사·고대 굴토 및 운반 도구의 특성상 동일한 성질의 흙이 한

* 충남대학교

도 1. 부여 송국리 청동기시대 성토지점 단면(필자촬영)

꺼번에 두껍고 길게 쌓여 있지는 않다. 그처럼 출처가 서로 다른 토사가 켜켜이 쌓인 성토盛土 부분을 '판축'이라 지칭한 예가 있으나 이는 옳은 표현이 아니다.

아무튼, 이와 같은 성토 기법을 이용해 낮은 곳을 메우거나 쌓아 올린 예는 청동기시대에 이미 확인된 바[1] 있다(도1 참조). 원형 평면의 송국리식 주거지보다 선행하는 시기이므로 대략 기원전 6~7세기 무렵에는 공공토목 형태의 성토가 등장하였음을 알 수 있다.

그러나 퇴축이나 항축기법으로 담장모양으로 쌓은 원장垣墻이 등장하는 것은 그로부터 약 1000년의 시간이 경과된 뒤의 일로서 국가 성립과 밀접

1) 부여 송국리 2009년도 제13차 조사 시 '설상대지(舌狀臺地)' 조성과 관련된 것으로 추정되는 성토층이 확인되었고, 2012년도 제15차 조사에서도 목주(木柱) 수립공(樹立孔) 조성 과정에서 곡부(谷部) 지점을 성토 정지(整地)한 예가 알려졌다(김경택 외, 2011 ; 2014 참조).

한 관련이 있는 것으로 여겨진다(朴淳發,1998 ; 2013). 취락 주변을 원장으로 감싼 것을 '성원취락城垣聚落'이라 부르는데, 성원취락이 등장하기 이전에 먼저 구溝나 호壕를 구비한 취락이 출현하였음은 잘 알려진 바로서, 청동기시대 전기에 나타나 원삼국시대까지 이어졌다.

이러한 과정은 한반도뿐 아니라 중국 대륙에서도 마찬가지였다. 취락 주변에 구溝, 즉 물을 채우지 않는 건구乾溝나 물이 채워진 호壕와 같은 방어시설이 가장 먼저 등장하는 것은 장강長江 중류지역에서다. 기원전 6000년 전후의 후난성湖南省 리셴澧縣 빠스당八十壋유적인데, 이는 황토지대에 위치한 빤포半破유적보다 앞선다. 취락 주변 방어시설의 변천은 위구→환호→성호城壕로 이해되는데, 자연환경상의 차이로 인해 황하유역에는 자연수로로 연결되거나 인위적으로 물을 채우는 환호環壕는 아직까지 알려진 바 없어 위구→성호로 이행되었던 것으로 보인다(裵安坪, 2004). 지금까지 알려진 가장 이른 성호의 예는 기원전 3000년 무렵에 등장한 정조우鄭州 시산西山유적인데, 판축 성장의 외측에 폭 4~7m 깊이 4m의 외호를 두르고 있다(張玉石外, 1999).

중국 신석기시대 성호취락의 성격에 대해서는 의견이 완전히 일치되지는 않는다. 용산문화(龍山文化 : 기원전 2500~2000년) 시기의 성호 취락들을 하夏 왕조 성립 이전의 '소국小國'의 중심지로 보기도 하고(曺桂岑, 1988), 구체적으로 '고국古國'의 중심지-읍邑-취聚로 구성된 위계적인 관계로 이해하는 견해(張學海,1996)도 있으나, 기원전 4000년경의 장강 중류지역 쥐쟈링屈家嶺문화 만기 무렵에 출현한 스쟈허石家河 성지는 홍수 등 자연재난에 공동 대처한 것으로서 사회적 계층화와 직접적인 관련이 박약한 것으로 보기도 한다(王紅星, 2003 ; 董琦, 2006). 그러한 관점에 따르면 성 자체보다는 왕으로 대표되는 최고 통치자의 거소인 궁의 출현 여부를 중시한다. 성호가 그 내부에 궁전구 혹은 궁성宮城을 포함하고 있느냐의 여부가 국가 사회의 성립을 평가하는 척도가 된다.

국가 단계 사회와 성벽취락의 등장 사이의 밀접한 관계는 중국 이외에도 메소포타미아 및 인더스 등지에서도 확인된다. 다만 지금까지 가장 이른 성벽 취락으로 알려진 예리코(Jerico) 유적은 국가 단계 사회와 무관한데, 그 출현 배경과 성격에 대해서는 아직 정설이 없다.

II. 국가 성립과 도성

국가 단계 사회의 중심취락을 도성都城이라 한다. 물론 한자뜻 자체는 본래 제후의 봉지의 중심취락인 도都의 성벽을 의미한다. 유일 최고 지배자인 천자天子 주왕周王이 주재하는 성벽취락은 '국國'이라 하였다. 한자의 '국國'자는 내성외곽을 구비한 도시적 마을을 상형한 것으로서 국가 단계 사회의 중심지, 즉 도성의 평면적인 구조를 그대로 표현한 것이기도 하다. 중국 후한(後漢 : 기원후 25~220년) 시기의 문헌인 『오월춘추吳越春秋』에는 "성城을 쌓아 군왕을 보위하고 곽郭을 지어 백성을 지킨다(築城衛君, 造郭以守民)."고 하여 성과 곽의 기능을 명확히 구분하고 있다. 영어권의 용어와 비교해보면 '성'은 캐슬(castle)에 대응되고 '곽'은 시티 월(city wall)에 해당된다.

영어의 스테이트(state)는 한자를 사용하는 한·중·일 삼국의 '국가國家'에 대응되는데, 사실 '국가'라는 한자의 본래 뜻은 주나라 시기 '국'을 다스리는 왕의 가문家門이라는 것이 본래의 뜻이다. 최고 지배자가 세습되는 것이 국가 사회의 중요한 특징 가운데 하나인 점을 염두에 두면 '국가', 즉 국을 세습 지배하는 가문의 존재 그 자체가 그 이전의 사회와 다른 가장 큰 차이이기도 하다.

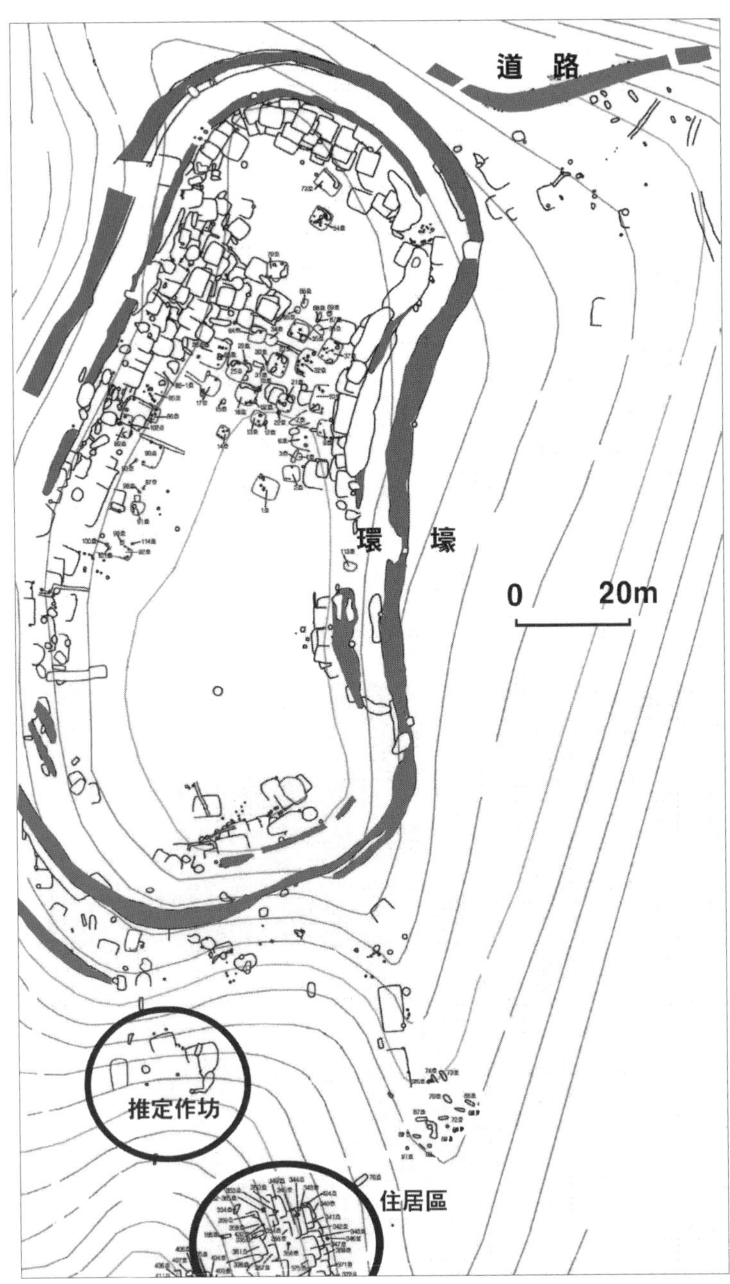

도 2. 홍성 석택리 취락(한얼문화유산연구원, 2013 수정)

한반도 고대 국가의 성립 과정을 문헌사료 및 고고학자료를 종합해 구성해보면, 원삼국시기 국읍國邑을 중심취락으로 하는 정치체들 가운데 유력 정치체가 통합의 주체가 되면서 더욱 광역한 정치체로 성장하는 과정이라 할 수 있다. 통합을 주도한 고구려·백제·신라 등의 중심취락의 위상은 국읍에서 도성都城으로 격상된데 반해 피통합 소국의 국읍은 지방의 거점취락으로 격하되는 과정이기도 하다.

원삼국시대 각 소국의 공간규모는 고고학자료 상으로 특정하기는 쉽지 않으나 문헌사료에 의하면 마한지역 54개국, 진·변한이 각 12개국 등으로 대체로 한반도 중부이남 지역에 78개 가량 정치체가 존재한 셈이다. 『대동지지大東地志』에 수록된 조선시대 전통 읍邑을 기준[2]으로 하면 대략 2~3개의 군·현이 원삼국시대 국國의 규모였던 것으로 추정된다.

현재까지 고고학자료로 알려진 중서부지역 원삼국시대 취락유형 가운데 상위유형은 '주거지+저장시설+수공업생산시설+분묘+방어시설'로 구성되어 있다(尹淨賢, 2014). 방어시설은 흔히 '환호'라 부르는 것이지만 인위적으로 물을 채우지는 않은 건구乾溝란 점으로 보면 중국의 '위구취락'과 같은 형태이다. 이러한 상위취락을 소국의 국읍으로 볼 수 있을 것인데, 대략 지금의 읍·면과 전통적인 인구 밀집지역에 해당되는 경우가 적지 않다. 당시 상위취락의 전모를 잘 보여주는 사례가 충남 홍성 석택리石宅里에서 확인된 바 있어 필자는 원삼국시대 소국의 국읍을 석택리유형 취락이라 부른다(朴淳發, 2014).

환호취락은 표고 50m 정도의 얕은 구릉 정상부에 위치하며, 최대 길이는 약 160m, 폭은 70m 정도이다. 환호는 지점에 따라 2중 혹은 3중으로 된

2) 1864년에 완성된 金正浩의 『大東地志』에는 경기 38(1도성·4부·33읍), 충청 53, 경상 71, 전라 56, 황해 남부 13읍 등 모두 296개의 읍이 확인된다. 이를 78개국으로 나누면 각 국은 2.96읍 정도로 추산된다.

곳이 있으며, 외부에서 환호로 연결되는 도로의 일부분도 확인되었다. 환호 내부에는 2개의 광장을 중심으로 174기의 주거지가 서로 중복되어 배치되어 있으며, 환호 외부에도 51기의 주거지, 토기 가마 3기 등이 확인되었다. 환호에서 서쪽으로 약 150m 정도 떨어진 지점에 가장 규모가 큰 묘역이 있는데 여기서는 15기의 주구묘가 확인되었다. 그리고 환호의 동쪽에서도 4기의 주구묘와 약간의 토광묘가 분포한다. 환호 내부와 외부를 합친 수혈 주거지는 225기에 달하나 중복이 심하여 특정 시점의 동시성을 가진 주거지의 수를 추정하기는 용이하지 않다.

중서부지역 원삼국시대 취락 가운데 규모가 가장 큰 대전 용계동龍溪洞의 경우 주거지의 총수는 443기에 달하지만, 이들이 모두 동시에 점용된 것이 아님을 감안할 때 설령 국읍이라 하더라도 단위 취락의 인구 규모는 수백 명 정도에 지나지 않았을 것으로 보인다. 그렇다면 당시 국읍은 인구 규모면에서 가장 큰 단일 취락이라기보다는 취락들 사이의 관계망 상에서 중심적 위치를 차지하고 있는 취락으로 이해하는 것이 좋을 것이다.

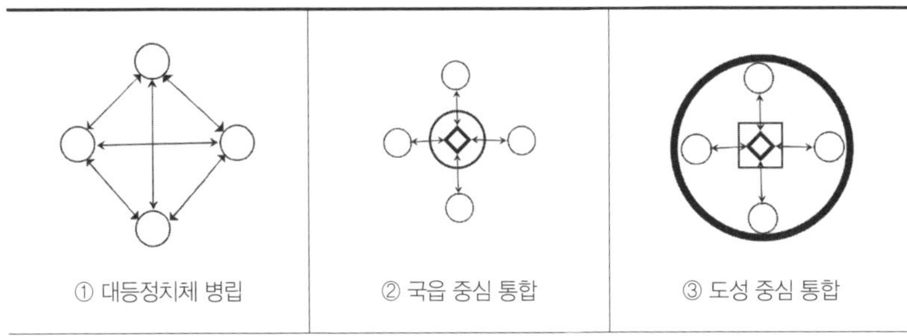

도 3. 정치체 통합과 교역망 재편 모델

250~300년 사이 마한 소국 가운데 백제국伯濟國은 대방군帶方郡과 밀접한 정치적 연계를 통해 여타 소국에 비해 빨리 국가 단계로 성장하였던 것으로 이해된다. 중국군현으로 통하는 광역 교역망을 장악하여 원거리 교섭

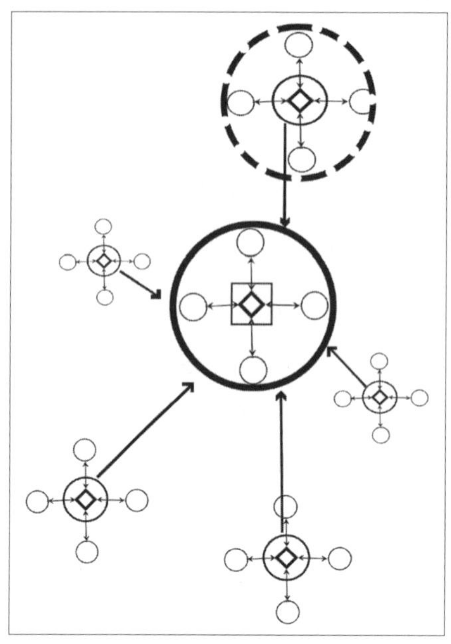

도 4. 백제의 국가 성장과 주변 정치체 통합

을 주도한 것으로 보인다(朴淳發, 2013a). 백제의 국가 성립 및 성장은 결국 주변의 소국 정치체들을 통합하는 과정이었다 할 것인데, 소국들의 규모나 통합정도가 동일하지는 않았을 것이다. 그것은 여하하였든 백제국가 주변의 소국들을 신속히 통합할 수 있었던 데에는 마한연맹을 잘 활용한 측면을 주목할 필요가 있다(도4 참조).

『삼국사기三國史記』 백제본기 온조26·27년조에는 백제가 마한를 병탄倂呑하는 내용이 기록되어 있다. '마한이 점차 쇄약해지고 위아래 마음이 달라져 그 세력을 유지하기 어려워졌는데, 만약 다른 곳에서 마한을 아우르면 백제국은 순망치한脣亡齒寒의 형국이 되어 돌이킬 수 없음에, 남보다 먼저 마한을 취하는 것만 못하다. 이에 왕이 전렵田獵을 핑계로 몰래 마한의 국읍을 병탄하였다. 그때 원산圓山·금현錦峴 두성이 항복하지 않았지만, 이듬해 마침내 항복함에 그 백성을 한산漢山 북으로 옮겼다. 이로써 마침

내 마한이 멸하였다'[3]라는 것이다. 여기의 마한은 물론 마한 전체를 의미하는 것이 아니다. 국읍을 병탄하는 것으로 보면 마한지역의 소국임이 분명한데, 그를 마한과 동일시하고 있는 점이 주목된다. 마한의 성격에 대해서는 학계의 의견이 일치되어 있지 않지만 위의 기사내용으로 보는 한 특정국을 중심으로 어느 정도 통합을 유지하고 있었을 가능성이 높다. 이때 특정국은 마한의 맹주盟主 목지국目支國일 것임은 의문의 여지가 거의 없을 것이다. 목지국의 구체적인 위치비정에 대해서는 천안·아산일대를 중심으로 하는 견해가 유력한데, 필자에 의한 마한 소국 비정 안案에 따르면 목지국 주변에는 광역한 범위에 걸쳐 비정되는 소국이 없으며, 한강유역의 백제국과 맞닿아 있다(박순발, 2013b). 이로써 마한의 맹주 목지국은 결국 상당한 정도로 정치사회적 통합에 도달하고 있었음을 알 수 있다.

마한 맹주국 목지국을 통합한 백제국의 위상은 그 이전의 소국과는 달라졌고, 그 중심취락은 소국의 국읍이 아니라 여러 소국들을 아우른 새로운 국가 단계 사회의 도성이 된 것이다. 도성은 종전 각 소국의 국읍을 단순 통합한 것 이상의 다양한 기능공간으로 구성되었다. 중국의 예를 보면 국가 성립 시기의 도성은 크게 중심구·거민居民생활구·묘역이나 기타 수공업지구 등으로 구성되는데, 중심구에는 궁전구 혹은 궁성宮城·귀족거주구·주동鑄銅작방·제사祭祀구 등이 위치하는 것으로 이해되고 있다(董琦, 2006). 정치체간 통합의 핵심은 재분배再分配체제의 통합 및 재편이라 할 수 있다(도3 참조). 그를 통해 경제적 종속성 및 의존성을 지속적으로 유지하는 것이 성공적 통합의 관건일 것이다. 그러한 경제적 상호 의존성은 수취收取와 재분배를 통해 달성되므로 유통망과 시市를 장악하는 것은 매우 중

3) 『三國史記』 卷23 始祖26年：秋七月王曰, 馬韓漸弱, 上下離心, 其勢不能又, 儻爲他所并則脣亡齒寒, 悔不可及, 不如先人而取之以免後難. 冬十月王出師. 陽言田獵, 潛襲馬韓, 遂并其國邑. 唯圓山錦峴二城固守不下.
27年：夏四月二城降, 移其民於漢山之北, 馬韓遂滅. 秋七月築大豆山城.

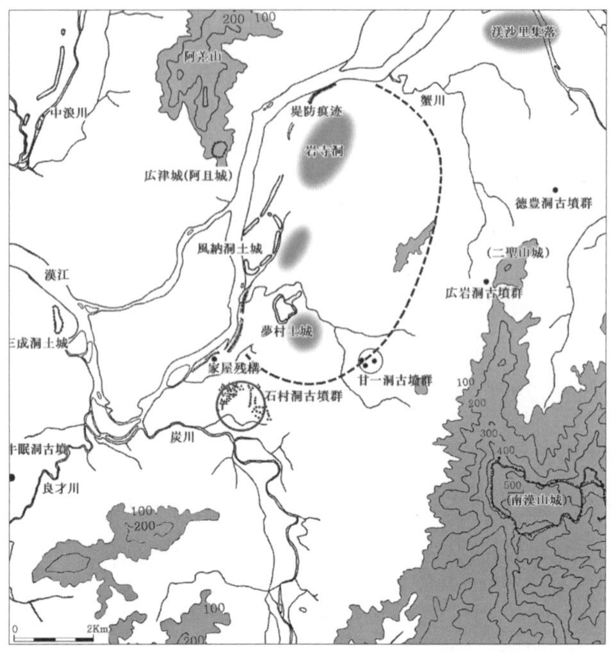

도 5. 백제 한성의 공간구조

요하다. 『周禮·考工記·匠人營國』에서 '국國이 갖추어야 할 필수시설로서 조朝와 함께 시市를 들고 있는 것[面朝後市]은 그러한 측면을 잘 말해주고 있다.

그러면 여기서 백제 도성의 변천에 대해 간략히 살펴보기로 한다. 한성기 도성은 하북위례성→하남위례성→한산·한성으로 이해되는데, 하북위례성의 위치는 확실치 않다. 하남위례성은 풍납토성으로 판단되며, 대략 2세기대에 등장한 것으로 보이는 환호취락이 백제 국가 성립기인 3세기 중후엽에 성벽취락으로 전환되었다. 거의 동시기에 몽촌토성도 축조되었으나, 왕의 거소로 사용된 시기는 근초고왕대인 371년 "이도한산移都漢山" 이후이다. 그 무렵 지명의 한자화와 더불어 위례성(慰禮城)은 한성漢城으로 표기되었을 것으로 판단된다. 한성은 475년 함락 직전까지 풍납토성(북성北城

혹은 대성大城)과 몽촌토성(남성南城 혹은 왕성王城)으로 구성된 양성 체제로 유지되다가, 주민의 다수인 8000여 명이 고구려 지역으로 천사遷徙되면서 도시적 기능이 상실되고, 그 가운데 몽촌토성은 고구려 군사의 거점으로 전환되었다.

한성 함락의 위급 상황을 맞아 웅진에 정도한 배경은 한성기에 이미 그곳에 군사 거점성이 마련되었고 왕王·후侯와 같은 지방 수장의 거관居官이 있었기 때문으로 이해된다. 그러나 지형적 한계로 인한 잦은 풍수해와 도시 공간의 부족 등의 문제를 해결하기 위해 사비로 천도하였다. 천도 이후

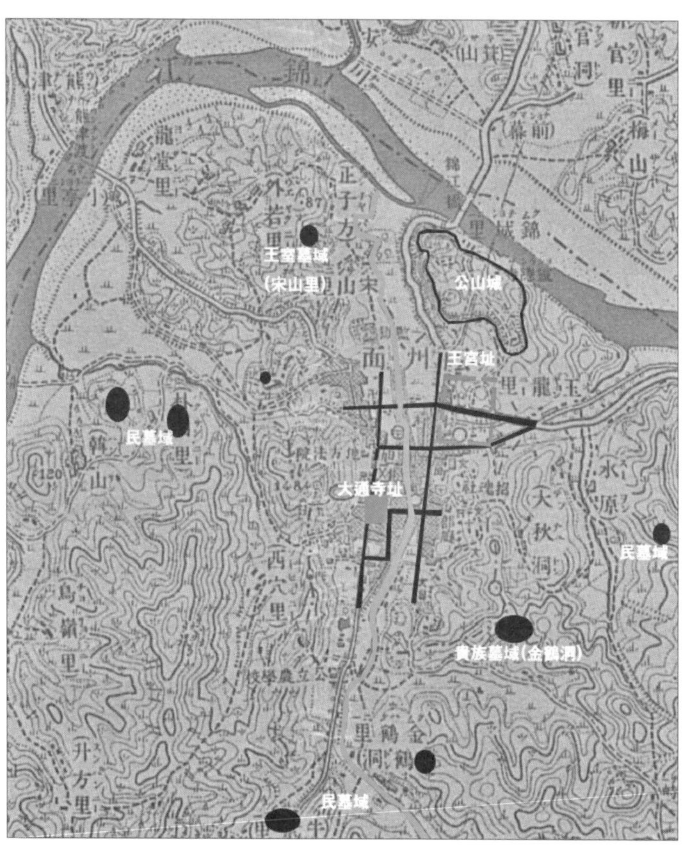

도 6. 백제 웅진도성의 구조

웅진은 5방方 가운데 하나인 북방北方으로 전환되었다(박순발, 2013c). 사비도성은 백제는 물론이고 한반도 고대 도성 가운데서는 최초로 외곽外郭을 구비하고 있는 점에서 매우 특징적이다. 부소산성扶蘇山城으로 대표되는 군사적 성격의 방수성防戍城은 전술한 세종시 나성리 지방도시 이래의 전통으로 이해될 수 있다. 웅진도성의 공산성公山城 역시 방수성에 해당됨은 물론이다.

도성의 규모나 공간 구조는 국가의 성장과 더불어 변천하였고, 그와 함께 도성의 묘역 역시 규모나 구성상에 변화가 확인되는데, 그 내용을 약술

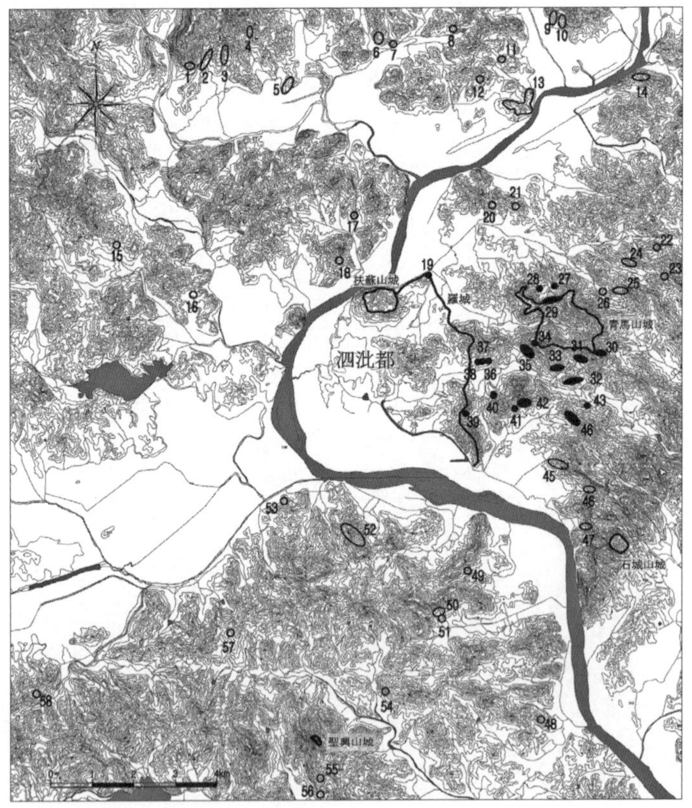

도 7. 백제 사비도성 구조

하면 다음과 같다(朴淳發, 2017). 한성기에는 국가 성립이전부터 전 기간에 걸쳐 조영된 석촌동·가락동고분군과 더불어 최근 발견된 감일동고분군 등 2개의 묘역으로 구분되어 있다. 석촌동·가락동고분군에는 적석총으로 대표되는 왕묘가 포함되었을 것으로 보이나, 감일동고분군은 귀족 혹은 관료 계층의 묘역으로 이해된다. 종래 필자는 계층별 묘역 분리 현상은 웅진기 이후에 등장한 것으로 이해하고 있었으나, 감일동고분군 발견으로 인해 이제 한성기인 4세기 후반 무렵부터 계층별 묘역 분화가 시작된 것이 분명해졌다. 웅진기에는 왕실묘역·귀족묘역·사서인묘역 등으로 세분되고, 사비기에는 왕릉역으로 비정되는 능산리 고분군 내에서도 복수의 군집이 등장하였다.

이러한 백제 도성 묘역의 전개를 중국의 역대 도성 묘역의 변천과 비교해보면 다음과 같다. 은주殷周 시기에는 지배계층의 묘역인 공묘公墓와 일반민의 묘역인 방묘邦墓로 구분되었으나, 춘추春秋 말末 전국戰國 초初 무렵 종법宗法 제도가 흔들리는 등 사회 변화로 인해 공묘가 왕묘로만 이루어진 묘역이 분리 독립되었다. 그 이후 전국 만기晩期에 오면 국군國君의 권력이 더욱 강화되면서 각 국군의 능묘陵墓가 독립 조영된다(李自智, 1990). 한편, 각 묘역 내부의 구성에서는 혈연적 유대관계 중심의 공동체성이 강한 족장族葬 형태에서 진秦·한漢 이후 가족단위의 성원들의 무덤이 분리 독립되는 가족장家族葬 형태의 묘역이 등장한다. 특히, 위진남북조魏晉南北朝 시대에 성행하였던 가족장 묘역은 도성 주변 대묘역 내에 사회적 지위가 같은 이성異姓 집단들이 각각의 가족장 형태로 분포하고 있다. 동성同姓 가족장 내의 개별 분묘 배치는 졸년卒年의 선후나 장유長幼·적서嫡庶 등 배치 원리에 따랐다(徐苹芳, 1981).

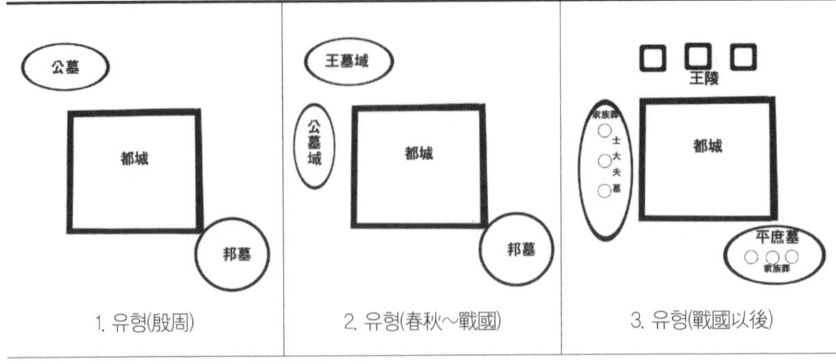

도 8. 도성 묘역의 유형

이를 종합하여 중국 역대 도성 묘역의 변천을 유형화 해보면 [도 8]과 같다. 1 유형은 지배자집단 및 일반민 모두 족장 형태의 묘역인 공묘역과 방묘역으로 구성된 것을 말한다. 2 유형은 공묘역이 왕묘역과 귀족묘역으로 분화되었으나 각 묘역은 여전히 족장 형태인 것을 말한다. 3 유형은 왕묘역이 분화되어 개별 왕릉으로 조성되고, 사회 구성원의 무덤은 계층별로 묘역을 달리하면서 각 묘역 내는 가족장 형태로 세분되는 것을 말한다. 개별 왕릉의 등장은 전국 만기이지만 가족장 형태는 진·한 이후 이므로 대체로 동한대 이후 보편화 된 것으로 이해된다.

백제 도성 묘역은 한성기이래 대략 거주역 혹은 경역으로부터 1~5km 이내에 왕묘역을 비롯한 복수의 묘역이 등장하였다. 국가 성립 이전 단계부터 장기간 조성된 묘역인 석촌동·가락동고분군은 처음에는 왕을 비롯한 지배자집단과 일반민의 분묘가 혼재하는 것으로 추정된다. 그러나 감일동고분군이 조성되기 시작하는 4세기 후반 이후 계층별 묘역 분화가 일어나고, 아울러 석촌동·가락동고분군에서도 왕묘들이 상대적으로 우월한 입지적 조건을 갖춘 지점에 집중조성되었던 것으로 보인다. 석촌동·가락동고분군을 하나의 고분군으로 여기고 있으나 이 단계에 이르러서는 지배자 묘역과 일반민 묘역이 구분되었다면 1유형에 해당된다. 감일동고분군의 등장 이후는 왕묘역, 귀족 혹은 관료계층 묘역, 일반민 묘역 등으로 구성되는 2유형이 출현한다. 웅진기와 사비기 역시 2유형이 지속되나 사비기 왕묘역에서는 가족장적 분화 현상이 관찰된다.

왕묘역을 도성의 중심지로부터 거리를 기준으로 보면 1~5km 이내에 배치된 '근린밀집형近隣密集型'과 10~20km 정도 떨어져 개별 왕릉 단위로 분산 배치된 '교외분산형郊外分散型'으로 나눌 수 있다.

백제 왕묘역은 한성기이래 시종 근린밀집형近隣密集型에 해당된다. 이는 427년 평양천도 이후 교외분산형郊外分散型이 등장한 고구려와 대조적이다. 신라는 삼국시기에는 근린밀집형이었으나 7세기 말경 교외분산형으로 전환된다. 교외분산형은 중앙집권력의 확대擴大를 배경으로 한 왕기제王畿制와 밀접한 상관성을 배제하기 어렵다.

III. 국가 성장과 성의 기능 분화

『삼국사기』 백제본기에는 온조왕 8년 마수성馬首城 축조를 필두로 전지왕腆支王 13년(417)의 사구성沙口城에 이르기까지 25개의 성이 확인된다. 삼국사기 기년紀年 순으로 보면 백제의 영토적 성장에 수반되어 접경하게 된 정치체들은 대략 낙랑樂浪 등 중국군현→말갈靺鞨→마한→신라→고구려의 순으로 나타나고 있다. 삼국사기 기사 내용에 따라 그 축성 배경 및 군사적 대립하던 정치체별로 정리해보면 다음과 같다(박순발, 2002).

낙랑 방면 : 마수성

말갈 방면 : 우곡성牛谷城, 석두성石頭城, 고목성高木城, 적현성赤峴城, 사

도성沙道城, 부현성斧峴城, 술천성述川城

마한 방면 : 원산성圓山城, 금현성錦峴城, 탕정성湯井城, 대두산성大豆山城, 고사부리성古沙夫里城

신라 방면 : 사현성沙峴城, 낭자곡성娘子谷城

고구려 방면 : 수곡성水谷城, 석현성石峴城, 관미성關彌城, 청목령성靑木嶺城, 팔곤성八坤城, 북한산성北漢山城, 쌍현성雙峴城, 아차성阿且城, 사성蛇城

이들은 대체로 군사적 목적으로 축성된 관방關防 성으로 볼 수 있다. 한편, 광개토왕릉비(廣開土王陵碑 : 414년 입비立碑)에는 아신왕阿莘王 5년(396)에 해당되는 병신년丙申年에 백제를 공략하여 "58성촌城村700"을 취한 사실이 기록되어 있다. 여기의 58개 성과 700개 촌의 구체적 성격과 규모 등에 대해서는 알기 어려우나 앞서 본 삼국사기 성과 동일한 것으로 볼 수 있는 것은 '관미성'과 '아차성' 두 성밖에 없는 점으로 보면 대부분은 당시 백제의 지방편제와 관련된 성원城垣취락으로 생각된다. 이로써, 백제의 국가성장과 관련된 성은 관방성과 지방성으로 구분할 수 있다. 이하 최근까지 알려진 고고학자료를 중심으로 관방성과 지방성 각각에 대해 살펴보기로 한다.

1. 지방성

앞의 장절에서 말한 바와 같이 백제의 국가 성립 및 성장 과정을 [도4] 모식도와 같이 이해할 수 있다면 기존 소국 정치체의 사회·경제적 통합체제를 그대로 활용할 수 있었을 것이다. 국읍을 중심으로 형성되어 있던 수취체제를 대체로 온존시키면서 중앙과 지방의 새로운 관계를 설정하는 방식인데, 이를 흔히 '간접지배間接支配' 체제로 부르곤 하였다. 이때 기존의 소국 국읍 모두를 온존시킨 것은 아니었으며, 기존 통합망을 대신해 백제 중앙이 주도적으로 새로운 통합 거점을 신설하는 경우도 있었다(朴淳發, 2007 ; 2014).

후자에 해당하는 대표적인 예가 세종시 나성리羅城里 유적이다. 원삼국 단계의 취락 기반이 없는 곳에 취락이 형성된 것으로서, 묘역의 지속성이나 묘제 변천 내용으로 볼 때 원삼국시대 주구묘로 구성된 선행 묘역 없이 4~5세기 무렵부터 묘역이 조성되고 있기 때문이다. 필자는 특히 나성리유적에 대해 한성시기 백제의 지방도시로 이해하고 있다.

나성리에는 일반 취락에 비해 월등히 많은 수의 고상 저장시설이 구비되어 있는 점이 주목된다. 거주 인구 규모에 비하면 이는 결코 이 취락만의 자급자족을 위한 것이라 하기는 어렵다. 또한 토기 가마를 비롯한 수공업 생산시설 역시 그러하다. 이는 나성리 취락이 가지고 있던 재분배 기능을 시사하는 것으로서, 정치적·경제적 관계망을 형성하고 있는 취락들로부터 농업생산물을 수취하고 수공업 생산품을 분배하는 방식이었을 것으로 보인다. 이를 통해 예하 취락과 상위취락은 상호의존성이 심화되고, 이와 같은 상호의존성의 확대를 흔히 사회복합도社會複合度의 증가라 하기도 한다. 결국, 정치·사회적 통합의 핵심은 경제적 상호 의존성에 있다 하여도 좋을 것이다. 조사를 통해 드러난 공간구조는 [도9]와 같다(朴淳發, 2014).

여기서 주목되는 것이 시가지 인근 구릉지에 토성이 배치되어 있는 점이다. 규모나 입지로 보아 군사적 방어 기능과 함께 치안 등 내치를 위한 공권력의 거점으로 볼 수 있다. 결국 나성리 토성은 관방용보다는 지방도시 기능 담보를 위한 치소治所 성격으로 이해할 수 있다. 사비시기에 완성된 방方·군郡·성城 지방편제 단위 형성 과정에 해당되는 지방성의 고고학적 사례라 여긴다. 나성리와 유사한 지방성으로는 경기도 화성군 길성리토

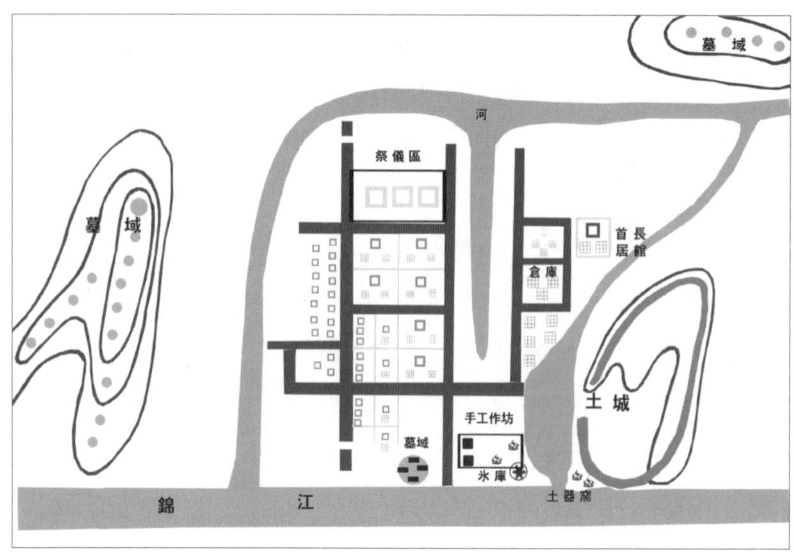

도 9. 백제 지방도시 공간 구조 모식도

성吉城里土城, 전북 전주시 배매산성 등을 들 수 있는데, 장차 조사를 통해 더욱 많은 사례가 드러날 것으로 기대된다.

나성리 토성에 대해서는 아직 고고학조사가 전면적으로 이루어지지 않았지만, 배매산성의 경우는 주변 시가지 혹은 거민 취락 구역은 미상이지만 토성 자체에 대해서는 대략적인 사항이 알려져 있다(윤덕향 외, 2002 ; 전라문화유산연구원, 2017). 상대고도 약 100m 정도의 독립 구릉에 축조된 토성으로 주변에는 다수의 저장혈貯藏穴이 분포하고 있는 점이 주목된다. 성내에는 내부에 목책이 있고 그 바깥은 토축 성벽이 둘러져 있는데, 최초 책柵만 설치되었다가 이후 토성으로 확장된 것으로 이해된다(도10 참조).

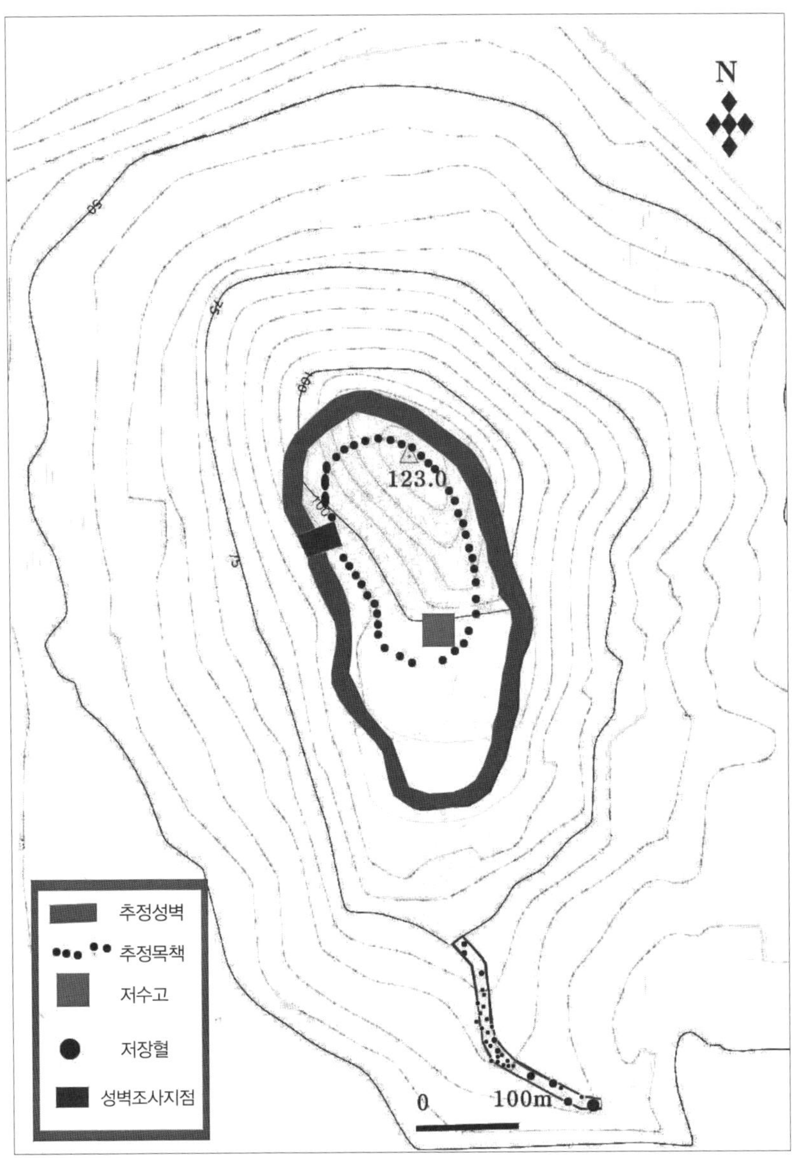

도 10. 전주 배매산성과 저장혈 분포(윤덕향외, 2002 ; 전라문화유산연구원, 2017 수정)

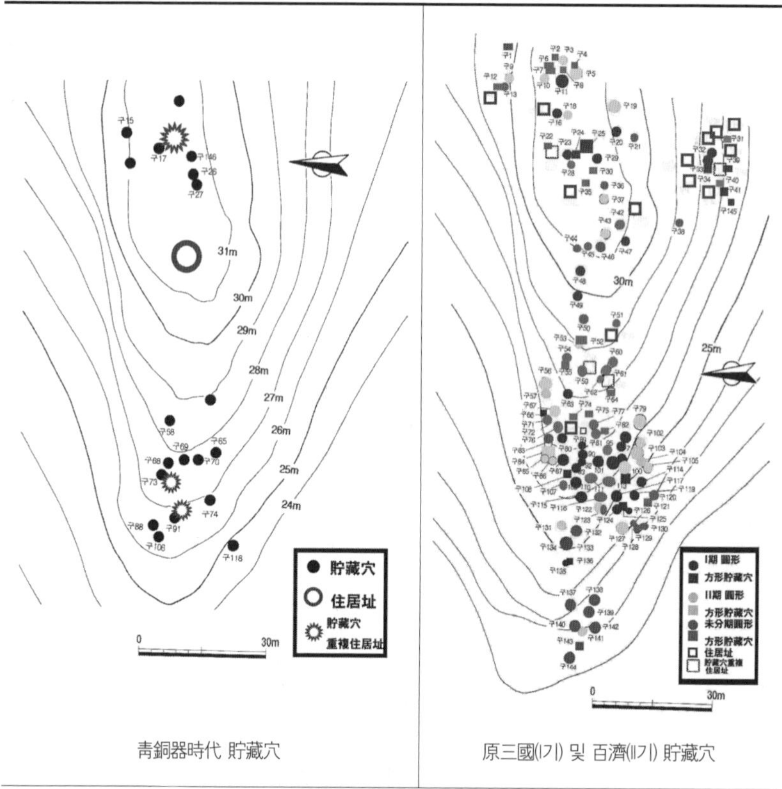

도 11. 논산 원북리 다지구 저장혈 유적의 변천(중앙문화재연구원, 2001 수정)

저장혈의 기능에 대해서는 백제 한성시기의 수취체제와 관련된 관창官倉으로 보는 견해가 제시된 바(金王國,2016) 있다. 그에 따르면 백제 저장혈 유적은 대략 4세기 전반 경에 시작, 그 수가 증가하다가 5세기 중반 이후 감소 추세가 나타난다. 필자도 이러한 견해에 찬동하고 있지만, 그 시작은 이미 청동기시대 후기(송국리유형 단계)부터 이고 원삼국시대에도 소국 단위 통합 수취체제와 관련된 기능을 하였던 것으로 보고 있다. 그러한 사례는 논산 원북리院北里·정지리定止里 유적 조사를 통해 확인할 수 있다. [도11]을 보면 청동기시대부터 다수의 저장혈과 소수의 주거지로 구성된 창倉유

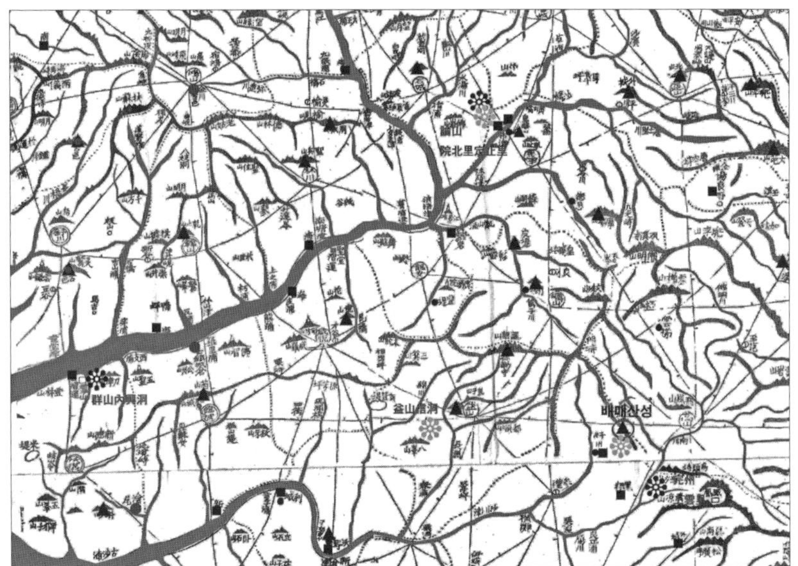

도 12. 조선시대 창倉 분포와 원삼국 및 백제 저장혈 유적 분포(『大東輿地圖』 수정 : ■은 조선시대 倉, ●은 古邑)

적이었음을 알 수 있고, 그러한 기능은 원삼국시대 및 백제에 이르기까지 지속되었다. 이러한 유적 성격의 장기 지속성은 이 지점이 가지는 지정학적 특성에서 비롯되었을 것임은 쉬 짐작할 수 있다.

[도12]를 통해 알 수 있는 바와 같이 원북리·정지리유적뿐 아니라 지금까지 알려진 저장혈유적들의 위치는 조선시대 말까지 지속된 전통적인 교통로 상의 요충에 해당되고, 실제로 주변에는 조선시대의 창倉이 가까이 위치하고 있어 그러한 추정을 가능케 한다.

이로써 백제 한성기에 등장하는 지방성은 해당지역의 통합 및 재편에 수반되어 필요하였을 군사적·경제적 거점 역할을 하였던 것으로 이해할 수 있다. 물론 지방성의 규모는 이후 사비기에 확립된 방·군·성 등 지방편제 위계에 따라 달랐다. 현재까지 알려진 바로는 사비시기 북방성인 공주 공산성이 있고, 중방성일 가능성이 높은 정읍의 고사부리古沙夫里성이

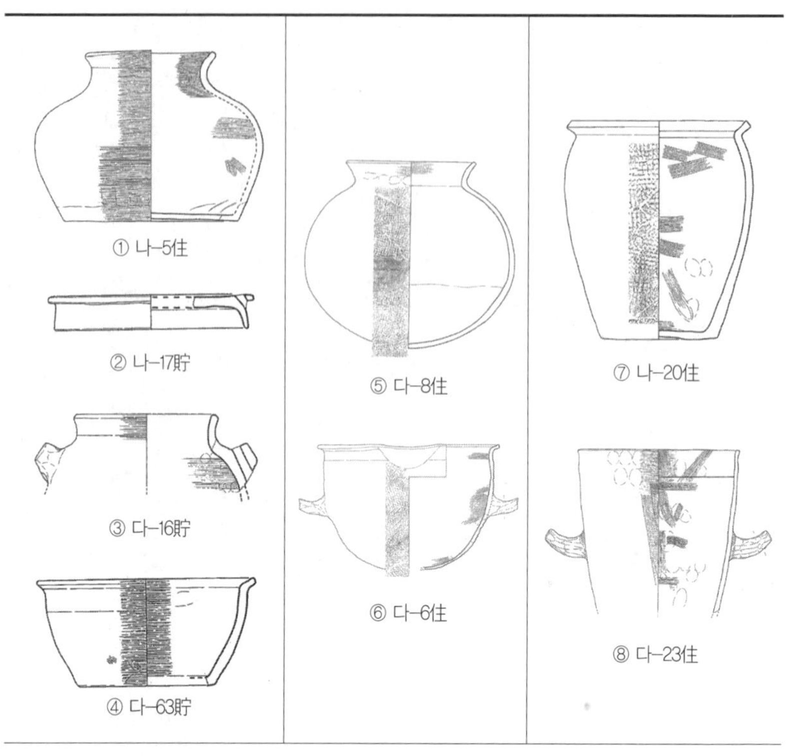

도 13. 논산 원북리 출토 토기(1기)(중앙문화재연구원, 2001)

있다. 전술한 세종시 나성리유적은 사비기로 기준으로 하면 군·현성에 해당되지 않을까 한다. 전주 배매산성 일대는 백제 우소저현紆召渚縣에 이어 통일신라의 우주현紆州縣 치소治所로서 조선시대에도 창이 있었던 곳이다(도12 참조).

배매산성의 예를 통하여 대체로 백제의 군·현급 지방성에는 해당지역 수취와 관련한 관창이 설치되었던 것으로 볼 수 있다. 이는 중앙정권의 지방으로 편제되는 과정에서 미야케屯倉를 설치하였던 일본열도의 야마토정권의 지배방식을 연상케 한다. 이 경우 시기적으로 선행하였던 백제의 방식에 영향을 받았을 가능성이 없지 않다.

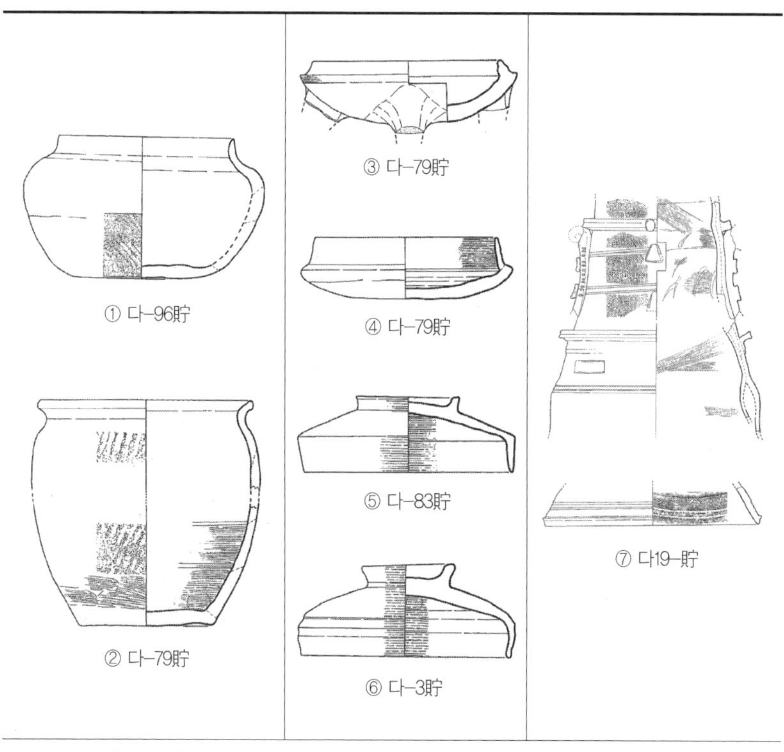

도 14. 논산 원북리 출토 토기(Ⅱ기)(중앙문화재연구원, 2001)

그 밖에 저장혈 유구 중심이고 군사적 성격으로 보기 어려운 예가 있다. 경기 고양 일산시 멱절산유적(李憲載·權純珍, 2005 ; 中央文化財研究院, 2014)이 그에 해당된다. 성의 전모가 온전하게 남아 있지는 않으나 한강하류에 유입되는 지천支川변 낮은 구릉에 위치한 점으로 보아 군사적 성격보다는 수취 거점성일 것으로 볼 수 있다. 그보다 하위의 수취 거점은 전술한 바와 같이 저장혈과 그 관리를 위한 소수의 주거지로만 구성되는데, 대략 지금의 읍면에 대응하여 분포하는 것으로 볼 수 있다. 그에 해당되는 것으로는 충남 공주 탄천면 덕지리德芝里(김가영 외, 2012), 청양 목면 지곡리池谷里(李南奭·李賢淑, 2012), 전북 익산 황등면 황등리黃登里(김규정·옥창민, 2009), 익산

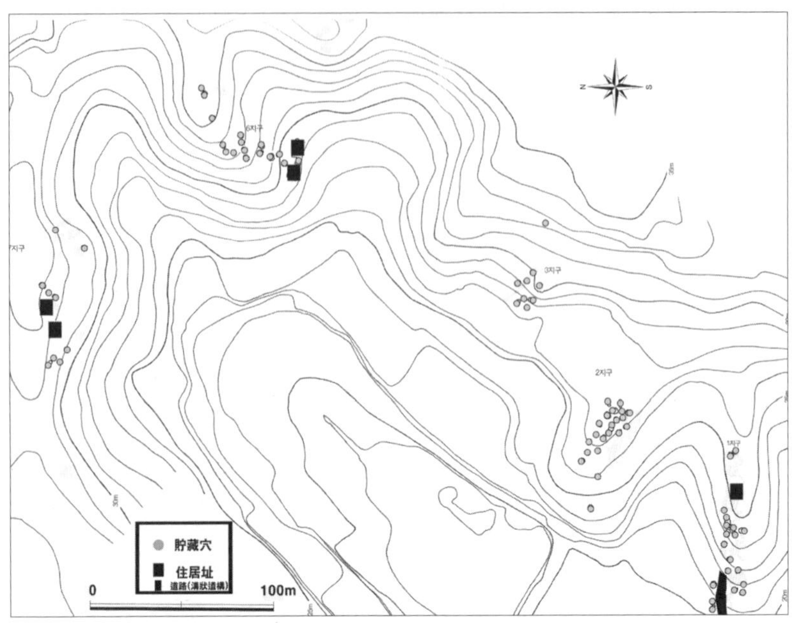

도 15. 익산 신동리유적 저장혈 분포(崔完奎外, 2006 修訂)

시 팔봉동(구 八峯面) 신동리信洞里(崔完奎 외, 2005 ; 2006) 등이 있다(도15 참조).

2. 관방성

관방성은 지방성과 달리 주변에 가로망을 구비한 나성리유형의 지방도시나 대규모 취락이 없고, 군사적 전략·전술과 밀접한 위치에 축조된 것으로 흔히 산성山城이라 부르는 것이다. 관방성은 그 특수한 지형적 특징으로 인해 고대부터 조선시대까지 심지어 현재까지도 지속적으로 점용된 예가 적지 않다. 지금까지 알려진 백제 관방성으로는 양주 대모산성大母山城, 이천 설봉산성雪峰山城·설성산성雪城山城, 음성 망이산성望夷山城, 충주 장미산성薔薇山城 등이 있었으나 후대 점유 성에 의해 백제 당시의 성벽이 확인되지 않은 경우가 많다. 성내부 출토 토기 등으로 보면 대략 한성시기 4~5세기 무렵에 해당되는 경우가 많다(朴淳發, 2002). 일부 보고서에서 백제가 석축산성을 축조한 것으로 언급하고 있으나 필자의 관찰 결과로는 후대 개축된 것일 뿐 한성기 백제 산성은 토축 성벽이었을 것으로 추정하고 있다. 최근 충북 증평曾坪 이성산성二城山城(中原文化財硏究院, 2013, 『증평 이성산성III-南城1·2·3次- 發掘調査 綜合報告書』), 천안 동성산성銅城山城(李昄燮, 2018) 등의 조사를 통해 토축 산성의 모습을 확인할 수 있게 되었다. 이 두성은 모두 백제가 마한지역으로 영역을 확대하는 과정에 중요한 역할을 하였을 것으로 추정되는데, 특히 2016년도에 발굴조사와 더불어 학계에 알려진 동성산성은 목지국 국읍으로 비정되어 온 천안·아산 지역으로 진출하는 과정에서 반드시 통과하여야 하는 요충에 해당되는 전략 가치가 높은 관방성으로 평가된다.

IV. 맺음말

인류가 취락 주변에 흙으로 쌓아 올린 담장 형태의 방어시설을 고안한 것은 지금으로부터 약 9000년 전으로 거슬러 올라가지만, 지금까지 고고학 자료로 알려진 대부분의 성원취락은 국가라는 새로운 계층사회의 성립과 밀접한 관련을 가지고 있다.

국가의 출현과 더불어 사람들 사이 그리고 취락들 사이에 의존성은 높아가고 혈연적인 관계의 범위를 넘어선 대규모 취락에서 지연地緣이 더욱 중요한 유대감 내지 귀속감의 기준이 되었다. 메소포타미아에서 가장 먼저 성립된 도시국가들이 저마다의 고유한 신神을 가지게 된 데에는 어찌 보면 혈연을 초월한 새로운 지연사회에 거주하게 된 도시적 주민의 통합을 위해 반드시 필요한 이념적 장치였을 것이다.

중국을 위시한 동아시아 지역에서도 그러한 이념 장치로서 토템이나 특정 인물의 천부적天賦的 신이성神異性이 있었음은 물론이다. 단군檀君신화로 이해하고 있는 한반도 지역 최초 국가 형성과정에서 천부적 신이성을 가지고 탄생한 단군이 '신시神市'를 세운 것 역시 그러한 예에 해당된다 할 것이다. 국가 단계 정치체의 최고 의사결정은 특정 혈연집단 소속 유력개인에 위임되었으며, 그에 따라 천하의 의사결정, 즉 '왕王'은 특정 가家의 소관이기도 하다. 한자 문화권에서 그러한 정치체를 '국가國家'라고 부르는 것과 밀접한 관련이 있다.

따라서 동아시아에서는 국가의 중심취락에는 항상 왕의 거소인 궁이 그 중심에 위치하여야 하였다. 국가 사회를 운영함에 있어 필요한 인적 물적 토대인 중심취락을 도성都城이라 하는데, 여기에는 자급자족적인 일차생산에서 벗어나 특정 전문적 직능을 발휘하는 도시적 주민이 집주한다. 이렇게 볼 때 도성의 중요한 구성요소는 왕의 거소로서 궁전宮殿구역 혹은 궁성宮城과 도시적 주민의 거주구로서 민리民里라고 할 수 있다.

한반도 고대국가의 성립기에도 역시 중심취락 주변에 성벽을 두른 성원취락이 등장하는 역사적 보편성이 관찰된다. 앞선 원삼국시대의 '국國'의 거수巨帥들이 일반민들과 '잡거雜居'하던 것과 달리 왕의 전용 거주구인 궁전이 출현하였다. 이런 점에서 궁의 존재 및 그것의 민리와의 분리는 국가 단계 도성의 중요한 특징이라 할 수 있다.

국가는 성립이후 부단히 성장의 길로 들어서게 된다. 인류 역사상 스스로 영토 즉, 공간적 토대를 축소하는 국가는 찾아보기 어렵다. 고대에 있어 국가의 성장은 곧 영토의 확장이라 하여도 좋을 것이다. 대체로 먼저 국가 단계로 진입한 정치체가 후발 정치체를 병탄하는 경우가 일반적이라 할 수 있다. 이는 지방 편제 과정이기도 한데, 이 과정에서 도성 이외의 지방성이 출현한다. 그리고 인접 정치체 통합과정이나 그 이후 새로운 체제를 유지하기 위해 반드시 필요한 것이 공권력으로서 군경軍警인데, 그와 관련된 시설 가운데 하나가 관방성關防城이다. 한편 수취는 인체의 혈류와 마찬가지로 국가 체제를 유지함에 있어 필수적이다. 수취체제는 시대마다 구체적 형태는 다를지라도 그 본질은 다르지 않다. 국가 성장과정에 수반되는 중요한 시설 가운데 하나가 관창官倉으로 대표되는 수취체제인데, 그와 관련된 거점이 성의 형태로 나타나기도 한다.

【참고문헌】

김가영·이주연·최보람, 2012, 『公州 德芝里 遺蹟』, 백제문화재연구원.

김경택 외, 2011, 『松菊里Ⅶ』, 한국전통문화대학교 고고학연구소.

_______, 2011, 『松菊里Ⅸ』, 한국전통문화대학교 고고학연구소.

김규정·옥창민, 2009, 『益山 黃登里遺蹟』, 전북문화재연구원.

金奎正·梁英珠·安鉉重, 2008, 『益山 富松洞 242-73遺蹟』, 전북문화재연구원.

金王國, 2016, 「百濟 漢城期 貯藏施設 擴散의 動因-단면 플라스크형 저장수혈을 중심으로-」, 『百濟研究』 63輯.

金承玉 外, 2010, 『上雲里Ⅲ-生活遺構 및 墳墓·綜合考察-』, 全北大學校博物館.

羅建柱, 2003, 『公州 花井里遺蹟』, 忠淸埋藏文化財研究院.

朴淳發, 1998, 『百濟國家의 形成 研究』, 서울大學校 大學院 博士學位論文.

______, 2002, 「漢城期 百濟의 城郭」, 『鄕土서울』 62.

______, 2007, 「墓制의 變遷으로 본 漢城期 百濟의 地方 編制 過程」, 『韓國古代史研究』 48.

______, 2013a, 「백제, 언제 세웠나-고고학적 측면」, 『백제, 누가 언제 세웠나』, 한성백제박물관.

______, 2013b, 「유물상으로 본 백제의 영역화 과정」, 『백제, 마한과 하나되다』(2013년 여름 특별전 도록), 한성백제박물관.

______, 2013c, 「百濟 都城의 始末」, 『中央考古研究』 13.

______, 2014, 「백제 한성기의 지방도시」, 『백제의 왕권은 어떻게 강화되었나』, 한성백제박물관.

______, 2017, 「백제 도성 묘역의 비교 고찰」, 『百濟研究』 66.

윤덕향 외, 2002, 『배매산』, 全北大學校博物館.

尹淨賢, 2014, 「호서지역 백제 영역화에 따른 취락의 위상변화」, 『百濟研究』 59.

李南奭·李賢淑, 2012, 『靑陽 池谷里 遺蹟』, 公州大學校博物館.

李昄燮, 2018, 「竝川川 流域의 地理的 狀況과 天安 銅城山城」, 『湖西考古學』 36.

李憲載·權純珍, 2005, 『고양 멱절산 유적-긴급발굴조사 보고서-』, 경기도박물관.

전라문화유산연구원, 2017, 「완주 배매산성-2017년 비지정 매장문화재 발굴조사」 (설명회자료).

중앙문화재연구원, 2001, 『論山 院北里 遺蹟』.

＿＿＿＿＿＿＿＿, 2014, 『고양 멱절산유적(1차)』.

中原文化財硏究院, 2013, 『증평 이성산성Ⅲ-南城1·2·3次- 發掘調査 綜合報告書』.

崔完奎·趙仙榮·朴祥善, 2005, 『益山 信洞里 遺蹟-5·6·7地區-』, 圓光大學校 馬韓·百濟文化硏究所.

崔完奎·趙仙榮·朴祥善, 2006, 『益山 信洞里 遺蹟-1·2·3地區-』, 圓光大學校 馬韓·百濟文化硏究所.

한얼문화유산연구원, 2013, 『홍성 석택리 유적 발굴조사 약보고서』.

〈중문〉

董　琦, 2006, 「論早期都邑」, 『文物』 6期.

裵安坪, 2004, 「中國史前的聚落圍溝」, 『東亞古物』[A卷], 文物出版社.

徐苹芳, 1981, 「中國秦漢魏晉南北朝時代的陵園和塋域」, 『考古』 6期.

李自智, 1990, 「試論秦始皇陵布局對後代帝陵的影響」, 『文博』 5期.

王紅星, 2003, 「從門板灣城壕聚落看長江中游地區城壕聚落的起源與功用」, 『考古』 9期.

張玉石·趙新平·喬梁, 1999, 「鄭州西山仰韶時代城址發掘」, 『文物』 7期.

「한반도 성의 출현과 전개-백제를 중심으로-」에 대한 토론문

심광주(토지주택박물관)

마지막으로 한반도 성의 출현과 전개에 대하여 발표한 박순발 선생님께 질문하고 싶다. 발표문에 보면 동아시아에서는 국가의 중심취락에는 항상 왕의 거소인 궁이 그 중심에 위치하며 여기에는 자급자족적인 일차생산에서 벗어나 전문적 직능을 발휘하는 도시적 주민이 집주한다고 하였다. 또한 한반도 고대국가의 성립기에도 역시 중심취락 주변에 성벽을 두른 성원취락이 등장하는 역사적 보편성이 관찰된다고 하였다. 원삼국시대의 국의 거수들이 일반민들과 잡거하던 것과는 달리 왕의 전용 거주구인 궁전이 출현했으며 이러한 점에서 궁의 존재 및 그것이 민리와의 분리는 국가단계 도성의 중요한 특징이라고 하였다.

발표자는 백제를 중심으로 이러한 고대국가발전단계에 대한 기본적인 이론을 제시하면서 가야의 도성에 대한 언급은 전혀 없었지만, 발표자의 이론에 근거하면 김해 봉황동 일대의 유적은 어느 단계로 볼 수 있는지 부연설명을 부탁드린다.

「한반도 성의 출현과 전개-백제를 중심으로-」 에 대한 토론문

이동희(인제대학교)

1. 발표자는 원삼국시대 취락유형 가운데 상위유형은 '주거지+저장시설+수공업생산시설+분묘+방어시설'로 구성되어 있고, 상위취락을 소국의 국읍으로 보셨습니다. 또한, 그 대표적인 예로서 홍성 석택리유적을 거론하였습니다.

이와 관련하여, 읍락이나 일반취락에 대응하는 취락유형과 취락유형별 분묘의 위계에 대한 부연 설명을 바랍니다.

2. 발표자는 "하남 위례성은 풍납토성으로 판단되며, 대략 2세기대에 등장한 것으로 보이는 환호취락이 백제 국가성립기인 3세기 중후엽에 성벽취락으로 전환되었다."고 보았습니다.

풍납토성 이전의 환호취락과 풍납토성간의 상관관계, 즉, 환호에서 토성으로의 변동이 무엇을 의미하는지? 그리고 축성주체나 정치적 변동이 있었는지 등에 대해 궁금합니다.

김해 봉황동유적도 환호취락에서 토성으로 전환되었기에 풍납토성의 예는 좋은 참고 자료입니다.

3. 발표자는 "감일동 고분군의 등장 이후는 왕묘역, 귀족 혹은 관료계층 묘역, 일반인 묘역 등으로 구성된다."고 주장하셨는데, 일반인 묘역에 노예 등의 하층민도 포함되는지 궁금합니다.

그리고, 왕릉역으로 비정되는 능산리 고분군 내에서 복수의 군집이 등장한다고 보았는데, '복수의 군집'의 함의에 대해 설명을 바랍니다.

4. 발표자는 한성기 백제 산성은 모두 토축 성벽으로 보고 있습니다. 그러하다면, 백제 석축성의 출현 시기와 그 배경, 가능하시다면 신라와 가야의 석축성에 대해서도 부연 설명을 바랍니다.

5. 원삼국시대에 국國의 거수거수巨帥들이 일반민들과 잡거한 것으로 알려져 있습니다. 홍성 석택리 환호취락이나 대전 용계동 유적 등의 대규모 취락에서 거수巨帥의 거관이 확인된 바 있는지 궁금합니다.

「한반도 성의 출현과 전개-백제를 중심으로-」 에 대한 토론문

송원영(대성동고분박물관)

박순발선생님은 백제의 성을 중심으로 한반도 국가성립과정을 잘 말씀해주셨다. 선생님은 백제의 경우 늦어도 4세기대에 이미 도성과 국가가 성립한 것으로 보고 있다. 발표문을 금관가야에 적용하여 몇 가지 질문을 드리고자 한다.

첫째 "국가 단계 정치체의 최고 의사결정은 특정 혈연집단 소속 유력개인에 위임되었으며, 그에 따라 천하의 의사결정, 즉 '왕王'은 특정 가家의 소관이기도 하다. 한자 문화권에서 그러한 정치체를 '국가國家'라고 부르는 것과 밀접한 관련이 있다."라고 하셨는데, 대성동고분에서는 유독 대형 수장급 무덤 간의 선행분묘를 파괴하는 중복현상이 많다. 그런데 4세기중엽 이후 무덤과 5세기대 분묘가 중복되는 사례는 확인되지 않았다. 이 시기이후 국가의 출현과 연동된 혈연집단의 계승이라고 해석할 여지는 없는지 궁금하다.

둘째 "국가 사회를 운영함에 있어 필요한 인적 물적 토대인 중심취락을 도성都城이라 하는데, 도성의 중요한 구성요소는 왕의 거소로서 궁전宮殿구역 혹은 궁성宮城과 도시적 주민의 거주구로서 민리民里라고 할 수 있다.

한반도 고대국가의 성립기에도 역시 중심취락 주변에 성벽을 두른 성원취락이 등장하는 역사적 보편성이 관찰된다. 앞선 원삼국시대의 '국國'의 거수巨帥들이 일반민들과 '잡거雜居'하던 것과 달리 왕의 전용 거주구인 궁전이 출현하였다. 이런 점에서 궁의 존재 및 그것의 민리와의 분리는 국가 단계 도성의 중요한 특징이라 할 수 있다."

봉황동유적의 경우 1,500보 둘레의 나성을 기준으로 민리와 구분된 생활 공간을 가지고 있다. 어떻게 판단할 수 있는가?

셋째. 국가는 성립이후 성장을 위해 후발 정치체를 병탄하는 지방 편제 과정을 통해 도성 이외 지방성의 출현을 언급하고 있다. 대성동고분의 하위 정치체로서 양동리고분-유하패총 집단과 복천동고분-동래패총 집단을 대성동고분집단-봉황동유적의 지방성으로 볼 수 없는지 궁금하다.

마지막으로 관방성關防城과 관창官倉으로 대표되는 수취체제를 들었는데, 이는 봉황동유적 배후의 분산성, 양동집단 배후의 양동산성과 가야의 해상 교역을 통한 각종 위신재의 사여체제와 관련한다면 설명이 가능할 것 같은데 이에 대한 견해를 부탁드린다.

中国先秦至隋唐时期宫城的考察

龚国强*

目 次

一、关于"宫城"的概念

中国新时器时代晚期龙山时代，其时众多邦国、部族林立，相互之间不断激烈冲突、兼并或融合。阶级的的分化和社会矛盾的激化，使得社

* 中国社会科学院考古研究所

会空间的隔离和防御的要求问题变得更加急切，出现了“城”，最终导致了城邦制度的诞生，并在以后得到强化和发展，使城的形式成为中国古代文明与国家起源和产生的重要内容和特征。

据考古发掘，各地考古发现的公元前3000至公元前2000年的古城遗址达60余处，例著名的有河南省登封市告成镇王城岗遗址、[1] 河南省新密市新砦城址、[2] 陕西省榆林市神木县石峁城址、[3] 山东省日照市东港区两城镇遗址、[4] 湖北省天门市石河镇石家河遗址、[5] 浙江省杭州市余杭区瓶窑镇良渚古城址等，[6] 它们都处于中国古代文明和国家的起源阶段。

城郭产生以后，又随着社会的进化和演变，统治阶层和权力的集中，分化出“都邑”和一般城堡的区别，而差不多同时，在一些都城之中又出现了城中之城的“宫”，也即统治阶层中最高地位者的居住和处理社会事务的特殊区域，所以，宫城是王权或皇权政治的载体，是国家意志的最高体现，其形制的变化往往决定都城的建设，反映出时代的演变和政治的晴雨。从史料记载来看，最早的城就是宫都合一的宫城。“宫”之名称和建筑早在神农、黄帝、尧、舜、禹五帝时代就已出现。《管子》记“黄

---

1) 河南省文物考古研究所:《登封王城岗与阳城》，文物出版社1972年。

2) 赵春青、顾万发编:《新砦遗址与新砦文化研究》，科学出版社2016年；北京大学震旦古代文明研究中心、郑州市文物考古研究院:《新密新砦--1999-2000年田野考古发掘报告》，文物出版社2008年。

3) 陕西省考古研究院等:《陕西神木县石峁遗址》,《考古》2013年第7期。

4) 于海广等:《山东日照市两城镇遗址1998～2001年发掘简报》,《考古》2004年9期；栾丰实文物出版社2009年7月。

5) 石家河考古队等:《肖家屋脊》，文物出版社，1999年；石家河考古队等:《邓家湾》，文物出版社，2003年；北京大学考古系等:《石家河遗址调查报告》,《南方民族考古》第五辑，1992年；湖北省文物考古研究所、北京大学考古学系和湖北省荆州博物馆编:《邓家湾:天门石家河考古报告之二》，文物出版社2003年6月。

6) 浙江省文物考古研究所:《杭州市余杭区良渚古城遗址2006～2007年的发掘》,《考古》2008年第7期；浙江省文物考古研究所:《2006-2013年良渚古城考古的主要收获》,《东南文化》2014年第2期。

帝有合宫以听政”，《穆天子传》：“天子升于昆仑之丘，以观黄帝之宫。”《帝王世纪》：“尧有贰宫。”《世本》：“尧使禹作宫”。《初学记》卷二十四引《吴越春秋》：“鲧筑城以卫君”（此“城”当意为“宫”）。

随着宫城作为中心区域的地位的确立，其外围空间和社会功用得以发展和强化，统治阶层和社会各界逐渐以此集中，遂逐渐形成了都为一国之中、宫为都城中心的都城体系。至西周时期，建立都城的模式设计和实践活动已经成型，一般认为成书于战国的《周礼·冬官·考工记·营国》曾系统总结了西周的都城规划建造思想：“匠人营国，方九里，旁三门；国中九经九纬，经涂九轨；左祖右社，面朝后市，市朝一夫。”“左者人道所亲，故立祖庙于王宫之左；右者地道所尊，故立国社于王宫之右；朝者义之所在，必面而向之，故立朝于王宫之南；市者利之所在，必后而背之，故立市于王宫之北”。《管子·度地》云：“内为之城，城外为之郭。”《管子·乘马篇》曰：“凡立国都，非于高山之下，必于广川之上，高毋近旱，雨水用足；下毋近水，而沟防省。因天材，就地利”。《吕氏春秋·审分览·知度篇》（成书于战国后期）也强调：“古之王者，择天下之中而立国，择国之中而立宫，择宫之中而立庙”。这说明，至战国时，人们已经归纳总结出较为系统的都城和宫城规划理论，这是后期各代王朝建立都城和宫城的理论根据。

二、先秦至隋唐主要宫城遗迹

1、陶寺宫城遗迹

陶寺遗址位于山西省临汾市襄汾县陶寺村，为新石器时代晚期龙山文化城址。[7] 早期城址20余万平方米，中期城址面积 280 多万平方米，方向225°，由南部的下层贵族居住的外城和宫城组成。东南小城为中期王陵区和观象祭祀区，城外北偏西是祭祀地祇的方丘。在城内的东南部发现手工业作坊区和圆角方形的一处大型夯土的工官建筑基址。城内西北部为普通居民区。宫城外侧东部为大型仓储区(图一)。

宫城居城中偏北，有四面城墙遗迹，平面呈圆角长方形，东西长约 470 米，南北宽约 270米，面积 12 万余平方米。宫内发现大小夯土基址十余座，最大者面积约8000余平方米，可能是主殿。其他还发现有中期的大型夯土建筑及高等级的建筑垃圾、凌阴冰窖建筑遗迹、宫廷厨房建筑群、向外的排水沟渠等。

2、二里头夏朝宫城遗迹

中国最早的宫城遗址为河南省偃师县二里头夏朝宫殿遗址。根据考

7) 中国社会科学院考古研究所、山西省临汾市文物局:《襄汾陶寺 1978-1985年考古发掘报告》第1册，文物出版社2015年;中国社会科学院考古研究所山西队:《山西襄汾陶寺城址2002年发掘报告》,《考古学报》2005年3期;中国社会科学院考古研究所山西队:《山西襄汾县陶寺城址祭祀区大型建筑基址2003年发掘简报》,《考古》2004年第7期;何驽:《都城考古的理论与实践探索—从陶寺城址和二里头遗址都城考古分析看中国早期城市化进程》，中国社会科学院考古研究所夏商周考古研究室《三代考古》，2009年。

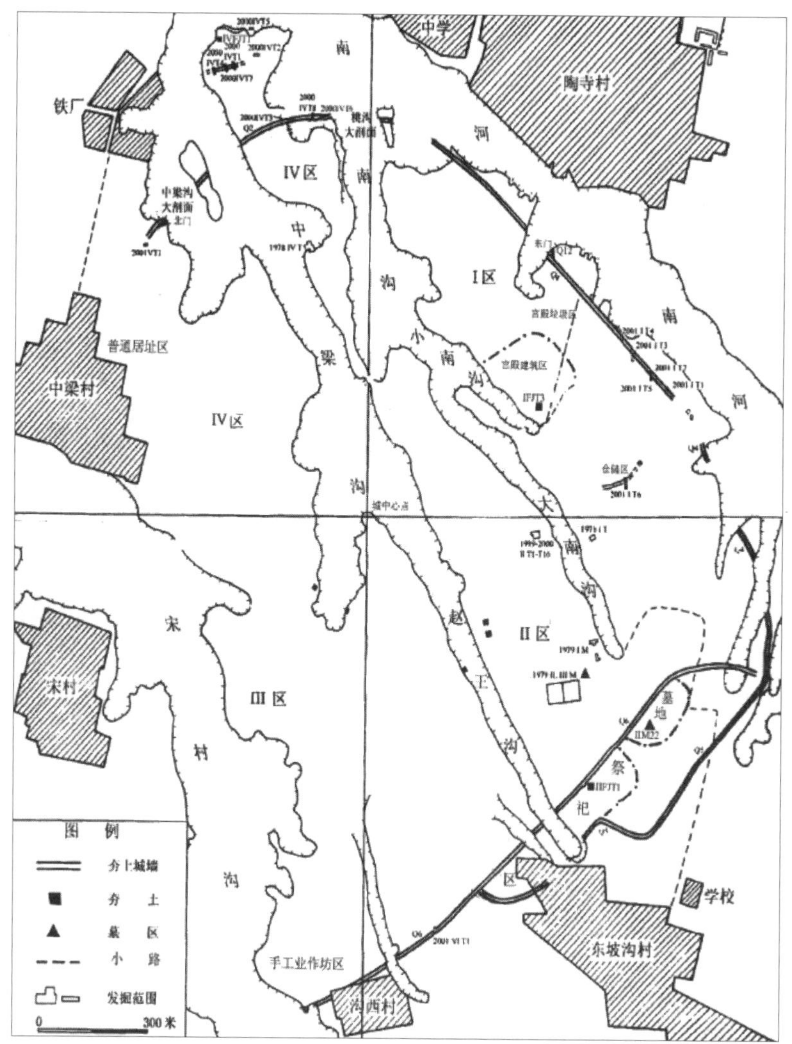

图一. 陶寺遗址平面图

古调查和发掘，遗址平分中心区和一般居住区两大区域。中心区位处高地之上，又可分宫殿区、祭祀活动区、作坊区和贵族聚居区四大区域(图二)。

据实测，二里头宫城周筑夯土围墙，平面略呈纵长方形，面积约 10. 8

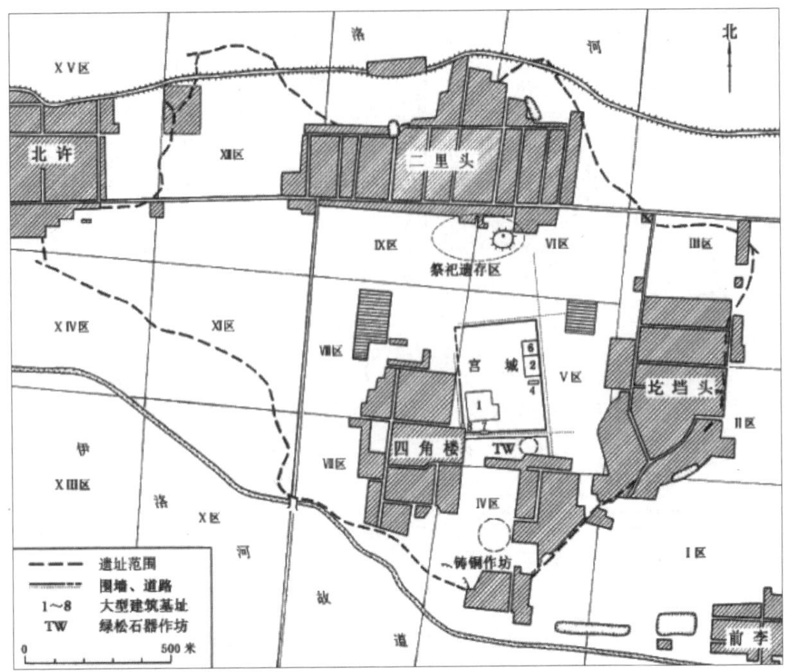

图二. 二里头遗址平面图

万平方米。城墙墙体宽厚，宽约2米。东西墙复原长度分别约为378米、359米，南北墙的复原长度分别为295 米、292米。东墙发现有2处门道，分别在2号基址东南角和偏南的宫墙上。

宫城内发现宫殿建筑和宗庙建筑基址数十处，面积为400～10000平方米不等。宫庙建筑群按时间早晚可分为三组：3号和5号基址为早期组；1号和7号、2号和4号为晚期的两组。其它基址则分别围绕上述各组，构成多重建筑组合。每一建筑单元组都有主体建筑大殿一座，各具中轴线，各筑围墙。

宫城内外还配置有较系统的道路和给排水设施。宫城外围发现有以宫城为中心、垂直相交的“井”字形道路，路一般宽10多米。宫殿区南侧的大路上还发现了车辙痕迹。

据发掘资料判断，宫城始建于二里头文化二、三期，即早、晚期。[8)]

3、偃师商城宫城遗迹

河南省偃师市市区西南部的商代城址于1983年发现，是目前发现最早的商代都城(公元前16～前14世纪)。城址由大城和小城两部分组成。始建时的小城大体呈纵长方形，南北长约1100米，东西宽约740米，城墙厚6-7米，面积约81万多平方米。大城在小城基础上扩建而成(约在偃师商城文化第二期)，形状不规整，北宽南窄，平面近似"菜刀"形，南北长约1710米，东西宽 1215米，面积约190万平方米(图三)。

宫城位于小城中央偏南的高地上，平面近似方形，边长各约220 米，面积约4.5余万平方米。城墙夯筑，厚约2米。南墙正中发现有门署遗迹，门道宽约2米。宫城内自北向南依次为池苑区、祭祀区和宫室建筑群区。池苑区水源来自西一城门外，向东流向东一城门外。祭祀区自东向西分成三个独立的区域。宫室建筑集中分布在"宫城"南半部，已知有十余座，朝向皆南偏西，大体分属于偃师商城文化发展的三个不同时期【第一期(1号、4号、7号、9号和10号等5座)；第二期(2号、6号和8号宫殿)；第三期(3号和 5号宫殿)】。分为左右两排，东面一排前后两重院落，西侧一排前中后三重院落。[9)]

宫城"北部发现石砌池苑遗迹(建于第二期)，是我国现知最早的帝王

8) 中国社会科学院考古研究所:《偃师二里头:1959年～1978年考古发掘报告》，中国大百科全书出版社，1999年；中国社会科学院考古研究所:《二里头:1999~2006》(第1册)，文物出版社，2014年。

9) 中国社会科学院考古研究所:《偃师商城》(第一卷)(上、下册)，科学出版社，2013年；杜金鹏、王学荣主编:《偃师商城遗址研究》，科学出版社，2004年；王学荣:《偃师商城宫城之新认识》，中国商文化国际学术讨论会论文集。

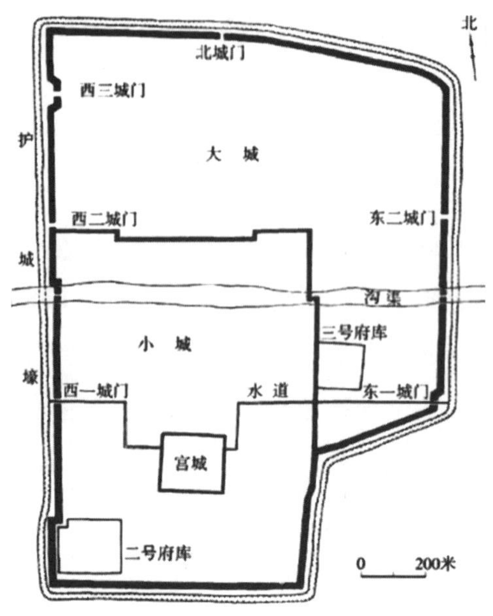

图三. 偃师商城遗址平面图

池苑遗迹, 东西长约130米, 南北宽约20米, 深约1.4米。四壁用自然石块垒砌而成, 池底弧凹, 未见有石块铺垫。在水池的东西两端, 各有一条用石块砌成的渠道同水池相连通。池的南岸发现有临水建筑遗址。池苑之南即所谓的"大灰沟", 东西长约120米, 南北宽约14米, 形制规则, 四周有宽约1米的夯土墙围绕。

此外, 宫城内有多座水井;各宫殿有石砌的排水暗沟, 互相连通, 形成一个较为系统的排水体系, 与宫城外宽2米、长达800米的主沟相连通。

偃师商城还最早采用了"内城外郭"式宫城模式。

4、殷墟洹北商城宫城遗迹

位于河南省安阳市洹河北岸花园庄的洹北商城遗址, 可能是商代中

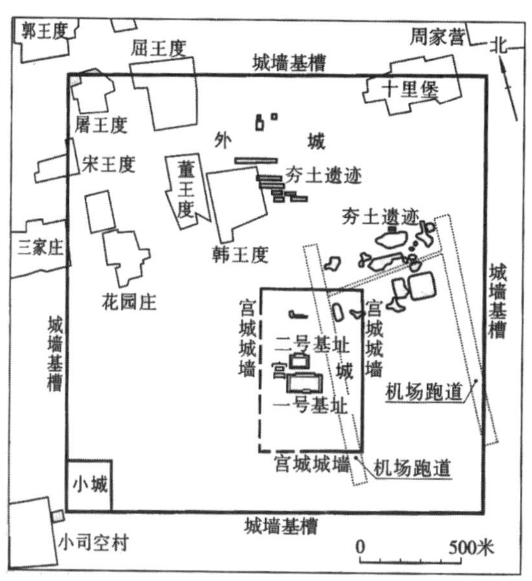

图四. 洹北商城遗址平面图

后期的一处都邑遗址。1999年考古钻探发现并确认。[10] 其平面形状大体呈方形，周围夯筑的城墙，东西宽2.15公里，南北长2.2公里，总面积约4.7平方公里(图四)。宫城位于洹北商城外城的南部中间偏东，平面呈南北长方形，南北长795 米，东西宽515 米，面积不小于41 万平方米。宫内发现30 多处分布密集的大型夯土建筑基址群，中轴线南段上发现南北平行、一大一小的一号、二号宫殿建筑基址。

其中，一号宫殿建筑基址东西长173米，南北宽约90米，面积达1. 6万

10) 中国社会科学院考古研究所安阳工作队:《河南安阳市洹北商城的勘察与试掘》，《考古》2003年第5期;中加洹河流域区域考古调查课题组:《河南安阳市洹北商城遗址2005～2007年勘察简报》，《考古》2010年第1期;中国社会科学院考古研究所安阳工作队:《河南安阳市洹北商城宫殿区1号基址发掘简报》，《考古》2003年第5期;中国社会科学院考古研究所安阳工作队:《河南安阳市洹北商城宫殿区二号基址发掘简报》，《考古》2010年 第1期。

平方米，呈类似“四合院”的“回”字型。基址由门塾(包括两个门道)、主殿、主殿两旁的廊庑、东西配殿(东配殿尚未发掘)、门塾两旁的长廊组成。庭院南北宽68米、东西长140余米，与“商王聚众庭院，多时可达万人”的史书记载相符，应是商王召集大臣开大会之所。庭院南庑有双门道，宽10.5米。正殿台阶下、门塾内外两侧已发现20余处祭祀坑。

5、安阳殷墟宫城遗迹

河南省安阳市殷都区小屯村周围的殷墟遗址，是盘庚迁殷以后至帝辛亡国期间长达273年的商代晚期都城所在。据《尚书·盘庚下》:“盘庚既迁，奠厥攸居，乃正厥位。”，可明了殷墟都城曾经过事前的规划。

殷墟遗址长宽各约6公里，以小屯村殷墟宫殿宗庙遗址为中心，沿洹

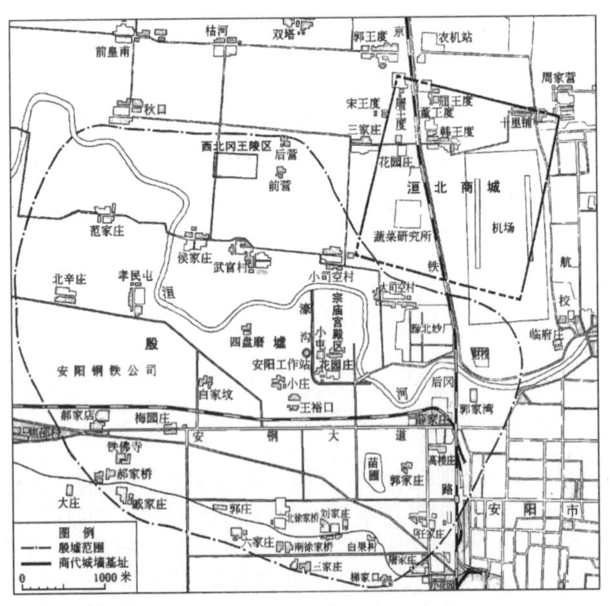

图五. 殷墟遗址平面图

河两岸呈环型分布，总面积约36平方公里，现存遗迹主要包括宫殿宗庙遗址、殷墟王陵遗址、后冈遗址以及聚落遗址(族邑)、家族墓地群、甲骨窖穴、铸铜遗址、手工作坊等(图五)。[11]

宫殿宗庙区遗址位于洹河南岸小屯村、花园庄一带，南北长1000米，东西宽650米，总面积71.5公顷，区域的西、南两面有防御的濠沟遗迹发现。区域内发现夯土建筑基址80余座、一座商王武丁配偶妇好的墓葬以及为数众多、曾出土甲骨约1.5万片的甲骨窖穴。

6、西周沣、镐两京宫城遗迹

西丰、镐都城遗址位于陕西省西安市西南郊沣河两岸，年代约当公元前11世纪～前771年。

遗址的考古自1933年起至今已约八十余年，确定了丰镐两京的遗址面积总计近17平方公里，是一个巨型都城遗址。

丰京亦称沣邑，位于沣河西岸，周文王伐崇侯虎后自岐迁此。遗址南北狭长，四面环水，面积约8～10平方公里。镐京遗址镐京位于沣河东岸，总体布局仍不明晰。根据考古调查，中心区域在汉昆明池以北的斗门镇、花园村、普渡村、白家庄等地，总面积约8平方公里(图六)。

沣、镐西周大型建筑基址区域偏离都城的中心部位，偏处于整个遗址的北部，既为高岗地带(沣西郿鄠岭、沣东高阳原)，其北边又濒临渭河、沣水等水源。此区域已发现夯土建筑基址近30处，往往数座建筑连成群体，应为宫城、宗庙所在的区域。这些大型夯土建筑均有较深的夯土基槽和夯土台基，屋顶施瓦，墙面涂白灰，有完善的陶管铺设的排水设施。

11) 中国社会科学院考古研究所:《安阳小屯》，世界图书出版公司2004年；中国社会科学院考古研究所:《殷墟的发现与研究》，科学出版社1994年。

沣西马王村、客省庄一带发现了十余处大型建筑基址，其中客省庄发掘的西周四号建筑基址平面呈“T”形，座北朝南，东西长61.5米，南北最宽处35.5米，总面积1826.98平方米，是迄今发现的西周中期最大的高台式夯土基址。沣东斗门镇至落水村一带亦发现大型建筑基址十余处，其

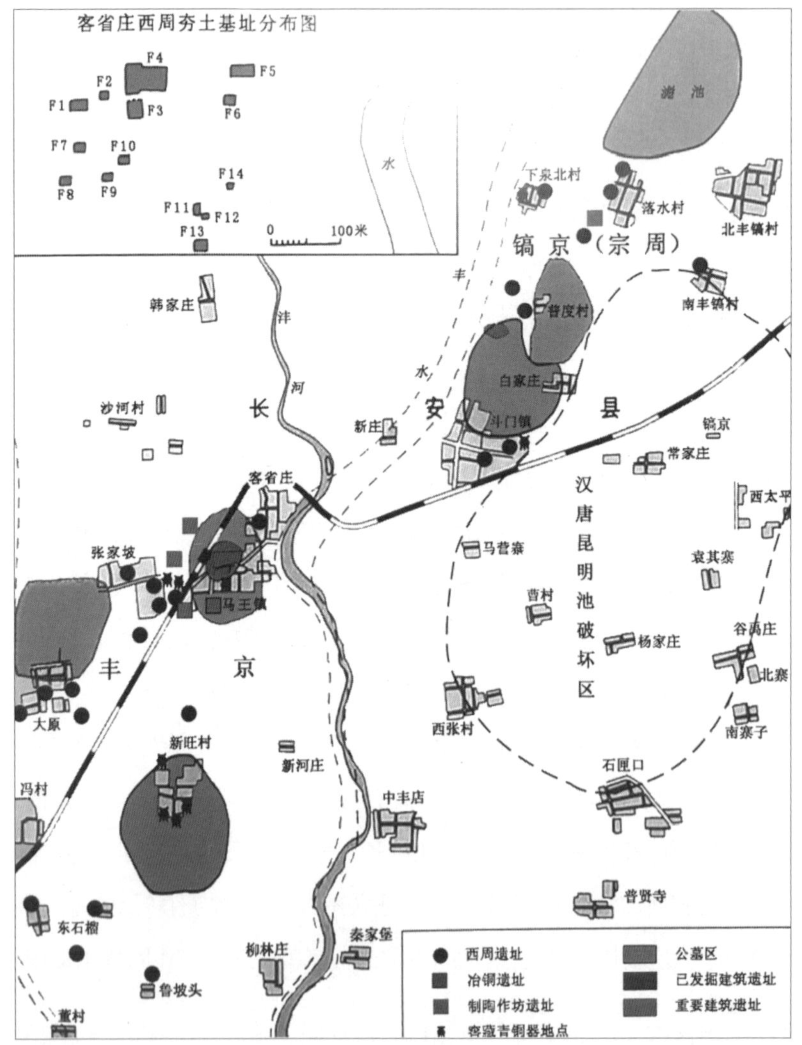

图六. 丰京、镐京遗址平面图

中花冈村发掘的五号建筑基址平面呈“H”形，总面积2891平方米。这些大型建筑基址应是宫室等级的一类建筑。

沣镐的一般居址、手工业作坊及墓葬区等大多分布在宫城区以南。

7、洛阳东周王城宫城遗迹

位于河南省洛阳市西工区的东周王城遗址，始建于春秋中期(公元前770年)周平王东迁洛邑之时，先后有二十五代周王在此执政，作为都城时间长达500余年之久。尽管春秋战国时期，周王室式微，诸侯相继称

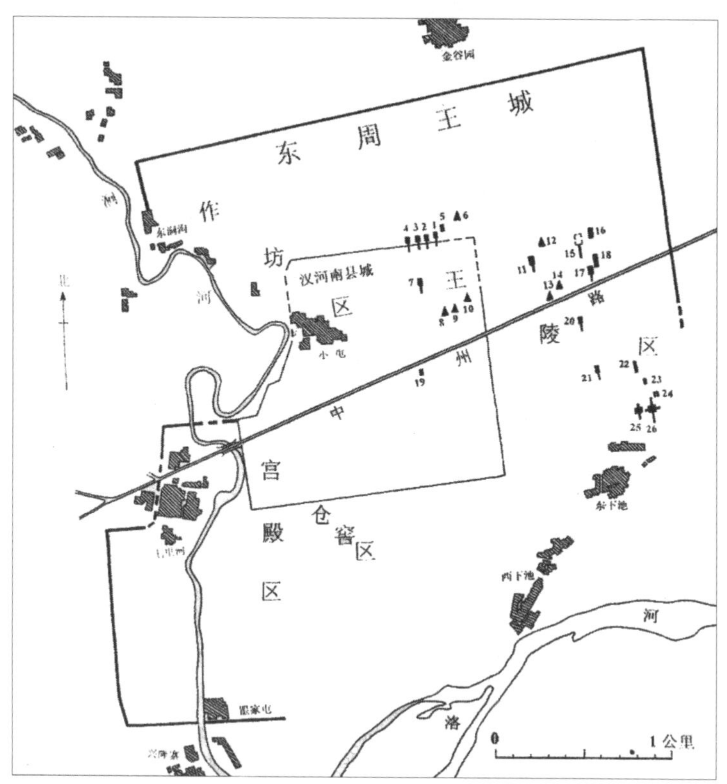

图七. 洛阳东周王城遗址平面图

霸，但东周王城仍作为天子之都，其重要性当仍高于列国都城。

城址平面大体呈正方形，周长约15公里。东周王城由外郭城、宫城及晚期在郭城外西南的小城（带有城壕和城墙）组成（图七）。[12] 城址内西北部分布有作坊区（制陶、制骨、玉石器制作等）、东北部的王陵区（已发现5座大型战国墓）等。

宫城位于郭城的西南隅，先后有多处大型建筑群基址、80余座粮窖在此发现。其演变是：春秋时期为规模较大、外有城壕、内有墙垣的独立小城，至战国早中期收缩，分为缩小的宫城和仓城东西并列的形制。[13]

8、战国赵都邯郸城宫城遗迹

东周时期，列国诸侯称霸，较有名的列国都城有齐临淄、曲阜鲁城、燕下都、赵邯郸、魏安邑城、郑韩故城、秦咸阳、楚纪南城等。考虑到本文篇幅有限，故在此谨选择考古资料较丰富、布局较清楚的赵都邯郸作为战国时的代表性都城实例（图八）。[14]

赵国都城邯郸故城，自公元前386年赵敬侯迁都于此郸，从此长期成为赵国都城。

郭城俗称“大北城”，规模较大，平面呈不规则、缺西北角的长方形，南北长4800米，东西宽3000米。夯土城墙仅少段露出地表。郭内东北部“丛台”高达26米，为战国时代早期宫殿的所在。东侧中部分布居民区及铜铁冶

12) 考古研究所洛阳发掘队：《洛阳涧滨东周城址发掘报告》，《考古学报》1959年第2期；中国社会科学院考古研究所：《洛阳发掘报告》，北京燕山出版社，1989年；徐昭峰：《试论东周王城的城郭布局及其演变》，《考古》2011年第5期。

13) 徐昭峰：《试论东周王城的宫城》，《考古与文物》2014年第1期。

14) 河北省文物管理处等：《赵都邯郸故城调查报告》，《考古学集刊》第4辑，中国社会科学出版社1984年。

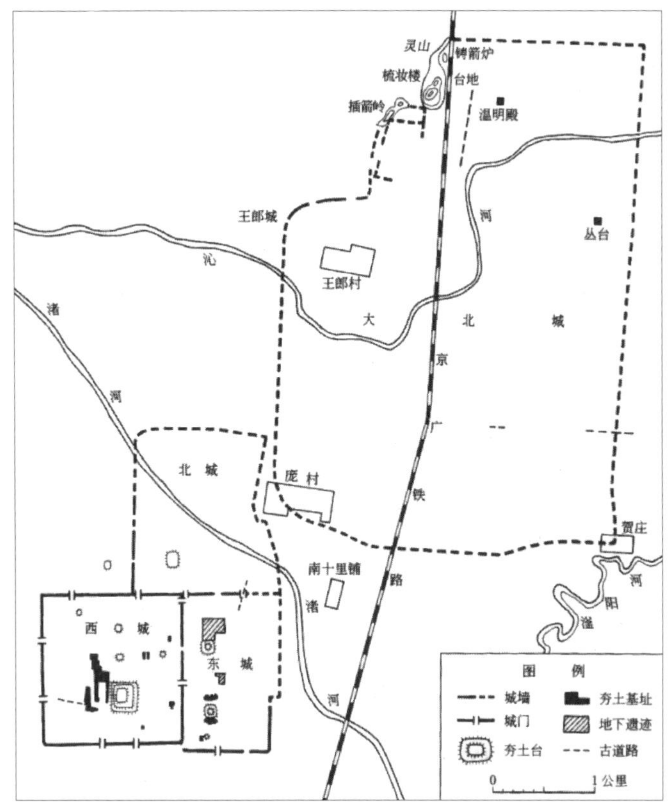

图八. 赵邯郸城遗址平面图

炼、陶窑、制骨、石器制作等作坊遗址。

宫城位于郭城的西南隅，三城连结，略呈不规则"品"字形，东西宽1326米，南北长1557米。西城是主体，形呈近正方形，每边长1400米。城中部偏南有高大的宫殿建筑台基，东西宽265米，南北长285米，东部高19米。城中部有南北向并列、间距均220米的三个正方形建筑台基，最南的1号台基(俗称"龙台")规模最大，南北296米，东西264米，东部高达16.3米。北面的2号和3号台基面积仅及1号台基的二十五分之一，高度仅及1号台基的三分之一，其东西两侧均发现有南北向的两排并列的长廊石柱础。上述遗迹说明西城中部原有包括外朝、内朝、寝宫在内的三进宫殿。

东城作长方形，南北长为1400米左右，东西宽935米，西部近墙处分布两座南、北相对的方形建筑台基，边长分布为110米、120米。再北，还有一座较大台基，南北长135米，东西宽111米。

北城南连东城和西城，西南隅发现有长方形建筑台基。

9、秦咸阳城宫城遗迹

秦咸阳城是战国时期秦国的都城，也是秦统一六国、建立秦王朝后的都城。自秦孝公十三年（前349年）由栎阳迁都于此，毁于公元前206年项羽入据咸阳之时，作为秦都共144年。

据记载："始皇穷奢极侈，筑咸阳宫，因北陵营殿，端门四达，以则紫宫，象帝居。渭水贯都，以象天汉。横桥南渡，以法牵牛。"体现出秦始皇的"天命"授权观。

秦咸阳城遗址现位于陕西省咸阳市东15公里的咸阳塬上、渭河的北岸。遗址考古工作开始于1959年。外郭城的城墙遗迹至今尚未发现。城址内发现有铸铁、冶铜、制陶、制骨遗址以及3个铜器和铁器的窖藏坑（图九）。[15)]

秦咸阳宫位于秦都咸阳遗址中部地势较高的咸阳原上，平面呈不规则长方形，东、南、西、北四面宫墙分别长426、902、576、843米，现存墙

---

15) 陕西省考古研究所：《秦都咸阳考古报告》，科学出版社2004年；刘庆柱：《秦咸阳城遗址考古发现的回顾及其研究的再思考》中国社会科学院考古研究所等编《里耶·古城秦简与秦文化研究：中国里耶古城·秦简与秦文化国际学术研讨会论文集》，科学出版社2009年。刘庆柱：《论秦咸阳城布局及其相关问题研究》，刘庆柱：《古代都城与帝陵考古学研究》，科学出版社2000年。

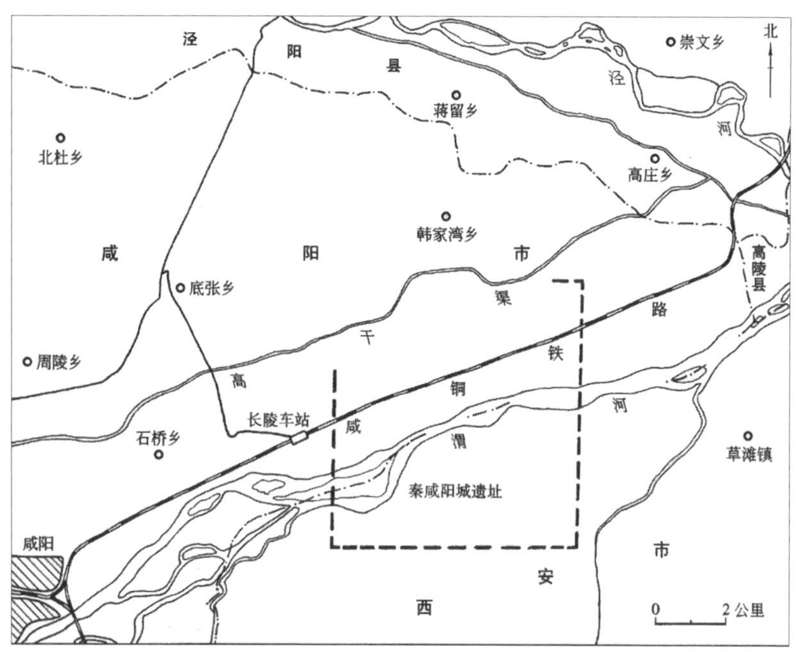

图九. 秦咸阳遗址平面图

宽5.5～7.6米，基厚4.6米。南墙与西墙上各发现门址1座，门道分布宽7.2米、17～18米。

宫城内可分为三区西北区、中区和东北区，勘探发现有7处大型夯土建筑基址。西北区分布有一、二、三、五号宫殿建筑遗址。其中一号基址平面呈长方曲尺形，东西长60米、南北宽45米，高6米，为一以多层夯土高台为基础、凭台重叠高起的楼阁建筑。三号宫殿基址也是一处高台建筑，东西长约117米，南北宽约60余米，总面积约7020平方米，清理出过廊、回廊两道、屋宇两室及建筑、车马、人物、游猎、鸟兽、植物、鬼怪等各种彩色壁画。东北区发现有规模最大的第六号宫殿建筑遗址，平面为方形，边长150米，上存高5.8米的高大夯土台。

咸阳宫以东3.5公里处发现夯土建筑遗址6处，曾发现列国瓦当等，可能为秦破六国后仿建其宫室的所在。

在今西安市未央区六村堡相家巷出土涉及“北宫”、“南宫”的一批秦封泥，此北宫即指咸阳城的宫殿，而南宫则为渭河南岸的甘泉宫，为太后所居住，即西汉时桂宫的所在地。

10、西汉长安城宫城遗迹

位于陕西省西安市未央区境内的西汉长安城遗址，始建于汉高祖五年(前202年)的长乐宫(从栎阳迁都于此，改建秦兴乐宫而成)，后进行大规模扩建，前后前后历时90年而完成都城的建设。

1956年开始勘查、发掘。城址平面呈不规则正方形，缺西北角，西墙南部和南墙西部向外折曲，人称“斗城”。城墙均为板筑土墙，东城墙长5940米，南墙长6250米，西墙长4550米，北墙长5950米，共有12个城门，周长约25.7公里，城垣内面积36平方公里。城内的主要建筑有长乐宫、未央宫、桂宫、北宫、明光宫、武库等。城西墙外有建章宫，城南有明堂、辟雍等礼制建筑群(图十)。[16)]

未央宫位于城的西南角，平面方形，四面有夯土宫墙，东西长2250米，南北宽2150米，面积约5平方公里，宫内由南部的沧池、中部的前殿、后宫的椒房殿、少府、天禄阁和石渠阁等建筑遗迹组成。前殿处于宫城中央，是未央宫正殿和皇帝朝会之所在，南北长约350米，东西宽约200米，北部最高处达15米。在未央宫西北部的工官官署遗址内出土了5万多片刻字骨签，是各地工官向中央政府"供进之器"的重要官方档案资料。长

16) 中国社会科学院考古研究所:《汉长安城未央宫:1980—1989年考古发掘报告》，中国大百科全书出版社1996年;刘庆柱:《汉长安城的考古发现及相关问题研究—纪念汉长安城考古工作四十周年》，《考古》1996年10期;刘振东、张建锋:《西汉长乐宫遗址的发现与初步研究》，《考古》，2006 年第10期。

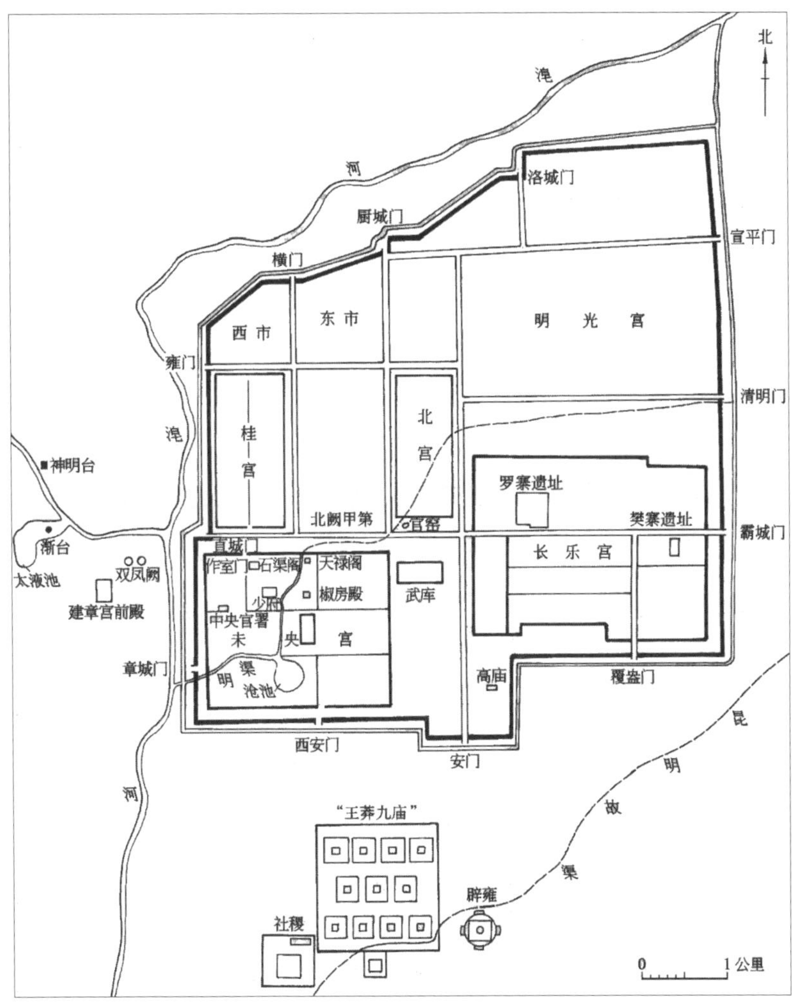

图十. 西汉长安城遗址平面图

乐宫位于城东南角，平面近方形，周围夯筑宫墙，周长约10公里，面积约6平方公里。长乐宫规模宏大，仅刘邦常居，后成为太后的寝宫。宫内主要建筑是长乐宫前殿，各殿址破坏严重。发掘的有四、五(凌室)、六号建筑基址。

桂宫位于未央宫的北边，平面呈南北向的长方形，南北长1800、东西宽880米，四面有夯土宫墙，现存主殿鸿宁殿等遗迹。

此外，上世纪九十年代曾在未央宫以北、桂宫之东勘探出长方形宫城遗址，应是北宫遗址所在。

11、东汉洛阳城宫城遗迹

东汉光武帝建武元年(公元25)定都洛阳，改都名为雒阳。

东汉洛阳城址位于今洛阳市东约15公里的伊洛平原上。经考古勘察，平面形制为南北长方形，外有城壕护卫。实测数据东、西城墙残长3900、3400米，厚为14、20米，北城墙较厚，为25~30米，长2700米，南城墙已被洛河冲毁。[17] 城墙上设有城门12座。城内建有宗庙和社稷，南郊发掘出明堂、灵台、辟雍和太学等遗址(图十一)。其他遗迹还有待以后考古工作逐步究明。

据文献记载和考古勘察，城内南、北二宫建于高地之上，南北对峙，之间连以七里长的复道。南宫最早设置，正殿称前殿；北宫正殿为德阳殿和崇德殿。根据文献记载，南北两宫政治活动数量均当，但由于南宫靠近洛水水患，故明帝之后，北宫成为主要政治中心。

12、曹魏邺北城宫城遗迹

邺北城为三国时曹操所建，属于王都形制，但后来相继为曹魏、后赵、

17) 中国科学院考古研究所洛阳工作队《汉魏洛阳故城初步勘查》，《考古》1973年第4期；中国社会科学院考古研究所：《汉魏洛阳故城南郊礼制建筑遗址：1962—1992年考古发掘报告》，文物出版社2010年。

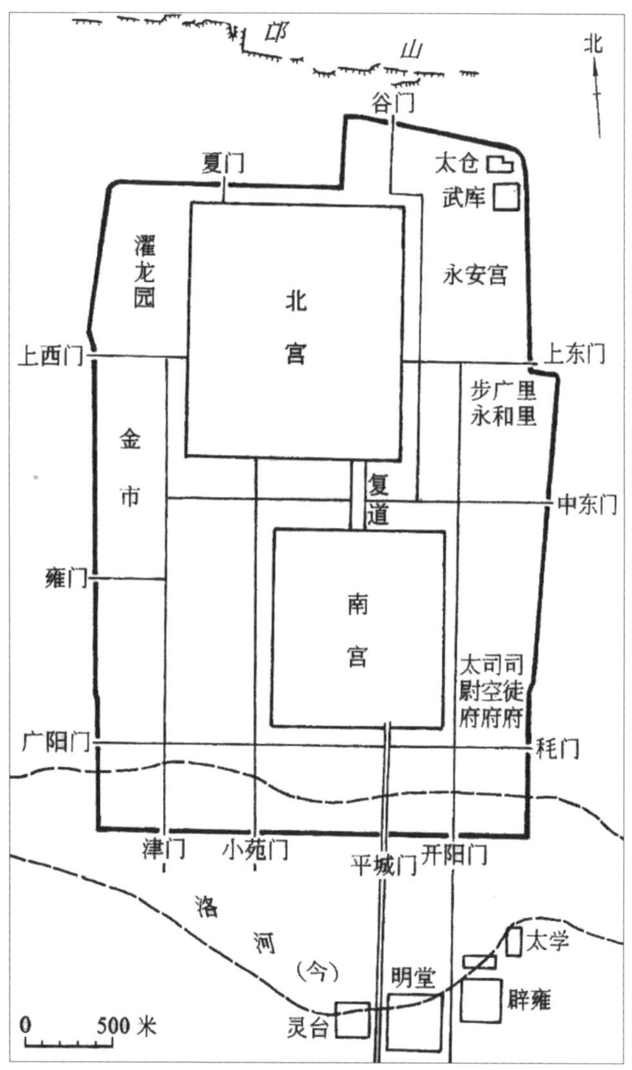

图十一. 东汉洛阳城遗址图

冉魏、前燕四朝之帝都，至东魏北齐时续用之。城址现位于河北省临漳县境内，其南紧连东魏北齐邺南城遗址。

据考古勘察，曹魏邺北城平面为东西长方形，东西长2400米，南北宽

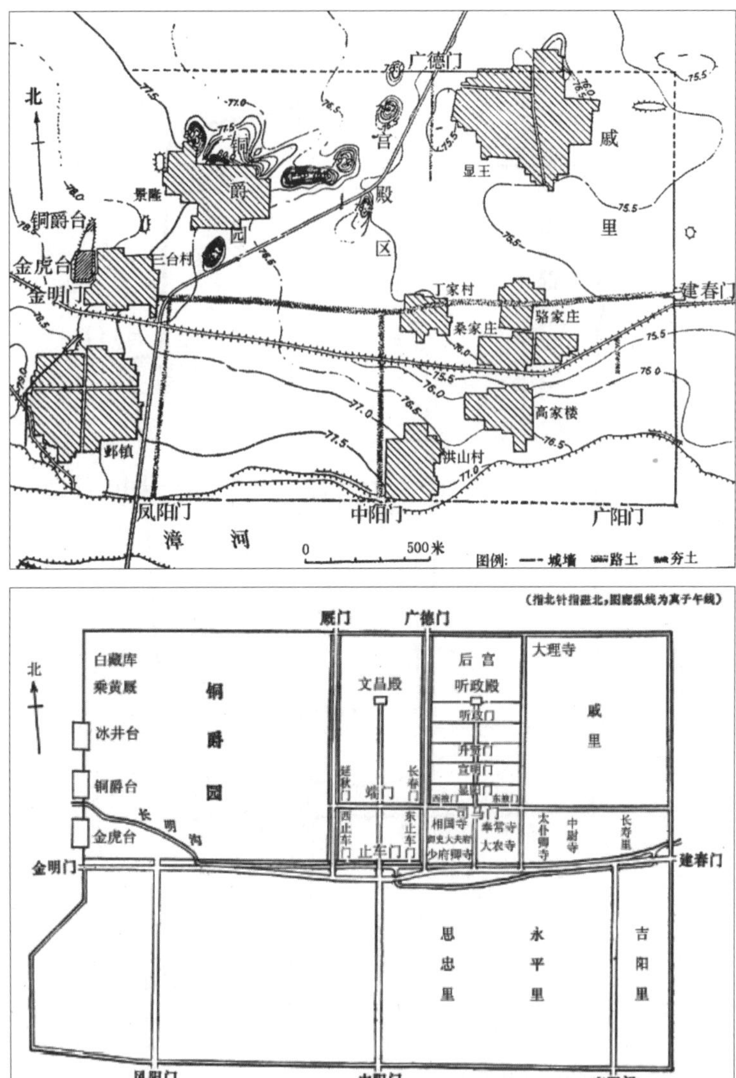

图十二. 曹魏邺城遗址平面图（上)、邺城复原平面图（下）

1700米，规模略小于文献记载。四周城门7座，南面3门，北面2门，东、西各1门。[18]

城内北部中间为宫殿区，西侧是苑囿区"铜爵园"。宫殿区区分两个东西并列的部分，分布为西部的礼仪大朝区、东部的政务常朝区。大朝区以止车门、端门和文昌殿为轴线，南面之前有十字相交的御街，其南北向御街直抵南墙正门中阳门，形成全城的中轴线；东面常朝区为司马门、勤政殿轴线。

宫殿西为禁苑铜爵园，内设马厩、武库，西城垣上曹操筑有壮观的铜雀台、金虎台、冰井台三台(图十二)。

因漳水泛滥与改道，邺北城遗址遭到严重破坏，今地面所存，仅金虎台、铜雀台等部分残基以及瓦当、青石螭首等遗物。

13、曹魏西晋洛阳城宫城遗迹

曹魏、西晋洛阳都城是在东汉旧都基础上重建而成，继承了东汉时期的都城城门和御街规制，但宫城的位置、规模、性质布局等则做了较大的改变(图十三)。同时加强了西北面的防御，曹魏在洛阳城北垣上筑有高台建筑，在城西北角新筑了金墉城，魏晋时又在北垣外侧增修了马面。

据考古资料[19]结合文献记载，曹魏洛阳宫与以前宫城有所不同，是一

18) 中国社会科学院考古研究所、河北省文物研究所邺城考古工作队:《河北临漳邺北城遗址勘探发掘简报》，《考古》1990年第7期；徐光冀《曹魏邺城的平面复原研究》，《中国考古学论丛》，科学出版社，1993年。

19) 中国社会科学院考古研究所洛阳汉魏故城队:《河南洛阳汉魏故城北魏宫城阊阖门遗址》，《考古》2003年第7期；中国社会科学院考古研究所洛阳汉魏故城队:《河南洛阳市汉魏故城太极殿遗址的发掘》，《考古》，2016年第7期；洛阳市文物局、洛阳白马寺汉魏故城文物保管所编:《汉魏洛阳故城研究—洛阳文物与考古》，科

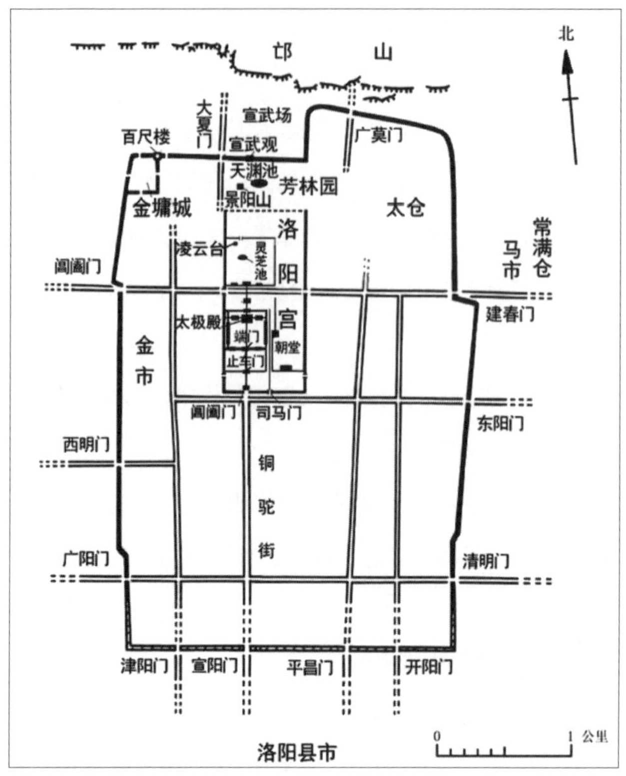

图十三. 曹魏西晋洛阳城平面复原图

座居北居中的单一宫城，正门改称阊阖门，正殿改曰太极殿。宫城东北面设立太子宫。宫城布局有两条南北建筑轴线：西部为正殿（也称南宫）居前，皇帝寝殿式乾殿和皇后主殿昭阳殿（显阳殿）居后，主殿太极殿和昭阳殿的东西两侧皆有东西堂或配殿，均为东西三殿并列。宫城北部为芳林园（后改华林园）；东部为司马门、尚书曹和朝堂等宫内官署区。

学出版社2000年。

14、东晋、南朝建康城宫城遗迹

江苏省会南京市是东晋及南朝宋、齐、梁、陈四朝的都城建康遗址所在地。建康城是在孙吴建业城基础上改建而成的，自东晋建武元年(317年)至公元589年隋灭陈，时间长达 272年。

根据唐许嵩《建康实录》、1936年上海商务印书馆出版的朱偰《金陵古迹图考》等，建康宫(又称“台城”)位于都城北部中间，正殿也称太极殿。宫前设南北轴线御街，宫城内有两条南北建筑轴线，西面轴线由大司马门向北直对宫内主殿太极殿，向南直对大城宣阳门和南北轴线御街；东面轴线由南掖门(宋阊阖门)北对尚书朝堂等官署区。宫城布局为正殿太极殿居前、皇帝寝殿和皇后寝殿南北纵列的三大殿格局。太极殿两侧也设置东堂和西堂，帝、后寝殿两侧也设置配殿，均是东西三殿并列。太子所在的东宫位于宫城东面。宫城北设华林园。宫前御街两侧建有宗庙、社稷和官署(图十四)。

建康城遗址由于覆压于现代南京城下，考古工作很难开展，但近年来得到加强，有了许多新的发现，排除了宫城在东南大学和成贤街区的可能，而在大行宫及其以北民国总统府周围发现城壕、城墙、道路、木桥、水井、排水沟、大型夯土建筑基址以及瓦当、釉下彩绘青瓷器等，有可能是台城的所在。[20)]

---

20) 王志高:《六朝建康城遗址考古发掘的回顾与展望》,《南京晓庄学院学报》2008年第1期;张学锋:《所谓“中世纪都城”—以东晋南朝建康城为中心》,《社会科学战线》2015年第8期。

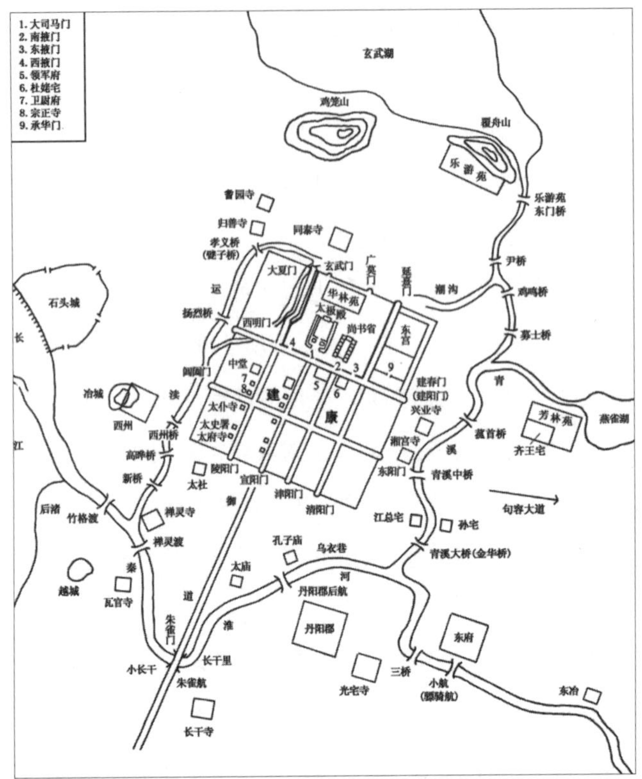

图十四. 东晋南朝建康城平面复原图

15、北魏洛阳城宫城遗迹

公元493年，北魏自平城(今山西省大同市东北)迁都洛阳，在东汉、曹魏故城的基础上进行了大规模改扩建，直至东魏天平元年(534年)迁都邺城、北魏灭亡为止。

自1954年始，对北魏洛阳城址进行了持续不断的考古勘察与发掘，基本查明了城市规模，分外郭城、内城、宫城三部分，外郭城长、宽各约10公里，面积约100平方公里，布置有320个方块形的“里坊”(一说220里

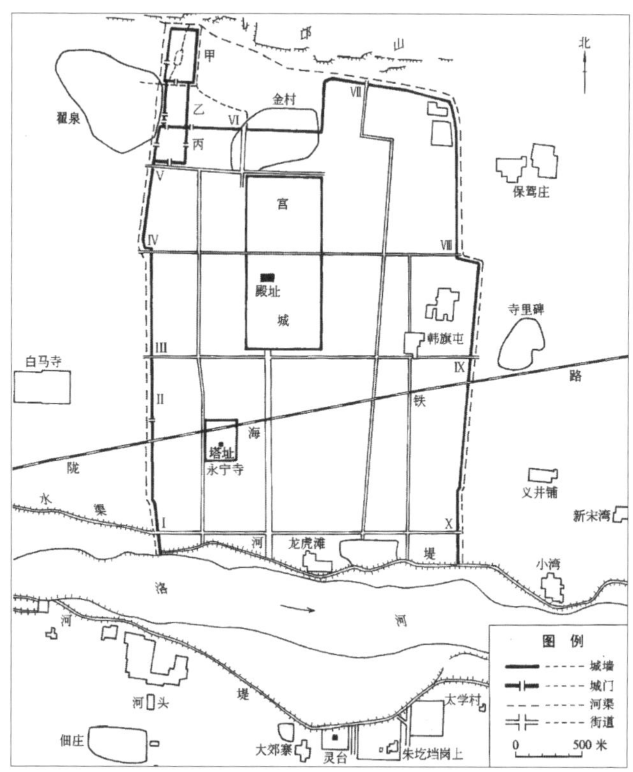

图十五. 北魏洛阳城遗址平面图

坊)，四周城门12座。郭城垣、门阙、街道格局、护城河、金墉城、宫城区、永宁寺等遗迹也都已经基本明确(图十五)。[21]

宫城位于北部略为偏西，是在汉魏北宫的基础上兴建的。平面呈长方形，东墙和西墙各长1400米，南墙和北墙各长660米，面积0.92平方千米。宫城正南门阊阖门遗址南北长约60米，东西宽约100米。宫城以北为华林园。

21) 王志高:《六朝建康城遗址考古发掘的回顾与展望》,《南京晓庄学院学报》2008年第1期;张学锋:《所谓"中世纪都城"—以东晋南朝建康城为中心》,《社会科学战线》2015年第8期。

16、东魏、北齐邺南城宫城遗迹

天平元年(534年)东魏从洛阳迁都邺城，在邺北城的南面新建了邺南城(先规划，先建宫，后筑城)，此城遂先后成为东魏、北齐两朝的国都所在。

城址位于今河北省临漳县倪辛庄乡和习文乡，北部淹没于漳河河道之中。经实地勘探，城址平面呈南北长的长方形，东、西两墙略有弯曲，城墙的东南角、西南角呈圆角弧形，形制特殊，是中国迄今为止发现的最早的龟形城。城址的最宽处东西约2800米，南北约3460 米，宽度一般为7～10米。[22)]

邺南城由宫城、内城和外郭城组成(图十六)。外郭城“盖有四百余坊，然皆莫见其名，不获其分布所在”。1996年发掘了邺南城正南城门朱明门遗址，证明规模宏伟，前面两侧建有方形阙楼夯基。朱明门内大街两侧、宫城南设有中央衙署和太庙。

宫城在中轴线上略偏东的北部中央，宫城面积不及全城的十分之一。宫城区南部被村庄叠压，北部位于漳河河道内。宫城遗址经多次勘探，略呈南北长的长方形，东西约620 米，南北约970米。城东北隅向北作长方形凸出。南宫墙中部发现宫墙南门门址，与朱明门大街北端相通。西宫墙、东宫墙偏北处各有门址。宫城范围内勘探出夯土建筑基址14座。其中10座长方形建筑夯土基址位处中轴线上，应是宫内的主要建筑基址。其中112号宫城南门址(止车门)东西长约56米，南北宽约31米。103号建筑基址(东西长约80米，南北宽约60米)、110建筑基址(东西长约80

22) 徐光冀:《东魏北齐邺南城平面布局的复原研究》,《宿白先生八秩华诞纪念论文集》，文物出版社，2002年;朱岩石:《东魏北齐邺南城内城之研究》,《汉唐之间的视觉文化与物质文化》，文物出版社2003年。

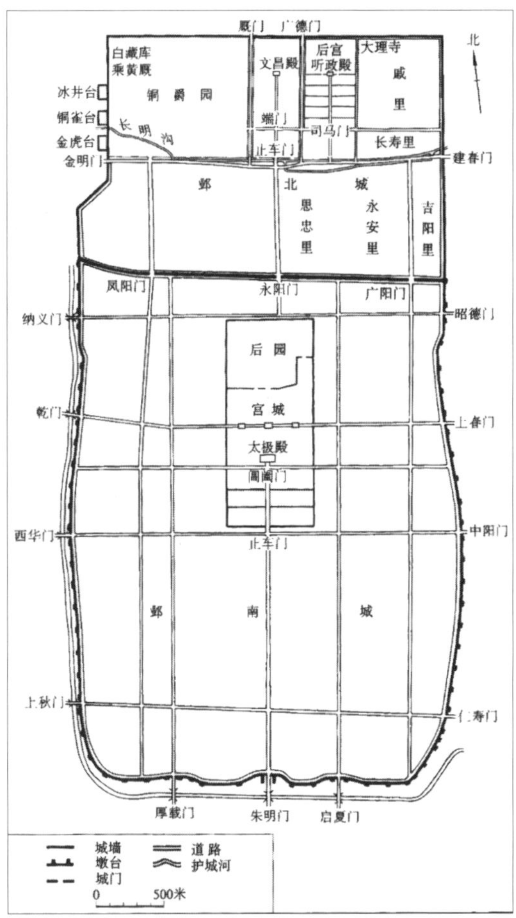

图十六. 东魏北齐邺南城平面复原图

米，南北宽约60米)、105建筑基址(东西约95米，南北 约51米)，应是相当于太极殿、昭阳殿、显阳殿等的重要殿址，而编号为112、111、114的三座建筑基址可能是文献所述的端门、阊阖门、朱华门。

2015年在宫城区的西北部勘探出6座大型殿址及多条道路、回廊、围墙、排水设施等遗迹，并确认了宫城内存在不同院落的围合情况。

宫北有后园。由于漳河的冲刷，只发现一座建筑基址，此外未见其他遗迹。

17、隋唐长安城宫城遗迹

位于今陕西省西安市区的隋大兴城、唐朝建长安城遗址是隋唐时期的都城所在。城址始建于隋文帝开皇二年(582年), 唐灭隋后, 沿用此城, 改称长安城, 并不断修建和扩充。唐末天宝元年(904年), 朱温挟唐昭宗迁都洛阳, 毁长安宫署民居, 长安城遂被废弃。

唐长安城由外郭城(罗城)、宫城、皇城、禁苑组成。自1956年对隋唐长安城遗址开始调查和发掘以来, 考古工作一直延续至今。

隋唐长安城的宫城先后有三处, 分别是隋和唐初的隋大兴宫唐太极宫(即“西内”)、唐大明宫(即“东内”, 高宗以后历代主宫)、唐兴庆宫(即

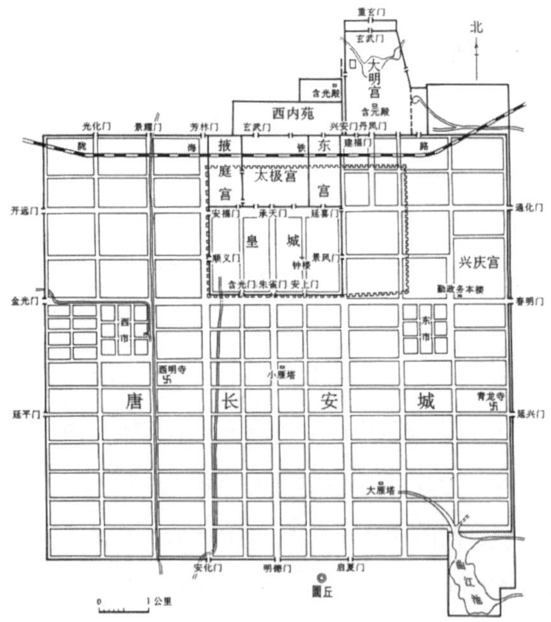

图十七. 唐长安城遗址平面复原图

"南内", 唐玄宗开元16年后宫殿)(图十七)。[23)]

太极宫位于长安城北部中央, 由中间的太极宫、东边的东宫和西边的掖庭宫组成, 南北长1492.1米, 东西宽2820.3米。此宫因覆压于现代城市之下, 考古很难开展, 仅隋广阳门唐承天门遗址做过调查, 已破残, 残存有三个门道及基铺的砖或石板。

大明宫位于城东北的龙首原上, 始建于唐太宗贞观八年(634年), 唐高宗起入住并有后来的16位唐朝皇帝在此处理朝政。至唐哀帝天祐元年(904年), 最后废毁。大明宫遗址的考古工作开始于1956年, 后一直延续至今, 考古资料较为丰富。遗址略呈梯形, 占地面积约3.2平方千米, 四面宫墙开有11座门, 已探明的殿台楼亭等遗址40余处, 发掘了丹凤门、麟德殿、含元殿、三清殿、清思殿等。[24)] 含元殿居于宫城南部中央, 是皇帝举行重大庆典和朝会的正殿所在, 先后进行过两次发掘。麟德殿遗址位于大明宫西部, 为宴会和接见外国使节的便殿所在, 由前、中、后三殿阁组成。2000至2005年, 对后宫的太液池皇家园林遗址进行了大规模的发掘, 基本弄清了太液池的基本结构与布局。2011年至2016年, 又对宫殿区西侧的官署遗址(或是中书省所在)进行了发掘, 揭露出完整的建筑院落遗迹。

兴庆宫位于长安城外郭城东南部, 是唐玄宗后期听政的宫殿所在, 安史之乱后变成太上皇或太后的闲居之所。1957、1958年, 对兴庆宫遗址

---

23) 陕西省文物管理委员会:《长安城地基初步探测》,《考古学报》1958年第3期;中国科学院考古研究所:《唐代长安城考古纪略》,《考古》1963年第11期;龚国强:《唐长安城考古述要及今后工作的几点感想》,《论唐代城市建设》, 陕西人民出版社2005年。

24) 陕西省文物管理委员会:《长安城地基初步探测》,《考古学报》1958年第3期;中国科学院考古研究所:《唐代长安城考古纪略》,《考古》1963年第11期;龚国强:《唐长安城考古述要及今后工作的几点感想》,《论唐代城市建设》, 陕西人民出版社2005年。

进行了考古勘察，明确其平面为长方形，东西宽1080米，南北长1250米，宫内布局一反常规，宫殿区居于北部，南部则为龙池为中心的皇家园林区。宫内西南部的花萼相辉楼、勤政务本楼等十七座建筑遗址也已经发掘清理过。

三、宫城发展阶段的探讨

中国古代都城遗址和包括宫城在内的都城制度一直是考古界和古建筑学界进行研究的重点对象，几十年来，杨宽、史念海、杨鸿勋、傅熹年、刘庆柱、贺业炬、许宏等诸多学者分别从历史学、考古学、历史地理学、古代建筑史学等不同角度，对包括宫城在内的中国古代都城历史、制度、理论与方法等方面进行过综合而又独到的研究，出版了相关的论著，[25] 当然，还有其他更多的考古学者和研究者对城址断代、形制布局和性质判断等相关诸问题进行过热烈而又深入的研究，都作出了重要的学术贡献。鉴此，下文将在前人研究成果[26]和最新考古发现的基

25) 杨宽:《中国古代都城制度史研究》，上海古籍出版社1993年；史念海:《中国古都和文化》，中华书局1998年；傅熹年:《中国古代城市规划、建筑群布局和建筑设计方法研究》(上下册)，中国建筑工业出版社2015年第二版；傅熹年:《傅熹年建筑史论文集》，百花文艺出版社2009年；杨鸿勋:《建筑考古学论文集》，文物出版社1987年；杨鸿勋:《宫殿考古学通论》，紫禁城出版社2001年；刘庆柱:《古代都城与帝陵的考古学研究》，科学出版社2000年；刘庆柱:《古都问道》，中国社会科学出版社2015年；贺业炬:《考工记营国制度研究》，中国建筑工业出版社1985年、贺业炬:《中国古代城市规划史论丛》，中国建筑工业出版社1986年；贺业炬:《中国古代城市规划史》，中国建筑工业出版社1996年；许宏:《先秦城市考古学研究》，北京燕山出版社2000年。等等。

26) 俞伟超:《中国古代都城规划的发展阶段性—为中国考古学年会第五次年会而作》，《文物》1985年第2期。

础上，重点对先秦至隋唐时期宫城的发展阶段作一新的探讨和划分。

我们认为，对各时期宫城发展阶段的划分，不仅要着眼于宫城的规模大小、位置的高低前后及形制布局本身，更要关注宫城建设时所在的历史背景、社会形态、文化体系、思想传统等方面，即要从多角度、多纬面地考察，从而真正地把握宫城的发展规律。此外，在阶段划分时，要在综合全面的视野下，正确处理好彼此之间主体与客体、共性与差异、继承与革新之间的关系。

第一阶段：宫城的滥觞期

自龙山文化晚期至夏、商、西周时期。代表性遗址为陶寺古城、二里头古城、偃师商城、洹北商城、殷墟、丰京镐京等宫城或宫殿区遗址。

中国龙山文化晚期至二里头文化早期，社会开始脱离原始状态，进入到一个社会分化的较高层次，从而在区域内的聚落群中，出现了规模较大的中心聚落，也即“城”的形式普遍出现。差不多同时，在一些中心“城”中，为最高统治阶级所用的宫城和大型建筑群也应运而生，代表着即“王权”的早期国家形态初步形成。这些已经为大量的考古发现和最早期的文献记载所证实。例如，河南新密市龙山文化末期新砦城址，面积约 100万平方米，不有外壕、城壕和内壕，内壕圈处中心面积约在 6 万平方米以上，发现了大型建筑遗迹，出土青铜容器残片等高等级遗物，很可能为高级贵族的居住区甚或宫殿区所在，可谓宫城的雏形。河南登封龙山文化晚期王城岗遗址由小城、外围的大城组成，大城面积达 34.8万平方米，西小城面积不足 1万平方米，中西部较高处发现夯土基址遗存及夯土坑、奠基坑和灰坑等建筑遗迹，应是该聚落的祭祀区。大城北部正中区域夯土基址似较集中面积较大者约达 1500 平方米有可能是"宫殿区 "。湖北盘龙城内成组宫殿建筑群方向一致，分布在一条中轴线上，显然已有规划设计等。

当然，此时期最具代表性的还是中原地区出现的陶寺城址、二里头城址、偃师商城、洹北商城、殷墟城址及其它们的宫城。此时期正是考古学上的龙山文化晚期，对应的是尧舜五帝时期。尽管此时的各地呈现出多样性，但中原地区文化的统一性、更替性、"连续性 "还是非常明显的，尤其是夏商王朝的统治区域和时代的先后可以很好地体现出这一点。

首先，宫城事先都有规划。陶寺城址功能分区明显、二里头宫城外围为井字形四条道路所框定。宫城平面形状为长方形，都有围墙或围壕，择地选择在城的中心或高地(图十八)。多有独立的院落。二里头宫城选择于城址的中心区，周边分布贵族居住区、一般居住区、手工业作坊、墓地等。偃师商城宫城位于城的中部偏南。周王城南宫与北宫基本处于城市中轴上。

其次，这时期的宫庙是一体建筑的，凡宫都有宗庙。《左传》庄公二十八年曰:"凡邑有宗庙先君之主曰都，无曰邑。"《墨子·明鬼篇》清楚地指出:"昔者虞、夏、商、周三代之盛王，其始建国都，必择国之正坛，置以为宗庙。"而《尔雅·释宫》郝懿行疏曰:"《楚辞·招魂篇》注，宫犹室也。古者宫庙亦称宫室。"此外，考古资料也可为佐证，例二里头遗址1、2号建筑院落可能是宫殿和宗庙;偃师商城遗址的宫城东部独立院落，可能是宫殿，西部大型院落，南北排列几列大型殿堂，可能是宗庙。

宫内建筑及布局。宫城均呈长方形，发现的建筑遗迹都是都是大型夯土建筑基址。陶寺宫城内发现宫殿基址十多座，主殿的单体面积达到8000平方米，规模宏大。二里头宫殿建筑为长方形或方形的夯土建筑基址，其中一号、二号宫殿当为主要建筑，均有围墙围廊、门庑、庭院和主

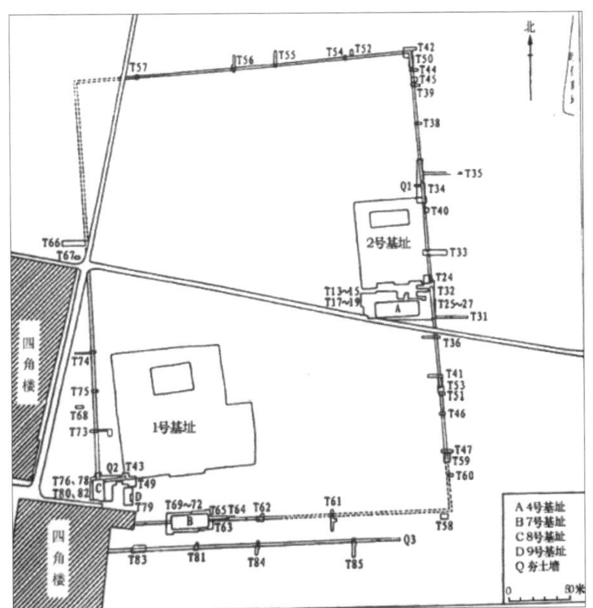

图十八. 二里头宫城遗址平面图

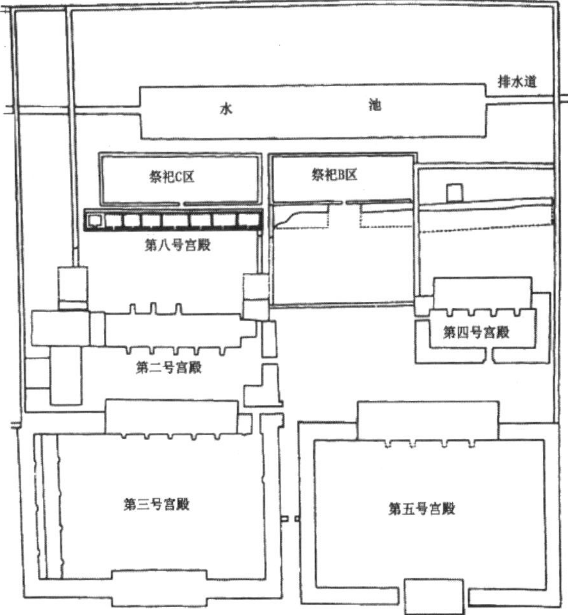

图十九. 偃师商城宫城遗址平面图

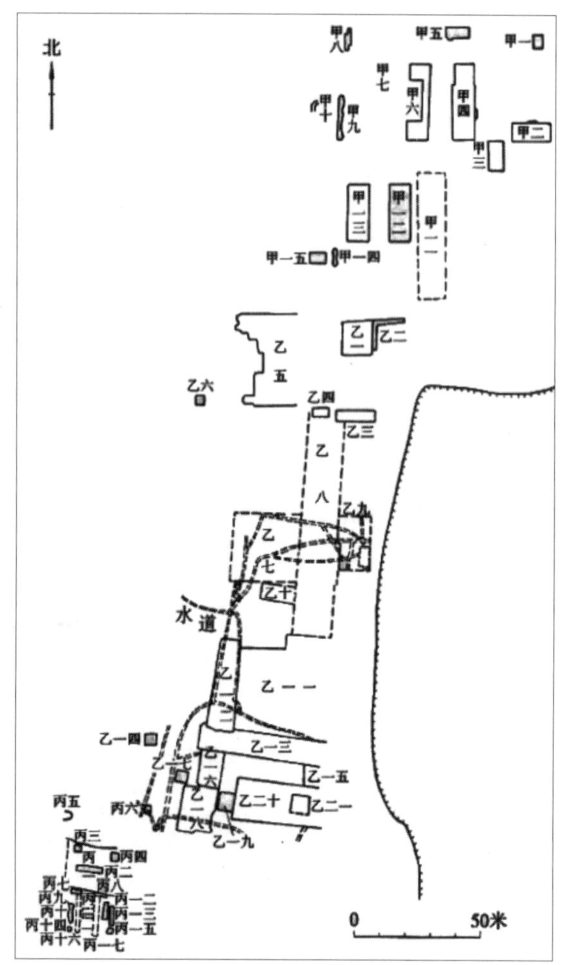

小屯宫殿宗庙区三组基址位置图

图二十. 殷墟宫庙区遗址平面图

殿。偃师商城宫殿建筑占宫城前半空间，三、五号宫殿居南并列、二、四号宫殿居次北并列，再北为祭祀区和园池(图十九)。洹北商城内一、二号宫殿建筑南北纵列，形制相似，有门塾、南庑和配殿。殷墟宫殿区发现甲、乙、丙、丁四组建筑群(图二十)，甲组位于东北部，有南北两组建筑群;乙组处甲组之南，可分三个院落群。丰镐遗址发现十组宫殿建筑基址，其形式有可能类似周原凤雏村、召陈村的前后院落、前堂后室的院落式建筑。

池园已经在宫城中出现，但还未曾成为宫城的必备组成部分。从文献记载看，古代帝王最早营造供御用池苑设施的是夏桀。最早帝王在堰师商城出现了最早的池苑，郑州商城宫殿区北部也有商王池苑遗迹。

最后，西周时期“前朝后市”的周礼思想，实际上规定了宫城在前、市场居后的关系，反映了西周改变商朝“重商轻税”政策，转而实行重农和“士大夫不杂与工商”(《逸周书》卷2)的限商贱商的政策。“前朝后市”的规制，为周以后的历代王朝所遵从和变革。

诚然，此时期的各宫城的平面形式不但有单一宫城，还出现了偃师商城那样的多宫并列的形式，这些在一定程度上反映了宫城萌芽状态的不确定性。

第二阶段:宫城制度的探索发展期

为春秋、战国、秦、西汉、东汉、曹魏、西晋、东晋时期。代表性遗址有洛阳东周王城、赵国邯郸城、秦咸阳城、西汉长安城、东汉洛阳城、曹魏邺北城、曹魏西晋洛阳城、东晋建康城的宫城遗址。

东周时期，列国诸侯强势，其王国都城及宫城呈现出你争我强的态势，也是显示国力强盛的主要方式。至秦、两汉王朝，封建大一统中央集权制帝国的形成与巩固，汉承秦制。三国曹魏西晋时，也多是奉行汉制。

宫城理论的总结。东周时，开始从周代都城建设的实践中总结建城的理论制度。如《考工记》原是春秋末期战国初齐国人编撰的官营手工业

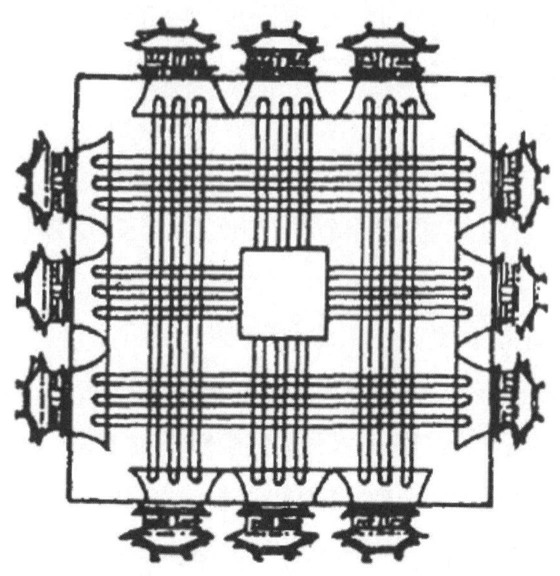

图二十一.《考工记》都城模式图

的著作，后在西汉被补入《周礼》的冬官部分，所谓“匠人营国，方九里，旁三门，国中九经九纬，左祖右社，面朝后市，市朝一夫”。说明按礼制和井田概念的营国制度，最高等级的王城为王专用，规模“方九里”，纵横各为三分(图二十一)。《考工记》提出的以宫城为都城规划核心的营国建都制度，后来各朝代在进行都城和宫城规划建设时虽未完全照搬，但都是以此为范本的，可谓影响深远。

春秋战国的都城众多，著名的有临淄齐故城、郑韩故城、秦雍城、秦咸阳、赵邯郸城、曲阜鲁城、燕下都、魏安邑城、楚纪南城等，其共同特点是都是王国都城，比东周王朝都城略低，其宫城都与郭城区分独立出来，置于郭城的一侧或一隅，例邯郸故城的宫城。这种现象可能与当时与卿大夫利用住在郭城内的国人或工业工匠打击诸侯王公、需加强王宫防卫的社会历史背景有关。

此阶段中，多城制、多宫制(源自商代)和两宫双轴并列制是主潮流。战国普遍存在双城并列的现象，赵国邯郸城宫城三宫呈品字形，秦咸阳存在南宫、北宫，汉长安城未央宫帝殿与太后所居地长乐宫东西并列，东汉洛阳城则南北宫南北并列，曹魏邺北城宫城西部礼仪大朝区和东部的政务常朝区并列，而曹魏西晋洛阳宫城、东晋建康台城(建康都城基本形制承继西晋洛阳都城)布局都有两条南北建筑轴线：西部为帝殿皇后殿与东部官署区东西轴线并列。

两汉时宫殿面积大增加，占据了在城内的主导地位。《三辅黄图》云："长乐宫周回四十余里，未央宫周回二十八里。"实测长乐宫宫墙周长超过十公里，未央宫宫墙周长达九公里。如再加上明光宫、桂宫、北宫等，宫殿区的面积约占长安城的三分之二。而东汉洛阳城的南宫和北宫，面积也占有全城面积的十分之一。曹魏邺北城的宫城占近全城的一半面积。曹魏西晋洛阳城宫城的面积尽管比前朝有所减少，但实际占比面积也不小。

宫殿的高台建筑流行，成为宫殿建筑的主要特点。秦咸阳宫城中的一、三、六号宫殿遗址都是大型高台建筑(图二十二)。据《史记·高祖本纪》记，汉初，汉高祖见丞相萧何营作的未央宫前殿、东阙、北阙等壮丽高大，很不高兴，认为立国之初，天下凋敝，为何要如此大兴土木，但经萧何解释："且夫天子以四海为家，非壮丽无以重威，且无令后世有以加也"，高祖才转怒为喜。这反映了前殿等高台建筑体现了皇权的庄重和威严气势。不但西汉未央宫如此，曹魏邺北城宫城、西晋洛阳城都在西北建筑了铜雀等高台建筑，北魏洛阳宫城中也建有凌云台等。

此阶段中，提出了"天下之中"、"天子居中"的营建宫室的具体法则。战国后期的《吕氏春秋》提出："古之王者，择天下之中而立国，择国之中而立宫，择宫之中而立庙"。自后，秦咸阳宫址、未央宫前殿、东汉洛阳

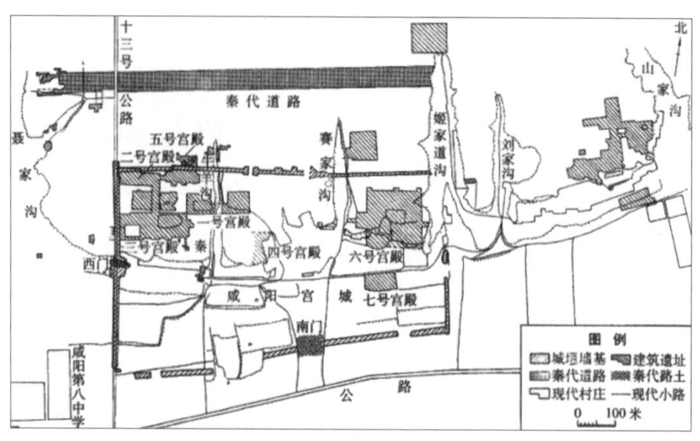

图二十二. 秦咸阳宫城遗址平面图

宫城、曹魏邺北宫城居北居中、曹魏西晋洛阳宫居中等, 多遵此约定。

自秦咸阳城开始、晚至汉初以后, 如西汉长安城、东汉洛阳城等, 以前宫庙一体制开始瓦解, 社稷和宗庙礼制建筑开始与宫城脱离, 移至城南郊, 如秦咸阳宫殿区与宗庙区区分, 宗庙区南移至渭河南岸。西汉初年高祖和惠帝宗庙在长安城中, 西汉晚期则分布于城南郊。东汉洛阳宗庙在郭城之内。三国曹魏的魏明帝在洛阳城内铜驼街附件建太庙。西晋北魏洛阳城宗庙都在城内铜驼街东西两侧、宫城之外。南朝建康城则位于宫城之外、都城南郊。尽管如此, 各宫城与宗庙仍保持“左祖右社”的基本格局。

“面朝后市”的都市规则得以基本保持。如洛阳东周王城内西北部、宫城之北则分布各种手工业作坊遗址。西汉长安城的市场置于宫城的北面。东汉洛阳城的金市位处南宫至西北。

中央官署置于宫城之外附近。东汉洛阳宫城东侧为官署所在。曹魏邺城则将官署大致集中在宫城南出大街北段的东西两侧。

宫城园林正式出现, 并逐渐成为普遍现象, 但其位置、规模大小等变化不定，说明尚未成为制度。宫城园林最早出现于偃师商城宫城遗址，但那是属于个别临时现象，并不普遍。直到西汉长安城，宫殿园林才再次出现。在未央宫西南隅建有沧池、建章宫内设有太液池，东汉洛阳城在南北宫外西北侧附建有濯龙园，曹魏邺北宫城西侧附有规模较大的铜爵园，曹魏西晋洛阳宫城内有龙秋池，宫外北面有大型的华林园。

第三阶段：宫城制度的定型期

为北魏、南北朝至隋唐时期。代表性遗址为北魏洛阳宫城、东魏北齐邺南城宫城、隋唐长安城隋大兴宫唐太极宫遗址等。

此阶段中，各都城和宫城的形制布局基本上是后代承继前代，至隋唐长安城达到了集大成的程度。首先，北魏洛阳城开启了由宫城、内城和外郭城三重城圈的新篇章，至东魏北齐邺南城，因负责规划和营建的均是原北魏官吏，宗旨是"上则宪章前代，下则模写洛京"，故邺南城基本上是承继了北魏洛阳城的模式。同样，隋唐长安城的基本形制可明显看出源自东魏北齐的邺南城。

此阶段中，单一宫城的形式已经基本固定。单一宫城制的出现是与三重城圈的出现相一致的，表明朝廷典礼、朝政处理更为集中，中央集权制度更为加强。尽管单一宫城的形式虽然最早出现于曹魏邺城，但由于它为王都宫城，所以实际上帝都的单一宫城始于北魏洛阳宫城，而巩固于东魏北齐宫城，最后完善于隋唐洛阳城、长安城时期。

宫城"居中立极""的概念进一步巩固和深化。宫城从北魏洛阳处于全城中央的位置，逐步沿中轴向北移动，最后到隋唐长安城时，宫城位置调整到在整个城的中间最北处，这可能更强化皇帝面南、大臣面北的尊卑秩序。

宫城内宫殿布局。北魏宫城自闾阖门与主殿太极殿之间隔有二号、三号门及两个殿庭，，闾阖门有三出阙，主殿东西两侧配置东堂和西堂(图二十三)。太极殿北面的还有其他宫殿基址发现，应是前殿后寝的排列程序。东魏北齐邺南城的宫殿配置与北魏宫城相似，太极殿、昭阳殿、显阳殿三大殿前后纵列(图二十四)。唐长安城太极宫承继的是隋大兴宫，其承天门之内，按外朝、中朝、内朝三朝制度进行布局，南北纵列太极殿、两仪殿、甘露殿，其后为东、中、西海池为中心的后苑。唐高宗后使用新的大明宫，也是外朝含元殿、中朝宣政殿、内朝紫宸殿三大

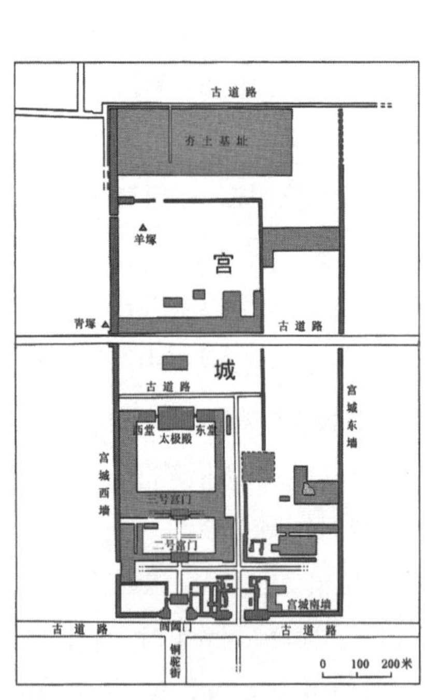

图二十三.
北魏洛阳城遗址平面复原图

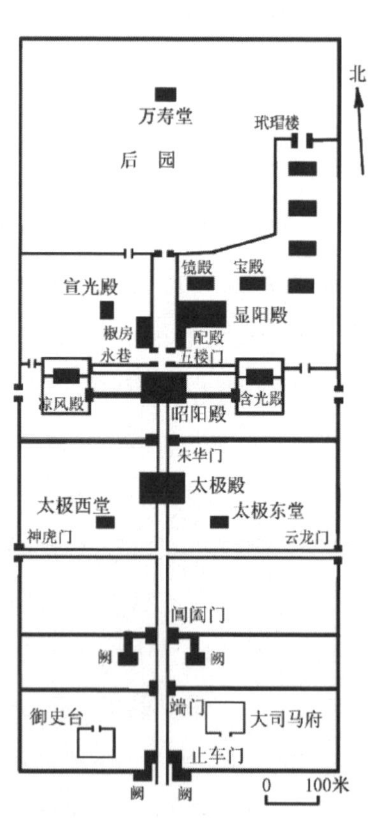

图二十四.
东魏北齐邺南城宫城复原示意图

殿列置的布局。此外，此时宫殿正门使用两侧前伸的门阙，北魏洛阳宫阊阖门、东魏北齐邺南城朱明门都是如此，而隋大兴宫唐太极宫的正门应也是如此，惜还待进一步考古工作揭示。唐大明宫正门丹凤门因为开在外郭城北墙上，故门阙制后移到了正殿含元殿的东西两侧的阙楼上。

单一宫城、居中立极为宫城与内外城三重城圈的中轴合一即“中轴大街”提供了必要的条件。这阶段的宫城之南门均有中轴大道（中间为御道）通向外城的南门。中轴大道。北魏洛阳城的铜驼街、东魏北齐邺南城的朱明门内大街、隋大兴唐长安城的朱雀大街可谓都是整个城市的主脉和中轴。

宫城内宫殿布局。北魏宫城自阊阖门与主殿太极殿之间隔有二号、三号门及两个殿庭，阊阖门有三出阙，主殿东西两侧配置东堂和西堂。太极殿北面的还有其他宫殿基址发现，应是前殿后寝的排列程序。东魏北齐邺南城的宫殿配置与北魏宫城相似，太极殿、昭阳殿、显阳殿三大殿前后纵列。唐长安城太极宫承继的是隋大兴宫，其承天门之内，按外朝、中朝、内朝三朝制度进行布局，南北纵列太极殿、两仪殿、甘露殿，其后为东、中、西海池为中心的后苑。

宗庙社稷虽然彻底移出宫城、置于宫城南面的左右，但仍符合“左祖右社”的都城传统。北魏、东魏北齐时，宗庙社稷被移至内城的中轴大道东西两侧，而隋唐长安城则把它们安置于皇城内的东西两侧。

中央官署脱离宫城，宫城变成纯粹的帝王居住和朝政的宫殿群。北魏通过改造内城的形式，将中央官署整体迁出宫城，布置于由宫城南外铜驼街的两侧。在铜驼街的两侧考古勘探出大面积的夯土建筑基址，应是文献记载东侧左尉府、司徒府、国子学、宗正寺、护军府等和西侧右尉府、太尉府、将作曹、九级府和凌阴里等官署建筑的遗迹。隋唐长安城则把所有中央官署集中于宫城之南的皇城之中，使得都城的政治空间层次比以前更为丰富有序，有利于更好地服务于宫城与皇帝的统治。

综上所述，中国先秦至隋唐时期宫城的发展过程，经历了从原始、调整到逐步成熟的过程。其中，既有对以往传统的继承，例居于城市中心、居于高地、宫城呈长方形、坐北朝南、宫殿建筑为大型夯土台为基的土木建筑、重视与市场和宗庙社稷的搭配呼应等几个因素是贯穿始终、基本不变的；同时，也进行了一些革新与发展，如宫城的大小规模、宫城内部功能区的划分、宗庙社稷的位置、园林的配置和位置等。宫城的这些承继和变革历史现象，一方面与当时社会经济的增强、建筑技术的不断提高有着密切的关联，另一方面，也深切地与中国儒家思想的产生和发展、社会形态的进步、国家之间的相互交流和文化的融合有着相应的因果关系。

중국 선진先秦~수隋·당唐 시기 궁성의 고찰考察

龚国强*
번역 : 이유정**

目 次

Ⅰ. "궁성宮城" 개념

중국 신석기시대 말기 부족국가 간에 끊임없이 충돌, 융합 및 합병이 이루어졌다. 계급 분화와 사회 갈등의 심화는 공간의 분리와 방어에 대한 절

* 중국사회과학원 고고연구소
** 한국고고환경연구소

박한 욕구를 드러내면서 "성城"의 개념을 갖게 하였으며, 성방城邦 제도가 탄생하게 되었다. 이후 성城은 중국 고대 문명과 국가 기원에 중요한 내용과 특징이 되었다.

발굴 조사에 따르면, 중국 전역에서 발견된 BC3000년에서 BC2000년 시기 고성古城 유적은 60여 곳에 달한다. 하남성 등봉시 고성진 왕성강유적(河南省登封市告成鎭王城崗遺址),[1] 하남성 신밀시 신채성 유적(河南省新密市新砦城址),[2] 섬서성 유림시 신목현 석묘성지(陝西省榆林市神木縣石峁城址),[3] 산동성 일조시 동항구 양성진 유적(山東省日照市東港區兩城鎭遺址),[4] 호북성 천문시 석하진 석가하 유적(湖北省天門市石河鎭石家河遺址),[5] 절강성 항주시 여항구 병요진 양저고성 유적(浙江省杭州市餘杭區瓶窯鎭良沮古城址)[6] 등은 모두 중국 고대 문명과 국가의 기원 단계 유적이다.

성곽城郭은 사회 발전, 통치 계급의 분화와 권력 집중에 따라 "도읍都邑"과 일반 성城으로 구분되었고, 일반 성城 중에서 통치 계급 중 최고 권력자의 거주와 정무 공간으로써의 특수 구역인 "궁宮"의 개념이 형성되었다. 궁성宮城은 왕권 혹은 황권 정치의 결정체이자 최고의 국가 위상이었다. 따

1) 河南省文物考古研究所:《登封王城崗與陽城》, 文物出版社1972年.

2) 趙春青、顧萬發編:《新砦遺址與新砦文化研究》, 科學出版社2016年;北京大學震旦古代文明研究中心、鄭州市文物考古研究院:《新密新砦--1999-2000年田野考古發掘報告》, 文物出版社2008年.

3) 陝西省考古研究院等, 2013, 『陝西神木縣石峁遺址』, 『考古』7期.

4) 於海廣等:《山東日照市兩城鎭遺址1998~2001年發掘簡報》,《考古》2004年9期;欒豐實文物出版社 2009年7月。

5) 石家河考古隊等:《肖家屋脊》, 文物出版社, 1999年;石家河考古隊等:《鄧家灣》, 文物出版社, 2003年;北京大學考古系等:《石家河遺址調查報告》,《南方民族考古》第五輯, 1992年;湖北省文物考古研究所、北京大學考古學系和湖北省荊州博物館編:《鄧家灣:天門石家河考古報告之二》, 文物出版社2003年6月。

6) 浙江省文物考古研究所:《杭州市餘杭區良渚古城遺址2006~2007年的發掘》,《考古》2008年第7期;浙江省文物考古研究所:《2006-2013年良渚古城考古的主要收獲》,《東南文化》2014年第2期。

라서 그 형식과 체제의 변화는 도성都城 건축에 결정적인 역할을 할 뿐 아니라, 정치와 시대 변화를 반영한다. 사료史料에 따르면, 최초의 성城은 궁宮과 도都가 일체된 궁성宮城 형태였다. "궁宮"이라는 명칭과 건축은 일찍이 신농神農、황제皇帝、요堯、순舜、우禹 오제五帝 시기부터 시작되었다. 오제五帝 시기 궁宮에 관한 기록으로는『管子』:"黃帝有合宮以聽政",《穆天子傳》:"天子升於昆侖之丘, 以觀黃帝之宮.",《帝王世紀》:"堯有貳宮.",《世本》:"堯使禹作宮.",《初學記》卷二十四引《吳越春秋》:"鯀築城以衛君" 등이 있다.(여기서 언급된 "성城"은 "궁宮"의 뜻이다).

구역의 중심으로써 궁성宮城의 지위에 대한 확립은 그 주변 공간과 사회 기능에도 발전과 변화를 가져왔다. 통치 계급과 사회 각 계층은 점차 궁성宮城을 중심으로 집중되었고, 도都는 국가의 중심이 되었으며, 궁宮은 도都의 중심이 되는 도성都城 체제가 형성되었다. 서주西周 시기에 이르러 도성都城 건축은 설계와 시행이 정형화되고 규칙적인 형식이 나타났다.『周禮·冬官·考工記·營國』에는 "匠人營國, 方九裏, 旁三門;國中九經九緯, 經塗九軌;左祖右社, 面朝後市, 市朝一夫.", "左者人道所親, 故立祖廟於王宮之左;右者地道所尊, 故立國社於王宮之右;朝者義之所在, 必面而向之, 故立朝於王宮之南;市者利之所在, 必後而背之, 故立市於王宮之北"라고 도성都城 건축의 원칙이 전해진다. 또한『管子·度地』에는 "內爲之城, 城外爲之郭."라고 성곽의 개념과 범위를 언급하였으며,『管子·乘馬篇』에는 "凡立國都, 非於高山之下, 必於廣川之上, 高毋近旱, 雨水用足;下毋近水, 而溝防省. 因天材, 就地利."라고 도성 위치 선정 시 고려해야 할 사항을 상세히 설명하고 있다.『呂氏春秋·審分覽·知度篇』(전국戰國 시대 후기)에는 "古之王者, 擇天下之中而立國, 擇國之中而立宮, 擇宮之中而立廟"라고 궁의 기능과 중요성을 강조하고 있다. 전국戰國 시대에는 이미 체계적인 도성과 궁성宮城 건축 계획 이론이 확립되었고, 이는 후대 왕조의 도성 건축의 기준과 원칙이 되었다.

Ⅱ. 선진先秦~수당隋唐 시기 주요 궁성宮城 유적

1. 도사陶寺 궁성 유적

도사陶寺 궁성 유적은 산서성 임분시 양분현 도사촌(山西省臨汾市襄汾縣陶寺村)에서 발견된 신석기 말기 용산문화龍山文化 유적[7] 중의 하나이다. 초기 도성 유적 크기는 20만㎡, 중기中期 유적 면적은 280여만㎡이고, 방향은 225° 이다. 유적 남부에는 주로 낮은 계급의 귀족이 거주하는 외성外城과 궁성宮城이 있다. 동남쪽에 왕릉王陵 구역과 천체 관측 장소와 제사 구역이 있고, 성城 밖 북서쪽에 지신地神에게 제사를 지내는 구릉대가 있다. 성城 내 동남쪽에는 수공업 공방 구역과 대형 항토夯土 작업을 한 둥근 장방형의 건축 기지基址가 있다. 성城 내 서북쪽은 일반 거주 지역이 있다. 궁성宮城 밖 동쪽에 대형 저장고 구역이 있다.(그림 1)

궁성宮城은 중앙에서 북쪽으로 치우쳐 있으며, 사면四面의 성장城牆 유적이 확인되었다. 둥근 장방형 형태, 동서 길이는 약 470m, 남북 길이는 약 270m, 면적 12만㎡ 정도이다. 궁宮내에서 10여 곳의 크고 작은 항토夯土 건

7) 中國社會科學院考古研究所、山西省臨汾市文物局:《襄汾陶寺 1978−1985年考古發掘報告》1册, 文物出版社2015年;中國社會科學院考古研究所山西隊:《山西襄汾陶寺城址2002年發掘報告》,《考古學報》 2005年3期;中國社會科學院考古研究所山西隊:《山西襄汾縣陶寺城址祭祀區大型建築基址2003年發掘簡報》,《考古》2004年7期;何駑:《都城考古的理論與實踐探索—從陶寺城址和二裏頭遺址都城考古分析看中國早期城市化進程》, 中國社會科學院考古研究所夏商周考古研究室《三代考古》, 2009年.

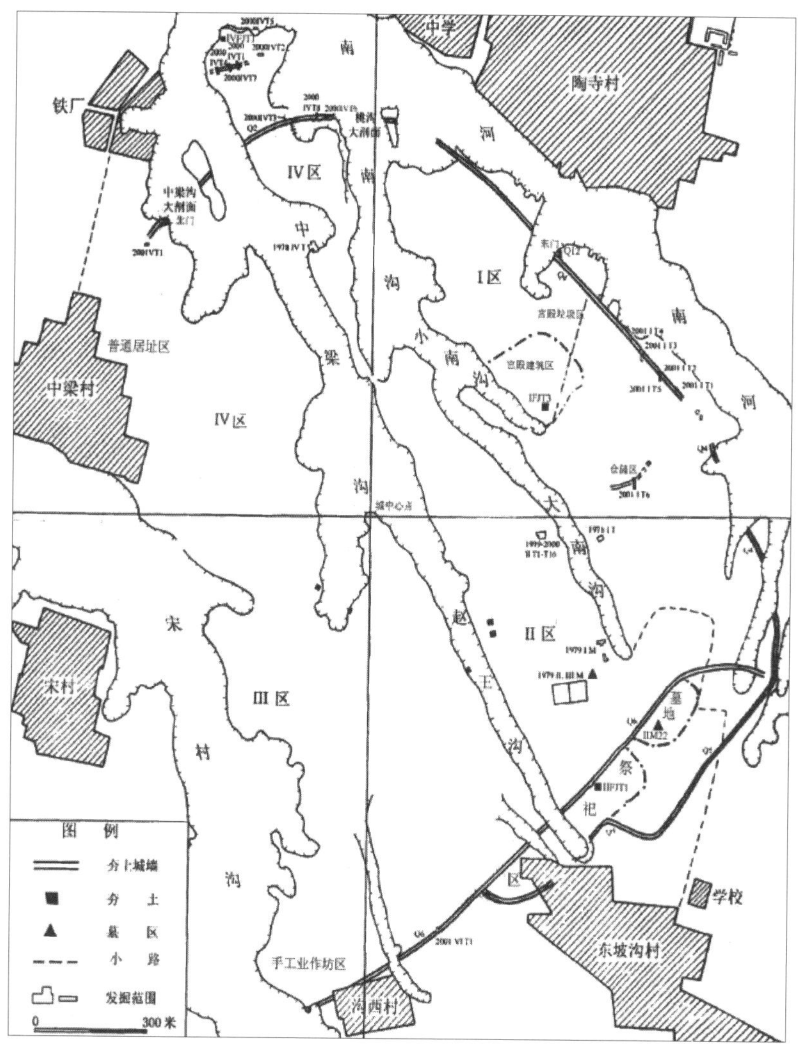

그림 1. 陶寺遗址平面图

축 기지基址가 발견되었다. 가장 큰 기지基址는 면적이 8000여㎡로 본전本殿의 위치로 추정된다. 이 밖에도 항토夯土 작업을 한 대형 건축지와 건축 폐기물, 가마 요지, 주방廚房 구역, 배수구 등이 발견되었다.

2. 이리두二里頭 하夏 궁성宮城 유적

중국 최초의 궁성 유적은 河南城 偃師縣에 위치한 하夏의 이리두二里頭 궁전 유적이다. 발굴 보고서에 따르면, 유적은 중심 구역과 일반 주거 구역으로 나뉜다. 중심 구역은 유적 내 비교적 높은 지대에 위치하며, 궁전 구역, 제사 활동 구역, 수공업 공방 구역과 귀족 주거 지역 네 개 구역으로 나뉜다.(그림 2)

이리두 궁성宮城 둘레에는 항토夯土 작업을 한 성장城牆이 있으며, 전체 평면 형태는 세로로 긴 장방형 형태이고, 면적은 10.8만㎡이다. 성장城牆은 넓고 두꺼우며, 두께는 약 2m 정도이다. 복원한 동서 성장城牆 길이는 각각 378m, 359m이고, 남북 성장城牆 길이는 각각 295m, 292m이다. 동쪽 성장

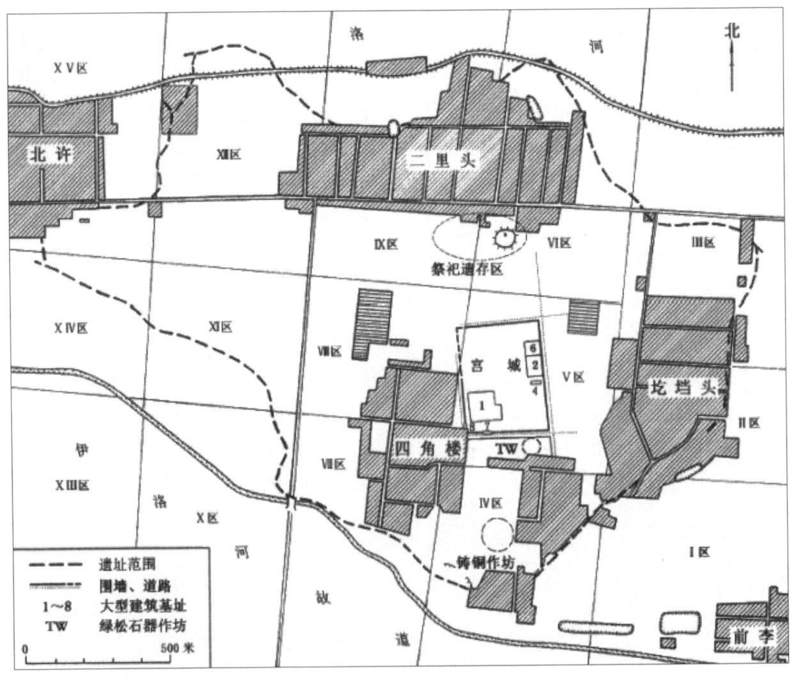

그림 2. 二里头遗址平面图

城牆에 출입문 2개가 확인되었는데, 2호 기지基址 동남쪽 모서리와 남쪽 궁장宮牆에 위치한다.

궁성宮城 내에서 궁전 건축과 종묘 건축 기지 수십 기가 확인되었으며, 면적은 400~10000㎡으로 다양하다. 궁묘宮廟 건축군建築群은 시기에 따라 3종류로 분류한다. 3호와 5호 기지基址는 초기에 속하고, 1호와 7호, 2호와 4호는 모두 후기에 해당하며, 시기가 혼재된 건축 조합도 있다. 건축 단위마다 주요 건축 대전大殿이 있고, 중심축이 있으며, 이를 둘러싼 위장圍牆을 축조하였다.

궁성宮城 안과 밖에 체계적인 도로와 배수 설비를 갖추었다. 궁성宮城 밖에는 궁성을 중심으로 "井"자 형태의 폭 10여m 정도의 도로가 확인되었다. 궁전宮殿 구역 남쪽 대로大路에서는 마차 바퀴 흔적이 발견되었다.

발굴 자료를 토대로 살펴보면, 궁성宮城은 이리두二里頭 문화 2, 3기 즉, 초기와 후기에 시작되었다고 볼 수 있다.[8]

3. 언사상성偃師商城 궁성 유적

1983년 하남성 언사시偃師市 시내 남부에서 상商 시기의 성城 유적이 발견되었다. 이는 최초의 상商 도성都城유적이다.(BC16 ~ BC14세기). 유적은 대성大城과 소성小城 두 부분으로 이루어져 있다. 소성小城은 장방형 형태로 남북 길이는 약 1100m, 동서 길이는 약 740m, 성장城牆 두께는 6~7m, 면적은 약 81만㎡이다. 대성大城은 소성小城을 토대로 확장 축조된 것으로(언사상성문화偃師商城文化 2기), 정돈된 형태는 아니었으며, 북쪽이 넓고, 남쪽

8) 中國社會科學院考古研究所:《偃師二裏頭:1959年~1978年考古發掘報告》, 中國大百科全書出版社, 1999年;中國社會科學院考古研究所:《二裏頭:1999~2006》(第1册), 文物出版社, 2014年.

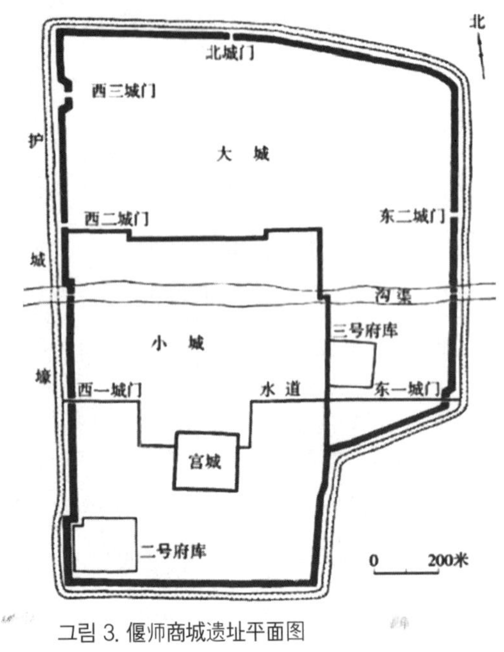

그림 3. 偃师商城遗址平面图

이 좁은 형태의 "채도菜刀"모양이다. 남북 길이는 약 1710m, 동서 길이는 1215m, 면적은 약 190만㎡이다.(그림 3)

궁성宮城은 소성小城 중앙에서 남쪽으로 높은 곳에 위치한다. 전체 평면은 방형方形 형태로 한 면 길이는 약 220m이고, 면적은 약 4.5만㎡이다. 성장城牆은 항축夯築 기법으로 쌓았으며, 두께는 2m 정도이다. 남쪽 성장 정중앙에서 폭 2m 정도의 문門 유지遺址가 확인되었다. 궁성宮城 내에는 북쪽에서 남쪽 방향으로 池苑 구역, 제사 구역과 궁실宮室 건축 구역이 차례대로 확인되었다. 지원池苑 구역의 수원水源은 서쪽의 一 성문城門에서 들어와, 동쪽 一 성문城門으로 흐르게 되어 있다. 제사 구역은 동쪽에서 서쪽으로 독립된 세 개 구역으로 조성되어 있다. 궁실宮室 건축은 주로 "궁성宮城" 남쪽에서 10여 기가 집중적으로 확인되었으며, 대부분 남서쪽으로 편향되어 위치한다. 궁실 건축군은 언사상성偃師商城 문화 발전 중 다양한 시기에 해당한다. 제1기(1호, 4호, 7호, 9호, 10호 등 5기基 궁전), 제2기(2호, 6호, 8호 궁전), 제3기(3호, 5호 궁전) 건축군은 좌우로 나뉘어 동쪽은 앞뒤 이중 원락院落 배열, 서쪽은 앞, 뒤, 가운데 삼중 원락院落 배열을 이루고 있다.[9]

궁성 북쪽에서 석조 건축의 지원池苑 유적(언사상성偃師商城 문화 제2기에 해당)이 확인되었다. 이는 중국 최초의 왕실 정원 유적으로, 동서 길이는 약 130m, 남북 길이는 약 20m, 깊이는 약 1.4m이다. 연못 사면四面은 자연석으로 쌓아 올렸으나, 바닥은 돌로 괴거나 깔지 않은 상태의 호弧 형으로 오목하다. 연못 동서 양 끝에 각각 자연석으로 축조된 수로가 연못과 통하도록 연결되어 있다. 연못 남쪽 연안에는 건축 유지가 있다. 지원池苑 남쪽에서 동서 길이 120m, 남북 길이 약 14m, 두께 1m의 항토夯土 축조된 장牆을 갖추고 형태가 비교적 완정된 "대회구大灰溝"가 발견되었다.

이 밖에도 궁성 내에서 우물 다수가 발견되었다. 궁전마다 석조 축조된 배수로가 있는데, 서로 연결되어 있어 비교적 체계적인 배수 체제를 갖추고 있으며, 궁성 밖 넓이 2m, 길이 800m의 주 수로와 연결되어 있다.

언사상성偃師商城은 최초로 "내성외곽內城外郭" 궁성 형식을 채택하였다.

4. 은허殷墟 환북상성洹北商城 궁성 유적

하남성河南省 안양시安陽市 환하洹河 북쪽 연안 화원장花園庄에서 확인된 환북상성洹北商城 유적은 상商대 중·후기의 도읍都邑 유적으로, 1999년 발견되었다.[10] 유적은 전체적으로 방형方形 형태이고 둘레에 항축夯築된 성

9) 中國社會科學院考古硏究所:《偃師商城》(第一卷)(上、下册), 科學出版社, 2013年;杜金鵬、王學榮主編:《偃師商城遺址硏究》, 科學出版社, 2004年;王學榮:《偃師商城宮城之新認識》, 中國商文化國際學術討論會論文集.

10) 中國社會科學院考古硏究所安陽工作隊:《河南安陽市洹北商城的勘察與試掘》,《考古》2003年第5期;中加洹河流域區域考古調查課題組:《河南安陽市洹北商城遺址

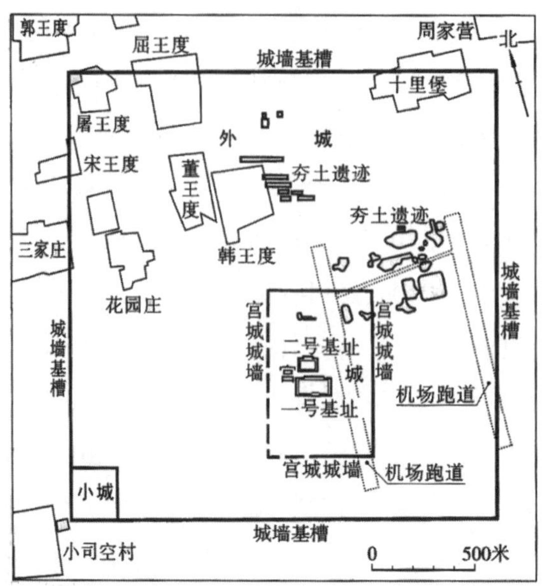

그림 4. 洹北商城遗址平面图

장城牆은 동서 길이 2.15km, 남북 길이 2.2km이며, 총면적은 4.7㎢ 정도이다.(그림 4)

궁성은 환북상성洹北商城 외성外城의 남쪽 중앙부에서 동쪽으로 치우쳐 있으며, 장방형長方形 형태로 남북 길이 795m, 동서 길이 515m, 면적 41만㎡ 정도이다. 궁宮 내에서 30여 곳의 밀집 분포된 대형 항토 건축 기지군基址群이 확인되었으며, 중심축 남단에서 남북으로 평행한 1호, 2호 궁전 건축 기지基址가 발견되었다.

1호 궁전 건축 기지는 동서 길이 173m, 남북 길이 약 90m, 면적 1.6만㎡ 크기로, "사합원四合院"의 회回 자 모양이다. 기지基址는 문숙門塾(2개 門道 포

2005~2007年勘察簡報》,《考古》2010年第1期;中國社會科學院考古研究所安陽工作隊:《河南安陽市洹北商城宮殿區1號基址發掘簡報》,《考古》2003年第5期;中國社會科學院考古研究所安陽工作隊:《河南安陽市洹北商城宮殿區二號基址發掘簡報》,《考古》2010年 第1期.

함), 본전本殿, 본전 양측의 사랑채, 동서 배전陪殿(동쪽 배전은 아직 발굴되지 않음), 문숙門塾 양측의 행랑으로 구성되어 있다. 정원은 남북 길이 68m, 동서 길이 140여m 크기로 "商王聚衆庭園, 多時可達萬人"이라는 역사 기록과 부합하며, 상왕이 대신을 소집해 큰 회의를 연 장소로 추정된다. 정원 남쪽 사랑채에는 폭 10.5m 크기의 문도門道가 있다. 본전 계단 아래와 문숙門塾 안과 밖에서 제사갱祭祀坑 20여 기가 확인되었다.

5. 안양安陽 은허殷墟 궁성 유적

하남성河南省 안양시安陽市 은도구殷都區 소둔촌小屯村에 위치한 은허 유적은 반경盤庚 천도 이후 상商 멸망까지 273년간 상商 말기 도성都城 소재지였다. 『尙書·盤庚下』에 "盤庚旣遷, 奠厥攸居, 乃正厥位" 기록에 따르면 은허(殷墟)는 일찍이 사전에 계획된 도성都城임이 분명하다.

은허 유적은 길이와 넓이가 각각 약 6km이며, 小屯村 은허 궁전과 종묘 유적을 중심으로 환하洹河 양 안(岸)을 따라 환형環形으로 분포하고 총면적은 36㎢이다. 현존하는 유적은 주로 궁전과 종묘 유적, 은허 왕릉 유적, 후강后岡 유적, 취락 유적族邑, 가족 묘지군, 갑골 요혈窯穴, 청동 주조 유적, 수공업 공방 구역 등이 있다.(그림 5)[11]

궁전과 종묘 유적은 환하洹河 남쪽 연안 소둔촌小屯村과 화원장花園庄 일대에 위치하며, 남북 길이 1000m, 동서 길이 650m, 총면적 71.5㏊ 정도이다. 구역의 서쪽과 남쪽 양측에서 해자 유적이 확인되었다. 구역 내에서 항토 건축 기지基址 80여 기가 확인되었고, 상왕商王 무정(武丁)의 배우자 墓葬과 1.5만 개 갑골편이 출토된 갑골요혈窯穴이 확인되었다.

11) 中國社會科學院考古研究所:《安陽小屯》, 世界圖書出版公司2004年;中國社會科學院考古研究所:《殷墟的發現與研究》. 科學出版社1994年

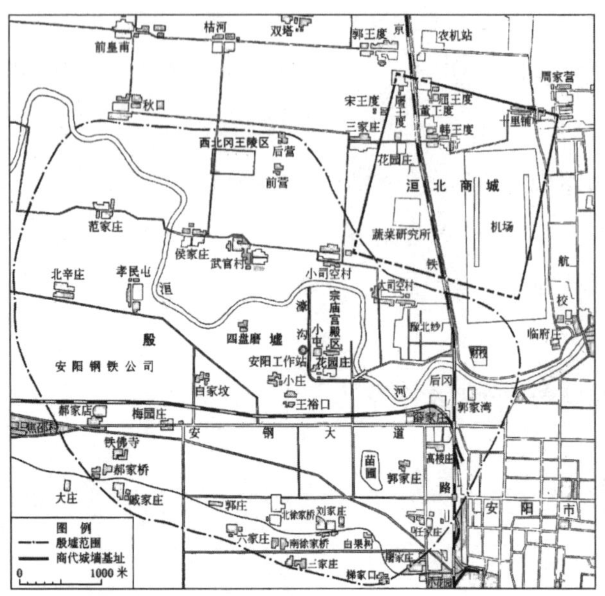

그림 5. 殷墟遗址平面图

6. 서주西周 풍灃, 호鎬 양경兩京 궁성 유적

서주西周 풍灃, 호鎬 도성 유적은 섬서성陝西省 서안시西安市 서남 근교 풍하灃河 연안에 위치하며, 연대는 약 BC11세기~BC771년 정도이다.

1933년부터 80여년에 걸쳐 발굴한 결과, 풍호灃鎬 양경兩京 유적은 총면적 17㎢에 달하는 대형 도성 유적으로 확인되었다.

풍경灃京은 풍읍灃邑이라고도 하며, 풍하灃河 서쪽 연안에 위치한다. 주周 문왕이 숭후호崇侯虎를 정벌하고 기산岐山에서 이곳으로 옮겨왔다. 유적 형태는 남북으로 좁고 길게 위치하고, 사면에 해자를 두었으며, 총면적은 8~10㎢ 정도이다. 호경鎬京 유적은 풍하灃河 동쪽 연안에 그 위치는 확인되었으나, 전체적인 구조는 아직 명확히 파악되지 않았다. 발굴 조사에 따르

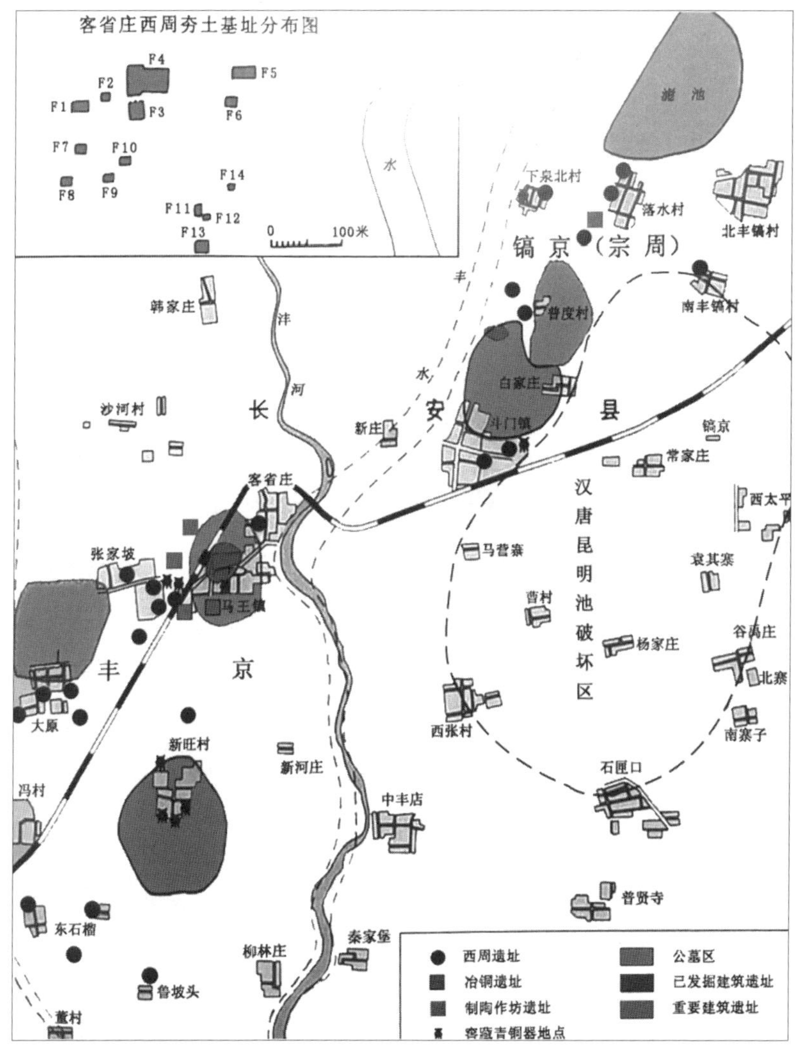

그림 6. 丰京、镐京遗址平面图

면, 중심 구역은 곤명昆明 연못 북쪽의 두문진斗門鎭, 화원촌花園村, 보도촌普渡村, 백가장白家庄 일대로 총면적은 약 8㎢ 이다.(그림 6)

서주西周 풍호豐鎬 유적의 대형 건축 기지 구역은 도성 중심 부위에서 떨어져 전체 유적지의 북쪽 지점에 편향되어 위치한다. 지대가 높으며(풍수

豐水 서쪽 미악령鄗鄠嶺, 동쪽 고양원高陽原, 북쪽에는 위하渭河와 풍수豐水 수원과 닿아 있다. 이 구역에서 항토 건축 기지 30기가 발견되었다. 여러 개 건축 구조가 군체를 형성하며 분포한 것으로 보아 궁성과 종묘宗廟가 있던 구역으로 추정된다. 또한, 대형 항토 건축물은 깊이 있는 항토 기조基槽와 항토 기단, 지붕 위 기와, 벽면 백회白灰 칠과 도기 배관을 갖춘 배수 설비를 갖추었다. 풍서마왕촌灃西馬王村과 객성장客省庄에서 대형 건축 기지 10여 기가 확인되었다. 그 중 객성장客省庄에서 발굴된 서주西周 4호 건축 기지의 평면은 "T"자 형태로 북좌남향北座南向 방향, 동서 길이 61.5m, 남북 길이 35.5m, 총면적 1826.98㎡이다. 이는 지금까지 발굴된 서주西周 중기 건축군 중 가장 큰 고대식高臺式 항토 건축 기지이다. 이 밖에 풍동두문진灃東斗門鎭과 낙수촌落水村 일대에서 대형 건축 기지 10여 곳이 확인되었다. 그 중 화강촌花岡村에서 확인된 5호 건축 기지 평면은 "H"형태이며, 총면적은 2981㎡이다. 이러한 대형 건축 기지는 궁실급級의 일급 건축물이라고 볼 수 있다. 풍호灃鎬의 일반 거주지, 수공업 공방 및 묘장 구역은 대부분 궁성 구역의 남쪽에 위치하였다.

7. 낙양洛陽 동주왕성東周王城 궁성 유적

하남성 낙양시 서공구河南城 洛陽市 西工區에 위치한 동주왕성東周王城 유적은 춘추春秋 시대 중기(BC770년) 주周 평왕의 낙양洛陽 천도遷都부터 25대 주왕周王까지 집정한 곳으로 500여년의 도성 역사를 갖고 있다. 춘추전국春秋戰國 시대는 주周 왕실이 쇠약해지고 상대적으로 제후국이 강성해진 시기라고 하지만, 동주왕성은 여전히 천자天子의 도성으로써 다른 제후국 도성에 비해 중요한 비중과 의미를 갖고 있다.

동주왕성 평면 형태는 정방형正方形 형태로 둘레 길이가 약 15km이다.

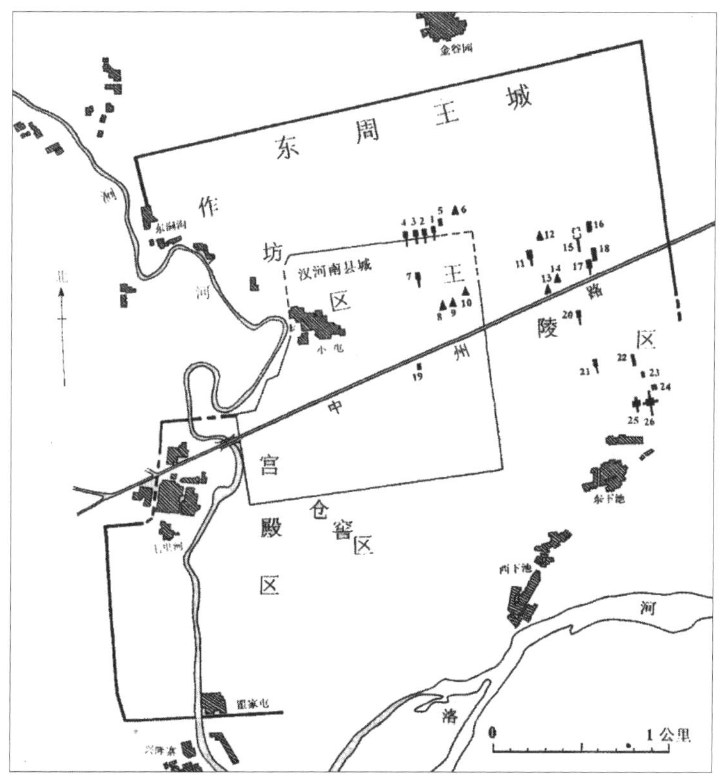

그림 7. 洛阳东周王城遗址平面图

동주왕성은 외곽성外郭城, 궁성 그리고 말기 곽성郭城 밖 서남쪽에 축조한 소성(小城, 해자와 성장城牆을 갖춤) 세 곳으로 구성되었다.(그림 7)[12] 유적 내 서북쪽에는 수공업 공방 구역(도기 제작, 골기 제작, 옥석기 제작 등)이 있고, 동북쪽에는 왕릉 구역(이미 대형 전국묘戰國墓 5기가 발굴됨)이 있다.

궁성宮城은 곽성郭城의 서남쪽 구석에 위치하며, 대형 건축군 기지와 곡식 요窯 80여 곳이 확인되었다.

12) 考古研究所洛陽發掘隊:《洛陽澗濱東周城址發掘報告》,《考古學報》1959年第2期;中國社會科學院考古研究所:《洛陽發掘報告》, 北京燕山出版社, 1989年;徐昭峰:《試論東周王城的城郭布局及其演變》,《考古》2011年第5期。

춘추 시기 동주왕성은 비교적 규모가 컸으며, 해자와 담장으로 둘러싸여 독립된 소성小城도 있었으나, 전국 시대부터 규모가 축소되어 축소된 궁성과 창성倉城이 동서로 병렬한 형식을 유지하였다.[13)]

8. 전국 시대 조趙의 도성, 한단성邯鄲城 궁성 유적

동주東周 시기 제후열국諸侯列國은 패권을 두고 세력 다툼과 확장에 몰두하였다. 세력이 비교적 강성했던 제후국의 도성으로는 제齊의 임치臨淄, 노魯의 곡부성曲阜城, 연燕의 하도성下都城, 조趙의 한단성邯鄲城, 위魏의 안읍성安邑城, 정鄭의 한고성韓故城, 진秦의 함양성咸陽城, 초楚의 기남성紀南城 등이 있다. 이 중 조趙의 한단성邯鄲城은 자료가 많이 남아있고 구조가 비교적 명확히 드러난 전국 시기 대표적인 도성이다.(그림 8)[14)]

조趙 도성인 한단성邯鄲城은 BC386년 조趙가 감단邯鄲으로 천도한 이후부터 줄곧 조趙의 중심 도성이었다. "대북성大北城"이라고도 하는 곽성郭城은 규모가 비교적 큰 편이며, 서북쪽 모퉁이가 훼손된 장방형長方形 형태이고, 남북 길이는 4800m, 동서 길이는 3000m이다. 일부 항토夯土 성장城牆은 지표면에 노출되어 있다. 곽郭 내 동북쪽에 위치한 "총대叢臺"는 높이 26m 정도이며, 전국 시대 초기 궁전 자리이다. 동쪽 중간 지점에 거주 구역과 청동과 철기 제련, 도기, 골기, 석기를 제작하는 공방 유적이 있다.

궁성宮城은 곽성郭城의 서남쪽 모서리에 위치하며, 세 개의 성城이 연결되어 있는 "品"자 형태이며, 동서 길이는 1326m, 남북 길이는 1557m이다. 이 중 정방형正方形에 가까운 서성西城이 중심이며, 한 면의 길이가 1400m

13) 徐昭峰:《試論東周王城的宮城》,《考古與文物》2014年第1期。

14) 河北省文物管理處等:《趙都邯鄲故城調查報告》,《考古學集刊》第4輯, 中國社會科學出版社1984年.

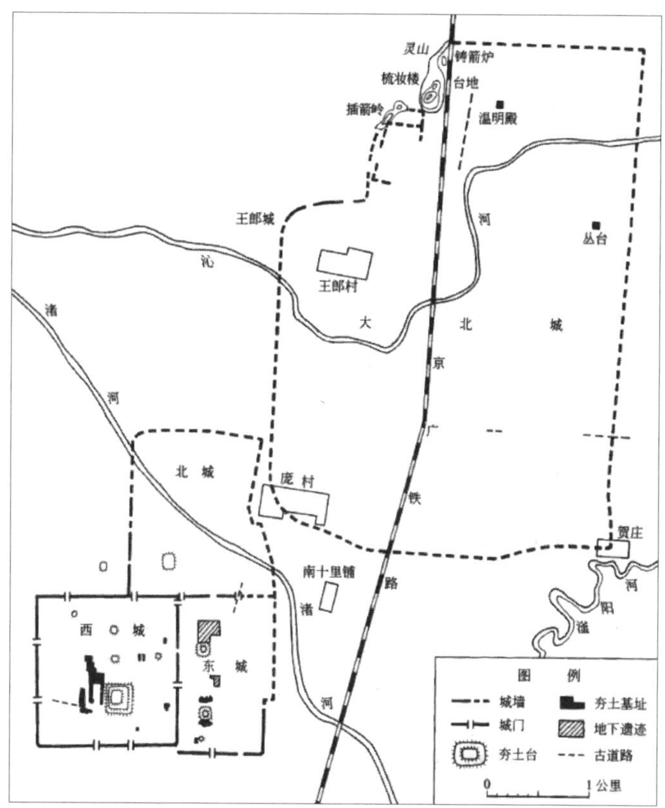

그림 8. 赵邯郸城遗址平面图

이다. 성城 중앙에서 남쪽으로 치우친 위치에 비교적 높고 큰 궁전 건축 기단이 있다. 동서 길이는 265m, 남북 길이는 285m, 동쪽 높이가 19m 이다. 성城 중앙부에서 남북으로 병렬 형태로 220m 간격으로 정방형正方形의 건축 기단 3개가 있다. 가장 남쪽에 위치한 1호 기단("용대龍臺"라고도 함)가 규모가 가장 크며, 남북 길이가 296m, 동서 길이는 264m, 동쪽 높이는 16.3m이다. 북쪽의 2,3호 기단의 면적은 1호 기단 면적의 1/25 정도이고, 높이는 1호 기단의 ⅓이다. 동서 방향 양쪽에서 남북으로 병렬 배열된 장랑長廊 주춧돌이 발견되었다. 이를 통해 서성西城 중앙 쪽에는 외조外朝, 내조內朝, 침궁寢宮이 있는 궁전이 존재한 사실을 확인할 수 있다.

동성東城은 장방형長方形 형태이고, 남북 길이는 1400m 정도이며, 동서 길이는 935m이다. 서쪽 성장 쪽에 남북으로 대칭을 이룬 방형方形 건축 기단이 확인되었으며, 한 면의 길이가 각각 110m, 120m 정도이다. 북쪽에서 남북 길이 135m, 동서 길이 111m의 규모가 비교적 큰 기단이 확인되었다.

북성北城은 남쪽으로 동성, 서성과 연결되어 있으며, 서남쪽 모퉁이에서 장방형 건축 기단이 발견되었다.

9. 진秦 함양성咸陽城 궁성 유적

함양성咸陽城은 전국 시대 진秦이 육국六國을 통일하고 왕조를 성립한 후의 도성이다. 진秦 효공孝公 13년(BC349년)에 역양櫟陽에서 함양으로 천도 후, BC206년 항우의 함양 함락 시기까지 144년간 진秦의 수도 역할을 하였다.

사료에는 "始皇窮奢極侈, 築鹹陽宮, 因北陵營殿, 端門四達, 以則紫宮, 象帝居。渭水貫都, 以象天漢。横橋南渡, 以法牽牛."라고 함양궁 건축과 진시황의 "천명天命"적인 권력 세계관을 기록하고 있다.

진秦 함양성 유적은 현재 섬서성陝西省 함양시咸陽市 동쪽 15km 지점의 함양원咸陽塬과 위하渭河 북쪽 연안에 위치한다. 발굴 작업은 1955년에 시작되었으나, 외곽성의 성장은 아직 발견되지 않았다. 성 내 유적에서 철기, 청도기, 도기, 골기 등을 제조한 공방 유적이 발견되었고, 청동기와 철기의 요장갱窯藏坑 3곳이 확인되었다.(그림 9)[15)]

15) 陝西省考古研究所:《秦都鹹陽考古報告》, 科學出版社2004年;劉慶柱:《秦鹹陽城遺址考古發現的回顧及其研究的再思考》中國社會科學院考古研究所等編《裏耶·古城秦簡與秦文化研究:中國裏耶古城·秦簡與秦文化國際學術研討會論文集》, 科學出版社2009年。劉慶柱:《論秦鹹陽城布局及其相關問題研究》, 劉慶柱:《古代都城與帝陵考古

함양궁은 진秦 수도 함양 유적지 중앙부에 지세가 비교적 높은 함양원咸陽原에 위치하며, 장방형長方形 형태이고, 동서남북 사면에 궁장宮牆이 있으며, 길이는 각각 426, 576, 902, 843m이고, 두께는 5.5~7.6m이며, 기단 두께는 4.6m이다. 남쪽과 서쪽 성장에서 각각 문지門址 1기가 발견되었는데, 문도門道는 넓이 7.2m, 길이 17~18m이다.

궁성 내부는 서북 구역, 중앙 구역과 동북 구역 세 부분으로 나뉜다. 심층 발굴 결과 대형 항토 건축 기지 7곳을 확인하였다. 서북 구역에는 1,2,3,5호 궁전 건축 기지가 있다. 1호 기지는 장방형의 굽은 자 모양 형태이며, 동서 길이는 60m, 남북 길이는 45m이고, 높이는 6m이다. 다층 항토 작업으로 기단을 높인 상태에서 누각을 건축하였다. 3호 궁전 기지 역시

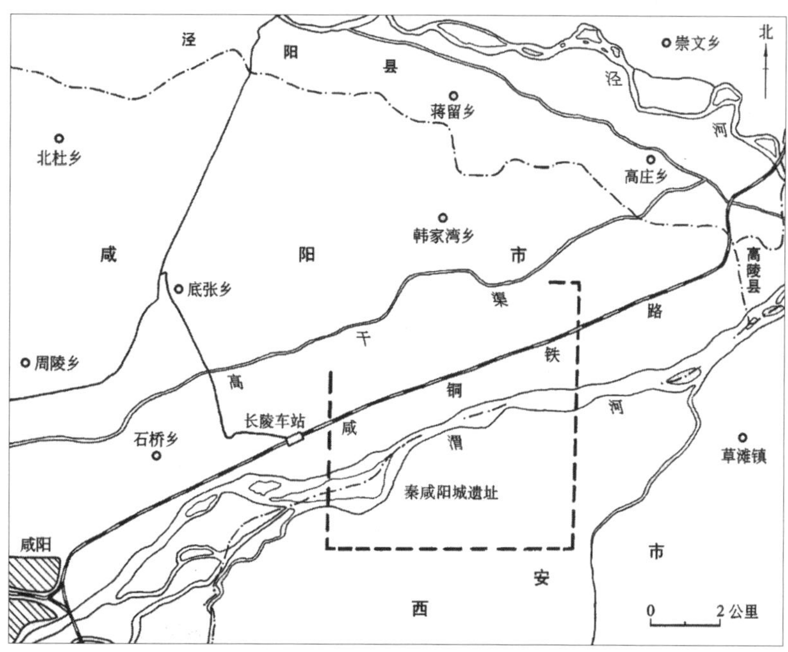

그림 9. 秦咸阳遗址平面图

學研究》, 科學出版社2000年.

기단이 높은 건축 기지이다. 동서 길이는 약 117m, 남북 길이는 60여m이고, 총면적은 약 7020㎡이다. 회랑, 실室 2개 및 건축물, 차마車馬, 인물, 사냥, 산짐승, 식물, 귀신 등 각종 채색 벽화를 수습 정리했다. 동북 구역에서는 규모가 가장 큰 6호 궁전 건축 유지遺址를 발견하였다. 방형方形 형태이고, 한 면이 150m 정도이며, 높이 5.8m 정도의 항토 기단이 있다.

함양궁 동쪽 3.5km 지점에서 항토 건축 유지遺址 6곳을 발견하였다. 또한 제후국들의 와당瓦當 등이 발견된 것으로 볼 때 진秦이 육국六國을 통일한 후 그 궁실을 모방하여 건축한 것으로 추정된다.

현 서안시西安市 미앙구未央區 육촌보六村堡 상가항相家港에서 "北宮"과 "南宮"을 언급한 진秦 봉니封泥가 출토되었다. 이를 통해서 볼 때 북궁北宮은 함양성의 궁전이고, 남궁南宮은 위하渭河 남쪽 연안에 있는 감천궁甘泉宮으로 태후太后의 거주지, 즉 서한西漢 시기 계궁桂宮의 소재지이다.

10. 서한西漢 장안성長安城 궁성 유적

섬서성陝西省 서안시西安市 미앙구未央區 경내에 위치한 서한西漢 장안성長安城 유적은 한 고조高祖 5년(BC202년)에 건축된 장락궁(長樂宮, 역양에서 천도 후, 진 흥락궁興樂宮을 개축改築한 것)을 대규모 확장 건축하고 이후 90여 년에 걸쳐 완성한 것이다.

1956년부터 탐사와 발굴이 시작되었다. 유적은 서북쪽 모서리가 유실된 정방형正方形 형태이고, 서쪽 성장城牆의 남쪽 부분과 남쪽 성장城牆의 서쪽 부분이 밖으로 돌출되어 구부러진 형태 때문에 "두성斗城"이라고도 부른다. 성장城牆은 판축 기법으로 축조되었으며, 동성東城 성장 길이는 5940m, 남쪽 성장 길이는 6250m, 서쪽 성장 길이는 4550m, 북쪽 성장 길이는 5950m이다. 성문城門은 총 12개가 확인되었으며, 둘레는 약 25.7km이며,

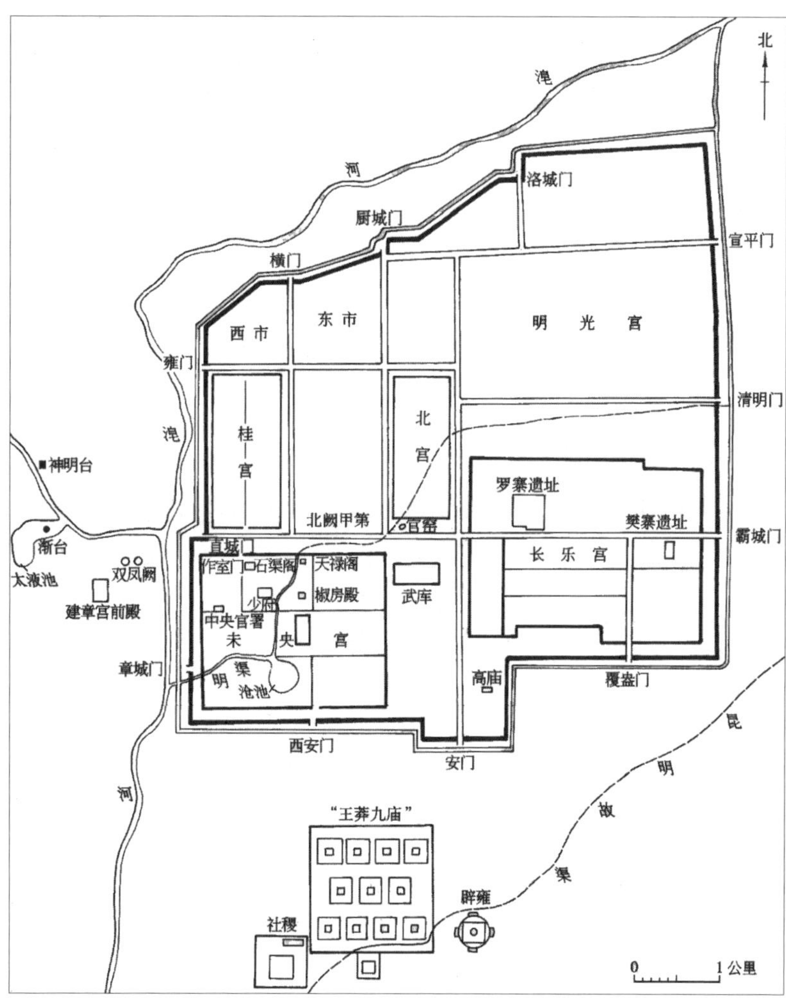

그림 10. 西汉长安城遗址平面图

성 내 면적은 36㎢이다.

성 내 주요 건축은 장락궁長樂宮, 미앙궁未央宮, 계궁桂宮, 북궁北宮, 명광궁明光宮, 무고武庫 등이 있다. 서쪽 성장 밖에 건장궁建章宮이 있고, 남쪽에 명당明堂, 벽옹辟雍 등 제례 건축군이 있다.(그림 10)[16]

---

16) 中國社會科學院考古研究所:《漢長安城未央宮:1980—1989年考古發掘報告》, 中國大

성의 서남쪽에 위치한 미앙궁未央宮은 방형方形 형태로 사면에 항축 기법으로 궁장宮牆을 쌓았으며, 동서 길이는 2250m, 남북 길이는 2150m, 면적은 약 5㎢이다. 궁 내 남쪽의 창滄지, 중앙의 전전前殿, 후궁後宮의 방전, 소부少府, 천록각天祿閣, 석거각石渠閣 등의 건축 유적이 있다. 전전前殿은 궁성 중앙에 위치하며, 미앙궁未央宮의 정전正殿으로 황제의 조회朝會 장소이다. 남북 길이는 350m, 동서 길이는 약 200m, 북쪽 가장 높은 곳은 15m 높이이다. 미앙궁未央宮 서북쪽 공관工官 관서 유지遺址 내에서 5만 여 편 각자골첨刻字骨簽이 출토되었다. 이는 각 지역 공관工官이 중앙 정부에 상납을 기록한 중요한 자료이다.

성 동남쪽에 위치한 장락궁長樂宮은 방형方形 형태이며, 항축 기법의 궁장宮牆을 쌓았으며, 둘레는 10km이고, 총면적은 6㎢이다. 웅대한 규모의 장락궁長樂宮은 초기 유방劉邦이 기거하던 곳이었다가 후에 태후太后의 침궁寢宮으로 바뀌었다. 궁 내 주요 건축은 장락궁長樂宮 전전前殿이고, 다른 전각 유지遺址는 심하게 훼손되었다. 4호, 5호(凌室), 6호 건축 기지基址가 발굴되었다.

계궁桂宮은 미앙궁未央宮 북쪽에 위치하며, 남북 방향의 장방형長方形 형태이고, 남북 길이는 1800m, 동서 길이는 880m이다. 사면은 항축 기법으로 궁장宮牆을 둘렀으며, 본전本殿인 홍녕전鴻寧殿 등 유적이 있다.

이 밖에도 90년대부터 발굴 조사한 결과, 미앙궁未央宮 북쪽, 계궁桂宮 남쪽에서 장방형 궁성 유지遺址를 확인하였다. 이는 북궁北宮의 소재지인 것으로 추정된다.

百科全書出版社1996年;劉慶柱:《漢長安城的考古發現及相關問題研究—紀念漢長安城考古工作四十周年》,《考古》1996年10期;劉振東、張建鋒:《西漢長樂宮遺址的發現與初步研究》,《考古》, 2006 年第10期.

11. 동한東漢 낙양성洛陽城 궁성 유적

동한 광무제는 건무원년建武元年(25년)에 낙양을 도읍으로 정하고 낙양雒陽으로 이름을 바꾸었다.

동한 낙양성 유적은 현재 낙양시 동쪽 15km 지점 이락伊洛 평원에 위치한다. 발굴 조사에 따르면, 평면은 남북 방향의 장방형長方形 형태이고, 밖에 해자를 둘러 호위하였다. 실측 결과, 동쪽과 서쪽 성장은 각각 3900m, 3400m이고, 두께는 14, 20m이다. 북쪽 성장이 좀 더 두꺼워 약 25~30m이고, 길이는 2700m이다. 남쪽 성장은 낙하洛河에 의해 자연 훼손된 상태이다.[17] 성장에서 12개 성문이 확인되었다. 성 안에는 종묘와 사직 건축이 확인되었다. 성 남쪽 교외 구역에서 명당明堂, 영대靈臺, 벽옹辟雍, 태학太學 등 유지遺址가 확인되었다.(그림 11)

문헌 기록과 발굴 조사에 따르면, 남궁南宮과 북궁北宮은 지대가 높은 곳에 건축되었으며, 남북으로 대치 구도를 이루면서 7m 길이의 부도復道로 연결되어 있다. 남궁南宮은 가장 먼저 건축되었으며 정전正殿을 전전前殿이라 하였다. 북궁北宮 정전正殿은 덕양전德陽殿과 숭덕전崇德殿이다. 문헌에 따르면, 남궁과 북궁에서 정치 활동 횟수는 비슷하였으나, 락수洛水로 인한 수재水災로 인해 명제明帝 이후에는 주로 북궁北宮을 정치 중심 장소로 이용하였다.

17) 中國科學院考古研究所洛陽工作隊《漢魏洛陽故城初步勘查》, 《考古》1973年第4期; 中國社會科學院考古研究所: 《漢魏洛陽故城南郊禮制建築遺址: 1962—1992年考古發掘報告》, 文物出版社2010年.

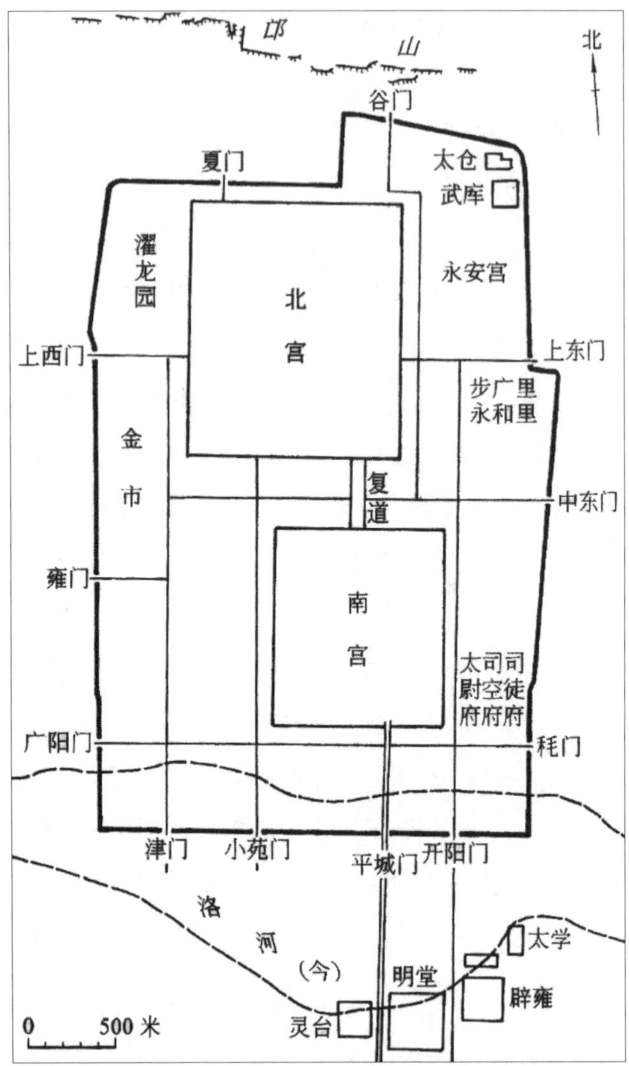

그림 11. 东汉洛阳城遗址图

12. 조위曹魏 업북성鄴北城 궁성 유적

업북성鄴北城은 삼국 시기 조조가 왕도王都 형식을 갖춰 건립하였다. 이후 조위, 후연後燕, 염위冉魏, 전연前燕 4개 왕조와 동위東魏, 북제北齊 때까지 도성으로 활용되었다. 하북성 임장현臨漳縣에 위치한 성지城址는 남쪽으로 동위북제東魏北齊의 업남성鄴南城 유지遺址와 맞닿아 있다.

조위曹魏 업북성은 동서 방향의 장방형長方形 형태이고, 동서 길이는 2400m, 남북 길이는 1700m이다. 남쪽에 3개, 북쪽에 2개, 동서 각 1개씩 총 7개 성문이 확인되었다.[18)]

성 내 북쪽 중앙이 궁전 구역이고, 서쪽 측면에 원유園囿 구역인 "銅爵園"이 위치한다. 궁전 구역은 동서 방향으로 병렬된 구도로 서쪽은 예의禮儀 대전大殿 구역이고 동쪽은 정무 공간이다. 대전大殿 구역은 지차문止車門, 단문端門과 문창전文昌殿을 중심선으로 남쪽의 가장 앞에 십자十字 모양으로 교차되는 어가御街가 있다. 남쪽에서 북쪽으로 어가御街를 따르면 남쪽 성장城牆 정문正門인 중양문中陽門이 있다. 이를 따라 궁성 전체의 중심선이 형성되어 있다. 동쪽 정무 구역은 사마문司馬門과 근정전勤政殿 중심선이다.

궁전 서쪽은 왕실 정원이 동작원銅爵園이 있다. 내부에는 마구馬廏, 무고武庫, 서성원西城垣이 있으며, 조조曹操가 조성한 동작대銅雀臺, 금호대金虎臺, 빙정대氷井臺가 있다.(그림 12)

장수漳水의 범람과 하류 변화로 인해 업북성 유지遺址는 심각하게 자연 훼손되어, 현재 지면 형태만 남아있고 金虎臺, 銅雀臺 일부 기단과 瓦當, 靑石螭首 등 일부 유물만 남아 있다.

---

18) 中國社會科學院考古硏究所、河北省文物硏究所鄴城考古工作隊:《河北臨漳鄴北城遺址勘探發掘簡報》,《考古》1990年第7期;徐光冀《曹魏鄴城的平面複原硏究》,《中國考古學論叢》, 科學出版社, 1993年.

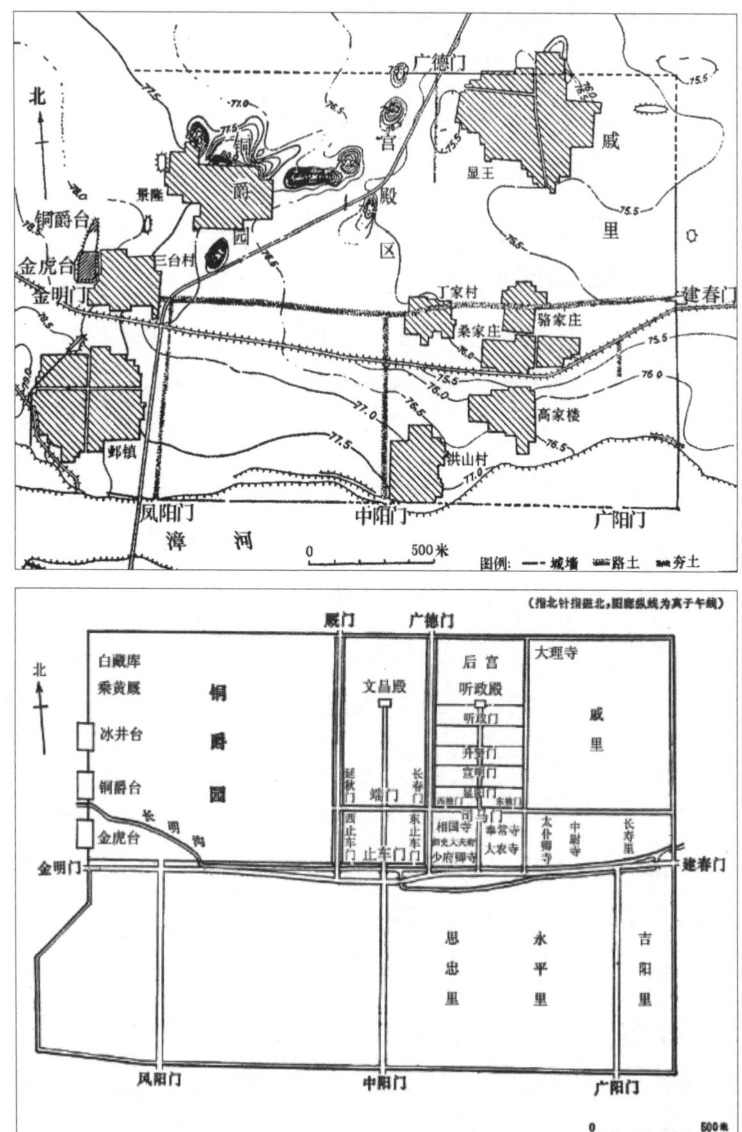

그림 12. 曹魏邺城遗址平面图(上)、邺城复原平面图(下)

13. 조위曹魏 서진西晉 낙양성洛陽城 궁성 유적

조위曹魏와 서진西晉의 낙양 도성은 동한東漢 시기 옛 도성을 토대로 재건되었기 때문에 동한 시기의 도성의 성문과 어가御街 건축 규율을 따랐다. 그러나 궁성의 위치, 규모, 성격 및 구도 등은 큰 변화가 있다.(그림 13)

이와 동시에 서북쪽 방어를 강화하였으며, 서북쪽 귀퉁이에 금용성金墉城을 신축하였다. 위진魏晉 시기에는 북원北垣 바깥쪽에 마면馬面을 증수增

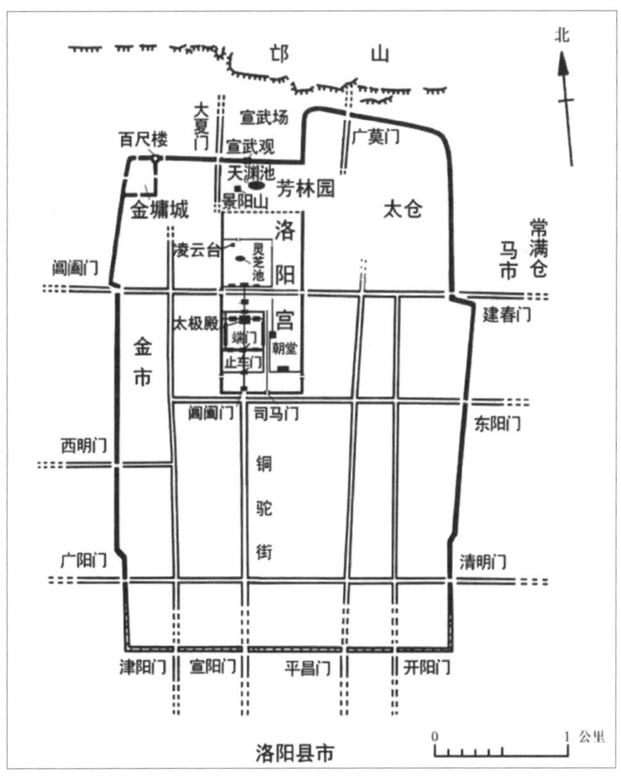

그림 13. 曹魏西晋洛阳城平面复原图

修하였다. 고고학 자료[19]와 문헌 자료를 종합해 볼 때, 조위 낙양궁은 이전 궁성과 다른 점이 있다. 거북거중居北居中의 단일 궁성으로 정문正門을 창합문閶闔門으로 명칭을 바꾸고, 정전正殿을 태극전太極殿으로 바꿔 불렀다. 궁성 동북면에 태자궁太子宮을 세웠다. 궁성 구도는 남북 방향으로 두 줄의 건축 중심선이 있다. 서쪽으로 정전正殿(남궁南宮이라고도 함)이 전면前面에 위치하고, 황제의 침전寢殿식 건전乾殿과 황후의 소양전昭陽殿(현양전顯陽殿)이 후면後面에 위치한다. 태극전太極殿과 소양전昭陽殿의 동서 양측에 동서당東西堂이나 배전配殿이 있으며, 세 개의 전殿이 균등하게 병렬로 위치한다. 궁성 북쪽은 방원림芳園林(후에 화림원華林園으로 고침) 구역이고, 동쪽은 사마문司馬門, 상서조尙書曹와 조당朝堂 등 궁내 관서官署 구역이다.

14. 동진東晉, 남조南朝 건강성建康城 궁성 유적

강소성 남경시는 동진東晉과 남조南朝의 송宋, 제齊, 양梁, 진晉 4개 왕조의 도성인 건강성建康城 유지遺址가 있는 곳이다. 건강성建康城은 오吳 손권孫權의 건업성建業城을 개축改築하여 조성한 도성으로, 동진 건무원년建武元年(317년)부터 589년 진陳이 수隋에 의해 멸망할 때까지 272년 동안 도성의 역할을 하였다.

『建康實錄』과 1936년 상해상무인서관출판사에서 출판된 『金陵古迹圖考』 등 자료에 따르면, 건강궁建康宮("태성台城"이라고도 함)은 도성 북쪽 중앙에 위치하며, 정전正殿을 태극전太極殿이라고 명칭하였다고 한다. 궁 전면前面에 남북 중심선으로 어가御街를 만들고, 궁성 내에는 두 개의 남북 방향

19) 中國社會科學院考古研究所洛陽漢魏故城隊:《河南洛陽漢魏故城北魏宮城閶闔門遺址》,《考古》2003年第7期;中國社會科學院考古研究所洛陽漢魏故城隊:《河南洛陽市漢魏故城太極殿遺址的發掘》,《考古》, 2016年第7期;洛陽市文物局、洛陽白馬寺漢魏故城文物保管所編:《漢魏洛陽故城研究—洛陽文物與考古》, 科學出版社2000年.

건축 중심선이 있다. 서쪽 중심선은 큰 사마문司馬門이 북쪽으로 궁내 주전主殿인 태극전太極殿을 바로 마주하고, 남쪽으로는 대성大城의 선양문宣陽門과 남북 중심선의 어가御街를 바로 마주하고 있다. 동쪽 중심선은 남액문南掖門(송조宋朝에서는 창합문閶闔門)이 북으로는 상서조당尚書朝堂 등 관서官署 구역과 바로 마주한다. 궁성 구도는 정전正殿인 태극전太極殿이 전면前面에 자리하고, 황제 침전과 황후 침전이 남북 세로로 병열한 삼대 선각 형태이다. 태극전太極殿 양측에 동당東堂과 서당西堂을 설치하였고, 황제와 황후 침전 양측에 배전配殿을 두어 동서 방향으로 삼대 전각의 병렬 구도를 갖추었다. 태자太子가 머무르는 동궁東宮은 궁성 동쪽에 위치한다. 궁성 북쪽은 화림

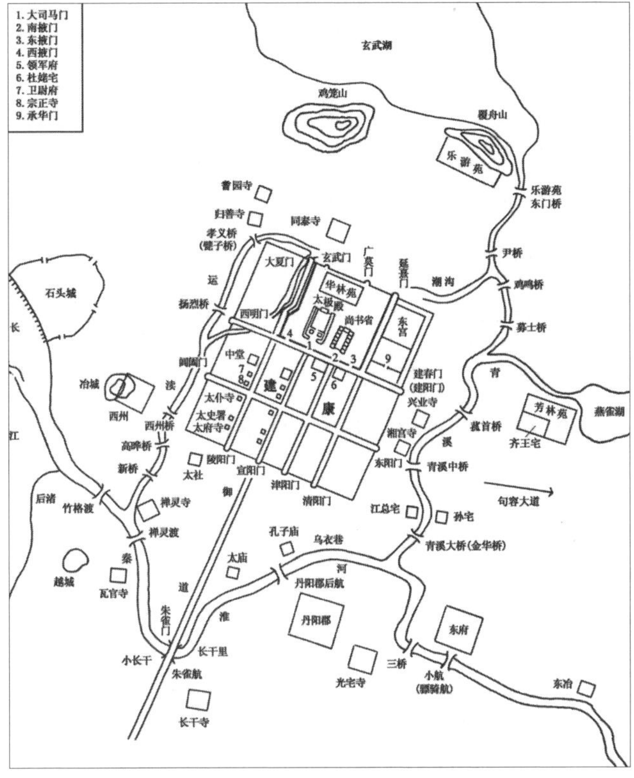

그림 14. 东晋南朝建康城平面复原图

원華林園이 위치하고, 궁성 앞 어가御街 양측에 종묘宗廟와 사직社稷, 관서官署가 위치한다.(그림 14)

건강성建康城 유지遺址는 남경성南京城이 덮고 있어 발굴 조사 작업이 매우 어렵게 진행되고 있다. 최근 몇 년간 새로운 발견 성과가 있었는데, 궁성이 동남대학과 성현가成賢街의 위치 추정은 배제되었고, 대행궁大行宮과 그 북쪽 민국 총통부 주위에서 해자, 성장城牆, 도로, 목교木橋, 우물, 배수구, 대형 항토 건축 기지基址, 와당瓦當, 청자기靑瓷器 등이 발견되었고, 태성台城일 가능성이 높은 것으로 추정된다.[20]

15. 북위北魏 낙양성洛陽城 궁성 유적

439년 북위北魏는 평성(平城, 산서성 대동시 동북쪽)에서 낙양洛陽으로 천도하고, 동한東漢과 조위曹魏 시기 도성의 토대에 대규모 확장 건축으로 낙양성을 건축하였다. 동위東魏 천평원년天平元年(534년) 업성鄴城으로 도읍을 옮기고 북위北魏 멸망 때까지 도성이었다.

1954년부터 북위北魏 낙양성에 대한 조사 발굴이 꾸준히 이어진 결과, 도시 규모는 명확하게 확인되었다. 외곽성外郭城, 내성內城, 궁성宮城 세 부분으로 구성되며, 외곽성外郭城은 폭 10km, 면적 100㎢에 달한다. 320개 방형方形의 "里坊"(220리방里坊 설도 있음)이 있고, 사면에 성문城門 12개가 있다. 곽성원郭城垣, 문궐門闕, 도로망, 해자, 금용성金墉城, 궁성 구역, 영녕사永寧寺 등 유적이 모두 명확하게 확인되었다.(그림 15)[21]

---

20) 王志高:《六朝建康城遺址考古發掘的回顧與展望》, 《南京曉莊學院學報》2008年第1期;張學鋒:《所謂"中世紀都城"—以東晉南朝建康城爲中心》, 《社會科學戰線》2015年第8期.

21) 中國社會科學院考古研究所洛陽漢魏故城隊:《河南洛陽漢魏故城北魏宮城閶闔門遺址》, 《考古》2003年第7期;中國社會科學院考古研究所洛陽漢魏故城隊:《河南洛陽市

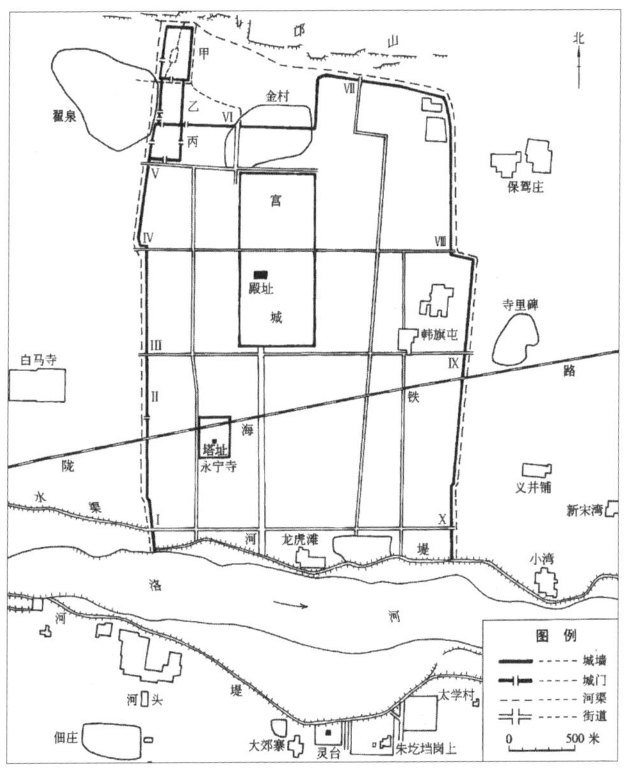

그림 15. 北魏洛阳城遗址平面图

궁성은 북서쪽으로 편향된 방향에 위치하며, 한漢과 위魏 북궁北宮의 기초 토대를 바탕으로 흥건興建되었다. 장방형長方形 형태이며, 동쪽과 서쪽 성장 길이는 각각 1400m, 남쪽과 북쪽 성장은 각각 650m, 넓이 0.92㎢이다. 궁성 정남문인 창합문閶闔門 유지遺址의 남북 길이는 60m, 동서 길이는 약 100m 정도이다. 궁성 북쪽에는 화림원華林園이 있다.

漢魏故城太極殿遺址的發掘》,《考古》, 2016年第7期;洛陽市文物局、洛陽白馬寺漢魏故城文物保管所編:《漢魏洛陽故城研究—洛陽文物與考古》, 科學出版社2000年;錢國祥:《由閶闔門談漢魏洛陽城宮城形制》,《考古》2003年第7期.

16. 동위東魏, 북제北齊 시기 업남성鄴南城 궁성 유적

천평원년天平元年(534년) 동위東魏가 낙양洛陽에서 업성鄴城으로 천도하면서 업북성鄴北城 남쪽에 새로이 업남성鄴南城(먼저 계획을 세우고, 궁을 지은 후, 城을 완성함)을 축조하였다. 업남성은 이후 동위東魏와 북제北齊 두 왕조 국가의 수도 도읍이 되었다.

업남성은 하북성河北省 임장현臨漳縣 예신장향倪辛庄鄕과 습문향習文鄕에 위치하며, 북쪽은 장하漳河 하류河流에 수몰되었다.

발굴 조사에 따르면, 업남성 성지城址는 남북으로 긴 장방형 형태이고, 동서 양쪽 성장에 만곡彎曲한 부분이 있으며, 성장 동남쪽 모서리와 서남쪽 모서리는 둥근 호선弧線 형태를 보인다. 형식이 특이한 경우이며, 지금까지 발견된 도성 중 최초의 구형龜形 도성이다. 성지城址에서 가장 폭이 넓은 곳의 동서 길이는 2800m, 남북 길이는 약 3460m, 너비는 보통 7~10m이다.[22]

업남성은 궁성, 내성과 외곽성으로 구성된다(그림 16). 외곽성은 400개 방坊이 있어 이름과 위치를 다 알기 어려울 정도이다. 1996년 업남성 정남향正南向 성문 주명문朱明門 유지遺址가 확인되면서 그 규모의 웅장함이 증명되었다. 전면前面 양측에 방형方形의 망루 기단이 확인되었다. 주명문朱明門 내 주 도로 양측과 궁성 남쪽에 중앙 관서官署와 태묘太廟가 있다.

궁성은 중심선에서 동쪽으로 치우쳐 북쪽 중앙에 위치한다. 궁성 면적은 성 전체 면적의 1/10 보다 작다. 궁성 구역 동쪽자리는 후대 촌락이 형성되어 덮였고 북쪽은 장하漳河 하류河流 내에 위치한다. 조사 발굴 결과, 궁성

22) 徐光冀:《東魏北齊鄴南城平面布局的複原研究》, 《宿白先生八秩華誕紀念論文集》, 文物出版社, 2002年;朱岩石:《東魏北齊鄴南城內城之研究》, 《漢唐之間的視覺文化與物質文化》, 文物出版社2003年.

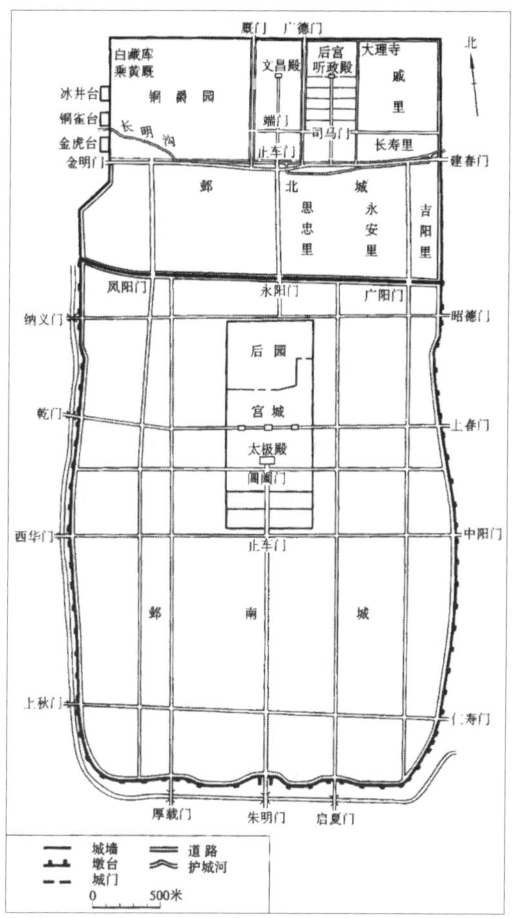

그림 16. 东魏北齐邺南城平面复原图

유지는 남북으로 긴 장방형 형태이며, 동서 길이는 약 620m, 남북 길이는 약 970m이다.

궁성 동북쪽 끝에서 다시 북쪽으로 장방형으로 돌출된 형태가 있다. 남쪽 궁장宮牆 중간 지점에서 궁장 남문의 문지門址가 확인되었다. 주명문朱明門에서 이어지는 대가大街 북단과 상통한다. 동서 궁장의 북쪽에 각각 문지門址가 확인되었다. 궁성 범위 내에서 항토 건축 기지基址 14곳이 확인되었다. 그 중 장방형 형태의 항토 건축 기지 10여 곳은 중심선에 위치하는 것으로 보아 궁 내 주요 건축물 기지基址로 추정된다. 112호 궁성 남문 문지門址(지차문止車門)의 동서 길이는 56m, 남북 길이는 31m 정도이다.

103호 건축기지(동서 길이 약 80m, 남북 길이 약 60m), 110호 건축 기지(동서 길이 약 80m, 남북 길이 약 60m), 105호 건축 기지(동서 길이 95m, 남북 길이 약 51m)는 태극전太極殿, 소양전昭陽殿, 현양전顯陽殿 등 중요 건축 유지遺址으로 생각된다. 그리고 112, 111, 114호 건축 기지는 아마도 문헌에 기록된 단문端門, 여합문閭闔門, 주화문朱華門일 가능성이 높다.

2015년 궁성 구역 서북쪽에서 대형 전각 기지基址 6곳과 도로, 회랑, 담장, 배수 시설 등 유적이 발견되었다. 또한 궁성 내 각기 다르게 존재하던 정원의 대략 상황도 확인되었다.

궁성 북쪽에는 후원後園이 있으나, 장하漳河로 인한 침식과 훼손 때문에 건축 기지基址 한 곳만 확인되었을 뿐이다.

17. 수당隋唐 장안성長安城 궁성 유적

섬서성 서안시에 위치한 수隋의 대흥성大興城과 당唐의 장안성長安城 유적은 수당隋唐 시기 도성 소재지이다. 도성의 성지城址는 수隋 문제文帝 개황開皇 2년(582년)에 건축된 후 당唐에 의해 멸망된 후에도 이 도성은 그대로 사용하였다. 장안성長安城으로 명칭을 바꾸고 끊임없이 건축하고 확장하였다. 당唐 말기 천보원년天寶元年(904년), 주온朱溫이 당唐 소종昭宗을 협박하여 낙양으로 천도한 이후, 장안궁은 훼손되고 민간 거주지로 바꾸면서 장안성은 사라지게 되었다.

당唐 장안성은 외곽성(外郭城, 나성羅城이라고도 함), 궁성宮城, 황성皇城, 금원禁苑으로 구성된다. 수당隋唐 장안성長安城 유적지는 1956년 발굴 조사가 시작되었으며, 지금까지도 계속해서 이루어지고 있다.

수당 장안성의 궁성은 선후先后로 세 곳이 있다. 수隋와 당唐 초기의 수隋 대흥궁大興宮과 당唐 태극궁太極宮("西內"), 당唐 대명궁大明宮("東內", 고종高宗 이후 역대 주궁主宮), 당唐의 흥경궁興慶宮("南內", 당唐 현종玄宗 개원16년 이후 궁전)이다.(그림 17)[23]

태극궁太極宮은 장안성 북쪽 중앙부에 위치하며, 태극궁을 중심으로 동쪽에 동궁東宮, 서쪽에 액정궁掖庭宮이 있다. 크기는 남북 길이 1492.1m, 동서 길이 2820.3m이다. 후대에 새로운 건물이 그 위에 건축되면서 발굴 조사

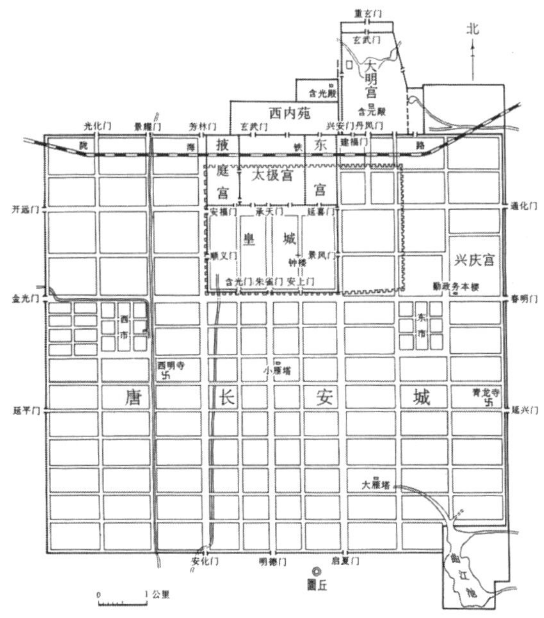

그림 17. 唐长安城遗址平面复原图

23) 陝西省文物管理委員會:《長安城地基初步探測》,《考古學報》1958年第3期;中國科學院考古研究所:《唐代長安城考古紀略》,《考古》1963年第11期;龔國強:《唐長安城考古述要及今後工作的幾點感想》,《論唐代城市建設》, 陝西人民出版社2005年。

가 매우 어렵다. 수隋의 광양문廣陽門과 당唐의 승천문承天門 유지遺址에 대한 조사가 이루어졌으나, 모두 훼손되었고 문도門道 3곳과 바탕으로 놓았던 석판石板과 돌만 확인되었다.

대명궁大明宮은 성의 동북쪽 용머리처럼 돌출된 곳에 위치한다. 당唐 태종太宗 정관貞觀 8년年(634년)에 건축하기 시작하여 고종高宗부터 이후 16대 황제가 이곳에서 정무를 보았다. 애제哀帝 천우원년天佑元年(904년)이 마지막이었다. 대명궁大明宮 유적 발굴 작업은 1956년 시작되어 지금까지 이어지고 있으며, 남아있는 자료가 풍부한 편이다. 유지遺址는 사다리 형태이며, 면적은 3.2㎢이다. 궁장宮牆 사면四面에서 11개 문이 확인되었으며, 이미 확인된 전각과 누각 등의 유지遺址가 40여 곳이다. 그 중, 단봉문丹鳳門, 인덕전麟德殿, 함원전含元殿, 삼청전三淸殿, 청사전淸思殿 등이 발굴 조사되었다.[24] 함원전含元殿은 궁성 남쪽 중앙 지점에 위치하며, 황제가 중요한 경전慶典과 조회朝會를 거행하는 정전正殿 장소이다. 두 차례에 걸쳐 발굴이 진행되었다. 인덕전麟德殿 유지遺址는 대명궁大明宮 서쪽에 위치하며, 연회宴會와 외국 사절을 접견하는 편전便殿 장소였다. 전前, 중中, 후後 세 개 전각으로 구성되어 있다. 2000년~2005년, 후궁後宮의 황실 원림인 태액지太液池에 대한 대규모 발굴 작업을 진행하여 태액지太液池의 기본 구조와 배치 구도가 확실하게 파악되었다. 2011년~2016년, 궁전 구역 서측의 관서官署 유지遺址(중서성中書省 소재지)에 대한 발굴 작업이 진행되면서 유적의 전체적인 건축 구조가 명확하게 드러났다.

흥경궁興慶宮은 장안성 외곽성 동남쪽에 위치하며, 당唐 현종玄宗 후기 청정聽政하던 장소이었으나, 안사의 난 이후 태상황太上皇 혹은 태후太后의 휴식 장소로 바뀌었다. 1957~1958년, 흥경궁興慶宮 유지遺址에 대한 발굴 조

---

24) 中國社會科學院考古硏究所編:《唐長安大明宮》, 文物出版社1959年;中國社會科學院考古硏究所等編:《唐長安城大明宮遺址考古發現與硏究》, 文物出版社2017年

사가 진행되었다. 전체 평면 형태는 장방형이며, 동서 길이는 1080m, 남북 길이는 1250m이다. 궁 내부 구도는 이례적으로 궁전 구역이 북쪽에 위치하고, 남쪽에 용지龍池 중심의 황실 원림 구역이 있다. 궁 내 서남쪽의 화악상휘루花萼相輝樓, 근정무본루勤政務本樓 등 건축 유지遺址 17곳이 이미 발굴조사 및 정리 되었다.

Ⅲ. 궁성宮城 발전 단계에 대한 고찰

중국 고대 도성 유지遺址와 궁성宮城을 포함한 도성 제도는 고고학계와 고건축학계의 중요한 연구 대상 중의 하나이다. 최근 수 십 년 동안, 楊寬, 史念海, 楊鴻勳, 傅熹年, 劉慶柱, 賀業炬, 許宏 등 많은 학자들이 역사학, 고고학, 역사지리학, 고대건축사학 등 다양한 각도에서 궁성을 포함한 중국 고대 도성의 역사, 제도, 이론과 방법 등에 관해 종합적이면서 독창적인 연구를 진행하였고, 상당수의 논저論著를 출간하였다.[25] 이 외에도 더 많은 고고학자와 연구자들이 성지城址의 단대斷代 문제, 형식과 구도 및 성질에 대한 판단 등 관련 문제에 대해 심층 연구를 진행하고 있으며, 학술적

25) 楊寬:《中國古代都城制度史研究》, 上海古籍出版社1993年;史念海:《中國古都和文化》, 中華書局1998年;傅熹年:《中國古代城市規劃、建築群布局和建築設計方法研究》(上下册), 中國建築工業出版社2015年第二版;傅熹年:《傅熹年建築史論文集》, 百花文藝出版社2009年;楊鴻勳:《建築考古學論文集》, 文物出版社1987年;楊鴻勳:《宮殿考古學通論》, 紫禁城出版社2001年;劉慶柱:《古代都城與帝陵的考古學研究》, 科學出版社2000年;劉慶柱:《古都問道》, 中國社會科學出版社2015年;賀業炬:《考工記營國制度研究》, 中國建築工業出版社1985年、賀業炬:《中國古代城市規劃史論叢》, 中國建築工業出版社1986年;賀業炬:《中國古代城市規劃史》, 中國建築工業出版社1996年;許宏:《先秦城市考古學研究》, 北京燕山出版社2000年. 等等.

성과를 거두었다. 그동안의 연구성과[26]와 최근 발굴 자료를 토대로 선진先秦부터 수당隋唐 시기 궁성宮城의 발전 단계에 관하여 새롭게 고찰하고 구분을 하고자 한다.

각 시기의 궁성 발전 단계와 구분은 궁성의 규모 크기, 위치, 형식과 구도뿐만 아니라, 궁성 축조 시기의 역사 배경, 사회 형태, 문화 체계, 전통사상 등 다각도, 다층적인 고찰을 통해서 궁성 건축의 발전 단계를 제대로 파악할 수 있다. 뿐만 아니라, 대상의 주체와 객체, 공통점과 다른점, 계승과 혁신 등 종합적인 관점에서 발전 단계를 구분해야 할 것이다.

1. 1단계: 궁성의 남상기濫觴期

이 시기는 용산문화龍山文化 말기부터 하夏, 상商, 서주西周시기에 해당한다. 대표적인 유적으로 도사고성陶寺古城, 이리두고성二里頭古城, 언사상성偃師商城, 원북상성洹北商城, 은허殷墟, 풍경호경豐京鎬京 등 궁성 및 궁성구역 유지遺址가 있다.

중국 용산문화 말기부터 이리두문화 초기는 원시사회에서 탈피하여 사회 분화되어 다양한 계층이 발생하면서 구역 내에 취락군에서 규모가 큰 중심 취락이 생겨났다. 즉 "城" 형식이 보편적으로 나타난 시기이다. 이와 동시 일부 중심이 되는 "城"에서 최고 통치 계급이 사용하는 궁성과 대형 건축군이 생기면서 "王權"으로 대표되는 초기 국가 형태가 형성되기 시작하였다. 이는 이미 발굴된 고고학 자료와 초기 문헌 기록에 의해 증명된 사실이다. 용산문화 말기에 속하는 하남河南 신밀시新密市 소재 신채성지新砦城址는 약 100만㎡이다. 외호外壕, 성호城壕와 내호內壕가 있으며, 내호內壕

26) 俞偉超:《中國古代都城規劃的發展階段性—爲中國考古學年會第五次年會而作》,《文物》1985年第2期.

둘레 중심 면적은 약 6만㎡이상이고, 대형 건축 유적과 청동 용기 등 고급 유물이 출토된 것으로 볼 때 상층 귀족의 거주 구역이거나 궁전 소재지이었을 가능성이 높다. 이는 궁성의 초기 형식이라고 할 수 있다. 하남河南 등봉登封의 용산문화龍山文化 말기에 해당하는 왕성강王城崗 유적은 소성小城과 바깥쪽을 둘러싼 대성大城으로 구성되는데, 대성大城 면적은 34.8만㎡인데 비해 소성小城은 1만㎡도 채 되지 않는다. 중앙에서 서쪽 방향으로 높은 곳에 항토 기지基址가 남아있고, 항토갱夯土坑, 기단 갱坑과 회갱灰坑 등 건축 흔적이 남아 있는 것으로 볼 때 전체 취락의 제사 구역이었을 것이다. 대성大城 북쪽 정중앙 구역의 항토 건축 기지基址에는 면적이 1500㎡ 이상 되는 비교적 큰 건축 기지基址가 집중되어 위치한 것으로 보아 궁전 구역이었을 것이다. 호북湖北 반룡성盤龍城의 궁전 건축군의 방향이 일치하고, 하나의 중심선에 일치하여 위치하는 것은 이미 건축 계획을 세우고 진행된 것이다.

이 시기의 가장 대표적인 유적은 중원 지역의 도사성지陶寺城址, 이리두성지二里頭城址, 언사상성偃師商城, 원북상성洹北商城, 은허성지殷墟城址 및 그 궁성이다. 이 시기는 고고학적으로 볼 때 용산문화 말기에 해당하며, 요堯, 순舜, 오제五帝 시기이다. 기타 지역에서는 다양성을 보이고 있지만, 중원 지역 문화의 통일성, 교체성 및 연속성이 선명히 드러나는 시기이다. 특히 하夏, 상商 왕조의 통치 구역과 그 시대의 선후先后가 분명히 드러나 있다.

첫째, 궁성과 도성은 계획에 의해 건축 조성되었다. 도사陶寺 성지城址의 기능과 구역은 명확하게 구분되어있고, 이리두二里頭 궁성 밖에는 정井자 형태의 도로가 일정한 범위 내에 놓여있다. 궁성 평면 형태는 대부분 장방형이고, 모두 궁장과 해자를 갖추었으며, 성 내 위치는 중심 구역 혹은 지대가 높은 곳으로 정하였다.(그림 18) 독립된 정원을 가지고 있었다. 이리두二里頭 궁성은 성지城址 중심부에 위치하며, 주변에 귀족 거주지, 일반 거주지, 수공업 공방 구역과 묘장 구역이 있다. 언사상성偃師商城은 성의 중심부에서 남쪽으로 편향되어 위치한다. 주왕성周王城의 남궁과 북궁의 위치는 동시 중심선에 위치한다.

둘째, 이시기의 궁宮과 묘廟는 일체형으로 건축되었다. 즉, 궁宮 모두가 묘廟이기도 하다. 『左傳』 莊公28년에 "凡邑有宗廟先君之主曰都, 無曰邑."이라 하였고, 『墨子·明鬼篇』에서도 "昔者虞, 夏, 商, 周三代之盛王, 其始建國都, 必擇國之正壇, 置以爲宗廟." 또한 『爾雅·釋宮』郝慈行疏에 "『楚辭·招魂篇』注, 宮猶室也. 古者宮廟亦稱宮室." 라는 기록이 있다. 이밖에도, 고고학 자료도 이를 방증하고 있다.

이리두二里頭 유지遺址 중 1호, 2호 건축 유지는 궁전과 종묘일 가능성이 높으며, 언사상성偃師商城 유지遺址 중 궁성 동쪽에 독립된 원락院落은 궁전이었을 것이고, 서쪽 대형 원락에 남북으로 배열 형태에 있는 대형 전당은 종묘宗廟일 가능성이 높다.

궁내 건축과 구도. 궁성 대부분 장방형 형태이며, 발견된 건축 유적은 대부분이 대형 항토 건축 기지이다. 도사궁성陶寺宮城에서 발견된 궁전 기지基址 10여 곳이며, 본전本殿의 면적은 8000㎡으로 규모가 웅장하다. 이리두 궁전 건축은 장방형 혹은 방형 형태의 항토 건축 기지이며, 그 중 1호, 2호 궁전이 주요 건축물이고, 담장, 회랑, 문무, 정원과 주전主殿이 있다. 언사상성 궁전은 궁성 전면 공간의 절반 이상을 차지한다. 3,5호 궁전은 남쪽에서 병렬 형태로 위치하고, 2, 4호 궁전이 그 북쪽에 나란히 위치한다.(그림 19) 그 위 북쪽으로 제사구와 원지園池가 있다. 원북상성洹北商城 내 1, 2호 궁전 건축은 남북으로 종렬縱列 형태로 위치하며, 그 형식은 비슷하고 문숙 남무와 배전이 있다. 은허殷墟의 궁전 구역은 갑, 을, 병, 정 네 개 구역으로 구분되며, 갑 구역은 동북 방향에 위치하며, 남북으로 두 줄의 건축군을 이루고 있다.(그림 20) 을 구역은 갑 구역의 남쪽에 위치하며 세 개의 원락군으

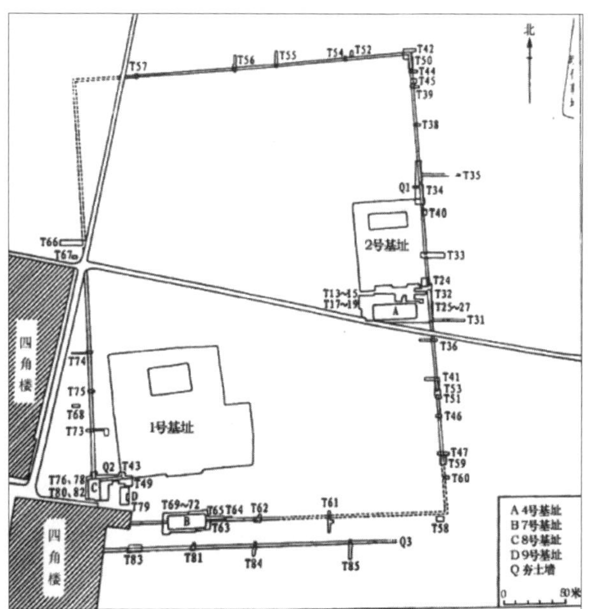

그림 18. 二里头宫城遗址平面图

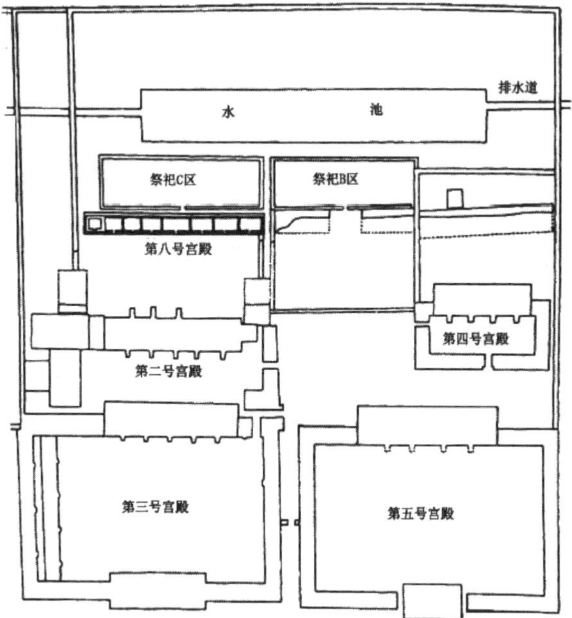

그림 19. 偃师商城宫城遗址平面图

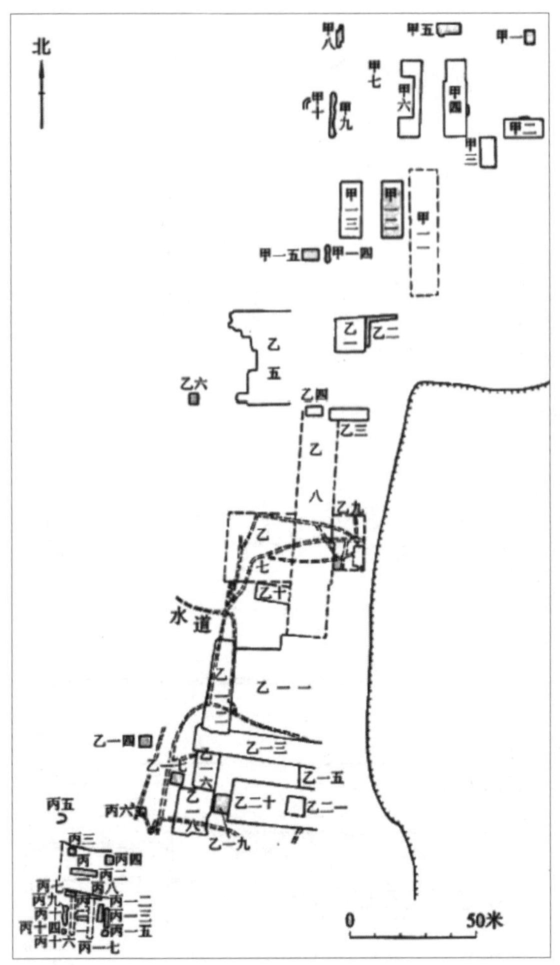

小屯宫殿宗庙区三组基址位置图

그림 20. 殷墟宫庙区遗址平面图

로 구성되어 있다. 풍호豊鎬 유적에서는 10개의 궁전 건축 기지가 발견되었는데, 그 형식은 주원봉추촌周原鳳雛村, 소진촌召陳村의 전후前後 원락院落과 전당후실前堂後室의 원락院落식 건축과 유사하다.

지원池園은 궁성宮城에서 많이 발견되었지만, 궁성 건축의 필수 구성 요소는 아니다. 문헌 기록에 따르면, 고대 제왕帝王 중 최초로 왕실 사용 목적의 지원池園 시설을 축조한 왕은 하夏 걸왕桀王이다. 최초의 지원池園은 언사상성偃師商城에서 발견되었고, 정주상성鄭州商城 궁전 구역 북부에서도 상왕商王의 지원池苑 유적이 발견되었다.

마지막으로, 서주西周 시기 "전조후시前朝後市" 주례사상은 궁성은 전면前面에 오고 시장은 그 뒤 후면後面에 자리하도록 궁성의 위치를 규정지었다. 이는 서주西周 때에 이르러 商의 "重商輕稅" 정책을 바꾸어 반영한 것이며, 중농정책重農政策과 함께 "士大夫不雜與工商"(『일주서』권2)하는 공상 폄하 정책을 시행한 것과 맥락을 같이 한다. "前朝後市" 형식은 주周 이후 역대 왕조가 존중하고 변혁을 시도하기도 한 중요한 궁전 형식이다.

이시기의 각 궁성의 평면 형식은 단일 궁성이 있을 뿐 아니라, 언사상성偃師商城 같이 여러 궁이 병렬하는 형식도 있었다. 이는 궁성 건축 맹아기 상태의 불확정성을 반영한 것이기도 하다.

2. 2단계: 궁성 제도의 탐색 및 발전 시기

춘추春秋, 전국戰國, 진秦, 서한西漢, 동한東漢, 조위曹魏, 서진西晉, 동진東晉이 궁정 발전 제 2단계에 해당한다. 대표적 유적으로 낙양洛陽 동주왕성東周王城, 조趙의 감단성邯鄲城, 진秦의 함양성咸陽城, 서한西漢의 장안성長安城, 동한東漢의 낙양성洛陽城, 조위曹魏의 업북성鄴北城, 조위서진曹魏西晉의 낙양성洛陽城, 동진東晉의 건강성建康城 궁성 유적이 있다.

동주東周 시기에는 제후국의 세력이 강성해져 서로 세력 다툼과 영토 확장을 시도하던 시기이다. 따라서 도성과 궁성은 곧 국력 강성의 주요 표현 방식이기도 하였다. 진秦과 양한兩漢 시기에는 봉건적 통일을 이루고 중앙 집권제의 제국의 형성과 안정기로 "漢承秦制"가 특징이다. 삼국 조위서진

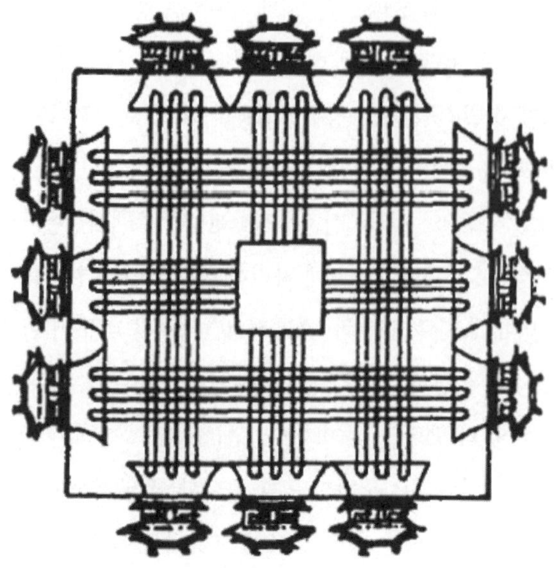

그림 21.《考工记》都城模式图

曹魏西晉 시기는 대체로 한漢의 제도를 계승하였다.

동주東周 시기, 주周 초기부터 이루어진 도성 건축의 경험을 종합한 건축 이론 제도가 정리되었다.『考工記』는 원래 춘추 말기 제齊나라 사람이 편찬한 관영官營 수공업 작업서인데, 서한西漢 때『周禮』의 동관 부분에 편입되어 "匠人营国, 方九里, 旁三门, 国中九经九纬, 左祖右社, 面朝后市, 市朝一夫"라고 건축의 중요한 매뉴얼이 되었다. 예제禮制와 정전井田 개념의 국정 운영 원칙을 언급하였고, 가장 높은 수준의 왕성은 왕 전용으로 규모는 "方九里"이고, 종횡縱橫으로 세 개로 구분한다는 내용이다. (그림21-『考工記』 도성 건축 모식도)『考工記』가 제시한 궁성을 중심으로 한 도성 계획과 운영 제도 원칙은 향후 각 조대朝代의 도성과 궁성 건축 계획에 똑같이 반영되지는 않았지만, 이 내용을 기본 골자로 삼고 변화를 꾀한 것으로 볼 때 그 영향이 상당히 컸다고 할 수 있다.

춘추전국春秋戰國 시기 도성은 상당히 많다. 그 중 가장 유명한 도성은 제齊의 임치臨淄, 노魯의 곡부성曲阜城, 연燕의 하도성下都城, 조趙의 한단성邯鄲城, 위魏의 안읍성安邑城, 정鄭의 한고성韓故城, 진秦의 옹성雍城과 함양성咸陽城, 초楚의 기남성紀南城 등이 있다. 공통점은 모두 국가 도성이나, 동주 왕도 도성보다는 급級이 낮다. 또한 그 궁성宮城은 모두 곽성郭城과 구분 독립되어 곽성郭城의 한 측면 혹은 모퉁이에 위치한다. 감단고성邯鄲古城의 궁성이 그 예로 볼 수 있다. 이러한 현상은 당시 경대부卿大夫가 곽성郭城 내에 거주하는 국인國人 혹은 공장工匠을 이용해 제후 왕공王公에게 타격을 주면서 왕궁王宮 방위防衛를 강화하고자 하는 사회 역사적 배경과 무관하지 않다.

이 시기에는 다성제多城制, 다궁제多宮制(상商부터 시작)와 양궁兩宮 쌍축雙軸 병렬竝列 형식이 주류를 이루었고, 전국戰國 시기에는 쌍성雙城 병렬竝列 형식이 많이 나타났다. 조趙의 감단성邯鄲城 궁성의 삼궁三宮의 품品자 형태, 진秦 함양성咸陽城의 남궁南宮과 북궁北宮, 한漢 장안성長安城 미앙궁未央宮의 제전帝殿과 태후가 거주하는 長樂宮의 동서 병렬竝列, 동한東漢 낙양성洛陽城 남북궁南北宮의 남북 병렬竝列, 조위曹魏 업북성鄴北城 궁성의 예의대조禮儀大朝 구역과 정무상조政務常朝 구역의 동서 병렬竝列이 전형적인 예이다. 또한 조위서진曹魏西晉의 낙양궁성과 동진東晉의 건강대성建康臺城(건강建康도성은 기본적으로 서진西晉 낙양성의 형식을 계승함) 배치 구도는 모두 두 개의 남북 방향의 건축 중심선이 있어서 황제와 황후의 전각이 있는 서쪽 중심선과 관서 구역인 동쪽 중심선이 병렬을 이룬다.

양한兩漢 시기 궁전 면적은 크게 증가하여 성城 내에서 중요한 위치에 놓이게 된다.(『三辅黄图』:"长乐宫周回四十余里, 未央宫周回二十八里.") 실제 실측 결과, 장락궁長樂宮 궁장宮牆 둘레는 10km이고, 미앙궁 궁장 둘레는 9km에 달한다. 이 밖에 명광궁明光宮, 계궁桂宮, 북궁北宮 등을 더하면 궁전 구역의 면적은 전체 장안성長安城의 2/3에 달한다. 동한東漢 낙양성洛陽城의 남궁南宮과 북궁北宮 면적 역시 성 전체 면적의 1/10을 차지한다. 조위 업북성의 궁성 면적은 전체 면적의 절반에 달한다. 조위서진의 낙양성의 궁성 면적은 이전 왕조에 비해 축소되었다고 해도 전체 성 면적에서는 작지 않은 면적을 차지한다. 궁성의 높은 지대 건축이 유행하였고, 주요 특징으로 자리 잡았다. 진秦 함양 궁성 1,3,6호 궁전 유지遺址는 모두 대형 고대高臺 건축建築물이다.(그림 22).

『史記·高祖本紀』에 따르면, 한漢 초기 고조高祖가 승상 소하蕭何가 계획한 미앙궁 전전, 동궐, 북궐 등이 크고 화려한 것을 보고 건국 초기 세상이 힘든데 이렇게까지 할 필요가 있냐고 묻자, 소하蕭何는 천자天子는 사해四海가 집인데, 웅장하고 화려함이 없으면 천자天子의 권위가 서지 않고, 후세에 모범이 될 수 없다고 하였다. 이는 전전前殿 등 고대高臺 건축建築 모두 황권의 위엄과 권위를 세우고 있음을 보여주는 것이다. 서한西漢 미앙궁未央宮 뿐만 아니라, 조위曹魏의 업북성鄴北城 궁성, 서진西晉의 낙양성洛陽城 모두 서북쪽에 동작銅雀 등 고대高臺 건축建築을 하였고, 북위北魏 낙양 궁성

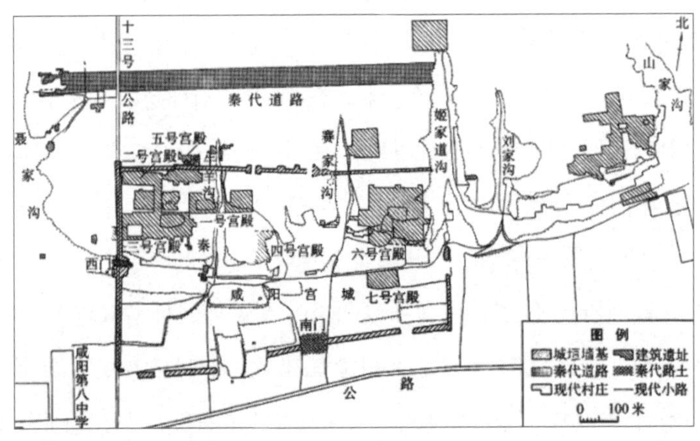

그림 22. 秦咸阳宫城遗址平面图

중에는 능운대凌雲臺 등이 있다.

이 시기에는 "天下之中", "天子居中"의 궁실 건축 계획의 구체적인 원칙이 제시되었다. 전국戰國 후기 『呂氏春秋』에는 "古之王者, 择天下之中而立国, 择国之中而立宫, 择宫之中而立庙."라고 기록되어 있다. 이 때부터 진秦의 함양궁지咸陽宮址, 미앙궁未央宮 전전前殿, 동한東漢 낙양궁성洛陽宮城, 조위曹魏 업북궁성鄴北宮城의 거북거중居北居中, 조위서진曹魏西晉 낙양궁洛陽宮의 거중居中 등 많은 궁성이 이 원칙을 따랐다.

진秦 함양성부터 한漢 초기 이후, 서한西漢 장안성, 동한東漢 낙양성 등까지 궁성에서 궁과 묘의 일체 형식이 와해되기 시작했다. 사직과 종묘 제례 건축은 궁성과 분리되어 건축되었으며, 성城의 남쪽 근교에 위치한다. 진秦 함양궁咸陽宮 궁전 구역과 종묘 구역은 구분되어 종묘 구역은 남쪽으로 분리되어 위하渭河 남쪽 연안에 건축되었다. 서한西漢 초기, 고조高祖와 혜제惠帝의 종묘는 장안성에 있었으나, 서한西漢 말기 성城 남쪽 근교로 이동하였다. 동한東漢 낙양성洛陽城의 종묘는 곽성郭城 내에 있었다. 삼국 시대 조위曹魏의 위명제魏明帝는 낙양성 내 동타가銅駝街에 건태묘建太廟를 붙여 건축하였다. 서진북위西晉北魏 낙양성 종묘宗廟는 모두 성 내 동타가銅駝街 동서 양측과 궁성 밖에 위치한다. 남조南朝의 건강성建康城에서 종묘는 궁성 밖과 도성 남쪽 근교에 위치한다. 그렇지만, 각 궁성과 종묘는 여전히 "左祖右社"의 기본 구도를 유지하고 있다.

"面朝後市"의 도시 계획은 기본적으로 계속 유지되었다. 낙양 동주왕성東周王城 내 서북쪽과 궁성의 북쪽에 각종 수공업 공방 유적이 확인되었다. 서한 장안성의 시장은 궁성의 북쪽에 위치한다. 동한 낙양성의 금시金市 역시 남궁의 서북쪽에 있다.

중앙 관서官署는 궁성 밖 부근에 위치한다. 동한 낙양 궁성 동측이 관서官署 소재지이다. 조위曹魏의 업성鄴城에서는 관서官署를 궁성의 남쪽 대가大街

북단의 동서 양측에 대거 집중 배치하였다.

궁성 원림園林이 정식으로 나타났고, 이후 점차 보편적인 현상이 되었다. 그 위치와 규모는 규칙적이지 않은 것으로 볼 때 아직 제도로 정립되지는 않았다. 궁성 원림園林이 가장 먼저 나타난 것은 언사상성偃師商城 궁성 유지에서이다. 그러나, 이는 개별적인 특별한 경우일 뿐, 보편적인 궁성 건축 양식은 아니다. 이후 서한 장안성 건축에서 궁전 원림은 다시 보여진다. 미앙궁未央宮 서남쪽의 창지滄池, 건장궁建章宮 내 태액지太液地가 대표적이다. 이 밖에도 동한 낙양성 남북궁南北宮 밖 서북쪽에 있는 관룡원灌龍園, 조위曹魏 업북鄴北 궁성 서쪽에 비교적 크게 조성된 동작원銅雀園, 조위서진 낙양 궁성의 용추지龍秋池, 궁 밖 북쪽의 대형 화림원華林園 등이 있다.

3. 제3단계: 궁성 제도의 정형기定型期

북위, 남북조 시기부터 수당 시기가 해당된다. 대표적 유적은 북위北魏 낙양궁성洛陽宮城, 동위북제東魏北齊 업남성궁성鄴南城宮城, 수당隋唐 장안성長安城의 수대흥궁隋大興宮과 당태극궁唐太極宮 유지遺址 등이 있다.

이 단계에서 각 도성과 궁성의 형식과 구도는 기본적으로 선대의 양식과 제도를 계승 발전시켜 수당隋唐 장안성長安城에 이르러서 제도가 가장 집대성되었다고 할 수 있다. 먼저, 북위北魏 낙양성은 궁성, 내성과 외곽성 삼중구조의 새 형식을 열었다고 할 수 있다. 동위북제 업남성 때까지 건축 계획과 축조는 대체로 북위 관리가 담당하였고, "上则宪章前代, 下则模写洛京"을 원칙으로 삼았다. 따라서 업남성鄴南城은 북위北魏 낙양성洛陽城의 건축 양식을 계승하였다. 수당隋唐 장안성長安城의 양식과 건축 체제는 북위北魏 업남성鄴南城에서 시작된 것을 쉽게 알 수 있다.

이 단계에서는 단일單一 궁성宮城 형식이 고정되었다. 단일 궁성 형식의 출현은 삼중 구조 양식의 출현과 서로 일치하는 것은 조정의 전례와 정무 처리가 더욱 집중되었고 중앙집권제도 더욱 강화된 것을 보여준다. 단일 궁성 형식이 조위曹魏 업성鄴城에서 처음 나타났지만, 업성鄴城은 왕도王都 궁성宮城이고, 실제 제도帝都에서의 단일 궁성 형식은 북위北魏 낙양궁성洛陽宮城에서 시작되어 동위북제東魏北齊 궁성을 거쳐 수당隋唐 낙양성洛陽城과 장안성長安城에서 안정적으로 자리잡았다.

궁성의 "居中立極" 개념이 점차 공고히 되고 심화되었다. 궁성은 북위 낙양궁성부터 성 전체에서 중앙에 위치하기 시작하여 점차 중심선 북쪽으

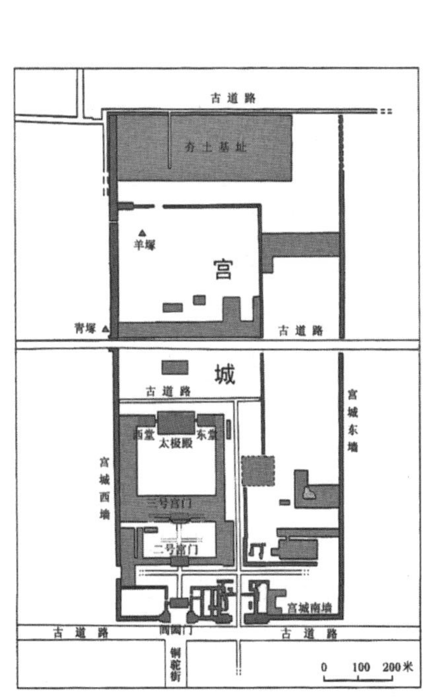

그림 23.
北魏洛阳城遗址平面复原图

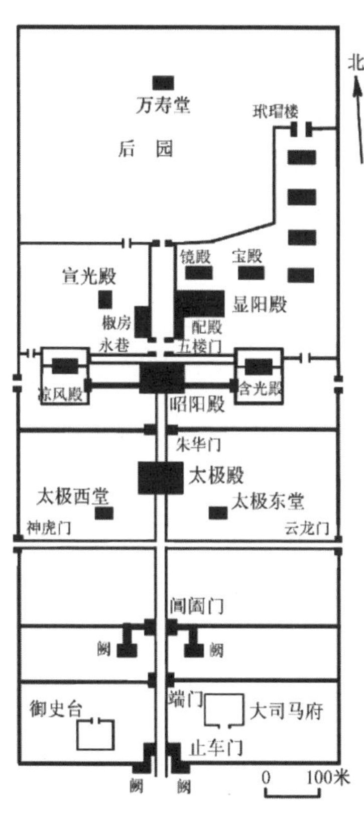

그림 24.
东魏北齐邺南城宫城复原示意图

로 이동하는 경향을 보이다가 수당 장안성에 이르러서는 성城 전체의 중앙 가장 북쪽에 위치하게 된다. 이는 황제는 위에서 항상 남쪽으로 내려다보고 대신은 북쪽으로 올려다보는 높고 낮은 질서를 강화하기 위한 의도가 포함되어 있다.

궁성 내 궁전 배치 구도의 경우, 북위北魏 궁성宮城은 창합문閶闔門과 태극전太極殿 사이에 2호, 3호 문門과 두 개 전정殿庭이 있고, 창합문閶闔門은 세 개 출궐出厥이 있다. 태극전太極殿 동서 양측에 동당東堂과 서당西堂이 배치되어 있다.(그림 23)

태극전 북쪽에는 다른 궁전 유지遺址가 발견되었는데, 전전후침前殿後寢 배열 질서가 보인다. 동위북제東魏北齊 업남성鄴南城의 궁전 배치와 북위北魏 궁성은 비슷한 양식을 보인다. 태극전太極殿, 소양전昭陽殿, 현양전顯陽殿 3대 대전이 전후前後 종렬縱列로 배치되어 있다.(그림24) 당唐 장안성長安城 태극궁太極宮은 수隋 대흥궁大興宮을 계승하여 승천문承天門 내에 외조外朝, 중기中朝, 내조內朝 삼조三朝 제도 구도에 따라 태극전太極殿, 양의전兩儀殿, 감로전甘露殿을 남북 종렬縱列로 배치하고 그 뒤에 동東, 중中, 서해지西海池를 중심으로 후원後園을 배치하였다. 당唐 고종高宗이 후에 새롭게 사용한 대명궁大明宮 역시 외조外朝에 함원전含元殿, 중기中朝에 선정전宣政殿, 내조內朝에 자신전紫宸殿 삼대 대전大殿을 나란히 배치하는 구도를 취하였다.

이 시기 궁전 정문은 양측에 전면으로 돌출된 문궐을 사용하였다. 북위 낙양성 창합문, 동위북제 업남성의 주남문 역시 같은 특징을 보인다. 수隋 대흥궁大興宮과 당唐 태극궁太極宮의 정문正門 역시 같은 양식인지는 세밀한 발굴 조사 작업이 이루어져야 알 수 있다. 당唐 대명궁大明宮 정문인 단봉문丹鳳門은 외곽성外郭城 북쪽 성장城牆에 있어서 문궐門闕 양식은 후일 정전正殿인 함원전含元殿의 동서 양측의 궐루闕樓로 옮겨갔다.

단일單一 궁성宮城과 거중입극居中立極의 구도 배치 특징은 궁성宮城, 내성

內城과 외성外城 삼중 구조가 중심선에서 합일되는 "中軸大街" 양식의 필수 조건이 되었다. 궁성의 남문南門은 중심 대도大道(중간은 어도御道임)에서 외성外城의 남문南門과 통하게 되어 있다. 북위北魏 낙양성洛陽城의 동타가銅駝街, 동위북제東魏北齊 업남성鄴南城의 주명문내대가朱明門內大街, 수隋 대흥궁大興宮과 당唐 장안성長安城의 주작대가朱雀大街가 모두 전체 도시의 동맥이자 중추가 되는 중심 대도이다.

종묘사직宗廟社稷은 비록 궁성 밖으로 분리되어 궁성 남쪽의 좌우에 배치되었지만, 여전히 "左朝右社"의 도성의 전통적인 배치 구도에는 부합한다. 북위北魏와 동위북제東魏北齊 시기, 종묘사직宗廟社稷은 내성內城의 중심 대도大道 동서 양측으로 옮겨졌으나, 수당隋唐 장안성長安城에서는 황성皇城 내 동서 양측으로 안치하였다. 중앙 관서官署는 궁성을 벗어나 배치하면서 궁성은 순수하게 제왕帝王의 거주와 집무 공간으로써의 궁전군宮殿群으로 변하였다. 북위北魏는 내성內城의 형식을 바꾸어, 중앙 관서官署 전체를 궁성 밖으로 옮겨 궁성 남쪽 밖 동타가銅駝街의 양측에 배치하였다. 발굴 탐사 작업을 통해 동타가 양측에 큰 면적의 항토 건축 기지가 확인되었는데, 문헌기록 상 동쪽에 좌위부, 사도부, 국자학, 종정사, 호군위 등과 서쪽의 우위부, 태위부, 장작조, 구급위와 능음리 등 관서의 건축 유적이라고 판단된다. 수당隋唐 장안성長安城은 모든 중앙 관서官署를 궁성의 남쪽인 황성皇城의 중앙으로 집중시켰다. 이로써 도성의 정치 공간은 과거에 비해 층위가 더욱 풍부해졌을 뿐만 아니라, 궁성과 황제를 위해 효과적으로 일을 할 수 있게 되었다.

중국 선진先秦 시기부터 수당隋唐 시기의 궁성 발전 과정은 원시 상태에서 성숙, 발전 과정을 모두 거쳐왔다. 과거 전통을 계승하였을 뿐만 아니라, 도시 중심 위치, 높은 곳에 위치, 장방형 형태, 좌북조남 방향, 대형 항토 기단 중심의 토목 건축, 시장과 종묘사직의 대응 배치 문제 등 기본 원칙은 시종 변함 없이 반영 유지되어왔다. 뿐만 아니라, 일대 혁신과 발전도 이루었다. 궁성의 규모 크기, 궁성 내부 기능에 따른 구역 구분, 종묘사직의 위치, 원림의 배치와 위치 등은 시대별, 궁성별 다양한 특징을 보인다. 이러한 궁성의 계승과 변화 발전은 당시 사회의 경제력과 건축 기술 발달과 밀접한 관계가 있으며, 중국 유가 사상의 탄생과 발전, 사회 형태의 변화, 국가 간 문화 교류와 융합 등에 의해 영향을 받았다고 할 수 있다.

「중국 선진先秦 ~ 수隋·당唐시기 궁성의 고찰」에 대한 토론문

정인성(영남대학교)

龔國强 선생님께 추가 설명을 부탁드리고자 한다.

우선 중국 '선진先秦부터 수당隋唐 시기까지 궁성宮城의 변천'과 그 의미를 압축적으로 잘 설명해 주셔서 감사하다. 좋은 공부가 되었기에 추가설명을 청해 듣고자 한다.

역대 '궁성宮城'과 묘장墓葬과의 상관관계相關關係이다. 전국시대의 여러 제후국의 궁성에서는 비교적 공통적으로 궁성宮城 성장城牆의 내부內部에 대형묘장군大形墓葬群이 확인되지만 진한대秦漢代 이후以後가 되면 성장城牆의 외부外部로 주요 묘장구墓葬區가 분리分離되는 특징이 있는 듯하다. 이와 관련하여 역대歷代 궁성宮城과 묘장墓葬과의 상관관계相關關係를 시대별로 설명해 주셨으면 한다. 그리고 주요 궁성宮城과 묘장墓葬의 배치配置가 달라지는 현상의 의의意義, 그리고 사상적思想的 배경背景 등이 있다면 추가로 설명해 주시길 바란다.

對戰國秦漢都城的文獻探討

馬彪*

目 次

1. 前言

在東周～東漢末的千年歷史中, 從春秋至戰國;戰國至秦、西漢;西漢至新莽、東漢之間有過三次歷史大變化, 伴隨著歷史變形的變化也出現了國都的變化。

在春秋(前770-477)、戰國(前476-221)時期, 中國的國家形態是從統一

* 日本國國立山口大學東亞研究科教授

至分裂，又從分裂至統一的民族國家；其間發生了所謂宗法-封建制度"禮崩樂壞"的社會變革；當時的國都除了周王朝的洛陽之外，還有地方諸侯國家的國都。

自戰國至秦、西漢時期，中國從分裂重歸統一，形成了帝國的國家形態，秦(前221-206)是初期帝國時期，西漢(前206-後8)是擴張的興盛帝國時期；戰國與秦漢之間的社會變化在於：繼先秦宗法封建制之後，出現了郡縣-法律制度的"霸王道雜之"(漢宣帝語，見《漢書·元帝紀》)的統治；帝國的國都從以往的東方洛陽移至西方的咸陽、長安。

新莽(公元9-23)是改革的大變動帝國時期，東漢(公元25-220)是內斂的衰弱帝國時期；西漢至新莽、東漢之間變化在於出現了儒家治國理念制度化的"是古非今"改制；帝國的國都從長安遷至了洛陽。

從東周至東漢末的千年的中國歷史不難看出，在東周至東漢末千年歷史中，每一次大的歷史變遷都伴隨著出現了都城(本文指國都)的變化，這樣的變化究竟衹是單純的地點遷移，還是有着更深層的結構、功能的變化呢。本文擬就這一歷史背景之下東周天子都城、戰國地方諸侯都城、秦漢帝國都城的變遷，特別是都城之"祀"與"戎"的特徵做些許探討，以期從政治空間變遷的獨特視角，談談中國古代都城史的時代特性。

在中國古代稱都城為"國"，金文"國"字：初字為或，從戈從口；以戈守城之意，後又加郭。《左傳·隱公元年》："先王之制，大都不過參國之一。"《左傳》："國之大事，在祀與戎"。文獻顯示中國古代都城(首都)有"祀"與"戎"功能和格局。

所謂"祀"，《書·洪範》："八政：一曰食，二曰貨，三曰祀。"《孔傳》："敬鬼神以成教。"國家政務首先是"食"、"貨"，滿足人民的物質需求，其次是

"祀", 以"敬鬼神"的教化滿足人的精神需求。所謂"戎", 即武器、軍事之意。《吳越春秋》:"鯀築城以衛君, 造郭以守民。" "衛君", 既要"衛"祭祀先君宗廟, 又要"衛"生君的安全。"守民"即以城郭守衛城外"野人"(農民)和城內"國人"(工商業者)的安全, 確保國家的"食"、"貨"來源。"祀"與"戎"是都城之文武雙全的功能以及佈局的需要。

2. 戰國時期中國都城之"戎"功能的增强與"祀"功能的削弱

《史記·貨殖列傳》所記漢代大都會城市中, 如邯鄲、燕都、洛陽、臨淄、郢都都是戰國諸侯國的都城。與之前的"城雖大, 無過三百丈"相比, 戰國已是"千丈之城, 萬家之邑相望。"(《戰國策》)。《史記·貨殖列傳》的相關文獻史料有如:

"邯鄲亦漳、河之間一都會也。" "夫燕亦勃、碣之間一都會也。" "齊帶山海, 膏壤千里, 宜桑麻, 人民多文綵布帛魚鹽。臨淄亦海岱之間一都會也。" "夫自鴻溝以東, 芒、碭以北, 屬巨野, 此梁、宋也。陶、睢陽亦一都會也。" "彭城以東, 東海、吳、廣陵, 此東楚也。……浙江南則越。夫吳自闔廬、春申、王濞三人招致天下之喜游子弟, 東有海鹽之饒, 章山之銅, 三江、五湖之利, 亦江東一都會也。" "衡山、九江、江南、豫章、長沙, 是南楚也, 其俗大類西楚。郢之後徙壽春, 亦一都會也。" "九疑、蒼梧以南至儋耳者, 與江南大同俗, 而楊越多焉。番禺亦其一都會也, 珠璣、犀、瑇瑁、果、布之湊。" "南陽西通武關、鄖關, 東南受漢、江、淮。宛亦一都會也。”

戰國經濟的發展促使了各諸侯國都城的規模擴大, 產生了“都會”。“都”即國都;“會”乃人民會集之處。中國的政治都城亦即人口聚集都市的特徵, 產生于戰國而且產生于諸侯國的首都。這是個不容忽視的課題, 此與春秋以來西周建都的禮制觀念崩壞關係密切。

與“食貨”經濟都城發展形成對照的是以往“祀”功能禮儀都城的削弱:例如周公所建的禮儀之都曲阜城在前256年為楚國所滅;另一座旨在“崇文德”(《左傳》)的成周城, 雖說是周王都城, 在規模上卻不如諸侯國。

就文獻史料而言, 周代的興建國都是有制度的, 就像西周以來宗法等級制度一樣, 天子國都與諸侯國都是應該遵守不同等級“城制”的。《周禮·考工記》[1)]記載曰:

“匠人營國。方九里, 旁三門。國中九經九緯, 經涂九軌。左祖右社, 面朝後市, 市朝一夫。夏后氏世室, 堂修二七, 廣四修一。五室, 三四步, 四三尺。九階。四旁兩夾, 窗白盛。門堂三之二, 室三之一。殷人重屋, 堂修七尋, 堂崇三尺, 四阿, 重屋。周人明堂, 度九尺之筵, 東西九筵, 南北七筵, 堂崇一筵。五室, 凡室二筵。室中度以几, 堂上度以筵, 宮中度以尋, 野度以步, 涂度以軌。廟門容大扃七个, 闈門容小扃參个, 路門不容乘車之五个, 應門二徹參个。內有九室, 九嬪居之;外有九室, 九卿朝焉。九分其國以為九分, 九卿治之。王宮門阿之制五雉, 宮隅之制七雉, 城隅之制九雉。經涂九軌, 環涂七軌, 野涂五軌。門阿之

1) 關於《周禮·考工記》的成書年代學界雖然一直有爭論, 但誰也無法否認史料確實在不同程度上反映了西周城制的存在。

制，以為都城之制。宮隅之制，以為諸侯之城制。環涂以為諸侯經涂，野涂以為都經涂。”

這一段記載敘述了周代的“營國”制度，即營建東都洛陽是在“夏”、“殷”都城之制基礎之上制定過一套包括“宮隅之制”、“城隅之制”、“門阿之制”之所謂“都城之制”的。不僅如此，與天子所謂“國”之“都城之制”相應的還有分佈於各地的“諸侯之城制”。天子“都城之制”與地方諸侯“城制”之間有着嚴格的九、七、五不同等級差異。但是，從文獻史料來看，至遲在上述周敬王在位的春秋後期，西周以來的“都城之制”已經無法維持，即上述《史記·貨殖列傳》所記所謂“都會”的各諸侯都城隨著經濟的發展，其規模都在不同程度上超越了天子“都城之制”，文獻中稱之爲“僭越”。

東周時期，天子的都城為“尊周”的禮制都城，各諸侯國都城為“僭越”的經濟都城。後者又有春秋、戰國之分。戰國時期的各諸侯國都城，較比春秋而言在規模、設施、人口、技能等方面都有着明顯的發展。比如齊都臨淄“僭越”型經濟都城。

有關戰國時期臨淄的史料有《戰國策·齊策一》記載了蘇秦對齊國及其都城臨淄的描述：

“臨淄之中七萬戶，臣竊度之，下戶三男子，三七二十一萬，不待發於遠縣，而臨淄之卒，固以二十一萬矣。臨淄甚富而實，其民無不吹竽、鼓瑟、擊築、彈琴、鬪雞、走犬、六博、蹋踘者；臨淄之途，車轂擊，人肩摩，連衽成帷，舉袂成幕，揮汗成雨；家敦而富，志高而揚。夫以大王之賢與齊之強，天下不能當。今乃西面事秦，竊為大王羞之。”

蘇秦的這段話在《史記·蘇秦列傳》、《資治通鑒》中都有所引用, 其中雖有“連衽成帷, 舉袂成幕, 揮汗成雨”這樣的文學誇張, 但他當著齊宣王的面分析齊國形勢, 歷數臨淄城人口、駐軍、道路、商業、民情, 應該是可信的;那麼當時7萬戶、21萬男子的數字大致可靠;若按當時普遍的一家平均5口計算的話, 臨淄城內固定人口當在35萬左右。可謂戰國時期列國中最繁華的都會之一。齊都臨淄不論人口還是規模都已經大大超出當時國家的首都周王城, 可謂“僭越”型經濟都城的典型。

中國古代首都的都城往往既是政治中心, 又是經濟中心。到了戰國時期又有了顯著的變化, 即本來以“祀”爲主要功能的都城, 此時隨著社會經濟的迅速發展轉變爲了經濟都市, 於是都城所謂“戎”的“武功”, 自然地從以往保衛政治機構爲主, 轉向既保衛政治機構, 又保衛經濟區域的功能。於是出現了戰國時期各諸侯首都在空間結構上的擴大化、複雜化, 即古典文獻上所謂的“僭越”現象。

考古發掘證明, 東周“王城”面積僅9km^2,但臨淄17km^2、邯鄲13.8km^2、楚都紀南城16km^2(下表)。

洛邑王城（9km^2）	曲阜侯下邑（10km^2）	斉都臨淄（17km^2）
楚都紀南城（16km^2）	趙都邯鄲（13.8km^2）	魏都禹王村城（13km^2）

表：戰國時代都城形式與面積一覧(( ) 内數字＝都城面積km^2)

事實上, 春秋後期至戰國地方諸侯國的經濟發達, 一方面導致國都面積大大超過周天子都城的面積, 即便作爲周公封國的魯故都城也略大於周王都城;另一方面導致掠奪財富與保衛財產的戰爭頻仍。而頻繁的戰爭又迫使各國加强了國防建設:一方面城郭愈發堅固, 邯鄲不僅是著名的商業"都會", 還以其在"邯鄲之戰"(前258)中堅守一年的戰績堪稱軍事名城乃典型一例;另一方面, 各國普遍修建了以長城爲主體的邊塞國防體系, 這是對以往城郭的"戎"結構的擴展形式, 可謂戰國城郭建制上的相應創新。

戰國時期, 各國普遍修建了以長城爲主體的邊塞國防體系, 這是對以往城郭的"戎"結構的擴展形式。在此權且利用既往學者對戰國各國長城的研究成果, 談談筆者認爲各國長城乃都城"戎"機能、格局擴展形式的觀點。[2)]

從文獻上看, 除了楚方城(長城)建築於春秋之外, 其他各國長城均建於戰國時期。《左傳·僖公四年》(前728)載有"楚國方城以爲城"的話, 這是有關長城的最早記載。關於魏國長城,《史記·秦本紀》:"孝公元年, 河山以東彊國六, 與齊威、楚宣、魏惠、燕悼、韓哀、趙成侯并。淮泗之間小國十餘。楚、魏與秦接界。魏筑長城, 自鄭濱洛以北, 有上郡。"關於趙國長城:《史記·趙世家》:"(趙武靈王)十七年, 圍魏黃, 不克, 築長城。"關於燕國長城:燕南界長城《史記·張儀列傳》:張儀說燕昭王云:"今大王不事秦, 秦下甲雲中、九原, 驅趙而攻燕, 則易水、長城, 非大王之有也。"燕北界長城:《史記·匈奴列傳》:"燕亦築長城, 自造陽至襄平。置上谷、漁陽、右北平、遼西、遼東郡以拒胡。当是之時, 冠帶戰國七,

2) 近年考古學者對戰國各國長城遺址進行了頗見成果的調查研究, 然而上世紀70年代張維華《中國長城建置考》(中華書局1979)仍是根據文獻史料的傑出研究成果, 所以是本文得以參考的重要依據。

而三國辺於匈奴。”《漢書·匈奴傳》:“燕亦築長城, 自造陽至襄平, 置上谷、漁陽、右北平、遼西、遼東郡以距胡。”秦也築有防禦匈奴的長城。

戰國各諸侯國的“都會”形成、規模“僭越”、“長城之築”可謂三位一體的戰國都城的時代特點, 不妨視爲以往城郭的“戎”結構的擴展形式。

然而, 必須指出的是這種堅固的都城與建長城防範鄰國侵略的創新格局, 應該說僅限於東方六國的範圍。在關西我們卻看到了另據特色的“祀與戎”都城特徵。

關西的都城雖然也具有“祀”與“戎”的功能和格局, 但與關東相比, 由於關西秦地有“四塞以爲固”(《史記·張儀列傳》), 加之秦國自古形成的“東進”遷都傳統, 至少在戰國時期那裏已出現了與關東不同的“祀”與“戎”分置的格局。

關於秦國所居關西地勢與關東之不同在於其有西面關塞為天然屏障, 史籍多有記載:《戰國策·楚策一》:“張儀為秦破從連横, 說楚王曰:「秦地半天下, 兵敵四國, 被山帶河, 四塞以為固。」”《史記·張儀列傳》中也有同樣的記載。《史記·范雎列傳》:“范睢曰:「大王(指秦昭王——引用者注)之國, 四塞以為固, 北有甘泉、谷口, 南帶涇、渭, 右隴、蜀, 左關、阪, 奮擊百萬, 戰車千乘, 利則出攻, 不利則入守, 此王者之地也。」”《史記·劉敬列傳》:“婁敬曰:「且夫秦地被山帶河, 四塞以為固, 卒然有急, 百萬之眾可具也。因秦之故, 資甚美膏腴之地, 此所謂天府者也。陛下入關而都之, 山東雖亂, 秦之故地可全而有也。夫與人鬬, 不搤其亢, 拊其背, 未能全其勝也。今陛下入關而都, 案秦之故地, 此亦搤天下之亢而拊其背也。」”

可見, 所謂“四塞以爲固”即指四面有“山”、“河”、“阪”、“闞”等天然屏障, 人爲加築以“關”、“塞”之易守難攻的地域, 中國古代文獻上記載為“四塞以爲固”的地域當然不止於此, 但“關西”無疑是這類地勢的典型地域。筆者曾根據《張家山漢簡·津關令》與天水放馬灘秦墓出土地圖繪出秦、漢初關中(即關西)「四塞以為固」的空間防禦體系圖(見下圖)[3)],列表逐考查了當時關中地區所有關(津)、塞的空間位置, 並著文指出:關中的塞是憑藉險要而建立的要塞防禦體系, 要塞領域之內必有諸多關或津的存在;在如此堅固的關塞防禦的北面, 秦又築有長城警備“北胡”。換言之, 位於關西的秦國有着不同於東方六國的天然屏障和嚴密的關塞防禦體系, 所以其首都咸陽都城不需要更多的“戎”的格局與功

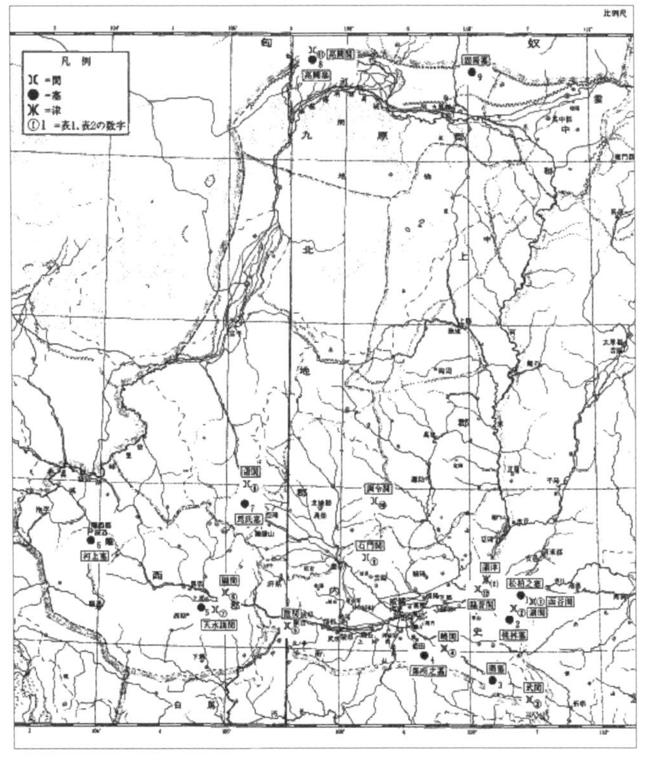

「四塞以為固」的津關塞關西空間防禦體系

3) 馬彪「秦·前漢初期「関中」における関(津)·塞についての再考」新宮 学編『近世東アジア比較都城史の諸相』白帝社2014。

能, 其建造長城也主要爲了防禦“北胡”, 而非防禦鄰國。當然, 秦國都城之所以表現出與東方各國的不同特徵, 最主要的原因還在於千年以來秦國所奉行的所謂“東進”的遷都傳統。

關於秦國自古以來的“東進”遷都傳統, 王國維在《秦都邑考》中稱涇渭下涇渭下游的涇陽、櫟陽、咸陽為:“此戰國之後秦東略時之都邑也。觀其都邑, 而其國勢從可知矣。”王國維指出的秦國“東略”亦即本文所曰“東進”。值得注意的是王國維揭示了秦國爲了實現最終征服東方的“東進”戰略目標, 而步步爲營地不斷向東方遷都。秦國遷都進取型都城, 東方六國為定都防守型都城, 關西秦國的都城與東方諸侯國各國的都城, 從一開始就有着不同的建都理念。那麽, 本文所論及的戰國時期諸侯國都城的“祀”與“戎”的格局, 又有怎樣不同於關東各國的特徵呢? 此僅從戰國至秦時期雍都、涇陽、櫟陽都、咸陽都之間關係出發, 試論戰國時期秦國都之遷都進取型都城的“祀-戎”空間分置的特徵。

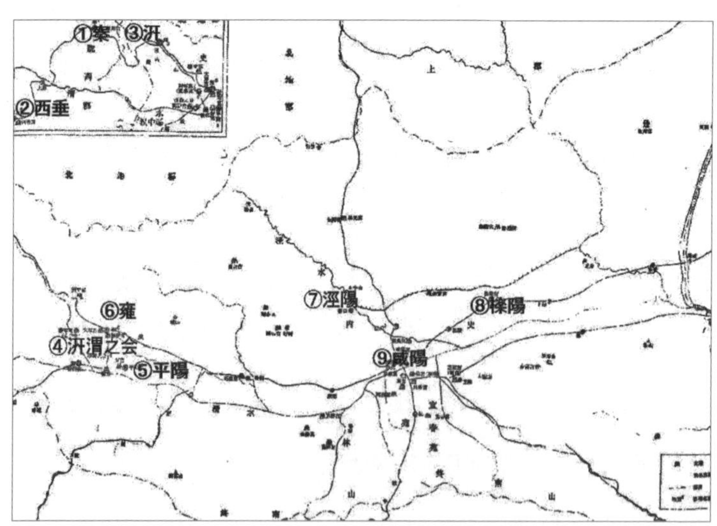

秦都“東進”八遷九都位置圖(徐衛民≪秦都城研究≫山西人民教育出版社2000年, 附圖一“秦都邑 · 宮室図”

戰國至秦朝的都城咸陽，自秦孝公13年(前349《資治通鑒》記爲孝公12年)建都至秦帝國滅亡的秦二世3年(前207)，則長達143年；在這一個多世紀期間，雍城與櫟陽一直是咸陽的副都或曰陪都。[4)]

自秦孝公遷都咸陽直至秦統一之時，首都咸陽雖然自身具有“祀-戎”的格局，但咸陽以西的雍城一直是祭祀祖先與諸神的“祀”城，而以東的櫟陽則是軍事重鎮的“戎”城。

文獻上關於咸陽都的記載有如《史記·秦本紀》:“(孝公)十年，衛鞅為大良造，將兵圍魏安邑，降之。十二年，作為咸陽，筑冀闕，秦徙都之。”又如《史記·商君列傳》:“居三年，作為築冀闕宮庭於咸陽，秦自雍遷都之。”《史記·封禪書》:“秦以冬十月為歲首，故常以十月上宿郊見，通権火，拜於咸陽之旁，而衣上白，其用如經祠云。”《史記·秦始皇本紀》:二世皇帝元年群臣上奏曰:“先王廟或在西雍，或在咸陽。天子儀当独奉酌祠始皇廟。”可知，商鞅初建咸陽本來就是秦東進伐魏之後，步步爲營的結果，這是其“戎”城的性質；而咸陽既有“先王廟”、“始皇廟”之祭，又有諸“郊”之祀。尤其，文獻所言秦二世時仍然“先王廟或在西雍”記載透露了咸陽與雍城的祭祀關係，不容忽視。

雍城作爲秦國都城，自秦德公元年(前677年)至秦獻公二年(前383年)定都此地，在建都長達294年中三分之二在春秋，三分之一在戰國，是戰國從春秋至戰國有19位秦國國君在這裏执政，為秦國定都時間最久的都城，進入戰國時期以後還延續了93年之久。

4) 關於秦都城中咸陽與舊都雍城、涇陽、櫟陽之間的關係，以往學者已有論述，如認爲咸陽立都之後為俗都，舊都為聖都的潘明娟、吳宏岐《秦德聖都制度與都城體系》，《考古與文物》2008年第1期；認爲咸陽立都之後為首都，舊都為陪都的丁海斌《中國古代陪都史》(中國社會科學出版社2012)皆從不同角度為筆者的觀點有着重要的啓發，惜不見有人論述秦都與東方各國都城的區別。筆者的觀點不論命名爲聖都、俗都還是首都、陪都，其實質都是體現出與東方其他諸侯國都城不同的“祀”“戎”分置的需要與格局。

《史記·秦本紀》記載曰:“(秦)德公立。德公享國二年。居雍大鄭宮。生宣公、成公、繆公。葬陽。初伏, 以御蠱。宣公享國十二年。居陽宮。葬陽。”《史記·封禪書》:“秦德公既立, 卜居雍,「後子孫飲馬於河」, 遂都雍。雍之諸祠自此興。”《漢書·地理志》:扶風雍縣條:“秦惠公都之。有五畤, 太昊、黃帝以下祠三百三所。”

由以上史料可知, 雍城是秦德公起有秦一代王陵、祖廟最多的都城, 加之各代秦王所立“諸祠”, 雍被學者成爲咸陽都的陪都“聖都”是有道理的。

涇陽是雍以東, 櫟陽是咸陽以東之秦“東進”伐魏的兩個都城, 帶有明顯的“戎”都色彩。《史記·秦始皇本紀》附《秦記》曰:“肅靈公, 昭子子也。居涇陽。享國十年(前424-415)。”自靈公起簡公、惠公、出子居涇陽, 時間在前424-前385, 前後約40年。《史記·秦本紀》:“秦以往者數易君, 君臣乖亂, 故晉復強, 奪秦河西地。”此時的“晉”即魏國, 魏國在當時魏文侯變法之後, 國勢强大, 不斷向秦進攻, 尤以將軍吳起戰果最豐, 秦國河西地區全部為魏占有。不僅於此, 在魏國為質子的秦公子連在魏武侯的幫助下殺出子, 回到涇陽稱秦獻公;《史記·秦本紀》:秦獻公即位翌年(前383)“城櫟陽”, 秦孝公在回憶秦由雍都遷都涇陽, 又由涇陽東遷都櫟陽的經過和目的時說:

“秦僻在雍州, 不與中國諸侯之會盟, 夷翟遇之。孝公於是布惠, 振孤寡, 招戰士, 明功賞。下令國中曰:「昔我繆公自岐雍之閒, 修德行武, 東平晉亂, 以河為界, 西霸戎翟, 廣地千里, 天子致伯, 諸侯畢賀, 為後世開業, 甚光美。會往者厲、躁、簡公、出子之不寧, 國家內憂, 未遑外事, 三晉攻奪我先君河西地, 諸侯卑秦、醜莫大焉。獻公即位, 鎮撫邊境, 徙治櫟陽, 且欲東伐, 復繆公之故地, 修繆公之政令。寡人思念先君之意, 常痛於心。賓客群臣有能出奇計彊秦者, 吾且尊官, 與之分土。」”

由此可見，秦都由雍城東遷涇陽旨在“東平晉亂”，再東遷櫟陽爲的是“鎮撫邊境”、“且欲東伐，復繆公之故地”，二都城帶有明顯的“戎”都色彩。秦國這種不但首都有“祭-戎”功能與格局，另外在不斷東進遷都的過程中逐漸形成了舊都為“祀”都，新都為“戎”都；最終在戰國秦至統一秦時期都城咸陽以雍城為“祀”都，以櫟陽為“戎”都之都城“祀”城與“戎”城的分置格局，這顯然是關西都城不同於關東都城的一大特徵。

3. “象天”造都的秦帝國咸陽與“漢承秦制”的西漢長安

秦統一中國結束了數百年的戰爭，秦始皇對和平時期帝國首都咸陽進行了所謂“象天”造都的帝都大改造，最終使之“戎”功能讓位於“祀”功能。西漢帝國“攬秦制，跨周法”，長安既繼承了咸陽“象天”的格局又汲取周禮都城營造法的理念，建造了長安與諸陵邑衛星城的首都圈新格局。秦漢帝國都史無前例地建造了强大的北方國境綫萬里長城，這是自古 “戎”都格局在新時代帝國邊防建設的的擴展形式，是中國古代都城史的重要轉折點。

和平時期帝都咸陽“戎”功能讓位於“祀”功能。秦帝國在徹底否認周代分封建制的諸侯國地域分置的基礎之上，建立了適應統一、和平時期全新的郡縣行政地理新格局，從而在保證帝國道路通訊、物流運輸需求的同時，加强了所謂萬里長城的帝國國防建設以及疆域國境的劃分。

《史記·秦始皇本紀》：“使蒙恬北筑長城而守藩籬，卻匈奴七百餘里，胡人不敢南下而牧馬，士不敢彎弓而報怨。於是廢先王之道，焚百家之言, 以愚黔首。墮名城, 殺豪俊, 收天下之兵聚之咸陽, 銷鋒鑄鐻, 以為金人十二, 以弱黔首之民。然後斬華為城, 因河為津, 據億丈之城, 臨不測之谿以為固。……於是立石東海上朐界中, 以為秦東門。"

秦始皇"墮名城"(《秦始皇本紀》), 拆除了舊六國之間的長城, 將燕、趙、秦北部長城連接為萬里長城作爲北部的國防綫, 立石東海"以爲秦東門。"比之戰國諸侯各國, 帝國都城的"戎"功能幾乎全面轉移至國防邊塞系統, 而且多數國境綫也祇是徒有名義的立石海上以爲國門而已。

"象天"造都的秦帝都大改造。秦帝國首都雖説仍然是秦孝公以來經營百年有餘的咸陽城, 但卻是加以改造的帝國都城。《史記·秦始皇本紀》:"於是始皇以為咸陽人多, 先王之宮廷小, 吾聞周文王都豐, 武王都鎬, 豐鎬之閒, 帝王之都也。乃營作朝宮渭南上林苑中。先作前殿阿房, 東西五百步, 南北五十丈, 上可以坐萬人, 下可以建五丈旗。周馳為閣道, 自殿下直抵南山。表南山之顛以為闕。為復道, 自阿房渡渭, 屬之咸陽, 以象天極閣道絕漢抵營室也。阿房宮未成;成, 欲更擇令名名之。作宮阿房, 故天下謂之阿房宮。隱宮徒刑者七十餘萬人, 乃分作阿房宮, 或作麗山。發北山石槨, 乃寫蜀、荊地材皆至。關中計宮三百, 關外四百餘。" 帝都咸陽從戰國以來的山南水北的山水俱陽, 一變為兼顧陰陽的橫跨渭水南北兩岸, 地處南山、九嵕山之間之配"象"天地宇宙的大都會。

如此, 秦始皇不泥周制, 依據"五行終始說"、"大九州說", 開始了所謂"象天"造都的帝都大改造。他將先秦以來山川天地的崇拜發揮至宇宙天地的信仰;並極力將這種信仰打造成可視的地面空間, 藉以體現人間帝國與天地的關聯, 尋求人在宇宙中的位置。秦始皇將咸陽都從渭北擴展至渭南, "為極殿, 象天極"(=始皇廟), 建"阿房宮", "為復道, 自阿房渡渭，屬之咸陽，以象天極閣道絕漢抵營室也。”同時，舊都雍城仍發揮著“祀”的功能，如此不論祭祖還是祭天，秦帝國都將中國都城的“祀”功能發揮到了極緻。可惜秦帝國短祚，帝都大改造并未完成。

“攬秦制，跨周法”的西漢長安。文獻有如張衡《西京賦》所載：

“漢氏初都，在渭之涘，秦里其朔，實為咸陽。……自我高祖之始入也，五緯相汁以旅于東井。婁敬委輅，斡非其議，天啟其心，人惎之謀，及帝圖時，意亦有慮乎神祇，宜其可定以為天邑。豈伊不虔思於天衢？豈伊不懷歸於枌榆？天命不滔，疇敢以渝！於是量徑輪，考廣袤，經城洫，營郭郛，取殊裁於八都，豈啟度於往舊。乃覽秦制，跨周法，狹百堵之側陋，增九筵之迫脅。正紫宮於未央，表嶢闕于閶闔。……三階重軒，鏤檻文梍。右平左墄，青瑣丹墀。刊層平堂，設切厓隒。”

在東漢張衡看來，西漢帝都長安“乃覽秦制，跨周法”之都城。所謂“覽秦制”即采納秦都建制。比如，其位置與秦帝國的咸陽同處秦分野之“東井”，所以與咸陽同樣是座呼應“神祇”的“天邑”：按照上天“紫宮（垣）”建造朝廷未央宮；依據天門“閶闔”築城宏偉門闕。所謂“跨周法”即超越周代建都法則。擴大了周制“百堵”、明堂“九筵”的規模，“量徑輪，考廣袤，經城洫，營郭郛，取殊裁於八都，豈啟度於往舊。”又如，使用與秦所尚“六”之偶數不同，用周之奇數“三”；不純用秦之“青（黑）”色，而兼用周之“丹（赤）”色。

張衡關於長安“覽秦制，跨周法”的觀點，得到了考古發掘的證明：比如西漢的都城長安乃“漢承秦制”的產物：長安城沿用了秦都南北咸陽宮的中軸綫，在秦章臺舊址上建造未央宮朝廷，使之與長樂宮形成東西對稱格局；又依《考工記》王城模式建造了“面朝後市”、“明堂”。這是中國都城“祀”功能的一種創新形式。考古學者黃曉芬繪製出長安城佈局形制圖（見下左圖），筆者也認爲明堂與高廟應該為中軸綫的位置（見下右圖)。

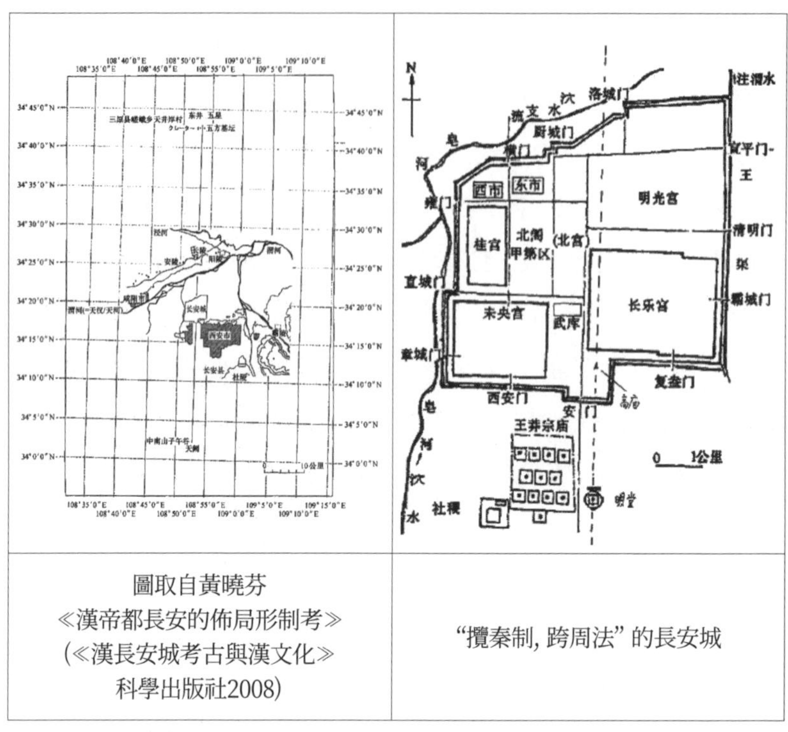

圖取自黃曉芬
≪漢帝都長安的佈局形制考≫
(≪漢長安城考古與漢文化≫
科學出版社2008)

“攬秦制, 跨周法” 的長安城

然而由於“布衣”皇帝將相建立的漢帝國, 先天不具備秦帝國故都雍城那樣的宗廟“祀”城, 所以長安在繼承秦制時一直沒有解決好如何配置宗廟的問題。據《漢書·韋玄成傳》載, :“古者天子七廟、今孝惠·孝景廟皆親尽、宜毀。及郡國廟不應古礼、宜正定……祖宗之廟世世不毀、繼祖以下、五廟而迭毀。今高皇帝為太祖、孝文皇帝為太宗、孝景皇帝為昭、孝武皇帝為穆、孝昭皇帝與孝宣皇帝?為昭。皇考廟親未尽。太上·孝惠廟皆親尽、宜毀。太上廟主宜瘗園、孝惠皇帝為穆、主遷於太祖廟、寢園皆無復修。”

以致這個問題在漢元帝以後屢屢成爲士大夫“是古非今”(《漢書》)的

批判對象, 最終成爲王莽改制的一大課題。

4. 新莽、東漢依據古制、結合現實創建的“祀”與“戎”帝國都城新格局

王莽是以和平的“禪讓”形式實現政權交替, 而且在建立新莽帝國之前有著長期外戚專權的經驗。所以他在建國前後對舊都長安的改造, 以及新都洛陽的建設有著全面的規劃設計。這一設計既是出自西漢晚期朝中士大夫幾十年間欲效仿古人遷都“土中”洛陽的現實需要, 也是希望改造西漢二百年間郡國雙軌制所造成的行政地理不合理結構, 還有加强帝國邊防設施的切實考慮。王莽與秦始皇一樣都是在帝國空間規劃上有宏大設想的皇帝, 當然這與二者都沒有遭遇首都被戰爭破壞的共同前提有關。另外, 與秦始皇一樣王莽的都城空間改造也是按照優先國防建設, 隨之進行行政地理規劃建設, 最後啓動帶改造之短期、中期、長期的先易後難的運作程序。然而, 只因二者同樣, 由於政權短祚而未能完成長期規劃。

東漢劉秀政權雖然在帝國空間規劃上企圖繼承王莽改制業績, 怎奈與西漢一樣面臨殘酷戰爭摧殘, 東漢根本沒有秦皇、新莽那種大規模領土經營的實力, 但至少他實現王莽遷都“土中”洛陽的, 雖說終東漢一朝, 洛陽都城的建設一直在斷續進行之中, 但畢竟東漢確定了此後近兩千年國家都城的標準空間格局, 甚至對東亞諸國都城史有著不可忽視的影響。

4.1. 王莽依古制的國防建設、政區改革、建都洛陽

王莽對帝國領土的經營至遲開始於他掌我西漢實權的漢平帝時期。據《漢書·王莽傳》載:“莽既致太平, 北化匈奴, 東致海外, 南懷黃支, 唯西方未有加。乃遣中郎将平憲等多持金幣誘塞外羌, 使獻地, 願内屬。」元始四(4)年王莽上奏:“今謹案已有東海、南海、北海郡, 未有西海郡, 請受良願等所獻地為西海郡。”《漢書·平帝紀》元始4年“置西海郡, 徙天下犯禁者處之。”

據《漢書·王莽傳》載, 隨後他出於“聖王序天文, 定地理, 因山川民俗以制州界。漢家地廣二帝三王, 凡十二州, 州名及界多不應經”的動機。按照“《堯典》十有二州界, 後定為九州。漢家廓地遼遠、州牧行部, 遠者三萬餘里, 不可為九。謹以經義正十二州名分界, 以應正始”的設想實現了“京畿”、“内郡”、“邊郡”之以“土中”為中心的“九州”行政地理改革。全國行政區劃的標準化改革。

爲了解決漢帝國宗廟配置不合古制的問題, 王莽在西漢末年攝政時曾興建長安的漢家禮制建築;最終出於改朝換代的需要, 下決心遷都洛陽。王莽在漢平帝時已着手籌備遷都洛陽, 新莽建國之後他根據古制提出建立雒陽“東都”、長安“西都”的兩都制方案, 列出了“于土中居雒陽之都”的時間表, 開始了“營相宅兆, 圖起宗廟、社稷、郊兆”(《漢書·王莽傳》)的遷都事宜。

這是利用秦漢帝國地域行政制度, 對《考工記》都城之“戎”佈局的超越。這是利用秦漢帝國地域行政制度, 對《考工記》都城之“戎”佈局的超越。

4.2. 劉秀最終繼承新莽最終實現了遷都洛陽

隨著新莽的滅亡, 遷都洛陽的計劃最終是由東漢開國皇帝劉秀完成的。劉秀對新莽的許多制度“因而不改”, 建都洛陽即繼承了王莽的規劃。例如, (東漢)應劭《漢官儀》:“王莽時, 議以漢無司徒官, 故定三公之号曰大司馬、大司徒、大司空。世祖即位, 因而不改。”(東漢)蔡邕《獨斷》:“漢承秦法、群臣上書皆言『昧死言』、王莽盜位慕古法、去『昧死』曰『稽首』。光武因而不改。”《後漢書·光武帝本紀下》:“(劉秀)車駕入洛陽、幸南宮却非殿、遂定都焉。”

《後漢書·光武帝紀》:“起高廟, 建社稷於洛陽, 立郊兆于城南, 始正火徳德, 色尚赤。”

《後漢書·循吏列傳》:“杜陵杜篤奏上《論都〔賦〕》, 欲令車駕遷還長安。耆老聞者, 皆動懷土之心, 莫不眷然佇立西望。(王)景以宮廟已立, 恐人情疑惑, 會時有神雀諸瑞, 乃作《金人論》, 頌洛邑之美, 天人之符, 文有可採。」

自東漢建都洛陽開始直至北魏建都洛陽, 洛陽都城經過了漫長的建設過程:洛陽城采用了所謂“六九城”的格局,《帝王世紀》:“城東西六里十一步, 南北九里一百步”;有12門;城内的“一道三塗”;南宮中軸綫兩側的“左祖右社”、明堂、辟雍、太學、靈臺、圜丘壇等禮制設施, 都不但再現了《考工記》的理念, 更爲後世中國都城提供了效仿的模型。[5)]

---

5) 關於劉秀對新莽的許多制度“因而不改”參見馬彪《光武の新莽に「因りて改めず」についての研究—「漢承秦制」と同じく「後漢承新莽制」も存在する説の提出—》《山口大学文学会志》第68巻2018年 3 月。

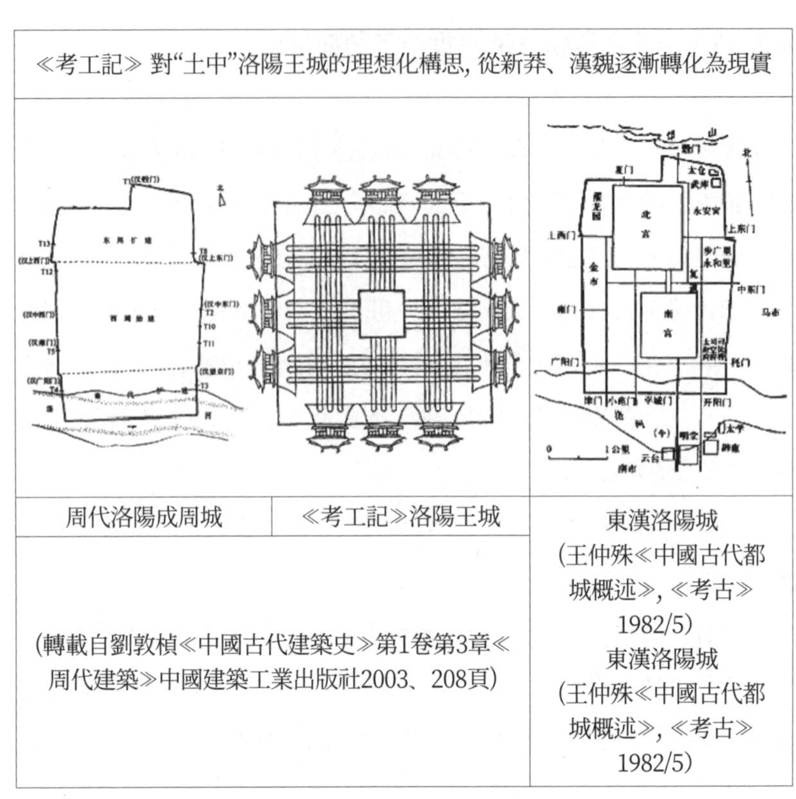

≪考工記≫ 對“土中”洛陽王城的理想化構思, 從新莽、漢魏逐漸轉化為現實		
周代洛陽成周城	≪考工記≫洛陽王城	東漢洛陽城 (王仲殊≪中國古代都城概述≫, ≪考古≫ 1982/5)
(轉載自劉敦楨≪中國古代建築史≫第1卷第3章≪周代建築≫中國建築工業出版社2003、208頁)		東漢洛陽城 (王仲殊≪中國古代都城概述≫, ≪考古≫ 1982/5)

5. 結論

戰國秦漢中國都城雖然一直保持了所謂“祀”與“戎”的特徵, 但是隨著戰爭分裂時代向和平統一帝國時代的轉變, 都城“祀”與“戎”特徵也不可避免地發生著各種變化:戰國各國在競爭中創建了衆多商業都會, 隨著經濟的發展都城規模不斷擴大、僭越王城制都勢在必然;戰爭頻仍是當時都城“戎”功能擴大, “祀”功能下降的根本原因。秦統一之後, 出於和平時期帝國新建的需要，秦所嘗試的“象天”造都，以及“漢承秦制”之西漢長安的建設都是對帝國時代都城“祀”功能的探索創新，長久的和平時期帶來了此間中國都城“戎”的功能明顯削弱。新莽至東漢時期在模仿周禮古制在建設“土中”、“崇文”都城的同時，又汲取秦、西漢以來帝國國防建設的經驗，加强了帝國邊塞防禦體系，從而完成了統一帝國都城“祀”、“戎”功能兼備的大改造，為後世中國歷代都城的建設提供了古爲今用的標準化模式。

附錄：馬彪回答提問：

謝謝這位先生的提問，我回答一下：

第一，關於如何用考古材料印證都城“祀”與“戎”的問題。在今天的報告中，因爲根據大會組委會的要求以及時間的限制，所以我只是從文獻材料談了自己的觀點，幾乎沒有提到考古的材料。其實，我在兩年前寫過一篇名爲「中國上古三代城郭制の伝統の形成とその性格」的論文(『東アジア伝統の継承と交流』白帝社、2016年3月p2-27)，那裏主要是根據考古資料對上古中國都城的城郭制進行了論述。都城的研究不僅需要“紙上”(文獻)材料的證據，也需要“地下”(考古)材料的證據，100年前王國維先生提出的“二重證據法”目前仍然是有效的研究方法。

舉一個魯國都城曲阜城的例子，《春秋》成公九年(前582)、定公六年(前504)有所謂「城中城」的記載。考古發掘證明曲阜確實存在着回字形結構的外“城”和“中城”：

外面的大城：周圍環繞洙水和護城河，有11個城門(南2)和10條道路：東西向3條、南北向3條，另一條從宮殿区通向南城墻東門。西北·西南·東北部有西周至漢代的住居区，北部·西部有周代的鉄·銅·陶·骨工房約10処，作坊與作坊之間發現很多居住遺址。西北部有周代墓地。城内共有西周、春秋墓葬5座，戰國時的墓葬都移至城外了。

中央偏東發現幾処大型夯土台址(推測為祭壇)，還有中部高地的建築群址，東、北、西三面有圍墻。證明《春秋》記載的"中城"(宮城)確實存在。

文獻中曲阜魯國都城"城中城"的記載，不但被考古發覺證明是存在的，而且證明中間小城應該是宮城，宮城内確實由祭壇等。外城郭有手工業作坊、居民區、墓地，以及城墻、城壕的防衛設施。

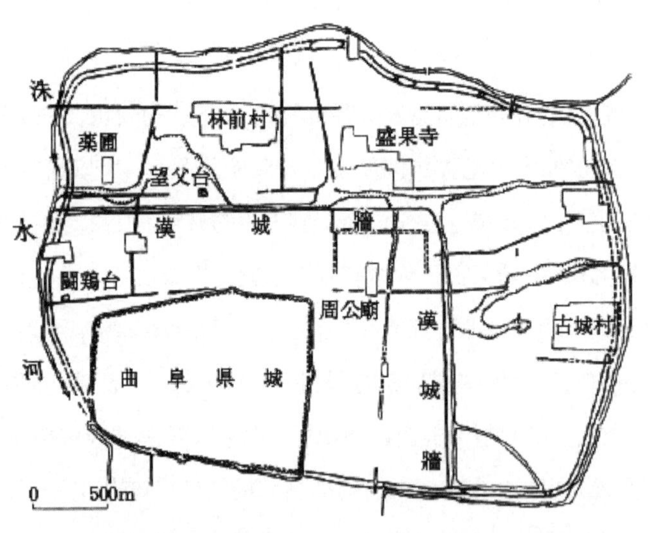

山東曲阜県魯故城遺跡図 (許宏『先秦城市考古学』p96 より)

第二，關於漢代異民族郡縣城的營造情況如何，是否也存在“祀”與“戎”的功能的問題。首先，我必須强調指出我這裏所講的“祀”與“戎”的功能是特指首都，而不是所有都城的。《左傳》莊公二十八年：“凡邑，有宗廟先君之主曰都，無曰邑。邑曰築，都曰城。”

至於文獻中有沒有漢代異民族郡縣城營造情況的史料，因爲我沒有研究所以不好回答。我想你提出了一個很好的課題，以後我們可以共同進行研究。

第三，長城爲什麼沒有“祀”的功能？我想除了個別軍事祭祀(出征的誓師之禮、凱旋之禮、受降之禮)之外，至少不存在我報告中所說的“祀”功能。我認爲戰國時期各興建的長城主要邊境上的國防設施。它所保護的是國家的領土和所謂住在城郭之外的農民。在周代住在城郭之內的平民成爲“國人”，住在城郭外的農民等稱爲“野人”。《禮記》：“禮不下庶人，刑不上大夫。”我報告中的所說的首都的“祀”功能，僅僅適用於“國人”的祭祀之禮，即《國語·魯語上》所言“凡禘、郊、祖、宗、報，此五者國之典祀也。”

第四，長城周邊爲什麼一律沒有墓葬的問題提得很好。我想至少有兩個主要：一是因爲那裏是軍事防綫，所以一般沒有聚落，所以也很少有墓葬。二是那裏雖然有駐軍(包括屯田軍人及其家屬)，士兵是服兵役、徭役，一旦去世是要按照國家法律將尸體運回家鄉埋葬的，稱爲“歸葬”。文獻、簡牘材料裏面都有這方面的史料，我在《秦帝國の領土經營》(京都大学学術出版会2013年)寫道這種“歸葬”的行政法律問題。

第五，除了防禦北方游牧民族的長城之外是否還有其他地區防禦異民族的長城？

爲了防禦百越族秦至西漢初在南嶺修築橫浦、陽山、湟溪三關的史料和張家山漢簡《津關令》的材料値得注意(可參考馬彪「秦·前漢初期「関中」における関(津)·塞についての再考」新宮 学編『近世東アジア比較都城史の諸相』白帝社2014)。

중국 전국戰國, 진秦, 한漢 시기 도성都城에 관한 문헌 고찰

馬彪*

번역 : 이 유 정**

目 次

1. 들어가며

동주東周부터 동한東漢 말까지 천년 역사는 춘추春秋~전국戰國, 전국戰國~진秦·서한西漢, 서한西漢~신망新莽·동한東漢 세 차례 대변환의 시기를 거쳤다. 그 역사의 변형에 따라 각 시기 도성에도 큰 변화가 있었다.

* 일본 국립 야마구치 대학

** 한국고고환경연구소

춘추春秋(BC770-477)~전국戰國(BC476-221)시기, 중국의 국가 형태는 통일과 분열의 반복을 거친 민족 국가였으며, 소위 종법·봉건 제도의 상징인 '예禮'와 '악樂'이 붕괴되는 사회 변혁의 시기를 겪었다. 당시 국가 도성은 주周 왕조의 낙양洛陽과 지방 제후국의 군소 도성이 있었다.

전국戰國~진秦·서한西漢 시기 동안 중국은 분열에서 다시 통일로 회귀하였으며 제국帝國의 모습을 갖춘 국가 형태가 나타났다. 진秦(BC221-206)은 초기 제국 시기였고, 서한西漢(BC206-AD8)은 확장되고 번성한 제국의 번영기이었다. 전국戰國과 진한秦漢 시기 가장 큰 사회 변화는 선진先秦의 종법봉건제도를 계승한 후 출현한 군현郡縣-법률法律 제도에 따른 패왕霸王 통치이다. 그리고 제국의 수도는 동쪽의 낙양洛陽에서 서쪽의 함양咸陽과 장안長安으로 이동하였다.

신망新莽(AD9-23) 시기는 개혁의 대변환을 맞이한 제국 시기이었다. 동한東漢(AD25-220년) 시기는 내성적인 제국의 쇠약기였고, 서한西漢~신망新莽·동한東漢 시기의 변화는 전통 유교 치국 이념 하에 '是古非今'에 맞춰 제도를 개혁하고 제국의 수도는 장안長安에서 낙양洛陽으로 천도하였다.

동주東周부터 동한東漢 말까지 천년의 역사 속에서 역사적 대변혁 시기마다 도성의 변화가 함께 나타났다. 이러한 변화는 단순히 지정학적 위치의 이동으로만 봐야 할 것인지, 보다 심층적인 구조와 기능의 변화가 있었는지 좀 더 면밀히 연구해 봐야 할 것이다.

필자는 본문에서 이러한 역사 흐름의 배경 속에서 동주東周 천자天子의 도성, 전국戰國 시기 지방 제후의 도성, 진한秦漢 시기 제국의 도성의 변천을 살펴볼 것이다. 특히 도성의 '사祀'와 '융戎'의 특징을 면밀히 살펴보고 정치 공간의 변천變遷이라는 관점에서 중국 고대 도성사都城史의 시대적 특성을 고찰하고자 한다.

고대 중국에서 도성은 '국國'이라 하였다. 금문金文에서 '국國'자는 초기엔 '或'자로 '戈' 밑에 '口'를 두어 창으로 보호하고 지킨다는 의미이고, 후에 성곽이 추가되었다. 『左傳·隱公元年』에 "'선왕의 제도에서 가장 큰 도성도 천자 도성의 삼분의 일을 넘지 않는다.(先王之制, 大都不過參國之一)。"고 하였다. 그리고 "도성에서 가장 큰 것은 祀와 戎이다.(國之大事, 在祀與戎)"라 하였다。중국 고대 도성은 사祀와 융戎 구조와 기능을 내포하고 있음을 알 수 있다.

"사祀"는 『書·洪範』에는 "시정施政에서 중요한 8가지가 있다. 첫째는 먹을거리이고, 둘째는 物資이고, 세 번째는 제사이다(八政:一日食, 二日貨, 三日祀.)"라고 하였고, 『孔傳』에는 "귀신을 공경하여 교화로 삼는다(敬鬼神以成敎.)"고 하였다. 국가 정무는 먼저 "식食"과 "화貨"를 중요하게 다루어 백성의 물질적인 욕구를 만족시킨 후, "사祀"에서 "敬鬼神" 의식으로 백성의 정신 교화를 중요하게 다루었음을 알 수 있다.

"융戎"은 무기, 군사적 의미를 갖는다. 『오월춘추(吳越春秋)』에 "城을 쌓아 군주를 지키고, 郭을 둘러 백성을 보호한다(鯀築城以衛君, 造郭以守民.)"라고 하였는데, "衛君"이란 선대 군주와 종묘의 제사를 지키고 現 군주의 안전을 수호한다는 뜻이다. "守民"은 성벽을 둘러 쌓아 성 밖 농민과 성 내 상공인의 안전을 수호하고, 국가의 "식食"과 "화貨"의 원천을 확보하는 것을 말한다. "사祀"와 "융戎"은 도성都城에서 각각 문文과 무武의 기능을 담당하였다.

2. 전국戰國 시대 중국 도성都城의 "융戎" 기능 강화와 "사祀" 기능의 쇠락

『史記·貨殖列傳』에 따르면, 장안(長安, 함양咸陽), 한단邯鄲, 연도燕都, 낙양洛陽, 임치臨淄, 영도郢都 등 한漢 대 대도시는 모두 전국戰國 시대 제후국의 도성이었다. 전국戰國 시기의 경제 발전은 각 제후국 도성 크기의 확대를 촉진하였다. 이전에 "城이 크다 해도삼백 丈을 넘지 못한다.(城雖大, 無過三百丈)"라는 크기와 비교해 보면, 전국戰國 시기에는 이미 "천 丈 규모의 城에 수많은 집의 邑이 마주보고 있다(千丈之城, 萬家之邑相望)"고 할 정도로 그 크기가 크게 확대되었다.(『戰國策』) 『史記·貨殖列傳』의 관련 문헌 기록은 다음과 같다.

"한단은 장수漳水와 황하 사이에 있는 도시이다.(邯鄲亦漳、河之間一都會也.)" "연 또한 발해와 갈석산 사이에 있는 큰 도시이다.(夫燕亦勃、碣之間一都會也.)" "제나라는 산과 바다로 둘러싸여 있어 천리에 걸친 토지가 비옥하고 뽕과 삼이 잘 되며, 백성들은 채색한 비단이나 삼베, 생선과 소금을 많이 생산한다. 임치 역시 동해와 태산 사이에 있는 큰 도시이다.(齊帶山海, 膏壤千里, 宜桑麻, 人民多文綵布帛魚鹽。臨淄亦海岱之間一都會也.)" "무릇 홍구의 동쪽과 망산, 탕산 이북에서 거야까지는 양梁과 송宋의 땅이었다. 도都와 수양睢陽 또한 큰 도시이다.(夫自鴻溝以東, 芒、碭以北, 屬巨野, 此梁、宋也。陶、睢陽亦一都會也.)" "팽성彭城 동쪽으로 동해, 오, 광릉까지는 동초東楚이다.……절강浙江 남쪽은 월越이다. 오吳 나라는 합려, 춘신, 오왕비 등 세 사람이 놀기 좋아하는 천하의 젊은이들을 불러 모은 곳이다. 동쪽으로는 바다에서 소금, 장산에서 구리, 삼강, 오호에서 풍부한 산물이 나와 이득을 본다. 吳 역시 강동의 대도시 중 하나이다.(彭城以東, 東海、吳、廣陵, 此東楚也.……浙江南則越。夫吳自闔廬、春申、王濞三人招致天下之喜游子弟, 東有海鹽之饒, 章山之銅, 三江、五湖之利, 亦江東一都會也.)" "형산, 구강, 강남, 예장, 장사는 남초南楚이다. 그 풍속은 대체로 서초와 유사하다. 영郢은 나중에 수춘으로 옮겨왔으니 역시 대도시 중 하나이다.(衡山、九江、江南、豫章、長沙, 是南楚也, 其俗大類西楚。郢之後徙壽春, 亦一都會也.)" "구의산九疑山에서 창오군蒼梧郡에서 남쪽으로 담이까지의 풍속은 강남과 대동소이하며, 양월陽越 사람이 많다. 반우番禺 역시 큰 도시 중 하나이며, 구슬 등 보옥과 무소, 대모, 과일, 삼베 등의 집산지이다.(九疑、蒼梧以南至儋耳者, 與江南大同俗, 而楊越多焉。番禺亦其一都會也, 珠璣、犀、瑇瑁、果、布之湊.)" "남양은 서쪽으로는 무관, 운관과 통하고 동남쪽으로는 한수漢水와 장강, 회수와 마주하고 있다. 완宛 또한 대도시 중 하나이다.(南陽西通武關、鄖關, 東南受漢、江、淮。宛亦一都會也.)"

전국戰國 시기의 경제 발전은 제후국의 도성 규모 확대를 촉진시켰으며, 그에 따라 '도회都會'가 탄생하였다. '도都'는 수도를 말하며, '회會'는 백성들이 모일 수 있는 장소를 가리킨다. 전국 시기 제후국의 수도로 탄생한 도성은 인구가 도시에 운집되는 정치적 특징을 가지고 있다. 이는 춘추春秋 시기 이래 서주西周 도성의 기본 틀이었던 예제禮制 개념의 붕괴와 밀접한 관계가 있는 중요한 문제이다.

"식食"과 "화貨"의 발달 및 경제 발전에 따른 도시 확대와 대조적으로 과거 "사祀" 기능 위주의 예의禮儀적 도성은 쇠락하였다. 주공周公이 세운 예의禮儀 도성인 곡부성曲阜城은 256년 일찍이 초楚에 의해 멸망하였고, 또 다른 "崇文德"(『左傳』)인 성주성成周城은 이름만 주왕周王의 도성일 뿐, 규모로는 제후국 도성에도 미치지 못하였다.

문헌에 따르면, 주周의 도성 건축은 엄연히 제도에 따라 이루어졌다. 서주西周 이래 지켜온 종법宗法 등급 제도처럼 천자天子의 도성과 제후국의 도성은 각기 다른 '성제城制' 등급을 따랐다. 『周禮·考工記』[1]에는 도성 축조 제도에 대해 다음과 같은 기록이 있다.

"장인은 왕성의 조영을 담당하였다. 전체 성은 사방 9리의 방형 형태로 축조되었으며 사방의 성장에는 각각 3곳의 성문을 설치하였다. 왕성 내부에는 주요 도로망을 조성하였는데 남북 및 동서 방향으로 각 3조의 간도를 내고 남북방향 각 조의 도로는 그 폭을 3등분하여 3도를 구획하였다. 동서남북 도로의 각 폭은 9궤(1궤 8척 상당)에 달했다. 왕궁의 포국布局은 좌측(동)에 조묘, 우측(서)에 사묘, 전면(남)에 조정, 후면(북)에 시장을 배치하였다. 시장과 외조(궁성 남문 밖에 조영된 조정, 내조와 대응되는 성격의 정무처리 공간)의 면적은 사방 백보의 규모로 조영되었다. 하후씨(하왕조) 세실(제왕의 종묘)의 정당 건물은 길이가 27보로 정당의 너비는 길이의 1/4 비율로 조영되었다. 정당은 5개의 실로 구획되었으며 이 중 3개의 실은 사방 4보의 면적을 갖추었으며 나머지 2개의 실은 사방 3척의 면적으로 설계하였다. 정당 중앙의 계단은 9계단으로 설치하였다. 정당 사면에는 각각 2개의 창문을 두었는데 문의 좌우에 위치하였다. 정당의 사면 벽은 백회를 발라 치장하였다. 명당(예제건축)의 규모는 정당의 2/3에 상당했으며 명당 내부의 실은 정당의 1/3로 중층 지붕의 구조로 조영되었다. 명당의 남북 길이는 7심尋(62尺에 해당하는 길이 단위)이며 명당 기단의 높이는 3척에 달하였다. 건물 상부는 중

1) 『周禮·考工記』의 저술 연대(年代)에 관해서는 학계에서 쟁론(爭論)이 많으나, 서주(西周) 시기 도성 건축 제도를 기술하고 있는 점에 관해서는 이론(異論)의 여지가 없다.

층 무전정廡殿頂(겹처마우진각) 구조를 갖추고 있었다. 주나라의 명당은 길이 9척의 대나무자리를 도량형으로 삼았으며 이를 기준으로 동서 너비 9연, 남북 길이 7연의 규모로 축조되었다. 명당의 기단 높이는 1연에 상당하였다. 정당 내부에는 5개의 실을 두었으며 각 실은 사방 2연의 넓이를 갖추었다. 실내의 면적은 빙기 혹은 소탁(당시의 가구: 빙기-팔을 기대는 가구, 소탁: 일상기물을 놓기 위한 낮은 탁자)의 크기로 도량형을 삼아 가늠하였으며 정당의 규모는 筵을 도량형으로 삼아 측정하였다. 궁 내부는 심을 단위로 계측하였으며 그 외의 공간은 보를 단위로 도량度量하였으며 도로는 궤를 단위로 측량하였다. 묘문廟門은 크기는 약 7개의 대경大扃(청동정의 양 귀를 관통하여 운반하는데 사용하는 목재, 3척尺 가량의 길이) 너비에 이르고 묘廟 내부의 문은 3개 소경小扃의 너비에 달하였다. 침궁寢宮 구역의 총문의 너비는 5량 승차가 병행할 수 있는 너비를 갖추었으며 응문(왕궁의 정문)은 3량의 승차가 병행할 수 있는 너비를 갖추었다. 침궁 구역 내부에는 9실을 축조하여 9빈嬪을 기거하도록 하였다. 침궁 외부에도 9실을 조성하여 9경卿의 정무처리 공간으로 사용토록 하였다. 나라의 직무는 9종으로 구분하여 9경이 각각 처리하도록 하였다. 궁성 성문의 옥척屋脊(성문의 지붕) 5치雉(길이 3丈, 높이 1丈의 항축 성장의 단위, 5장의 높이), 궁우(궁성 성장의 네 모서리에 세운 각루)의 높이는 7장에 달했으며 성우(왕성 성장 네 모서리에 세운 각루角樓)의 높이는 9장에 달했다. 동서남북 도로의 너비는 9궤(72척)였으며 성장을 따라 설치한 환성도의 너비는 7궤(63척)에 이르렀다. 성곽 외부의 도로 폭은 5궤(40척)였다. 왕의 자제 및 경대부의 채읍성은 왕궁에 비해 위계가 낮기에 성우(각루)의 경우 왕궁성 성문의 높이(5치)에 맞추었고 제후성의 경우 성우(각루)의 높이를 왕궁성의 궁우(7치)와 동일하게 조영하였다. 제후성의 도로 폭은 왕성의 환성도(7궤)와 동일하며 왕의 자제 및 경대부 채읍성의 경우 왕성 외부의 도로 폭인 5치와 동일하였다.(匠人營國。方九里，旁三門。國中九經九緯，經涂九軌。左祖右社，面朝後市，市朝一夫。夏后氏世室，堂修二七，廣四修一。五室，三四步，四三尺。九階。四旁兩夾，窗白盛。門堂三之二，室三之一。殷人重屋，堂修七尋，堂崇三尺，四阿，重屋。周人明堂，度九尺之筵，東西九筵，南北七筵，堂崇一筵。五室，凡室二筵。室中度以几，堂上度以筵，宮中度以尋，野度以步，涂度以軌。廟門容大扃七个，闈門容小扃參个，路門不容乘車之五个，應門二徹參个。內有九室，九嬪居之；外有九室，九卿朝焉。九分其國以為九分，九卿治之。王宮門阿之制五雉，宮隅之制七雉，城隅之制九雉。經涂九軌，環涂七軌，野涂五軌。門阿之制，以為都城之制。宮隅之制，以為諸侯之城制。環涂以為諸侯經涂，野涂以為都經涂.)"

위의 문헌은 주周 대 도성 건축 제도에 대한 기술이다. 동쪽 도성 낙양洛陽은 '하夏'와 '은殷' 도성 건축을 바탕으로 '宮隅之制', '城隅之制', '門阿之制' 등 소위 도성 건축의 기본 제도를 포함하여 축조되었다. 이뿐만 아니라 천자天子의 '국國' 도성 건축에 상응하는 제후국의 도성이 각지에 분포해 있다. 천자天子의 '도성 성제城制'와 제후국의 '도성 성제城制'에는 엄격하게 九, 七, 五 각기 다른 등급 차이가 존재한다. 그러나 위 문헌 자료에 따른 서주西周 이래 유지되었던 '도성 성제城制'는 주周 경왕敬王이 재위하던 춘추春秋 말기에 이르러서는 이미 유지되기 힘들었다. 즉, 위에서 논한 바 있는 『史記·貨殖列傳』에 기록된 '도회都會'에 해당하는 제후국들의 도성은 경제 발전에 따라 그 규모가 일정 부분 천자天子의 '도성 성제城制'를 초월하여 문헌 사료에 언급되는 '참월僭越' 현상이 나타났다.

동주東周 시기, 천자의 도성은 '주周를 받드는' 예제禮制 도성이었고, 제후국들의 도성은 '참월僭越'의 경제 도성이었다. 후대에 이를 다시 춘추春秋와 전국戰國으로 구분하였다. 전국戰國 시기 제후국들의 도성은 춘추春秋 시기와 비교하면 규모, 시설, 인구, 기능 등 다방면에서 현저하게 발전하였다. 제齊 임치臨淄 도성은 전형적인 '참월僭越'형 경제 도성이었다.

전국戰國 시기, 『戰國策·齊第一』에서 소진蘇秦은 제齊 나라와 그 도성 임치臨淄에 관해 다음과 같이 서술하였다.

> "제齊 임치에는 7만 호가 사는데 제가 생각해보니 한 집에 장정 3인이라고 하면 장정 수만도 삼칠은 이십일, 21만 명이나 되니 멀리 현縣에서 모집하기를 기다리지 않아도 임치 사졸만 해도 21만 명입니다. 임치는 심히 부유하고 풍족하게 살고 있어 취우, 고슬, 격축, 탄금, 투계, 주견, 육박 답국 등 놀이를 놀지 않는 자가 없습니다. 임치 거리는 번화하여 수레가 서로 부딪치고 사람 어깨가 닿아 걸을 수 없고, 옷깃이 이어져 휘장을 이루고, 소매는 들면 장막을 이루며, 땀을 뿌리면 비 오듯 할 정도입니다. 백성의 집은 화목하고 부유하며 뜻은 높고 의기양양합니다. 이제 대왕의 현명함과 제齊의 부유함이 합해지면 천하에 감당할 자가 없습니다. 그런데 지금 여전히 서쪽으로 진秦을 섬기는 것은 대왕의 수치가 아닌가 합니다.(臨淄之中七萬戶, 臣竊度之, 下戶三男子, 三七二十一萬, 不待發於遠縣, 而臨淄之卒, 固以二十一萬矣。臨淄甚富而實, 其民無不吹竽、鼓瑟、擊築、彈琴、鬪雞、走犬、六博、蹹踘者;臨淄之途, 車轂擊, 人肩摩, 連衽成帷, 擧袂成幕, 揮汗成雨;家敦而富, 志高而揚。夫以大王之賢與齊之強, 天下不能當。今乃西面事秦, 竊為大王羞之.)"

소진蘇秦의 임치臨淄에 관한 서술은 이후 『史記·蘇秦列傳』과 『자치통감資治通鑑』에서도 인용된 바 있다. 그 중 "옷깃이 이어져 휘장을 이루고, 소매는 들면 장막을 이루며, 땀을 뿌리면 비 오듯 (連衽成帷, 擧袂成幕, 揮汗成雨)"과 같이 과장된 문학적 표현도 있지만 제齊 선왕宣王 앞에서 제나라 형세를 분석함에 있어 임치臨淄성의 인구, 군사, 도로, 상업, 풍속에 관한 설명과 7만 호戶, 21만 남정男丁이라는 숫자는 신빙성이 높다. 만약 당시 일반적으로 한 가구당 가족 수를 5인으로 볼 때 임치臨淄 성 내 인구수는 대략 35만 정도 된다고 할 수 있다. 가히 전국戰國 시기 제후국 중 가장 번성繁盛한 '도회都會' 중 하나이었다. 제齊 임치臨淄 도성은 인구 수 뿐만 아니라 규모에서도 이미 국가 수도인 주周 왕성王城보다 많았으니 가히 '참월僭越' 형 경제 도성의 전형이라 할 수 있다.

중국 고대 도시의 도성은 정치 중심이자 또한 경제 중심이었다. 이후 전국戰國 시기에 이르러 많은 변화가 나타났다. 본래 '사祀' 역할 중심의 도성이 사회 발전에 따라 경제 도시로 변화하면서 소위 '융戎'의 역할이 확대되면서 정치 기구 보호 위주의 역할 뿐만 아니라 경제 구역 보호 역할로 변화하였다. 따라서 전국戰國 시기 제후국들의 도성에는 공간이 확장되고 복잡해지면서 고전 문헌 속의 '참월僭越' 현상이 출현하였다. 당시 천자의 동주東周 "왕성王城" 면적은 겨우 9㎢인 반면, 임치臨淄는 17㎢, 한단邯鄲은 13.8㎢, 초楚의 기남성紀南城은 16㎢였다.(아래 표 참조)

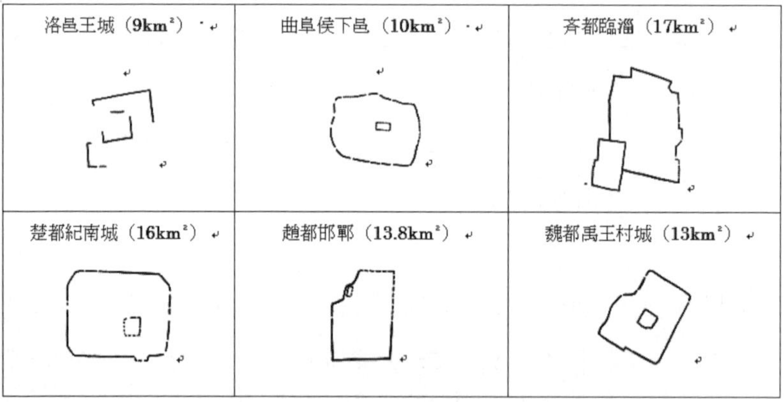

洛邑王城 (9km²)	曲阜侯下邑 (10km²)	斉都臨淄 (17km²)
楚都紀南城 (16km²)	趙都邯鄲 (13.8km²)	魏都禹王村城 (13km²)

表:戰國時代都城形式與面積一覧(()内數字=都城面積km²)

춘추春秋 부터 전국戰國 시기 동안, 지방 제후국의 경제 발달은 도성 면적에 있어 주周 천자天子 도성 크기를 넘어설 정도로 확대되었다. 예를 들면, 주공周公에게서 제후국으로 봉封 받은 노魯 나라의 고성故城은 이미 주왕周王 도성보다 넓었다. 한편 춘추 전국 시기의 경제 발달로 인해 제후국 간에 재물 보호와 약탈을 위한 전쟁과 침략이 빈번이 발생하였다. 이러한 빈번한 전쟁은 제후국들의 국방國防 건설을 재촉하는 결과를 낳았다. 제후국들은 성곽을 더욱 견고히 쌓는 등 국방國防 강화에 힘썼다. 한단邯鄲은 유명한 상업 도시였을 뿐만 아니라, "한단 전쟁(邯鄲之戰, BC258년)"을 통해 '일 년 이상을 버티며 쌓아 올린 전적戰績이 있는 군사 도성'으로서 명성을 얻기도 하였다. 뿐만 아니라, 제후국들은 장성長城과 같은 변경지역 국방 체계를 구축하였다. 이는 과거 성곽의 "융戎"구조의 확장 형태이자, 전국戰國 시기 도성의 성곽 건축의 혁신이라고 할 수 있다.

전국戰國 시기, 제후국 대부분은 장성長城 체제 위주로 변경 지역 국방國防 체계를 구축하였다. 이는 과거 성곽의 '융戎' 구조의 확장 형태이다. 필자는 기존 학자들의 장성 연구를 근거로 분석하고 살펴본 결과, 전국戰國 시기 제후국들의 장성長城이 여전히 도성의 '융戎' 기능과 구조의 확장 형태라고 생각한다.[2)]

문헌 자료에서 볼 때, 초楚 나라의 방성(方城, 長城)이 춘추春秋 시기에 축조된 것을 제외하고 다른 제후국 장성長城은 전국戰國시기에 축조되었다. 『左傳·僖公四年』(BC728)에 기술된 "楚國方城以爲城"은 장성長城 관련 최초의 문헌 기록이다. 위(魏的) 나라 장성長城에 관해서는 『史記·秦本紀』 중에 "효공 원년, 황하와 효산崤山 동쪽에 여섯 강대국이 있었는데, 제 위왕,

2) 근대 고고학자의 전국 시기 제후국 도성 유적에 관한 연구에는 조사 성과가 높다고 할 수 있다. 특히 70년대 장유화(張維華)의 『中國長城建置考』(中華書局,1979)는 문헌 사료의 뛰어난 연구 성과에 의거한 조사 연구서로써 논문의 중요한 참고 자료이다.

초 선왕, 위 혜왕, 연 도후, 한 애후, 조 성후가 나란히 하였다. 회하와 사수 사이에는 십 여개의 작은 나라들이 있었다. 초, 위, 진은 접경하고 있었다. 위는 장성을 축조하였는데 정현에서 시작하여 서북쪽 위하부터 낙하를 거쳐 북으로 상군에 이르렀다.(孝公元年, 河山以東彊國六, 與齊威、楚宣、魏惠、燕悼、韓哀、趙成侯并。淮泗之間小國十餘。楚、魏與秦接界。魏筑長城, 自鄭濱洛以北, 有上郡.)" 라고 하였다. 조趙 나라의 장성長城에 관해서는『史記·趙世家』에 보면 "조나라 숙후 17년, 조나라 군대가 위나라 황읍을 포위하였으나, 이기지 못하였다. 조나라는 장성을 쌓았다.(十七年, 圍魏黃, 不克, 築長城。)"라 하였고, 연燕 나라의 장성長城에 관해서는『史記·張儀列傳』에 연燕의 남쪽 장성長城에 관한 언급을 보면, "장의가 연燕 소왕에게 유세하여 말하기를, 지금 대왕께서 진을 섬기지 않아 진이 운중과 구원으로 군사를 내려보내 조나라를 몰아내고 연나라를 공격한다면 역수와 장성은 대왕의 것이 아닙니다.(張儀說燕昭王云:"今大王不事秦, 秦下甲雲中、九原, 驅趙而攻燕, 則易水、長城, 非大王之有也.)"라 하였다. 연燕의 북쪽 장성長城에 관해서는『史記·匈奴列傳』에 "연나라 또한 장성을 쌓아, 조양에서 양평에 이르렀다. 상곡과 어양, 우북평, 요서, 요동군을 두어 오랑캐에 맞섰다. 이 때 교화된 전국戰國 나라는 일곱이었는데, 세 나라가 흉노와 국경을 함께 했다.(燕亦築長城, 自造陽至襄平。置上谷、漁陽、右北平、遼西、遼東郡以拒胡。当是之時, 冠帶戦國七, 而三國辺於匈奴。)"라 하였고,『漢書·匈奴傳』에도 "연燕 나라 또한 장성을 축조하여 조양造陽부터 양평에 이르며, 상곡, 어양, 우북평, 요서, 요동군까지 설치하여 오랑캐 침입을 막았다.(燕亦築長城, 自造陽至襄平, 置上谷、漁陽、右北平、遼西、遼東郡以距胡.)"라는 기록이 있다. 진秦 나라 역시 흉노를 막아낼 목적으로 장성長城을 축조하였다.

전국戰國 시기 제후국 도성의 '도회都會' 형성, 대규모의 '참월僭越'현상, '장성長城' 축조 세 가지 특징은 전국戰國 시기 도성의 시대적 특징일 뿐만 아니라, 과거 '융戎' 기능과 형식의 확장이라고 보아도 무방하다. 그러나 이러한 견고한 도성과 침략 대비를 위한 장성長城 건축이라는 혁신적인 형태는 동쪽지역 육국六國에만 해당된다. 관서關西 지역 도성은 '사祀'와 '융戎'이 나란히 공존하여 만들어낸 독특한 특징을 보인다.

관서關西 지역 도성이 "사祀"와 "융戎"의 기능과 구도를 갖추고 있다고는 하지만 관동關東지역 도성과 비교하자면, 관서關西 지역 진秦은 "사방이 요새이니 견고하다(四塞以爲固)"(『史記·張儀列傳』) 특징과 옛부터 형성된 "東進" 천도遷都 전통이 있었기 때문에 적어도 전국戰國시기 이 곳 관서關西 지역은 이미 관동關東 지역과는 다른 형태로 "사祀"와 "융戎"이 분리 배치된 구도가 나타났다.

진秦 나라가 위치한 관서關西 지형은 관동關東과 달리 서쪽 한 면이 천연병풍으로 막혀있다. 『戰國策·楚策一』 "장의가 합종연횡책을 깨뜨리기 위해서 초왕에게 유세하여 말하기를: 「진의 땅이 천하의 반이고, 병력은 네 개 나라와 적대하고 있으며, 산과 강에 둘러 쌓여 있으니, 사방의 요새가 매우 견고합니다.」(張儀為秦破從連橫, 說楚王曰: 「秦地半天下, 兵敵四國, 被山帶河, 四塞以為固。」)"라 하였고, 『史記·張儀列傳』에도 같은 기록이 있다. 『史記·范雎列傳』에는 "범수가 말하였다. 「대왕(진 소왕)의 나라는 사방이 요새로 견고하며 북으로는 감천과 곡구가 있고, 남으로는 경수와 위수를 띠고 있으며, 오른쪽에는 경산과 촉이 있고, 왼쪽에는 함곡관과 상판산이 있으며, 용맹하게 나아갈 군사가 백 만이고, 전차가 천 대있으니, 이로우면 나가서 치고, 불리하면 들어와 지키면 되니, 이는 제왕이 될 땅입니다.」(范雎曰: 「大王(指秦昭王——引用者注)之國, 四塞以為固, 北有甘泉、谷口, 南帶涇、渭, 右隴、蜀, 左關、阪, 奮擊百萬, 戰車千乘, 利則出攻, 不利則入守, 此王者之地也。」)"라고 하였고, 『史記·劉敬列傳』에는 "누경이 말하기를: 「또한 진나라 땅은 산에 둘러싸이고 강을 끼고 있어, 사방이 요새로 견고하며, 갑작스레 위급하여

도 백만의 무리를 갖출 수 있습니다. 진나라의 옛 땅에 의지하여, 매우 훌륭하고 기름진 땅을 바탕으로 삼아야하니, 이것이 이른바 하늘의 곳간입니다. 폐하께서 관關으로 들어가 도읍을 정하신다면, 산동이 비록 어지러워진다 하여도 진나라의 옛 땅은 온전히 가질 수 있습니다. 무릇 사람과 싸울 때 그 목을 조르고 등을 치지 않는다면, 그 승리는 온전할 수 없습니다. 지금 폐하께서 관關 들어가 도읍을 정하여, 진나라의 옛 땅을 차지하면, 이 또한 천하의 목을 조르고 등을 치는 것이 됩니다.」(婁敬曰:「且夫秦地被山帶河, 四塞以為固, 卒然有急, 百萬之眾可具也。因秦之故, 資甚美膏腴之地, 此所謂天府者也。陛下入關而都之, 山東雖亂, 秦之故地可全而有也。夫與人鬬, 不搤其亢, 拊其背, 未能全其勝也。今陛下入關而都, 案秦之故地, 此亦搤天下之亢而拊其背也。」)" 라고 하였다.

소위 "사방의 요새가 견고하다(四塞以爲固)"에서 사방은 "山"、"河"、"阪"、"關" 등 천연 병풍을 말하며, 인위로 "關"과 "塞" 축조를 더하여 난공불락難攻不落 요새로 만들어 지키기 쉽게 만든 지역을 말한다. 중국 고대 문헌에서 "사면의 요새가 견고하다(四塞以爲固)"에 해당하는 지역은 더 많지만, "관서關西"가 이러한 특징의 전형적인 지역인 것은 분명하다.

필자는 이전에 『張家山漢簡·津關令』와 천수방마탄진묘天水放馬灘秦墓에서 출토된 지도를 근거로 진秦, 한漢 초 관서關西 지역의 '四塞以爲固'의 방어 체계도(아래 지도)를 그렸다. 또한 당시 관서 지역 내 진津, 새塞의 공간 위치를 고찰하면서 관서 지역의 새塞는 험준한 지형을 토대로 축조된 방어 체계이고, 요새 영역 내에 많은 관關 혹은 진津의 존재가 필요하다고 지적하였다. 이처럼 견고한 요새 체계를 갖춘 북쪽 한면에 진秦은 장성長城 경비 '북호北胡'를 축조하였다. 바꿔 말하면, 관서關西 지역의 진秦 나라는 동쪽의 육국六國과는 다른 천연 병풍과 엄밀한 요새 방어 체계를 갖추고 있었다. 따라서 그 수도 함양咸陽 도성은 '융戎'의 기능과 구조가 그다지 많이 필요하지 않았고, 장성長城 축조 역시 주로 "북호北胡" 침략을 방어하기 위해서였을 뿐, 기타 이웃 제후국을 방어하기 위함이 아니었다. 진秦 나라 도성이 다른 제후국 도성과 다른 특징을 보이는 데 있어 가장 큰 원인은 천년 이래 진秦 나라가 숭상해 왔던 소위 '동진東進'으로의 천도遷都 전통이다.

진秦의 '동진東進' 천도遷都 전통은 왕국유(王國維)는 『秦都邑考』에서 경위涇渭 하류에 위치한 경양涇陽, 역양櫟陽, 함양咸陽을 가리켜 "이 곳은 전국戰國 시기 이후 진秦 동쪽으로 뻗어나갈 시기의 도읍지역이다. 이 도읍을 살펴보면, 진의 국세國勢를 알 수 있다.(戰國之後秦東略時之都邑也。觀其都邑, 而其國勢從可知矣.)" 하였다. 왕국유(王國維)가 말한 진秦의 동략東略은 필자가

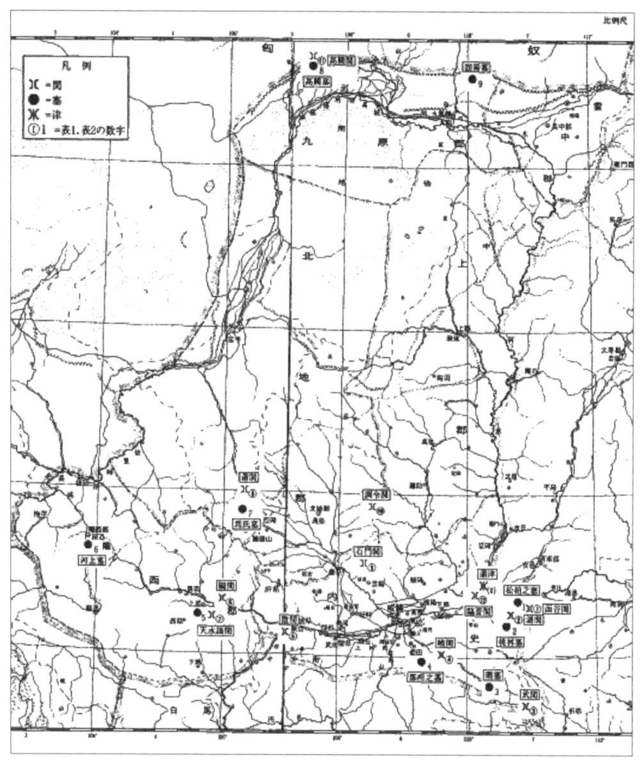

「四塞以為固」的津關塞關西空間防禦體系

말하는 '동진東進'과 같은 개념이다. 주의해서 볼 만한 점은 왕국유王國維는 진秦이 최종적으로 동쪽 지역을 정복하기 위한 '동진東進'의 목표를 실현하기 위해서 조금씩 지역을 동쪽을 향해 넓히고 천도遷都를 하려했던 것이다. 진秦의 천도遷都는 진취적인 도성 양상을 띠고 동쪽 육국六國은 안정적 정착을 꾀하는 방어형 도성으로 두 지역의 도성은 시작부터 각기 다른 목표로 구축되었다. 그렇다면, 필자가 본문에서 언급한 전국戰國시기 제후국들 도성의 '사祀'와 '융戎'의 격식은 제후국마다 어떤 다른 특징을 가지고 있는가? 이에 관하여 전국戰國 시기부터 진秦까지 옹도雍都, 경양涇陽, 역양櫟陽, 함양咸陽 도성 간의 관계에서 출발하여 전국戰國 시기 진秦의 진취형 도성의 '사祀—융戎'의 공간 분리 배치 특징에 관해 살펴보고자 한다.

전국戰國 시기부터 진秦대까지 함양성咸陽城은 진秦 효공 13년(BC349년, 『資治通鑑』에는 효공 12년으로 기록됨)에 축조되어 진秦 제국이 멸망한 진秦2세二世 3년(BC207년)까지 143년 동안 수도 도성으로서 역할을 다하였다. 1세기 이

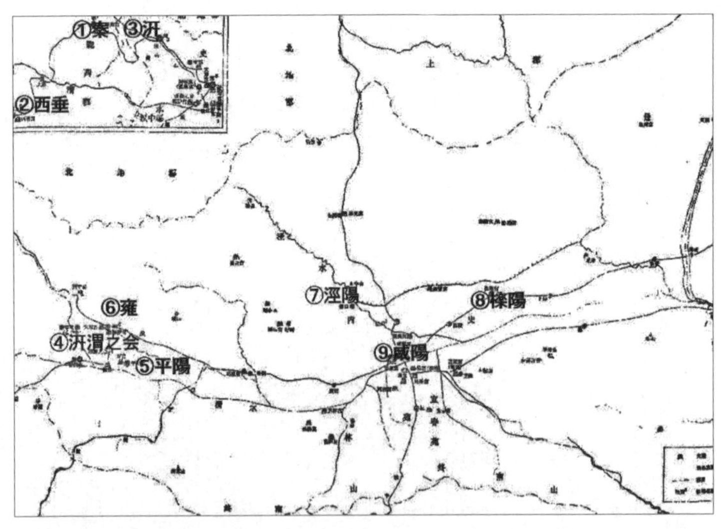

秦都"東進"八遷九都位置圖(徐衛民《秦都城研究》山西人民教育出版社2000年, 附圖一"秦都邑·宮室図")

상 시간동안 옹성雍城과 역양櫟陽은 줄곧 함양성의 부도副都 혹은 배도陪都 역할을 하였다.[3]

진秦 효공孝公의 함양咸陽 천도부터 진秦의 전국 통일까지 함양咸陽은 "사祀—융戎"을 모두 갖춘 구도를 보였지만, 함양咸陽 서쪽 옹성甕城은 줄곧 선조와 제신諸神에 대한 제사를 모신 "사祀"성격의 도성都城이었고, 동쪽의 역양櫟陽은 군사 요충지인 "융戎" 성격의 도성이었다.

문헌에서 함양성咸陽城에 관한 기록을 살펴보면 『史記·秦本紀』에는 "효공 10년, 위앙을 대량조大良造에 임명하였으며 군사를 이끌고 위나라 안읍을 공격하여 투항하게 하였다. 12년, 함양성을 건설하고 기궐을 축조한 후 진秦 도읍을 함양으로 천도하였다.(孝公十年, 衛鞅為大良造, 將兵圍魏安邑, 降之。十二年, 作為咸陽, 筑冀闕, 秦徙都之.)"라고 하였고, 『史記·商君列傳』에는 "3년을 거주하고, 함양에 기궐, 궁정을 축조한 후, 옹雍에서 함양으로 천도하였다(居三年, 作為築冀闕宮庭於咸陽, 秦自雍遷都之.)"라고 전한다. 『史記·封禪書』에는 "진秦은 겨울 10월을 1년 첫 달로 삼았기 때문에 10월에는 삼가고 교외에 나가 제사를 행하였다. 새벽까지 불을 밝히고, 함양 부근을 향해 절을 하였다. 흰 옷을 입고 사용하는 제물은 다른 제사와 같았다.(秦以冬十月為歲首, 故常以十月上宿郊見, 通權火, 拜於咸陽之旁, 而衣上白, 其用如經祠云.)"라는 기록이 있다. 『史記·秦始皇本紀』에는 "2세 황제 원년 군신들은 상소를 올려 아뢰기를: "선왕을 모신 사당은 서옹西雍에도 있고 함양咸陽에도 있

3) 진(秦) 도성 중, 함양성과 옹성, 경양, 역양 간의 관계에 대해 기존 학자들이 이미 논한 바가 있다. 潘明娟, 吳宏岐의 『秦德聖都制度與都城體系』(『考古與文物』, 2008年 第1期)에서는 함양성은 수도 도성으로 세워지면서 속도(俗都)가 되었고, 이전 도성을 성도(聖都)라 얘기한다. 丁海斌의 『中國古代陪都史』(中國社會科學出版社, 2012)에서는 함양성 건축 후 수도(首都)가 되었고, 이전 도성은 배도(陪都)가 되었다고 보았다. 모두 필자의 관점에 영향을 주었으나, 아쉽게도 진(秦) 도성과 동쪽 육국(六國) 도성의 차이에 대해서는 연구가 미비하다. 필자의 관점은 그 命名의 차이 보다는 동쪽의 기타 제후국 도성과는 확연히 다른 '사(祀)'와 '융(戎)'의 분리 배치의 격식과 필요성에 따른 구분이라고 본다.

습니다. 천자께서는 예를 갖추어 직접 제사를 올리는 것은 시황묘始皇廟에만 하십시오."라고 하였다.(二世皇帝元年群臣上奏曰:"先王廟或在西雍, 或在咸陽。天子儀当独奉酌祠始皇廟.)"라는 기록이 있다. 이에 따르면 상앙商鞅 집권 초기 함양咸陽은 진秦이 '동진東進'하여 위魏를 토벌한 후 도성으로 정비된 것을 알 수 있다. 이는 도성의 '융戎' 특성을 나타내는 것이다. 그러나 함양 도성에는 '선왕묘先王廟', '시황묘始皇廟 제사 구역과 '교郊'라는 여러 제사를 모시는 공간도 있었다. 특히, 문헌에 전해지는 진秦 2세二世 황제 때 "先王廟或在西雍"은 함양성咸陽城과 옹성雍城의 제사 관계를 보여주는 중요한 기록이다.

옹성雍城은 진秦 덕공德公 원년(BC677년)~진 헌공獻公(BC383년) 기간 진秦 도성이었다. 294년 동안 삼분의 이는 춘추春秋 시기를 거쳤으며, 삼분의 일은 전국戰國 시기를 거치며 19명의 진秦 왕이 이 곳에서 집정한 가장 오래된 수도 도성이었다.

『史記·秦本紀』에는 "덕공이 즉위하였다. 덕공은 즉위하여 2년간 다스렸는데, 옹성 대정궁에 거주하였다. 선공, 성공, 목공 세 아들을 낳았다. 즉위 2년 만에 죽어 양陽에 장사지냈다. 처음으로 복날을 정해서 사악한 기운을 막아달라고 빌었다. 선공은 즉위하여 12년을 지냈다. 양궁에 거주하였다. 죽어서 양에 장사 지냈다.(秦德公立。德公享國二年。居雍大鄭宮。生宣公、成公、繆公。葬陽。初伏, 以御蠱。宣公享國十二年。居陽宮。葬陽.)"라고 기록되어 있고, 『史記·封禪書』에는 "진 덕공이 즉위하고 옹雍에 거주하는 것을 점쳤는데, 자손들은 황하 물을 말에게 먹일 수 있다고 나오자, 마침내 옹을 도성으로 정하였다. 옹의 많은 사묘(祠廟)는 이로부터 비롯된 것이다.(秦德公既立, 卜居雍,「後子孫飲馬於河」遂都雍。雍之諸祠自此興.)"라고 하였고, 『漢書·地理志』의 扶風雍縣條(부풍 옹雍 현에 대한 조목)에는 "진 혜공이 옹雍에 도읍을 정하였다. 오치, 태호, 황제 이하 제사가 삼백삼 차례있다.(秦惠公都之。

有五畤, 太昊、黃帝以下祠三百三所。)"고 하였다. 사료 기록을 살펴보면, 옹성雍城은 진秦 덕공德公부터 시작해서 왕릉과 조묘祖廟가 가장 많은 도성으로 역대 진왕秦王은 '모든 제사諸祠'를 모신 도성으로서 학자들이 옹성을 함양성咸陽城의 배도陪都 중 "성도聖都"라고 한 근거는 합리적이라고 생각한다.

경양涇陽은 옹雍의 동쪽에 위치하고 역양櫟陽은 함양咸陽의 동쪽에 위치한다. 이 두 도성은 진秦이 '동진東進'하여 위魏 정복을 위한 도성으로 '융戎'의 색채가 뚜렷하다. 『史記·秦始皇本紀』에 붙인 『秦記』에는 "숙령공은 소자의 아들이다. 경양에 기거하였다. 십년 간 재위하였다.(肅靈公, 昭子子也。居涇陽。享國十年(前424−415))"라고 기록되어 있다. 영공靈公부터 시작하여 간공簡公, 혜공惠公은 경양涇陽에 머문 시간은 BC424년−BC385년, 약40여 년간이다. 『史記·秦本紀』에는 "진秦 수차례 군주가 바뀌고 혼란해졌다. 그 기회에 위魏가 다시 강성해져 하서 쪽을 강탈하였다.(秦以往者數易君, 君臣乖亂, 故晉復強, 奪秦河西地.)"라고 기록되어 있다. 기록 중 '진晉'은 위魏나라를 말하는데, 당시 위魏는 문후의 개혁 시행 후 국력이 강성해지면서 끊임없이 진秦을 위협하고 공격하였다. 특히 오기吳起 장군의 공훈功勳이 가장 커서 진秦 하서河西 지역 대부분을 차지하였다. 이 뿐만 아니라 진秦 공자 연連은 위魏 무후武侯의 도움으로 출자出子를 죽이고 경양涇陽으로 돌아와 헌공獻公이 되어 정권을 차지하였다.

『史記·秦本紀』에 따르면, 헌공獻公 즉위 후, 도성을 역양櫟陽으로 옮겼는데, 효공孝公은 진秦 옹성雍城에서 경양涇陽으로 천도하고, 다시 경양涇陽에서 동쪽으로 역양櫟陽으로 천도하는 과정을 회고하면서 그 목적에 대해 다음과 같이 말하였다.

"진秦은 중원에서 떨어진 옹주에 위치하여 중원 제후들의 회맹會盟에 불참하였으니 모두 진秦을 오랑캐 대하듯 하였다. 효공은 은덕을 베풀어 고아와 과부를 구제하고 전사들을 모집하고 공을 세운 이는 상을 내리었다.

그리고 전국에 알리기를: 「옛적에 목공께서 기산과 옹읍 사이에서 어진 정치를 베풀고 무공을 중하게 여기셨다. 동쪽으로 위魏의 내란을 평정하고 황하까지 국경을 넓히었고 서쪽으로는 융적의 패주가 되었고 천리나 되는 영토를 개척하였다. 천자께서 으뜸이 되니 제후들이 축하하러 왔으니 후세를 위한 대업을 세운 것이니 매우 아름답고 빛나도다. 과거 여공, 조공, 간공, 출자의 건강하지 못함을 만나게 되어 나라 안의 근심 걱정으로 인해 나라 밖을 눈 돌릴 겨를이 없었다.이 기회를 틈타 위魏가 선왕의 근거지였던 하서 땅을 빼앗아 갔으며, 제후들은 진秦을 업신여기게 되었으니 이보다 더한 수치는 없었다. 헌공이 즉위하여 변방을 안정시키고 역양으로 천도하여 동쪽으로 정벌할 준비를 하였다. 이는 목공의 옛 땅을 되찾고 목공의 정령을 시행하고자 함이다. 나는 선왕들의 뜻을 생각하면 항상 비통한 마음이다. 빈객과 신하들 중에 진秦을 강성하게 할 기발한 계책을 가진 자에게 관직을 주고 영토를 하사하겠다.」(秦僻在雍州, 不與中國諸侯之會盟, 夷翟遇之。孝公於是布惠, 振孤寡, 招戰士, 明功賞。下令國中日: 「昔我繆公自岐雍之閒, 修德行武, 東平晉亂, 以河為界, 西霸戎翟, 廣地千里, 天子致伯, 諸侯畢賀, 為後世開業, 甚光美。會往者厲、躁、簡公、出子之不寧, 國家內憂, 未遑外事, 三晉攻奪我先君河西地, 諸侯卑秦、醜莫大焉。獻公即位, 鎮撫邊境, 徙治櫟陽, 且欲東伐, 復繆公之故地, 修繆公之政令。寡人思念先君之意, 常痛於心。賓客群臣有能出奇計彊秦者, 吾且尊官, 與之分土.」)"라고 기록되어 있다. 문헌을 살펴보면, 진秦 도성은 옹성雍城에서 경양涇陽으로의 천도 명분은 '동쪽 진(晉, 위나라를 말함)의 도발 평정東平晉亂' 이었으며, 재차 역양櫟陽으로의 천도는 '변경의 진압과 안정鎮撫邊境'과 '동벌東伐하여 옛 무공繆公의 땅 회복(且欲東伐, 復繆公之故地)' 하기 위해서임을 알 수 있다. 이처럼 경양涇陽, 역양櫟陽 두 도성은 '융戎'의 색채를 뚜렷하게 드러낸다. 진秦 도성은 이처럼 '祭–戎'의 역할과 격식을 모두 가지고 있으면서도 끊임없는 '동진東進' 천도 과정에서 점차 옛 도성은 '사祀' 화 하고, 새로운 도성은 '융戎' 화 되는 것을 알 수 있다. 최종적으로 전국戰國 시기를 거쳐 천하 통일 시기에 접어든 진秦은 함양咸陽을 중심도성으로 하고 옹성雍城을 '사祀'의 도성, 역양櫟陽을 '융戎'의 도성으로 정하면서 마침 내 '사祀'와 '융戎'의 분리 배치 구조를 완성하였다. 이는 관동關東 지역 도성과는 확연히 다른 큰 특징이다.

3. "象天" 이념의 진秦 함양성咸陽城과 "漢承秦制" 특징의 서한西漢 장안성長安城

진秦의 전국 통일은 수백 년간 이어진 전쟁과 혼란의 시기를 마감하였다. 진시황秦始皇은 제국의 도성 함양성咸陽城을 소위 '상천象天'이라는 도성 개념에 따라 대대적인 개조를 진행하면서 도성의 '융戎' 기능을 '사祀'에 양보하였다. 서한西漢 제국은 "진秦 제도를 붙들고 주周 법을 뛰어 넘는다.(攬秦制, 跨周法)"는 기치 아래 장안長安은 함양咸陽의 '象天' 격식을 계승하고 주례周禮 도성의 축조 이념을 흡수하여 장안長安과 그를 둘러싼 여러 위성 도성권都城圈이라는 새로운 구조를 만들었다. 진한秦漢 제국은 도성 역사에 유례가 없는 강대한 북방 지역 국경선인 만리장성을 축조하였다. 이는 '융戎'의 도성 구조가 제국 시대의 새로운 변경 지역 국방 체계로 확장된 형식이며, 중국 고대 도성사都城史의 새로운 전환점이 되었다고 할 수 있다.

평화 시기의 제국 도성 함양咸陽의 '융戎' 기능은 '사祀'에 그 자리를 양보하였다. 진秦 제국은 주周 봉건 제도에 따른 제후국 지역 분배를 철저히 부정하고 전국 통일과 평화에 맞는 새로운 군현제郡縣制를 시행하였다. 그리하여 제국의 도로와 통신, 물류 운수를 확보하면서, 소위 만리장성의 제국 국방 건설과 변경 지역 국경 구획을 강화하였다.

『史記·秦始皇本紀』에는 "몽염 장군을 보내 북쪽에 장성을 쌓아 방비하게 하였으며 흉노를 칠백 리 밖으로 내쫓아 감히 남쪽으로 내려와 말을 기르지 못하게 하였고, 여섯 나라 백성들은 감히 활시위를 당겨 원수를 갚을 엄두를 내지 못하였다. 또한 선왕의 법도를 폐기하고 제자백가의 서적을 태워 백성들을 우매하게 만들었다. 이름난 城을 허물고 호걸들을 죽였으며 천하의 무기를 모두 함양으로 거두어들여 창끝과 살촉을 녹여 거(鐻)와 金人 12개를 만들어 백성들의 힘을 약화시켰다. 그 후 화산을 깎아 성루를 만들고 황하를 끌어다가 津을 만들었으니 억 丈의 城은 그 깊이를 알 수 없고 견고하기 이를 데 없었다.……동쪽 바다에 계중을 세우고 진秦 東門이라 하였다.(使蒙恬北筑長城而守藩籬, 卻匈奴七百餘里, 胡人不敢南下而牧馬, 士不敢彎弓而報怨。於是廢先王之道, 焚百家之言, 以愚黔首。墮名城, 殺豪俊, 收天下之兵聚之咸陽, 銷鋒鑄鐻, 以為金人十二, 以弱黔首之民。然後斬華為城, 因河為津, 據億丈之城, 臨不測之谿以為固。……於是立石東海上朐界中, 以為秦東門.)"라는 기록이 있다.

진시황의 "이름난 城을 허물다(墮名城)"(『秦始皇本紀』)는 과거 육국六國 간의 장성長城을 해체하고 장연將燕, 조趙, 진秦의 북쪽 장성長城을 연결하여 만리장성을 중심으로 북방 지역의 국방 변경 체계를 재정리한 것을 뜻한다. 또한 진시황은 동해(東海)에 진秦의 동쪽 관문을 표시하는 기념비를 세웠다.(『秦始皇本紀』) 전국戰國 시대 제후국의 도성과 비교해 보면, 진秦 도성의 "융戎" 기능은 대부분 변경지역의 국방 체계로 변화되었고, 이전 제후국의 대다수 국경선은 이름뿐인 국경 관문으로 남았다.

'상천象天' 도성 축조 이념에 따라 제국 도성을 대대적으로 개조하였다. 진秦 제국의 도성은 여전히 진 효공孝公 이래 백년 이상 도성인 함양성咸陽城이었지만, 대대적인 개조를 거쳐 제국의 도성으로 거듭났다. 『史記·秦

始皇本紀』에 따르면 “이때 진시황은 함양에 인구가 많은데 선왕의 궁전이 작다고 생각했다. ‘내가 듣건대 주나라 문왕은 풍에 도읍하고 무왕은 호에 도읍했다 하니, 풍과 호 사이가 제왕의 도읍지이다.’하였다. 이에 위수 남쪽 상림원 일대에 궁전을 지었다. 먼저 아방에 전전을 만들었는데, 동서로 오백 보이며, 남북으로 오십 장으로 위쪽에는 일만 명이 앉을 수 있고, 아래쪽에는 다섯 장 높이 깃발을 세울 수 있다. 사방으로 말이 달릴 수 있는 길을 만들어 궁전 아래에서부터 남산까지 이르게 했다. 남산 봉우리에 궁궐 문을 세워 지표로 삼았다. 다시 길을 만들어 아방에서 위수를 건너 함양까지 이어지게 하여 북극성과 각도성이 은하수를 건너 영실까지 이르는 것을 상징했다. 아방궁은 끝내 완성되지 않았다. 완성되면 이름을 선택하여 다시 지으려고 했다. 아방에 궁전을 지었기 때문에 천하가 그것을 아방궁이라고 했다. 궁형과 도형을 받은 칠십여 만 명이 나누어 아방궁을 짓거나 여산에 능묘를 만들었다. 북산에서 석재를 채취하고 촉과 형 땅에서 목재를 운반해서 이르게 했다. 관중에 궁전 삼백 채를 지었고 함곡관 바깥에는 궁전 사백여 채를 지었다. (於是始皇以為咸陽人多, 先王之宮廷小, 吾聞周文王都豐, 武王都鎬, 豐鎬之閒, 帝王之都也。乃營作朝宮渭南上林苑中。先作前殿阿房, 東西五百步, 南北五十丈, 上可以坐萬人, 下可以建五丈旗。周馳為閣道, 自殿下直抵南山。表南山之顛以為闕。為復道, 自阿房渡渭, 屬之咸陽, 以象天極閣道絶漢抵營室也。阿房宮未成;成, 欲更擇令名名之。作宮阿房, 故天下謂之阿房宮。隱宮徒刑者七十餘萬人, 乃分作阿房宮, 或作麗山。發北山石槨, 乃寫蜀、荊地材皆至。關中計宮三百, 關外四百餘。)”라고 하였다.

제국의 도성 함양咸陽은 전국戰國 시기 이래 줄곧 산수를 고루 갖춘 양陽의 도시에서 음양陰陽을 고루 갖추고 위수渭水 남북 연안에 닿고, 남산南山과 구종산九嵕山 사이에 위치하는 천지 우주 ‘상象’에 부합하는 대형 도성으로 변모하였다.

이처럼 진시황은 주周 나라 체제만을 고집하지 않고, "五行終始說"과 "大九州說"에 근거하여 "象天" 이념에 따른 도성 건설의 대개혁을 단행하였다. 그는 선진先秦 시기 이래 산천山川 숭배를 우주宇宙 신앙으로 확대시켰으며, 이를 눈앞에 확인할 수 있는 공간으로 구축해냈다. 이는 인간이 만든 제국과 천지의 관계를 체현한 것이며, 인간의 우주에서의 위치를 구하는 과정이었다. 진시황秦始皇은 함양성咸陽城을 위수渭水 북쪽에서 남쪽까지 확장하고, "爲極殿, 象天極" 원칙으로 아방궁阿房宮을 축조하였다. 이와 동시에 옛 도성인 옹성雍城은 여전히 "사祀"의 기능을 수행하도록 하였다. 이처럼 진秦은 통일 제국의 위엄을 갖춘 도성을 건축하는 동시에 선조先祖와 하늘에 대한 제사를 중요하게 수행하는 도성을 유지하여 도성의 "사祀"적 기능을 발휘할 수 있도록 하였다. 그러나 안타깝게도 진秦의 통일 제국은 단명함으로써 제국적인 도성都城 개혁은 미완성으로 남게 되었다.

"진秦 제도를 붙들고 주周 법을 뛰어 넘는(攬秦制, 跨周法)" 서한西漢 장안성長安城. 장형張衡 『서경부西京賦』에는 다음과 같이 노래하고 있다. "한漢이 처음 도읍을 둔 곳은 위수渭水 물가였다. 진秦 도읍은 그 북쪽에 있었는데, 그곳은 함양이었다.……고조(유방) 황제가 처음 관중에 들었을 때부터 오성五星이 상서로이 조화하여 동정東井 별자리에 늘어져 있었다. 누경婁敬이 수레 횡목을 내려놓고 낙양에 도읍을 두자는 의견을 비판했고, 하늘도 고조의 마음을 계발시켰고, 사람도 고조에게 그 책략을 교도敎導했다. 고조가 도읍을 결정할 때 이르러 또한 천지신령의 뜻을 고려하여 천하를 안정시킬 곳을 헤아려 관중關中을 천자의 도읍으로 정하였다. 어찌 낙양에 도읍을 둘 것을 조심스레 생각하지 않았겠는가? 어찌 사당에 느릅나무가 있는 고향으로 돌아갈 생각을 품지 않았겠는가? 그러나 하늘의 명은 의심할 수 없는 바, 누가 감히 변경하겠는가! 이에 원형 면적의 직경과 둘레를 측량하고 방형 면적의 가로와 세로를 고찰하여, 해자垓子를 파서 두르고, 성곽을 쌓으며, 팔방의 도성에서 각각 체제를 취했으니 어찌 지난 옛날의 규격만을 고집하고 삼았겠는가. 이에 진秦 체제를 참고하고 주周 규모를 뛰어넘어 크고 많은 궁실들도 낮고 비루하다 여겨 경시했으며 높이가 구경(81자)에 달하는 명당도 협소하다고 증축했다. 미앙궁 가운데에 자궁을 축조하고 미앙문 정문에 높은 쌍궐을 세웠다.……정면은 삼층 계단이고 난간은 이중으로 되었는데, 난간은 정교하게 새겨졌고 처마 앞 가로 나무는 무늬가 장식되어 있다. 전각 계단의 오른쪽은 평평한 중에 경사가 졌고, 왼쪽은 층계로 되어 있으며, 궁전 문 위에 고리 문양이 새겨져 청색으로 칠해졌고 돌계단에는 붉은 칠이 발라졌다. 중첩된 곳을 깎아내고 높은 땅을 평평하게 하여 전각 터 가장자리에 기초석을 쌓았다.(漢氏初都, 在渭之涘, 秦里其朔, 實為咸陽。……自我高祖之始入也, 五緯相汁以旅于東井。婁敬委輅, 斡非其議, 天啟其心, 人惎之謀, 及帝圖時, 意亦有慮乎神祇, 宜其可定以為天邑。豈伊不虔思於天衢？豈伊不懷歸於枌榆？天命不滔, 疇敢以渝！於是量徑輪, 考廣袤, 經城洫, 營郭郛, 取殊裁於八都, 豈啟度於往舊。乃覽秦制, 跨周法, 狹百堵之側陋, 增九筵之迫脅。正紫宮於未央, 表嶢闕于閶闔。……三階重軒, 鏤檻文梍。右平左域, 青瑣丹墀。刊層平堂, 設切厓隒。)" 동한東漢 시기 장형張衡이 볼 때 서한西漢 제국의 도성 장안長安은 여전히 "진秦 제도와 주周 법을 따르고 뛰어 넘는(乃覽秦制, 跨周法)" 도성이었다. "覽秦制"은 진秦의 도성 제도를 받들었음을 뜻한다. 장안長安 도성 위치는 진秦 제국의 함양성咸陽城과 같은 곳인 "동정東井"이며, 함양咸陽처럼 "신기神祇"에 호응하는 '천읍天邑'이다. '紫宮(垣)'에 따라 미앙궁未央宮을 축조하였고, 천문 '閶闔'을 따라 넓고 웅대한 문궐門闕을 만들었다. 소위 '跨周法'는 주周 대 도성 건축 방법을 뛰어넘을 것을 말한다. 주周 '百堵'와 '九筵' 보다 크게 규모를 확장하고, "量徑輪, 考廣袤, 經城洫, 營郭郛, 取殊裁於八都, 豈啟度於往舊."하였다. 또한, 진秦이 숭상했던 '六'의 짝수와는 다르게 주周의 홀수 '參'을 사용하였다. 진秦의 '青(黑)'색과 주周의 "丹(赤)" 색을 혼용하였다.

장형張衡이 묘사한 장안성長安城의 "진秦 제도와 주周 법을 따르고 뛰어 넘는(乃覽秦制, 跨周法)" 특징은 고고 발굴 자료에서도 증명되었다. 서한西漢 도성都城인 장안성長安城은 "漢承秦制"의 결정체라고 할 수 있다. 장안성長安城은 진秦 수도 함양궁咸陽宮의 남북 중심선의 장대章臺 성터 위에 미앙궁未央宮을 축조하여 장락궁長樂宮과 동서 대칭 구도를 형성하도록 하였다. 장안성은『考工記』의 도성 축조 양식에 따라 "面朝後市"와 "明堂" 형식을 갖추어 건축되었다. 이는 중국 도성都城의 새로운 "사祀" 기능 형태라고 할 수 있다. 고고학자 황효분黃曉芬은 발굴 자료를 토대로 장안성長安城 구조 형태도를 만들었다.(아래 왼쪽 그림) 필자 역시 명당明堂과 고묘高廟는 중심축선에 위치해야 한다고 생각한다.(아래 오른쪽 그림) 그러나, '평민' 출신 황제

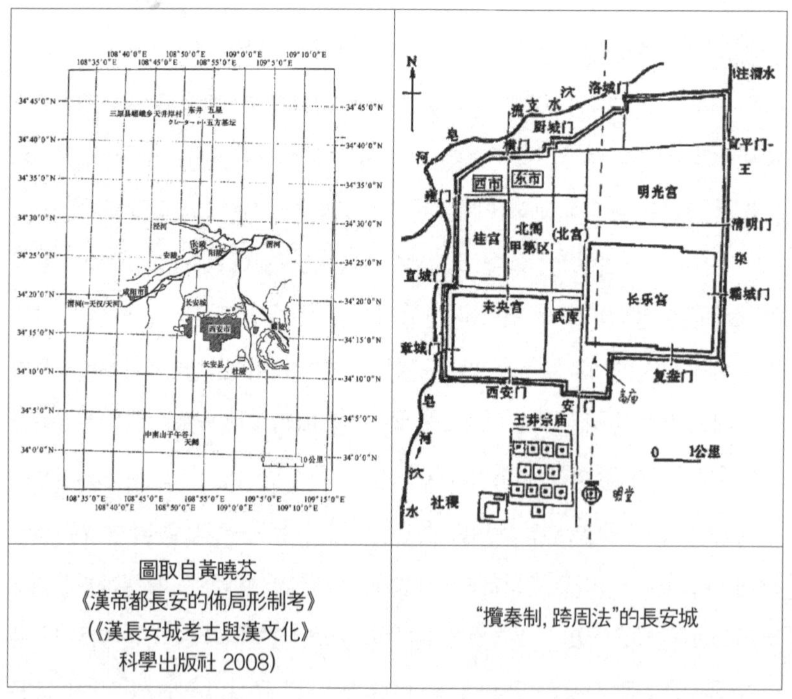

圖取自黃曉芬 《漢帝都長安的佈局形制考》 (《漢長安城考古與漢文化》 科學出版社 2008)	"攬秦制, 跨周法"的長安城

가 세운 한漢 제국은 선천적으로 진秦 제국의 고도故都 옹성雍城과 같은 "사祀"의 도성을 제대로 갖고 시작한 것이 아니기 때문에 장안성長安城은 진秦 제도의 계승에 있어 종묘宗廟 배치 문제를 어떻게 해결해야 할지 알지 못했다.

『漢書·韋玄成傳』에는 "고대의 제례에 천자는 7묘七廟만 있었으나, 지금 효혜제孝惠帝와 효경제孝景帝 종묘의 직계 친속은 모두 돌아가셨으나, 사당은 모두 훼손되어 세워지지 않았다. 또한 각 제후국의 종묘는 모두 고대 예법에 맞지 않으니 바로 잡아야 한다.……조종祖宗의 사당이 대대손손 훼손되고 방치되었고 오대 사당도 전해졌으나 이어지지 못하였다. 지금 고황제(유방)를 태조, 효문제를 태종, 효경제를 그 다음으로 두어 소昭, 효무제를 목穆, 효소제孝昭帝와 효선제孝宣帝를 그 다음으로 소昭로 올린다. 황고묘皇考廟는 자손이 없으나 배제할 수 없다. 태상太上과 효혜제孝惠帝 사당은 친속 관계가 모두 소원하니 배제해야 한다. 태상 황제의 신주는 능원陵園에 묻고, 효혜제孝惠帝는 목穆으로 두고, 신주는 태조太祖 사당으로 옮기고 능침원陵寢園은 모두 재건하지 않는다.(古者天子七廟、今孝惠·孝景廟皆親尽、宜毀。及郡國廟不應古礼、宜正定……祖宗之廟世世不毀、繼祖以下、五廟而迭毀。今高皇帝為太祖、孝文皇帝為太宗、孝景皇帝為昭、孝武皇帝為穆、孝昭皇帝與孝宣皇帝?為昭。皇考廟親未尽。太上·孝惠廟皆親尽、宜毀。太上廟主宜瘞園、孝惠皇帝為穆、主遷於太祖廟、寢園皆無復修。)"라고 하였다.

이 문제는 결국 한漢 원제元帝 이후 사대부들의 "是古非今"(『漢書』) 의 비판을 초래하였으며, 결국 왕망王莽 개혁의 일대 과제가 되었다.

4. 신망新莽, 동한東漢의 새로운 "사祀"와 "융戎"의 도성 구도 배치

왕망王莽은 '선양禪讓' 형식으로 평화로운 정권 교체를 이루었다. 그는 신망新莽 제국 건립 이전부터 외척 세력으로 장기 집권한 경험이 있었기 때문에 신망新莽 건국 시 구舊 도성 장안長安에 대한 개혁과 수도 낙양洛陽 건립에 대한 전체적인 계획과 설계를 이미 가지고 있었다. 이는 서한西漢 말기부터 사대부들이 수십 년간 원해왔던 '土中' 낙양洛陽 천도의 실현일 뿐 아니라, 서한西漢 2백년 기간 유진한 군국제郡國制의 불합리한 구조에 대한 개혁이었으며, 제국帝國 시대 변방 국방 설비의 강화를 고려한 계획이었다. 왕망王莽은 진시황秦始皇처럼 제국의 공간 설계와 계획에 있어 웅대한 생각을 가진 황제였다. 물론 두 사람 모두 도성이 전쟁에 의해 파괴된 경험이 없다는 공통점을 가지고 있었기 때문에 가능한 계획이었다. 왕망王莽의 도성 공간 개조는 진시황秦始皇처럼 국방 건설을 우선으로 하고 행정지리 계획 건설을 다음으로 하였다. 또한 도성 개조의 중장기 계획 중 단기 계획과 쉬운 사업부터 먼저 시행하였다. 그러나, 아쉽게도 왕망王莽과 진시황秦始皇 모두 짧은 집권 기간으로 인해 장기 계획은 실행하지 못하였다.

동한東漢 유수劉秀 정권은 제국 공간의 상징인 도성 계획에 있어 왕망王莽의 업적과 계획을 계승하고자 하였으나, 서한西漢처럼 잔혹한 전쟁에 밀려 선대 황제처럼 영토를 운영하고 개혁할 힘을 갖지 못하였다. 그러나 적어도 왕망王莽 정권이 계획하였던 낙양洛陽 천도遷都를 이루었다. 동한東漢의 낙양洛陽 도성 건설은 비록 역사의 부침 속에서 혼란을 겪었지만, 이후 2천 년 국가 도성 역사의 기준이 되는 도성 공간 구조를 확립하였고 동아시아 국가 도성사都城史에 적지 않은 영향을 주었다.

4.1 왕망王莽의 국방 건설, 정치 구역 개혁, 낙양 도성 건립

왕망王莽의 제국 영토 경영은 그가 서한西漢 시기 섭정攝政하였던 평제平帝때부터 시작되었다. 『漢書·王莽傳』에는 "왕망은 천하태평太平을 이루었고, 북방의 흉노를 감화시켰으며, 동방의 여러 나라를 불러들여 포용하였다. 남쪽으로는 황지까지 품게 되었으나, 서쪽으로는 큰 영향을 미치지 못하였다. 이에 중랑장을 보내어 화친책을 펴서 서쪽 오랑캐를 회유하였으니 그들이 영토를 바쳐 한漢에 귀속되기를 원하였다.(莽既致太平, 北化匈奴, 東致海外, 南懷黄支, 唯西方未有加。乃遣中郎将平憲等多持金幣誘塞外羌, 使獻地, 願内屬。)", "원시 4년 왕망이 상소를 올려 아뢰길: "면밀히 살펴보면 지금 한漢은 이미 동해, 남해, 북해에 군郡을 설치하였으나, 서쪽에만 없습니다. 이에 오랑캐가 바쳐온 영토를 받아들이시어 서해군으로 삼으십시오."하였다.(今謹案已有東海、南海、北海郡, 未有西海郡, 請受良願等所獻地為西海郡。)"기록이 있다. 이에 『漢書·平帝紀』을 보면, 원시 4년(元始4年)" 서해군을 설치하였으니 천하가 이에 따르게 하고 어기는 자는 서해군에 보내었다.(置西海郡, 徙天下犯禁者處之。)"고 하였다. 『漢書·王莽傳』에 따르면, 왕망王莽은 "신이 듣건데 현명하신 군주는 하늘의 뜻과 이치를 헤아려 지리를 계획하고, 형세와 민의에 따라 그 경계를 나눕니다. 한漢의 요,순, 우와 하, 상, 주 선대 황제보다 넓고 넓어 모두 12주州가 있으나 주州 이름과 경계가 경서經書의 기록과 맞지 않습니다. (聖王序天文, 定地理, 因山川民俗以制州界。漢家地廣二帝三王, 凡十二州, 州名及界多不應經)"의 동기에서 시작하여, "《요전(尧典)》에는 12주가 있었으나, 후일 9주로 정하였다. 한漢은 영토를 넓히여 멀고 먼 곳까지 변방 경계를 확장하였다. 주목州牧이 정기적으로 관할 구역을 순찰하는데 가장 먼 곳이 3만여 리에 이르니 9주州로만 나눌 수 없다. 그러니 원래 경서에 나온 대로 12주로 나누고 이름과 경계를 정해야 예법禮法에 합당하다.(『堯典』十有二州界, 後定為九州。漢家廓地遼遠、州牧行部, 遠者三萬餘里, 不可為九。謹以經義正十二州名分界, 以應正始)"는 구상에 따라 "京畿"、"内郡"、"邊郡"과 "土中" 낙양洛陽을 중심으로 하는 "九州"에 대한 행정 지리 개혁을 실현하였다. 이는 전국 행정 구역에 대한 표준화 개혁이었다.

한漢의 周禮에 맞지 않는 종묘宗廟 배치 문제를 해결하기 위하여 왕망王莽은 서한西漢 말기 섭정攝政 시기부터 일찍이 한漢의 예제禮制를 반영한 장안長安 재건축을 계획하였으나, 결국 왕조 교체의 필요에 따라 낙양洛陽 천도를 결심하였다. 왕망王莽은 한漢 평제平帝 때부터 낙양洛陽 천도를 준비하기 시작하였고, 신망新莽 건국 이후에는 주례周禮에 따라 낙양洛陽을 "東都"로 정하고, 장안長安을 "西都"로 삼는 양도제兩都制 방안을 마련하고, 낙양에 머무는 시간표를 따로 정해두었다. 왕망王莽은 본격적으로 "營相宅兆, 圖起宗廟、社稷、郊兆"(『漢書 · 王莽傳』)의 천도 작업을 시작하였다.

이는 진한秦漢 제국의 지역 행정 제도를 적극 이용하였을 뿐 아니라, 『考工記』에 기록된 도성의 '융戎'구조를 뛰어넘는 것이다.

4.2 유수劉秀가 최종적으로 신망新莽을 계승하여 낙양洛陽 천도를 실현하다.

신망新莽 멸망 후에 낙양洛陽 천도 계획은 결국 동한東漢 광무제에 의해 완성되었다. 광무제는 신망新莽의 제도를 바꾸지 않았고, 낙양洛陽 천도 역시 왕망王莽의 계획안을 따랐다. 문헌에도 이와 관련한 기록이 전한다. 동한東漢 응초應劭 《漢官儀》:"왕망 때, 한漢에 사도관이 없음을 의논하여 삼공三公을 대사마, 대사도, 대사공으로 정하였다. 대대로 즉위하여도 바꾸지 않았다.(王莽時, 議以漢無司徒官, 故定三公之号日大司馬、大司徒、大司空。世祖即

位, 因而不改。)" 동한東漢 채옹蔡邕《獨斷》 : "한이 진秦을 이어 받고자 하니, 신하들이 모두 『매사언』을 올려 간언하고, 왕망이 찬위하고서도 옛 법을 따르고자 하니, 『매사』를 버릴 것을 조아려 말하니, 광무제가 바꾸지 않았다.(漢承秦法、群臣上書皆言『昧死言』、王莽盜位慕古法、去『昧死』曰『稽首』。光武因而不改。)" 《後漢書·光武帝本紀下》 : "거가가 낙양으로 들어서 남궁 각비전으로 행차했다. 낙양에 도읍을 정하였다.((劉秀)車駕入洛陽、幸南宮却非殿、遂定都焉。)"

《後漢書·光武帝紀》 : "낙양에 고묘(유방의 묘)를 세우고 사직을 지었으며 성 남쪽에 교조를 세웠는데 비로소 불의 덕을 바로 세우고 붉은 색을 숭상했다.(起高廟, 建社稷於洛陽, 立郊兆于城南, 始正火德德, 色尚赤。)"

《後漢書·循吏列傳》 : "두릉인 두마는 『論都賦』를 지어 황제에게 바쳐 거가를 이끌고 도읍을 장안으로 옮길 것을 노래한 적이 있다. 나이든 이들이 그 노래를 듣고 고향을 그리워하는 마음으로 한참을 서쪽 하늘을 바라보았다고 한다. 왕경은 궁전과 종묘가 모두 완성되었으나 사람들이 믿지 않을 것을 걱정할 때, 마침 신작神雀 같은 상서로운 징조가 나타나자 『금인론』을 지어 낙양의 아름다움과 천인天人이 상응相應하는 길조라고 찬송하였다. 그 문장이 가히 쓸 만하다.(杜陵杜篤奏上《論都(賦)》, 欲令車駕遷還長安。耆老聞者, 皆動懷土之心, 莫不眷然佇立西望。(王)景以宮廟已立, 恐人情疑惑, 會時有神雀諸瑞, 乃作《金人論》, 頌洛邑之美, 天人之符, 文有可採。)라고 기록되어 있다.

동한東漢 도성으로 건축된 낙양洛陽은 이후 북위北魏 수도 도성까지 기나긴 도성 건축 역사 과정을 겪었다. 낙양성(洛陽城)은 전형적인 "六九城" 구조를 갖추었다.(『帝王本紀』:"城東西六里十一步,南北九里一百步") 남궁南宮의 중심선 양쪽에 "左早右社"、明堂、辟雍、太學、靈臺、圜丘壇 등 예례禮禮 시설을 배치하였다. 이는 『考工記』의 도성 건축 이념을 재현하고 후대 중국

도성 연구에 좋은 본보기가 되었다.[4]

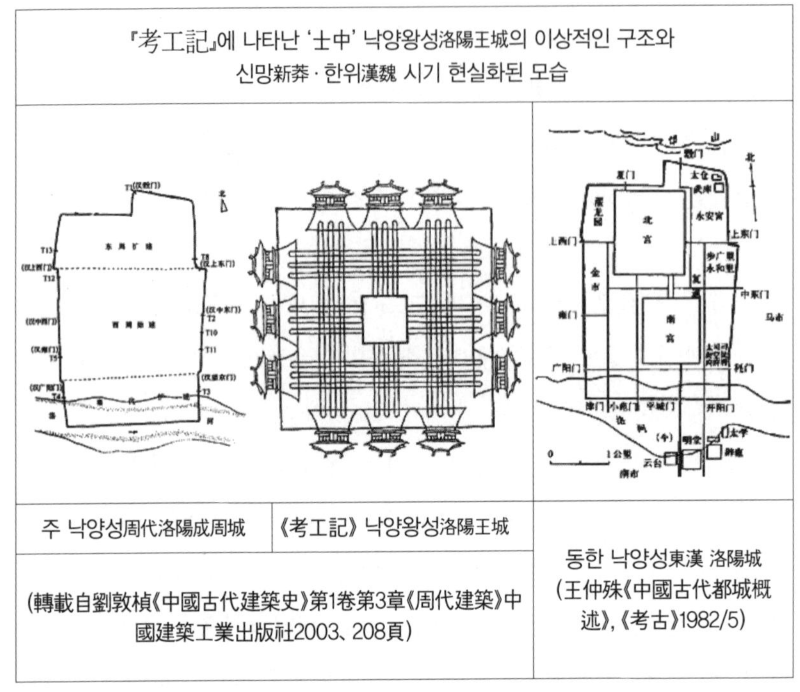

『考工記』에 나타난 '土中' 낙양왕성洛陽王城의 이상적인 구조와
신망新莽 · 한위漢魏 시기 현실화된 모습

주 낙양성周代洛陽成周城 | 《考工記》 낙양왕성洛陽王城 | 동한 낙양성東漢 洛陽城 (王仲殊《中國古代都城概述》, 《考古》1982/5)

(轉載自劉敦楨《中國古代建築史》第1卷第3章《周代建築》中國建築工業出版社2003、208頁)

5. 결론

전국戰國 시기부터 진秦、한漢 시기 도성은 줄곧 "사戎"와 "융戎"의 특징을 모두 가지고 있으나, 전쟁 분열 시대에서 평화 안정 시대로의 변화에 따라

4) 유수(劉秀)의 신망(新莽) 제도에 대한 답습은 馬彪『光武の新莽に「因りて改めず」についての研究―「漢承秦制」と同じく「後漢承新莽制」も存在する説の提出―』, 《山口大学文学会志》第68巻2018를 참고 바람.

도성의 "사祀"와 "융戎" 기능과 구도 배치에도 변화가 있었다. 전국戰國 시기는 제후국 간의 경쟁 구도에서 많은 상업 도시가 탄생하였고 경제 발전에 따라 도성都城의 규모 역시 부단히 확대되면서 "참월僭越" 현상은 필연적으로 나타났다. 빈번한 전쟁으로 인해 도성都城의 "융戎" 기능은 부단히 확대되었으나, "사祀" 기능은 쇠퇴하였다. 진秦의 전국 통일 이후, 새로운 왕조의 탄생과 그에 따른 "象天" 이념의 도성都城 건립과 "漢承秦制"를 특징을 담은 서한西漢 장안성長安城 건축은 제국帝國 시대 도성都城의 새로운 "사祀" 기능의 탐색이었다. 반면 이 시기 도성의 "융戎" 기능은 뚜렷하게 쇠락하였다. 신망新莽과 동한東漢 시기에는 옛 주례周禮 체제를 모방한 복고주의에 따라 "土中"、"崇文" 의 도성都城을 건축하는 동시에 진秦과 서한西漢 시기 국방 체제를 본받아 변경 방어 체제를 강화함으로써 통일 제국의 "사祀"와 "융戎"의 기능을 겸비한 대대적인 개조가 이루어졌다. 이로써 후대 중국 역대 도성都城 건설은 구舊 체제를 반영한 건축 양식의 표준화 형식의 기초를 다졌다.

부록: 馬彪 선생님의 답변

여러 연구자님의 질문에 감사드립니다. 질문에 대한 저의 답변은 다음과 같습니다.

1. 고고학 자료를 어떻게 활용하여 도성의 '사祀'와 '융戎' 의 관계와 기능을 증명할 것인가에 관한 답변입니다. 오늘 학술대회에서는 시간상의 제한으로 인해 문헌 자료만을 이용하여 저의 관점을 말씀드렸기 때문에 고고

학 자료는 거의 언급하지 않았습니다. 사실 저는 2년 전에 「중국 고대 성곽 제도의 전통 형성과 성격(中國上古三代城郭制の伝統の形成とその性格)」(『東アジア伝統の継承と交流』白帝社、2016年3月p2-27)이라는 논문을 발표한 적이 있습니다. 이 논문에서는 주로 고고학 자료를 근거로 고대 중국 도성의 성곽 제도에 관해 분석하였습니다. 도성 연구는 문헌 자료뿐만 아니라 지하 매장 자료인 고고학 자료를 증거가 필요합니다. 100년 전 왕국유(王國維) 선생은 '이중 논거법'이라고 이미 그 효과적인 연구 방법에 대해 강조한 적이 있습니다. 노魯의 도성인 곡부성曲阜城을 예로 들면, 『春秋』에 成公九年(BC582년), 定公六年(BC504년)에 '城中城'이라는 기록이 있습니다. 발굴 조사를 통해 곡부曲阜에 '回'자형 '城'과 '中城'이 존재하였음을 확실히 확인되었습니다. 바깥쪽 大城은 강과 해자를 둘러싸여 있고, 11개 성문(남2)과 10개의 도로를 갖추고 있습니다. 동서 방향으로 3갈래, 남북 방향 3갈래가 있고, 다른 하나는 궁전 구역에서 남쪽 성장城墻의 동문東門으로 향하고 있습니다. 북서, 남서, 동북쪽에 각각 주周부터 한漢대까지 주거지가 있고, 북부와 서부에서 주周 대의 철, 동 등의 공방 10여 곳이 있습니다. 또한, 작업 공방 사이에는 주거 흔적도 있습니다. 북서부 쪽에는 주周대 묘墓가 있고, 성城 내에는 서주西周, 춘추春秋 시기 묘장墓葬 5기가 있는데, 전국戰國 시기 묘장은 대부분 성 밖으로 옮겨갔습니다.

중앙에서 동쪽 부근에 대형 항축 기단(祭壇으로 추측됨)이 발견되었으며, 중앙부 고지대에 건축 유지遺址가 있습니다. 동, 북, 서 삼면은 위장圍墻으로 둘러 있습니다. 이는 『春秋』에 기록된 '中城'(宮城)의 확실한 존재를 증명하는 것입니다.

문헌 중 나타난 노魯 도성의 '城中城' 기록에 대하여 고고학 자료는 그 존재를 확실히 증명하였을 뿐만 아니라 중간에 위치한 小城이 宮城이며, 宮城 내에 제단 등이 확실히 존재하였음을 증명하고 있습니다. 또한, 고고학

자료를 통해 바깥 성곽에 수공업 공방, 주민 거주 구역, 묘지 및 성장城墻, 성호城壕 방어 시설도 갖추었음을 알 수 있습니다.

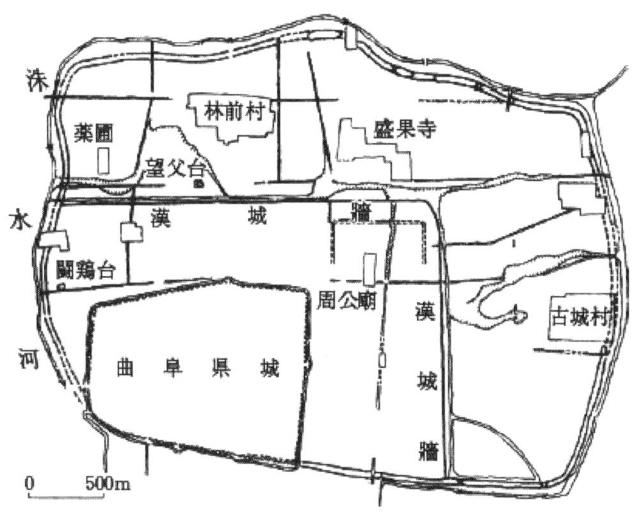

山東曲阜県魯故城遺跡図 (許宏『先秦城市考古学』p96 より)

2. 한漢 대 이민족異民族 군현성의 축조 상황은 어떠한지, '사祀'와 '융戎'의 기능의 존재 여부에 대한 질문입니다.

먼저, 제가 강조하고 싶은 점은 여기서 말하는 '사祀'와 '융戎'의 기능은 열거한 수도 도성이 가지고 있는 특징이지 모든 도성이 갖고 있는 보편적 기능은 아니라는 것입니다. 『左傳』에 보면 庄公 28년, "무릇 읍邑이란 종묘宗廟와 선조가 있는 중심은 도都라 부르고, 그렇지 않으면 읍邑이라 한다. 읍邑은 축築이라고 하고, 도都는 성城이라고 부른다.(凡邑, 有宗廟先君之主曰都, 無曰邑。邑曰築, 都曰城。)"고 하였습니다. 문헌 사료에 한漢 대 이민족의 도성 축조 상황에 관한 기록이 있는지 여부는 제가 아직 연구하지 못한 부분이라서 만족할 만한 답변을 드릴 수 없습니다. 저에게 좋은 연구 주제를 얘

기해 주셔서 감사합니다. 앞으로 함께 연구를 진행하면 좋겠다고 생각합니다.

3. 장성長城은 왜 '사祀' 기능이 없는가에 관한 답변입니다. 개별 군사 제사(출정 맹세 의례, 개선 의례, 항복 의례 등)을 제외하고는 본 논문에서 언급한 '사祀'의 기능은 없었던 것으로 보입니다. 전국戰國시기에 축조된 장성은 주로 변경 지역의 국방 시설로서 주로 국가의 영토와 성곽 밖에 거주하는 농민을 보호하는 역할을 담당했던 것으로 생각합니다. 주周 대에는 성곽 내에 거주하는 평민은 '國人'이라 하였고 성곽 밖에 거주하는 농민 등 백성을 '野人'이라고 불렀습니다. 『禮記』에 보면 "백성은 禮를 행하지 않고, 사대부는 刑에 구애받지 않는다.(禮不下庶人, 刑不上大夫.)"고 하였습니다. 본 논문에서 말하는 도성의 '사祀' 기능은 '國人'의 제사 의례에 해당하는 것입니다. 즉, 『國語 · 魯語上』에서 "무릇 종묘 제사禘, 천지 제사郊, 사당 제사祖, 가묘 제사宗, 감사 제사報 다섯 가지가 나라의 기본 제례이다.(凡禘、郊、祖、宗、報, 此五者國之典祀也.)"하였다.

4. 장성長城 주변에는 왜 묘장墓葬이 없는가라는 질문은 매우 좋습니다. 제 생각에는 두 가지 중요한 사실을 짚어보아야 합니다. 첫째, 장성長城은 군사 방어선으로 일반적인 취락지가 형성되어 있지 않았기 때문에 묘장墓葬도 드물었다고 생각합니다. 둘째, 비록 군대(屯田 군인과 그 가족 포함)가 주둔하였으나, 사병이 복역과 노역하다가 죽으면 국가 법률에 따라 고향으로 보내 매장하였습니다. 이를 '歸葬'이라고 합니다. 문헌과 죽간 사료에 모두 이와 관련된 기록이 있습니다. 저는 『秦帝國の領土經営』(京都大学学術出版会 2013年)에서 '歸葬'에 관한 행정 법률문제를 다룬 적이 있습니다.

5. 북방 유목 민족 방어 목적 이외에 다른 지역에도 이민족 방어 목적의 長城이 있는가라는 질문에 대한 답변입니다. 진秦부터 서한西漢 초, 백월족百越族 방어를 위해 남령南嶺에 횡포橫浦, 양산陽山, 황계湟溪 세 곳에 關을 축조한 사료와 張家山 漢簡 『津關令』자료는 주의해서 살펴볼 가치가 있습니다.(馬彪「秦·前漢初期「関中」における関(津)·塞についての再考」新宮学編『近世東アジア比較都城史の諸相』白帝社 2014)논문을 참고하기 바랍니다.)

「중국 전국戰國 · 진秦 · 한漢시기 도성都城에 관한 문헌 고찰」

정인성(영남대학교)

馬彪 선생님에게 질문드린다.

도성都城 내 '사祀'와 '융戎'의 기능과 구조, 그리고 전국시대戰國時代 이래 그 변천變遷을 재미있게 읽었다. 궁금한 것은 문헌에서 확인되는 '사祀'와 '융戎'의 기능이 고고자료, 즉 실제 성곽에는 어떻게 투영되어 나타나는지 사례가 있다면 설명을 부탁드린다. 아울러 한 대漢代 서남이西南夷나 낙랑군樂浪郡 등, 이민족異民族의 공간에 설치된 군현성郡縣城 조영造營에도 '사祀'와 '융戎'의 기능이 분리되어 반영될 수 있을지? 그렇다면 고고학적으로 주의해야 할 정보는 무엇인지 첨언添言을 부탁한다.

그리고 전국시대戰國時代 '제후국諸侯國들은 장성長城과 같은 변경지역 국방 체계를 구축하였고 이것이 과거 성곽 "융戎" 구조의 확장 형태'라고 하였다. 관련하여 토론자도 '연燕, 조趙 등 북방지역北方地域의 장성구축長城構築'에 흥미를 가지고 있다. 특히 '연산산맥燕山山脈을 넘어 요하遼河'까지 연식燕式 문물文物이 출토되는 성보城堡, 즉 '연북장성燕北長城' 답사를 지속하고 있다. 조장성趙長城도 현지에서 실체實體를 확인할 수 있었다.

그런데 이들 장성長城, 성보城堡에는 일절 '사祀'의 기능이 투영되지 않는 것인지 궁금하다.

그리고 장성長城 주변에는 왜 일절 묘장墓葬이 조영造營되지 않는지 의문이다. 아울러 북방유목민北方遊牧民을 의식意識한 장성長城 이외에 다른 지역에서 중원中原 제후국諸侯國이 아니라 이민족異民族을 겨냥한 장성구축長城構

築 현상이 포착되는 사례가 있는지 소개를 부탁한다.

종합토론

■ 일시 : 2018. 04. 28. 14:30~16:30

■ 장소 : 인제대학교 장영실관 대강당

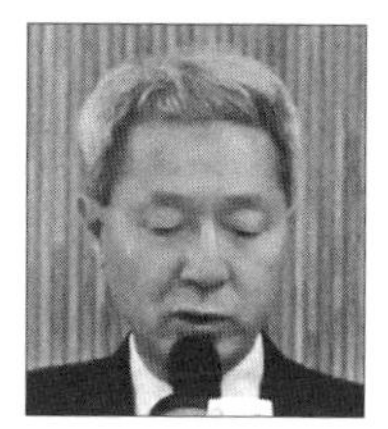

조영제 : 토론 시작하도록 하겠습니다. 토론 사회를 맡은 경상대학교 조영제입니다. 오늘 두 분씩의 중국과 일본 연구자, 그리고 우리나라의 유수한 연구자의 발표와 발굴담당자의 조사성과 보고가 있었습니다. 토론자의 질문과 발표자의 대답을 듣고자 합니다. 먼저 국내 발표자부터 시작하겠습니다. 이 논의의 출발점은 봉황토성의 실체에서부터 출발을 하고 있기 때문에 김해 봉황동 유적의 발굴 성과를 발표해주신 민경선 선생님의 발표에 대해서 성곽 전공자이신 심광주 토지주택박물관 관장님께 먼저 질문 부탁드리겠습니다.

심광주 : 네. 제가 가야사에 대해 잘 모르지만, 가야 성곽에 대해 느낀 바를 중심으로 간단하게 말씀 드리고 한두 가지 질문을 하도록 하겠습니다. 저는 지금까지 가야사가 고분 중심으로 연구가 되다 보니 실체를 규명하는데 있어 어려움이 있지 않나 생각 하였습니다. 그래서 지금까지 '가야의 성이 과연 존재하였는가?'에 대한 것부터 '가야성의 특징은 무엇인가?'하는 부분에 이르기까지의 연구가 진전 되지 않은 상태라 생각합니다.

일단 국가라고 하는 측면에 있어서 가장 중요한 것이 성곽이라 생각합니다. 권력과 행정, 군사의 중심지가 되는 것이 성곽이기 때문입니다. 그리고 성곽은 동시기 모든 유적들에 비해서 가장 많은 인력과 예산을 필요로 하는 토목건축물이기 때문에 성곽에 대한 조사연구가 필요하다 생각합니다. 그런데 우리가 간과하고 있는 부분 중 하나가 모든 토목건축 기술은 축조 주체와 축조시기에 따라 분명한 특징들이 나타나고 있는데, 그런 부분들에 대해서 집중적으로 조명하지 못하였던 것 같습니다.

특히 봉황토성과 관련해 지금까지 확인된 조사 성과를 보면 약 1.5km의 둘레 정도입니다. 이 정도 규모는 풍납토성이나 몽촌토성 보다는 좀 작지만 상당히 큰 규모에 해당하기 때문에, 규모만 보더라도 전 단계의 100~200m 정도 되는 작은 규모의 성들과 상당히 큰 차이를 보이고 있어서 그 위계라던가 국가의 힘을 보여줄 수 있는 규모의 성이라 생각됩니다. 그리고 성의 입지와 규모, 축성법에 대해서 가야만의 특성이 있는가에 대한 측면을 검토 했을 때, 제가 중부권에서 고구려성들과 신라성, 백제성을 접하다 가야지역에 왔을 때 크게 놀란 점은 축성 수법이 왜 이렇게 다른가 하는 부분이었습니다. 봉황토성에서 보여주고 있는 가야의 특징적인 부분은 기본적으로 판축이 아니라 항타입니다. 우리말로 하면 아마 성토다짐 정도로 보아야 될 것입니다. 판축과 달리 틀을 쓰지 않고 성토다짐을 해서 그 중심 토루를 조성을 했는데, 이때 특징적인 부분이 고정주라고 하는 말뚝을 박아서 성 토축부의 전체가 흔들리지 않도록 하는 일종의 구조체의 역할을 하는 토축부가 형성 되어 있습니다. 토축부를 감싸면서 한 겹으로 석축을 쌓아 올렸는데, 석축을 쌓고, 흙을 쌓고 또 석축을 쌓고 흙을 쌓고, 이렇게 해서 지금까지 네 겹 정도가 확인 됩니다. 이건 아주 놀라운 일입니다. 이 석축부의 각도를 보면 45도 정도를 유지하고 있는데요, 토성이라고 하는 것은 기본적으로 중력의 영향을 받기 때문에 안식각의 범주를 넘지 못합니다. 아주 최적화된 조건에서 45도가 안식각이라 한다면, 일반적인 상황에서는 28도 에서 32도 정도 밖에 유지되지 못합니다. 그래서 풍납토성, 몽촌토성 복원 성벽이 높아 보이지만, 실질적으로 경사각이 32도 정도 밖에 안 되고, 일반적으로 토성은 한 28도 정도를 유지하고 있는 것이 일상적인데, 이렇게 석축을 부가한 토성을 만들게 되면, 실질적으로 경사각을 약 10도 이상 높일 수 있습니다. 이 경우 방어력을 높일 수 있기 때문에 실질적으로 가야가 만든 봉황토성에서 사용된 공법은 아주 혁신적인 공법입니다. 어쩌면 4세기대 백제나 신라보다 발달된 축성공법이라고 저는 생각하게 되었습니다. 때문에 가야 왕성과 관련해 봉황토성을 좀 더 세밀히 조사하면, 가야의 실체를 규명하는데 도움이 될 것이라 생각합니다.

그런데 봉황토성에 대해서 아직까지 제방유적일까 성곽유적일까에 대한 측면이 의견이 갈리는 것 같은데, 민경선 선생님께 견해를 듣고 싶습니다. 저는 무엇인가를 방어하기 위해 큰 규모로 만들었다는 것은 엄청난 토목기술과 많은 인력 및 예산이 필요하므로, 봉황토성은 성곽으로 봐야하지 않을까 생각합니다.

두 번째로 그렇다면 4~5세기 대에 왕궁 기능을 하는 건물의 형태가 어떻게 되었을까에 대한 측면입니다. 우리는 너무 5세기나 6세기 대 이후에 지상건물이 들어온다는 관념을 가지고 왕궁터를 찾기 때문에 이러한 것들이 잘 보이지 않습니다. 실질적으로 그 당시 왕궁의 형태는 어쩌면 굴립주 형태의 건물이거나 벽주식 건물이었을 가능성이 높습니다. 이러한 건물의 규모가 얼마나 크고 어떤 위치에 있느냐 하는 것이 왕궁의 형태와 구조를 알 수 있는 특징적인 요소입니다. 지금까지 발굴하고 있는 것들 중에 왕궁의 기능을 하였던 건물이 있지 않을까 하는 생각을 하는데, 그 부분에 대해서 여쭙고 싶습니다.

조영제 : 민경선 선생님. 답변 부탁드리겠습니다.

민경선 : 우선 제 발표와 원고에서 가장 중요한 부분이었던 봉황토성을 미흡하게 소개했었는데, 보강해서 설명해주신 심광주 선생님께 감사 말씀드립니다. 봉황토성 부분은 다들 아시다시피 7m구간에 대한 조사가 이루어졌기 때문에 그 안에서 확인된 부분은 성벽이라 할 수 있

을 것 같습니다. 전문가들께서도 많이 인정하시는 부분이라 저도 이의가 없습니다. 다만 너무 작은 부분만 조사 됐고, 바로 바깥에 바닷물이 들어온 부분이 확인되었기 때문에, 제방 쪽에 대한 견해도 열어 둘 필요성이 있다고 생각합니다. 지금까지는 봉황토성이 성벽지를 인정하는 부분에서 저도 별다른 이의는 없습니다.

그리고 가야시기에 왕궁이라는 선례가 확인된 경우가 없기 때문에 추정 왕궁지를 조사 하면서 어려움이 있었습니다. 아예 왕궁이란 생각을 하지 말고 들어가자고 처음에 생각을 했었습니다. 선입견을 갖지 않기 위한 측면도 있습니다. 일단 조사를 하면서 유물 상으로는 굉장히 고급의 유물이 나오고 있어 가능성이 있다는 생각을 하고 있습니다. 하지만 대부분의 유구들이 파손되고 중복되어 제대로 형태를 갖추지 않고 있습니다.

해발 8m 정도에서 발표에서 보여드렸던 대벽건물지가 확인됩니다. 지금 현재 제일 명확히 확인된 것은 이것 1기이지만, 좀 더 조사가 진행된다면 더 많지 않을까 추정하고 있습니다. 현재 대벽건물지의 용도를 파악하기는 어렵습니다. 10m 이상의 규모를 가지고 있고 벽주도 굉장히 잘 남아있는 상태인데, 바닥면을 잘 다져 축조를 한 것으로 보입니다. 저런 정도의 건물지라면 특수한 기능을 하지 않았을까 생각합니다. 바로 옆 진입로 구간에서 발견된 46호 주거지도 주거지라 하긴 했지만, 이것 역시 규모가 크고 거의 비슷한 레벨에서 확인된 걸로 알고 있습니다. 저런 것들과 같이 무리를 이루는 특수한 공간이 아니었을까 추정 하고 있습니다.

조영제 : 오늘 심광주 관장님이 지적하신 그런 부분은 우리가 찾아내야 할 과제로 이야기를 조금 나누어 볼까 생각해봅니다. 조금 전 심광주 관장님께서 표현하신 부분에 대해 박순발 선생님 같은 경우엔 불만이 있을 수 있다는 생각이 듭니다. 박순발 선생님은 전국 토성을 백제 토성의 발달과

정을 보면 이해가 된다, 모델이 된다고 이야기 하시는데, 이때는 백제보다 더 뛰어나다하신 부분에 대해서는 불만이 있을 수도 있다고 생각합니다. 그런데 그쪽으로 논의가 가게 되면, 토론이 다른 방향으로 갈 것 같아서 일단 다음에 이야기 할 기회가 있으면 말씀 해주시길 바랍니다.

다음으로, 주변에서 수시로 발굴현장에 참관하시고 관심을 가지시는 송원영 선생님께 질문을 부탁드리도록 하겠습니다.

송원영 : 예. 제 질문보다 먼저 한 가지 말씀 드릴 것이 토성에 대해서 성곽이냐 제방에 대해서 다소 결론이 안 나고 있다 말씀하셨는데, 제가 보기엔 제방일 가능성이 없다고 생각합니다. 그리고 입지상 해반천이란 하천이 봉황동 구릉의 서쪽 편에 있는데, 거기에 제방이 있어야 되지, 동쪽 편에, 비가 오지 않으면 물이 안 내려오는 그런 환경, 비가 오더라도 그렇게 많은 수량의 물이 치지 않는 봉황대 구릉 동쪽 편에 제방이 있을 이유 자체가 없습니다. 만약에 있다면 아주 간단한 구조의 높이가 낮은 그런 제방이지 비가 얼마 안 오는데 저런 어마어마한 성곽에 가까운 제방이라면 그것은 조금 과잉이라 생각합니다. 그런 점에서 입지상으로 볼 때, 봉황대 구릉 동쪽에서 나온 구조체는 제방이 될 수 없다 생각하고 있습니다.

그리고 앞서 심관장님께서 성곽 자체에 대해 질문하셨는데, 저는 안의 내부 건물지에 대해 수혈주거지의 용도가 맞는지 아니면 다른 특수한 구조를 가진 건물인지 그것에 대한 상세한 언급 부탁드리겠습니다. 더불어 토성이 성곽이 맞다면, 성곽 내부에 회현리 패총이나 다른 여러 군데에 패총이 있게 됩니다. 이 패총들의 성격에 대해서도 어떻게 생각하시는지 답변 부탁드리겠습니다.

민경선 : 지금 보시는 것처럼 기둥자리가 확인이 되고 있고, 그것을 보강하는 것으로 보이는 점토들이 보이고 있습니다. 기둥자리가 동그랗게 확인이 되지 않고, 기울어진 상태로 보이고 그 단면상에서도 보시는 것처럼 많이 기울어져 있습니다. 그 기울기가 바닥에서 한 32도 정도 됩니다. 아까 좀 전에 보셨던 사진을 다시 보시면, 중간에서는 동그랗게 확인이 되고 있습니다. 그 점토부분에서 눌렸다든가 그런 느낌이 없어서 원래부터 기울어진 것이 아닌가 생각했습니다. 특히나 3호 건물지와 중복되고 있는 5호 건물지에서 구멍자리는 굉장히 점토부분이 단단하게 누워져 있는 상태로 노출되었습니다. 지금 저 부분만 보았을 때는 원래부터 기울어진 것이 아닌가 싶을 정도로 잘 남아 있는데 동그란 기둥 구멍 자리를 보았을 때는 원래는 서 있었으나 후대에 누운 것이 아닌가 하는 생각이 듭니다. 일단 기울어져서 기둥을 세웠다면, 규모가 10m가 넘는데 그런 구조가 가능할까 하는 생각이 듭니다. 그리고 다른 부분에서도 살펴 볼 때, 원래 바로 서 있었다가 넘어진 것으로 보입니다.

5호 건물지의 경우에는 더 노출시켜서 조사를 해봐야 명백히 밝힐 수 있을 것 같습니다. 내부에서 아궁이 시설로 보이는 노지처럼 보이는 부분이나, 시루 등이 출토된 이런 부분에서 주거용도일 가능성이 있기는 하나, 이것만 가지고 주거지라 확신을 가지기엔 규모가 크다 생각됩니다. 그리고 주변 건물지들에서도 점토다짐을 굉장히 공들여서 했고, 사진에서는 잘 보이진 않으나, 마사토처럼 콘크리트 깔듯 아주 단단하게 바닥면을 다지고 있습니다. 대부분의 건물지 바닥면이 그렇게 확인이 되고 있습니다. 그래서 형태는 아직 정형성을 띄는 부분을 찾지는 못했지만, 일단 높은 지위에 있는 집단의 거주나 생활공간이었지 않을까 생각됩니다.

용도 부분에서는 검토가 조금 더 필요할 것 같습니다. 일단 출토유물들로 보았을 때, 의례용품들이 많이 나오고 있습니다. 토우라든지 고분에서 출토되는 토기류, 화로형 기대나 고배 같은 의례용품들이 많이 나오고 있습니다. 이러한 양상으로 보았을 때, 이런 생활용품들도 많이 나오고 있기 때문에 주거와 의례행위가 같이 공존하지 않았을까 판단하고 있습니다. 그리고 패총 부분에 대해서는 깊게 생각을 못해보았습니다. 일단 그것도 역시 의례행위와 관련이 있지 않을까 생각이 듭니다. 좀 더 고찰해 보겠습니다.

조영제 : 패총이 의례행위와 관련이 있다는 조금 독특한 주장인 것 같은데, 송원영 선생님 생각 하는 부분이 있으십니까?

송원영 : 예, 사실 제가 질문을 드린 의도도 조금 이러한 부분이 내포가 되어 있습니다. 그게 의례가 될 지, 철기 생산과 관련해서 조개껍질이나 굴껍질을 의도적으로 채집했을지, 그것은 조금 더 조사가 필요할 것 같습니다. 저희가 생각하는 것처럼 순수하게 쓰레기장은 아닐 것이라 생각됩니다.

조영제 : 네 알겠습니다. 잘 아시다시피 가야의 성은 이제 조사의 시작입니다. 봉황토성을 비롯해 사실 가야에 석성이 있는가에 대해서도 논란이 되고 있습니다. 가야 석성 조사는 봉황토성, 그리고 다라국의 왕성이었던 옥전토성, 그리고 최근 확인된 함안의 안라국의 왕성, 이런 것들이 조사가 되어야 내부 구조의 어떤 건물 터가 나왔을 때, 그것이 무엇을 담당했던 건물인지, 그리고 패총이 있다면 패총의 기능이 어떠한 것인지, 제사유물이 나왔을 때, 그 공간이 무엇을 의미하는지 하는 것들이 확인되지 않을까 생각합니다.

이번에 인제대학교에서 일본과 중국의 연구자들을 모셔놓고 이런 발표를 하게 되었던 것도 내용은 봉황토성에 관계된 것은 거리가 조금 있으나, 앞으로 성을 조사할 때, 중국에는 어떠한 것이 있고 일본에는 어떠한 것이 있는지 이런 것들을 미리 들어보고, 조사할 때 그러한 것들을 감안해 조사하고자 하는 의도도 있었던 것 같습니다. 어찌되었든, 이번 논의의 출발점이 봉황토성에 대한 고고학적 조사에서부터 비롯될 수밖에 없습니다. 여기에 심재용 선생님도 좀 여러 유적을 보시면서 달리 보완할 부분이 있다 하셨는데, 나중에 별도로 시간을 드리도록 하겠습니다. 민경선 선생님의 발표에 대해서는 두 분이 주로 질문을 하셨기 때문에 마치도록 하겠습니다.

다음에는 국읍으로서 봉황동유적을 발표하신 이성주 선생님에 대해서 이동희 선생님과 송원영 선생님, 정인성 선생님 이 세 분이 질문을 해주셨습니다.

이동희 : 예. 질문드리겠습니다. 우선 발표자는 영남 동남부 지역의 국읍을 중심으로 한 통합 수준이 높았던 요인 중 하나가 이 지역에서 청동기시대의 중기 송국리형 문화가 해체된 이후에도 유적이 집중되고, 기념물의 축조가 지속되었던 점이 국읍 성장의 배경이 되었다고 말씀 하셨습니다. 영남 동남부 지역의 특수성을 말씀하셨는데, 타 지역과 비교하여 보완 설명이 필요할 것 같습니다.

그리고 발표자께선 지석묘의 연대를 조금 내려 보고 계십니다. 초기 철기시대 정도로 파악하고 계시는 것으로 알고 있습니다. 지석묘하고 목관묘의 상한이 어느 정도 접점이 이루어집니다. 그래서 유물상이나 입지도 차이점이 보입니다. 그래서 목관묘 집단에 대해 이주민이란 설도 있고, 국읍이나 읍락의 상위층과 관련되는 목관묘는 김해분지에서 대성동 일대에만 집중하고 있어 전 단계의 지석묘 집단 6개의 분포권과는 조금 다릅니다.

김해분지 내에서 두 묘제의 피장자간 상호계승 관계라 할지 그러한 문제에 대해 말씀 부탁드립니다.

마지막으로 발표자는 봉황대 구릉과 그 주변은 원삼국시대 초기부터 국읍 핵심지역으로 설정된 것으로 보고 있는데, 구야국 초기 국읍으로 제기되고 있는 주촌 양동리 세력과의 관계 설정이 필요합니다. 그것에 대해서 말씀 부탁드립니다. 최근 들어 부산대 이창희 선생님이 창원 다호리 세력이 대성동 쪽인 고 김해만으로 이주했다는 설을 제기한 바 있는데, 이것에 대해서 견해가 있으시면 말씀 부탁드리겠습니다.

이성주 : 어려운 질문인 것 같습니다. 타 지역과 비교를 했을 때, 구야국 형성과정에 차이가 있는지에 질문 주셨습니다. 저는 이 지역의 성장 배경을 두 가지로 생각하고 있습니다. 하나는 토착 집단의 변화 과정에서 봐야 될 것 같고, 또 하나는 초기철기 시대 이후 원거리 교역망이 형성되어 나가는데, 그 교역망에 있어 구야국이 가지고 있는 위치, 이 두 가지가 결합되어 있다고 생각합니다. 그런 점에서 구야국이 있는 김해지역은 다른 지역에 비해 정치체의 성장이 가속화 될 수 있는 배경이 될 수 있었다 생각합니다.

그 다음에 지석묘 사회에서 목관묘 사회로 넘어가는 과정. 이웃에 여러 경쟁적인 집단이 있는데, 김해지역에 중심세력이 형성되는 것을 어떻게 설명 할 수 있는가는 하나로 묶어 설명 해보겠습니다. 혹시 질문자께서 질문하신 것의 요지와는 차이가 있을 수도 있을 것 같습니다. 만약 그렇게 되면 달리 질문을 해주시면 될 것 같습니다. 일단 저는 초기철기시대까지도 김해지역은 묘역식 지석묘를 축조 했다 생각합니다. 그런데 이 묘역식 지석묘를 가지고 사람들이 많은 이야기를 합니다. 계급사회냐 아니면 이런 큰 묘역식 지석묘가 있으면 이 지역 전체를 통괄하는 집단이 출현했다는 것을 의미하느냐, 이런 식의 문제를 제기합니다. 그런데 사실 그 묘역식 지석묘를 뜯어보면, 몇 가지 상반되고 우려되는 부분이 발견되고, 사회를 볼 때, 이해할 수 없는 부분도 있습니다. 첫 번째로, 대부분의 묘역식 지석묘는 1호 지석묘라 하는 것이 제일 큽니다. 그 1호 지석묘를 축조한 다음에 계속 붙여나가는 것이죠. 이런 측면이 있습니다. 그리고 두 번째로, 최고 큰 묘역식 지석묘를 파봐야 다른 묘역식 지석묘와 별 차이가 없다는 것입니다. 이것은 위세경제를 발전시켜서 물자를 만들어내고 그것을 매장의례와 엮어두는 제도화가 안 되어 있다는 것입니다. 그리고 모든 사람을 묻기 위한 것은 아니라고 생각합니다. 그리고 대부분의 조그만 농경 집단도 지석묘를 축조한다는 사실입니다. 이런 것들을 포괄적으로 이해할 수 있는 방법은 대체로 개인적인 서열화가 된 사회이고, 권력은 유동적이고 지역집단과 지역집단이 통합 되어 하나의 지역집단을 만들지만, 그 지역집단의 여러 하위집단들 사이에 권력이 상당히 유동적일 수 있다는 것입니다. 그리고 다른 어떤 것보다도 개인이 가지고 있는 권력, 전사적인 권력과 종교, 사제적인 권력이 해당되는데, 이런 것에 대해서 그런 것을 가진, 실제로 가지고 현실 사회에서 하는 것보다는 그러한 것에 대한 이야기, 전승, 이런 것을 굉장히 중요하게 여기는 사회가 아니었을까 합니다.

이렇게 권력이 상당히 유동적인 사회에서 살펴보면, 일단은 목관묘가 성립되었다는 것은 대성동 언저리에 목관묘가 집중되고, 다른 지역에선 목관묘가 확인되지 않습니다. 이것은 지역적인 통합이 조금씩 이루어졌다는 것이고, 목관묘는 다른 어떠한 것보다도 먼 거리에서 온 물품이라든가 이런 것을 가지고 아주 복잡하게 한 개인에 대한 제도화가 된 하나의 위치를 잡고 있는 권력에 대한 이야기가 만들어져 있습니다. 그래서 부장품도 많고, 그리고 여러 가지 토기라든가 위세 경제들도 발달된 사회가 됐던 것이라 생각합니다. 그러면서 지역집단 사이에 이런 경쟁적인 관계가 정리되어서 적어도 목곽묘 단계의 늦은 단계가 되면 양동리 집단이나 주변 지역 집단들을 통합한 권력이 형성되지 않았을까 생각합니다.

이동희 : 잠깐 말을 끊어서 죄송합니다. 아까 질문드렸던 것 중에 다호리 세력이 고 김해만으로 이동했다는 학설에 대해서 답변을 안 하신 것 같은데, 답변 부탁드립니다.

이성주 : 예. 그 점에 대해서는 저도 솔직히 잘 모르겠습니다. 하지만 저도 다호리 세력이 고 김해만으로 넘어왔다고는 생각하기 좀 어려울 것 같습니다.

조영제 : 이창희 선생님이 지난번에 늑도 세력이 다호리로 갔다가, 다호리 세력이 다시 고 김해만으로 왔다는 내용의 발표를 하신 적이 있는데, 많이 검토가 되어야 한다고 생각합니다. 청동기문화와 단면원형점토대토기 문화의 관계에 대해서 정인성 선생님께서 질문 해주시겠습니다.

정인성 : 네. 짧게 질문드리도록 하겠습니다. 하나는 회현리 패총하고 봉황대 유적 평가의 변천과정 부분입니다. 민경선 선생님께서 발표하셨던 것입니다만, 제가 이해하기로는 김해의 패총 최하층의 패각층과 하층에 있는 석관묘의 상관관계를 알 수 있는 사진이 최근 김해 패총의 일제강점기 자료가 공개되면서 두 세장 나왔습니다. 이것들을 보면 패각층 단면을 다 절단하여 바닥에 있는 석관 하나를 팠습니다. 그런데 그 단면을 자세히 보시면 석관의 뚜껑이 이미 열려 있고, 내부가 훼손된 상태

에서 퇴적이 일어났는데, 여기엔 패각이 잘 없습니다. 이러한 현상은 그 당시 발굴자가 이미 기록을 하고 있습니다. 그런 다음 패각들이 쭉 쌓여가지고 있는 것이 지금 전시관으로 되어있는 그 주변입니다.

이런 상황들을 적극적으로 판단한다면, 봉황대와 그 주위에 있는 회현리 패총이 초기철기시대 이른 시기까지 묘역이었다가 묘역의 기능을 잃고 생활지역으로의 변화가 있었다고 생각합니다. 그리고 아마 봉황대 유적이 김해지역의 중심지로 기능하기 시작한 시기가 묘역에서 생활지역으로 바뀐 시점, 즉 점토대토기, 삼각형점토대토기 늦은 시기가 아닐까 생각합니다. 그리고 아까 선생님께서 발표하시면서 보여주셨던 유물들이 패각층 최하층에서 나오는 이유라 생각합니다. 그리고 그 언저리의 유물이 우메하라 세이지가 발굴한 화천이라고 생각하고 있는 것이 저의 봉황대 내지 김해패총을 이해하는 인식입니다. 이성주 선생님은 김해패총과 봉황대 유적의 변천에 대한 이해는 계승성, 물론 송국리 문화와 초기철기시대의 계승성도 문제지만, 이 공간에 대한 이해도 기념물이 있을 때 초기철기가 와서 붙으면서 자연스럽게 중심지로 형성된다는 그런 생각이신 것 같습니다.

저는 이 봉황대 유적, 김해 패총의 변천에 대한 평가가 조금 생각이 다른데 이에 관해서 질문드리도록 하겠습니다. 토착 집단의 역할, 그러니까 김해에서 정치체가 성장하는 배경으로 두 가지를 말씀하셨는데, 그 중 하나가 토착 집단의 역할입니다. 이것은 저도 찬성합니다만, 선생님께서 말씀하시는 토착집단이 과연 무엇인가요. 소위 말하는 송국리 지석묘 축조집단을 말씀하시는 건지, 김해패총 토착집단을 말하는 것인지 이에 대한 주체를 분명하게 말씀해주셨으면 합니다.

마지막으로 구야국의 지정학적인 위치가 구야국 발전의 동력이라는 것은 누구나 인정을 합니다. 그런데 그 한 축에 이미 낙랑군과 배후에 왜를 말씀하시는데, 그 원거리 교역망의 시기, 이런 것들을 늑도라든지 주변 유적들의 형성시기를 생각해보면 기원전 1세기보다 빠른 것이 아닌가 생각됩니다.

이성주 : 질문이 세 가지 입니다. 첫 번째 질문에 대해서는 제가 짧게 답변을 드리겠습니다. 사실 이것은 저도 잘 모르는 문제입니다. 봉황동 유적에서 유구가 나왔지만, 딱 주거지라고 할 수 있는 형식을 갖춘 유구는 발굴되지 않았습니다. 그리고 시굴을 조금 확장한 정도의 발굴이었기 때문에 그 상황을 판단하기는 조금 어렵습니다. 그렇기 때문에 패각을 버린 사람들이 어디서 살았는가, 그 주거지는 어떤 것인지에 대한 답변은 조금 어렵습니다.

정인성 : 선생님. 김해패총의 패각 방향을 살펴보면 분명히 봉황대 쪽에서 버린 것입니다.

이성주 : 예. 그렇죠.

정인성 : 그리고 일제강점기에 우메하라 세이지가 계단식으로 발굴을 할 때는 반대라고 생각했습니다. 회현리가 높으니까. 그런데, 최근 봉황토성을 발굴한 자료, 부산대학교에서 발굴한 자료를 보았을 때, 패각이 쌓이는 방향은 봉황대쪽이었습니다.

이성주 : 현재로서는 봉황대 안에서의 유구가 확인되고 있지 않기 때문에 저는 딱 뭐라고 짚어서 말하기 어렵습니다. 그러나 거기에 석관묘 축조 이후에 그 위에서 사람들이 거주를 했고, 거주라기보다는 행위를 했고, 그것이 쓰인 것은 사실인 것 같습니다. 그러나 그 뒤에 계속적으로 김해의 주변

구릉, 산하단부 쪽 주거지들이 점점 줄어들면서, 그 사람들이 봉황대쪽으로 모여들었을 것인데, 그들의 유구는 아마 더 깊은 곳에, 지금 저희가 발굴조사한 곳보다 더 아래쪽에 있을 수도 있습니다. 현재 그것이 조사 연구과제인 것 같습니다.

두 번째로는 토착집단에 대한 문제를 말씀해주셨습니다. 송국리 단계 이후부터 김해분지 안에 거주 했던 사람들이 토착집단이고, 그 다음에 이주민 집단이 있었을 것입니다. 그 이주민 집단이 초기철기 시대부터 엄청나게 많았던 것 같습니다. 그런데 사실 요즘엔 토착집단, 이주민 집단 이런 것을 변별하고 한다는 것은 무의미 할 수도 있습니다. 문화라는 것은 어떤 지점에서 혼종이 일어나기 때문에 고고학적으로 그것은 논의 대상은 될 수는 있으나, 이 집단은 이 집단이고 저 집단은 저 집단이라 말할 수 없다고 봅니다. 하지만 저는 송국리 단계 이후에 지석묘를 축조하고 그런 토착집단들이 지속적으로 발전되어 나가는 것은 인정된다고 생각합니다.

정인성 : 예. 결론적으로는 지석묘를 축조하고, 송국리 토기를 만드는 그런 사람들에게 방점을 두시는거죠?

이성주 : 예. 그리고 또 이주집단의 문화로서 그 지역에 볼 수 없었던 것 중에 대표적인 것이 원형 혹은 타원형의 주거지에 온돌이 들어가는 시설을 가진 주거지입니다. 그런 것이 김해 지역에서는 아직 발견되고 있지 않습니다. 그러한 것들도 사실 문제라고 생각합니다.

다음은 원삼국, 초기철기시대의 교역망에 대해서 마침 저는 이 교역망의 형성시기를 낙랑 설치 이후로 한정하고 있다는 뉘앙스의 진술을 했기 때문에 정인성 선생님의 견해와 상반되었던 것 같습니다. 사실은 초기철기시대부터 교역망이 형성되었다고 생각합니다. 사실 비파형 동검도 그러한 교역망을 통해 분배되었을 것으로 생각합니다. 그렇기 때문에 초기철기시대 새로 들어온 물질문화들도 있고, 특히 제철기술이나 이러한 것들은 이주민과 교역망 없이는 형성되지 않았을 것으로 생각합니다. 그런데 한 가지 주의할 것은 해안을 따라서, 남해안을 따라 형성된 교역망은 사실 시작은 왜의 큐슈 지역과 남해안 사이에서 출발했던 것 같습니다. 이른 단계의 교역망에 참석했던 사람들이 야요이 시대인과 남해안 지역 주민들입니다. 이런 교역망을 후대 원삼국시대 낙랑과의 교역망에 이용될 수 있다고 봅니다.

그리고 한 가지 더 말씀드릴 것은 항상 나와 있는 자료를 가지고 설명드리려고 하는데, 실제로 교역망 연구는 연구 프로젝트화해야 풀릴 문제라 생각합니다. 광범위하게 자료를 분석하고, 이주민 집단에 대한 것에서 DNA연구 같은 것도 해야 하기 때문입니다. 있는 자료를 가지고 하는 것은 끼워 맞추기이기 때문에 앞으로 이런 적극적인 연구가 필요하다고 생각합니다.

조영제 : 방금 두 분의 논의는 봉황토성에 직접적 연관이 있다는 것보단 이 토성을 만들었던 지역의 초기 사람들의 형성과 그 사회에 대해서 이야기가 있었던 것 같습니다. 두 분의 논의는 그 이후에 좀 더 하시기로 하고, 송원영 선생님 질문 부탁드리겠습니다.

송원영 : 예. 제 질문은 멀리서 오신 분들이 많은 관계로 생략해도 될 것 같습니다.

조영제 : 네. 다른 분들 배려해주셔서 감사합니다. 다른 분들이 시간이 없다 하시니 질문을 생략하신 것 같습니다. 그러면 이제 삼한의 국읍을 통해 본 구야국을 발표하신 박대재 선생님은 문헌자료를 세밀하게 분석해서 주로

국읍의 실체에 대해 발표하셨는데 이점에 대해서 심광주 관장님 먼저 부탁드리겠습니다.

심광주 : 저는 다른 것 보다는 간단한 질문이라 생각합니다. 발표문의 지도를 보면, 봉황토성이 있고, 통일신라시대 때 5.4km 정도 되는 토성이 있고, 조선시대에 만들어진 김해읍성이 있습니다. 고려시대나 조선시대에 지리지가 기록될 당시, 봉황토성은 흔적이 확인되지 않았던 것 같습니다. 다음으로 봉황동 토성을 발굴했을 때, 거기서 나오는 축성기법이나 이러한 것을 살펴보았을 때, 시기를 올려볼 수 있는 것이 없고, 아무리 올려 봐도 통일신라시대 이전으로 올려보기는 굉장히 어렵기 때문에 이것을 가야와 연결시키기에는 굉장히 어렵지 않나 생각합니다. 그리고 보와 관련해서 어떤 자료를 기준으로 해서 1,500보가 얼마가 되느냐 하는 부분인데, 그게 영조척을 쓰느냐, 대당척이냐, 주척이냐에 따라서 길이 차이가 굉장히 많이 나기 때문에, 저는 오히려 신답평의 나성의 1,500보는 오히려 주척으로 환산하면 1.8km 정도 되기 때문에 봉황토성으로 비정해야 하는 것이 아닌가 하는 측면입니다.

박대재 : 네. 감사합니다. 짧은 질문입니다만, 어떻게 보면 봉황토성의 성격을 이해하는데 중요한 기본이 되는 문제일 수도 있을 것 같습니다. 제가 어제 말씀 드렸을 때, 『삼국유사』에 보이는 신답평의 나성, 『대동지지』나 조선시대 읍지에서 보이는 분성토성 그 다음 최근에 조사를 통해 밝혀진 봉황토성 그 세 개의 연결 가능성을 설명 드리면서 봉황토성의 둘레, 길이와 관련해서 약간의 추론을 해봤습니다. 거기에 대해 저는 일반적으로 많이 생각하는 영조척을 가지고 생각을 해봤습니다만, 심광주

선생님께서는 이것을 주척으로 한번 생각해볼 수 있지 않느냐 이렇게 생각을 해보신 것 같습니다만, 저는 그런 생각을 하지 못했습니다. 조선시대 읍지라든지 고려시대 기록들에서 나오는 척을 주척으로 계산하는 경우는 많지 않은 것 같습니다. 일반적으로 영조척으로 생각해 봤을 때, 선생님 말씀하신 것과 관련해서 고민해볼 필요는 있다고 생각합니다. 지적해주신 것처럼 분성토성을『대동지지』에서 8,638척이라는데, 그걸 주척으로 계산하면 1.78km가 됩니다. 주척이 20cm고 영조척은 일반적으로 30cm로 보고, 대동지지에 나오는 분성토성을 주척으로 계산하면 1.78km가 되기 때문에 선생님이 말씀하신 읍성 외곽을 둘러싸고 있는 봉황동 토성, 봉황토성과는 다릅니다. 5.4km가 되는 것은 너무 차이가 많이 난다 생각합니다. 그런 문제가 있을 것 같고, 영조척으로 볼 것인지 주척으로 볼 것인지는 앞으로 생각을 해보아야 할 것 같습니다.

심광주 :『화성성역의궤』에서는 주척을 기준으로 6척 내지 1보라 해서 1.2m가 한 보가 됩니다. 그런데 보통 척 단위로 할 때 조선시대에는 주로 포백척을 씁니다. 46cm가 한 자가 됩니다. 실제로 이정도 8,600척 정도면 계산해보면 약 4km 남짓한 길이가 될 수도 있기 때문에 척도를 적용하는 문제는 다른 측면에서 접근해야 하지 않을까 생각합니다.

박대재 : 심광주 선생님께서 말씀해주신 조선시대 김해 읍성을 둘러싼 봉황동 토성, 봉황토성과는 다른 5.4km 둘레로 윤곽이 나오고 있는데, 이것은 제가 생각을 못했습니다. 그런데 분명 봉황동 토성은 가야시대까지 올라가기는 어려울 것 같고, 제가 말씀드린 것은 봉황토성, 봉황대 주변을 둘러싸고 있는 토성을 신답평 나성과 관련해서 생각해볼 수 있다는 것이었습니다. 제가 한 가지 말씀드리고 싶은 것은 대개 나성을 축조했다는 것을 한

번 생각해 볼 필요가 있습니다. 금성을 쌓았다 월성을 쌓았다 이런 기록이 있고, 백제 같은 경우에도 풍납토성과 몽촌토성이 있습니다만, 가야의 경우엔 왜 궁성도 아니고 도성도 아니고 나성을 쌓았다 했을까, 일반적으로 나성이라면 외성을 의미 할 텐데 그 안에 궁성이 있어야 될 것 같은데, 궁성을 쌓았단 기록은 없습니다. 궁궐을 건조했다는 이야기는 있습니다. 그래서 그때 나성이 무엇일까, 아까 제방이냐 이것이 토성이냐를 두고 봉황토성에 대한 논란이 있다고 하셨습니다만, 김해의 입지상 해반천이나 고김해만이 가까우니 나성이라고 하는 것이 가지고 있는 기능이 방어적 기능보단 제방적 기능도 있을 거란 생각을 해볼 필요가 있다는 생각을 해보았습니다. 제가 민경선 선생님께 여쭤보고 싶었던 것인데, 추정하는 봉황토성의 둘레가 어느 정도 나온 것이 있습니까?

민경선 : 예. 아직 수치로 나온 것은 없고, 추정범위 자체도 지형이나 기존 조사성과를 토대로 다른 조사기관들에서 만들어낸 안입니다.

박대재 : 그렇죠. 저도 그래서 약 1.5km라 했던 것도 사실 도면 상 축적을 가지고 임의적으로 제가 계산한 것이라 너무 크게 기준 삼지 않으셔도 될 것 같습니다. 오히려 지금 점선으로 해 놓은 것의 실제 둘레가 얼만지 측정을 해보는 것을 먼저 해볼 필요도 있지 않을까 싶습니다. 보고서에 어디에도 그런 것은 안 나와 있었습니다. 이 정도만 말씀드리겠습니다.

조영제 : 다음으로 이동희 선생님 질문 부탁드리겠습니다.

이동희 : 신라 초기에 국읍이 양산촌과 고허촌 중심의 이원적 구조였던 것을 고려해서, 구야국에서도 양동리와 대성동 일대의 두 집단을 중심으로

국읍이 성립되었을 가능성을 말씀하셨습니다. 이것을 고고학적 관점에서 보면 구야국의 국읍이 양동리에서 대성동으로 이동했다는 설이 제기된 바가 있고 유력한 설 중 하나입니다. 그래서 사로국과 비교해 구야국 국읍의 이원적 구조에 대해 생각이 있으시면 부연 설명 부탁드리겠습니다.

박대재 : 네. 제가 어제 발표할 때 조금 말씀을 드렸습니다만, 신라 초기에 보게 되면 사료에 후에 사량부가 되는 고허촌과 그다음에 양부가 되는 양산촌 그 두 촌이 육촌 가운데 중심역할을 하는 것으로 나오고 있습니다. 백제의 경우에도 보면 비류와 온조가 나오는 두 세력이 하나로 합쳐지는 과정이 『삼국사기』에 나오고 있습니다. 그렇게 보았을 때 김해지역에 있었던 구야국의 초기국가 형성과정에서도 어느 한 집단만이 중심 집단이라 생각하지 않습니다. 고고학적으로 볼 때도 양동리 쪽에서 나오는 외래품이나 위세품의 규모가 상당하기 때문에 초기에 이곳이 어느정도 중심 역할을 하였다고 보면, 중간에 대성동 집단으로의 중심세력의 교체랄까, 이동도 충분히 가능한 것이 아닌가 생각합니다. 그리고 그 때에 양동리집단과 대성동집단, 두 집단이 구야국의 초기국가형성과정에 있어 이원적인 큰 축이었다 라고도 볼 수 있지 않나 생각됩니다. 신라나 백제의 경우에 빗대어 보면 충분히 어떤 두 세력의 관계를 꼭 이거냐 저거냐 양자택일이 아니라 두 가지를 하나의 이원적 세력으로 해서 같이 고려해 볼 필요도 있지 않나, 물론 시기에 따라 어디에 더 세력의 중심이 있었는가는 물론 해석의 차이가 있겠습니다만, 그런 의미였습니다.

조영제 : 이동희 선생님. 이 논의를 더 진행하면 복천동 초기 집단과도 연결이 될 수도 있고 하니 시간을 두고 많이 검토해주시길 바랍니다. 그리고 역시 같은 문헌사연구자이니 아주 날카로운 질문을 이현혜 선생님께서 해주

셨는데, 질문 부탁드리겠습니다.

이현혜 : 저는 뭐 질문 요지는 토론문 발표지에 있으니 그것을 살펴보시고, 중복되는 내용을 반복하지 않겠습니다. 지금까지 토론 내용을 들으면서 드는 의문은 이성주 선생님과 관계가 있습니다. 봉황동 토성이 구야국의 국읍이라는 것에는 암묵적으로 동의를 하시는 것 같습니다. 그렇다면, 구야국의 성립시기, 이른바 이성주 선생님 표현을 빌리면 주변 집단을 통합하는 중심세력이 등장하는 시기, 근데 이성주 선생님은 목관묘단계라 말씀하셨습니다. 제가 약간 혼란에 빠졌는데, 묘역식 지석묘 단계가 여긴 늦게까지 지속이 된다. 그 다음에 목관묘 단계가 봉황대 토성 주변에 그 단계의 유적이 있을 것이라고 가정을 하고 확실한 것은 목관묘는 양동리에서 모습을 보여주고 있으니까, 그와 유사한 것이 봉황대 주변에 있을 것이다. 이렇게 되면 그 가락국기에 나오는 구간, 구간이 수로를 추대해서 구야국이 성립이 된다 했을 경우, 구간세력이라고 하는 것이 신라의 육촌에 해당됩니다. 그렇다면 신라는 비교적 육촌에 해당되는 것이 목관묘 단계, 경주 주변에 적어도 반경 15km 내에 적어도 5개 정도는 확인이 가능합니다. 그래서 분명히 목관묘 단계에 경주 탑동 유적이 있고, 목관묘 단계에 이른바 육촌에 해당되는 존재들이 파악이 되고, 그것이 언젠가 통합이 된다. 이렇게 되는데, 김해 봉황동 유적 같은 경우에는 주변에 구간이라 하는 9개는 확인 못하더라도 통합할 수 있는 대상지로써 목관묘가 나오는 곳이 현재 가야의 숲 부지와 양동리가 있습니다. 그렇다면 앞으로 더 이른바 읍락에 해당되는 세력이 확인되지 않는다면, 시선을 돌려볼 수 있는 것이 묘역식 지석묘입니다. 대개 봉황동을 중심으로 놓고 네이버 지도에 직선거리를 그어 보았는데, 율하가 10km 미만이었고, 양동리고분이

5~6km 정도였고, 예안리가 8~9km 정도였고, 다호리는 한 20km 정도 되었습니다. 사라리보다도 더 멀고, 진영읍이 한 15km 정도 나왔습니다. 이것을 구야국 전체의 그림을 머릿속에 그려보고 봉황동 유적이 국읍이였다 한다면, 연결고리를 하나 건너뛰긴 하지만 연결될 수 있는 것이 묘역식 지석묘가 아니겠는가 하는 생각이 들었습니다. 그래서 질문일 수도 있고 질문이 아닐 수도 있고, 이성주 선생님께서 아까 목관묘 단계에 와서 통합중심지가 생긴다 하신 것에 대해서 왜 그랬는지에 대한 의문이 하나 있습니다. 또 하나는 봉황대 토성이 적어도 분명 4세기 정도는 확실하다 생각합니다. 그렇다면 그 시간이 조금 지나서 광개토대왕릉비에 나오는 임나가라 종발성이 어딜까 하는 문제, 그런 것과 관련해서 김해지역 봉황동 토성이 그 대상이 될 수 있을까? 없을까 하는 의문을 가졌습니다. 그래서 어떤 특정한 분에 대한 설명보다도 그런 앞으로 봉황동 토성을 볼 때 이러한 관점에서 살펴보면 좋지 않을까 하는 생각이 들어서 말씀드렸습니다.

조영제 : 상당히 여러 가지 문제를 내포하고 있습니다. 표면적으로는 2가지이나, 내면적으로는 많은 논의가 필요한 것 같습니다. 일단 이성주 선생님께 지적이 되었기 때문에 답변 부탁드립니다.

이성주 : 예 선생님. 저는 목관묘 단계에 지역적 통합을 말씀을 드렸는데요, 이는 김해의 중심 권역이라 하는, 세 개의 큰 산으로 둘러싸인 김해분지의 핵심지역에 대성동을 중심으로 해서 목관묘가 형성이 되고, 나머지 지역에선 더 이상 지석묘 축조와 같은 그런 집단이 분산된 것이 없다 하는 의미에서 말씀을 드린 것입니다. 선생님이 말씀하신 것처럼 뒤에 포괄되어 금관가야의 영역 안에서의 지역적 통합을 말하는 것은 아닙니다.

조영제 : 그 다음 두 번째 질문은 임나가라 종발성에 대해서 박대재 선생님보다는 송원영 선생님이 좀 더 대답하기 적합할 것 같습니다.

송원영 : 예. 저는 임나가라 종발성을 박대재 선생님께서도 인용하셨습니다만, 종발성을 봉황토성으로 보고 있습니다. 고령설도 유력하지만, 고령에는 광개토왕 남정 당시에 뚜렷한 정치세력이 나타나는 것이 없기 때문에 김해 봉황토성이 아닐까 보고 있습니다.

조영제 : 잘 알겠습니다. 박대재 선생님의 발표에 대해서 이정도로 마치고, 한반도 성의 출현과 전개를 발표해주신 박순발 선생님에 대해서 심광주 선생님 간단하게 부탁드리겠습니다.

심광주 : 제 질문은 다른 게 아니고 한반도를 이야기 하면서 왜 가야를 이야기 하지 않으셨는지, 그래서 박순발 선생님의 이론을 바탕으로 해서 가야에 적용시키면 봉황토성을 비롯한 이 쪽 지역은 어떻게 설명이 될 수 있는가에 대해서 여쭤보고 싶었습니다.

조영제 : 네. 그러면 이동희 선생님 질문으로 넘어가기 전에 송원영 선생님이 질문이 좀 더 복잡한 게 있으신 것 같은데, 질문 부탁드리겠습니다.

송원영 : 예. 저도 사실은 좀 더 지도를 받고 싶어서 질문을 드렸습니다. 제일 마지막으로 관방성과 관청으로 대표되는 수취체제를 드셨는데, 봉황동 유적 내부와 양동집단 내부의 해상교역을 통한 위신재의 사여체계와 관련한다면 봉황동으로 대표되는 당시 김해를 국가 단계로 볼 순 없는지 거기에 대해 부연설명 해주시면 좋을 것 같습니다.

박순발 : 가야에 대해선 제가 예전에 경남발전연구원에서 성을 찾았다 했을 때 관심을 가졌다가 메모 정도 해놓고 말았습니다. 이번에 규모나 이런 것을 제가 추산 해 보니 180,000㎡ 정도 나왔습니다. 이 데이터 또한 정확한 것은 아닙니다. 사실『삼국유사』에서 말하는 나성, 궁성의 조성시기를 사실적 측면에서 믿기는 어렵습니다. 중국 오대 송 이후에 도성 외곽 성을 비로소 나성이라 불렀습니다. 그 이전엔 그런 명칭으로 부르지 않습니다. 어쨌든 이 나성과 궁성이 있었다는 기본요소는 우리가 어제 오늘 이야기 한 정도에 인식을 하고 있는 것입니다. 이래야 국가라고 생각 하고 있습니다.

그런 점에서 조금 전 말씀하신 것처럼 봉황동 유적이 국가냐 하는 문제를 평가 해달라 그러시면, 중심취락을 일컬어 그것이 체계화된 형태를 우리는 읍이라 합니다. 그 읍 상태가 도성이라고 하면, 제 개념으로는 국가단계의 중심취락을 도성이라 합니다. 거기에 미치지 못한 단계는 국읍, 기왕 우리 문헌에 나오는 대로 하면 이렇게 봅니다. 거기에 관건이 되는 시설은 역시 왕권이 집약되어있는 물적 표현으로써 궁성 내지 궁이 있어야 됩니다.

그런데 아까 말씀하신 것처럼 이게 궁이냐 아니냐 말씀 하셨는데, 그것에 대해선 나성리 유적을 강조하고 싶습니다. 제가 지방도시라 말씀 드렸지만 이 초석 같은 건물이 아니고 주변에 구획하고 우리는 흔히 굴립주인지 고상가옥인지는 잘 모르지만 그런 흔적으로 된, 일본의 아스카 시대의 아스카 궁이 모두 그런 식입니다. 굴립주도 있고 고상으로도 올라가올 그런 것 입니다. 김해지역은 이랬을 가능성이 많다고 생각됩니다.

어제 마침 니토 선생님께서 일본 거울 네 개 나오는 것이 일본 고유의 것만이 아니라고 했습니다. 실제로 보면 백제단계에서 굴립주인지 고상인지 그런 식의 무언가를 찾아야 되고 실제로 경주도 마찬가지로 월성에서도 이른 시기의 것은 ㅁ자로 돌려져 있는 이런 것입니다. 그리고 이것은 여기에만 있는 것이 아니고 중국의 삼연지방도 마찬가지입니다.

사비백제 기간 내내 초석건물은 없습니다. 단지 토성이라 해서 그런 건데 무엇을 궁으로 볼 것인가에 대해서는 연구가 좀 더 진행되어야 합니다.

금관가야는 저로써는 마땅히 그런 정도의 규모의 성이 나중에 만들어졌다는 문제에 대해 4세기 부분은 저도 잘 모르겠습니다. 근데 1차로 처음 학계에 보고된 것은 5세기 후반 이었습니다. 시간이 그 정도면 딱 맞다고 생각합니다. 이전 시기부터 만들어지다가 5세기 후반에 완성된 상태에서 나타난 겁니다. 인력을 동원하고 토기양식화 이런 것은 그 이전부터 있었습니다. 그런 점에서 이게 5세기이니까 대성동하고는 안 맞으니까 아니다, 이런 것은 전혀 아니다 생각합니다. 저는 가능성이 매우 높다 생각합니다.

조영제 : 예. 저희가 마지막에 서평하려 했던 축성시기에 대해서 조금 언급해주셨습니다. 이동희 선생님 질문부탁드리겠습니다.

이동희 : 예. 발표자께선 하남 위례성은 풍납토성으로 판단되며 대략 2세기에 등장하는 것으로 보이는 환호취락이 백제 국가성립기인 3세기 중후엽에 성벽취락으로 전환되었다라고 보고 계십니다. 풍납토성 이전에 환호취락과 풍납토성간의 상관관계, 즉 환호에서 토성으로 변동이 무엇을 의미하는지, 그리고 축성주체나 정치적 변동이 있었던 건지에 대해서 궁금합니다.

그리고 김해 봉황동 유적도 계속 토성이야기가 나오고 있지만 그 이전에 환호가 확인되고 있습니다. 그런 전환하고 풍납토성과 비교해서 조언 부탁드립니다. 그리고 원삼국시대 국의 거수들이 일반인들과 잡거한 것으로 알려져 있습니다. 최근 충남지역에 홍성 석평리나 대전 용개동에서 국읍이나 읍락 수준의 대규모 취락이 발견되었는데, 거수의 거관이 확인되었는지 궁금합니다.

박순발 : 첫 질문에서 풍납토성에서 보였던 것은 환호에서 성원으로, 이른바 삼한 '국'을 전공한 권오영 교수의 표현을 빌리자면 백제국에서 백제로 된 것입니다. 저의 편년안대로 하면 대체로 3세기 3/4분기 이후에 전환이 있다고 봅니다. 그 부분에 대해선 조금 차이가 있지만 기원전 이런 것은 절대 아닙니다. 5세기 이후다 이런 것도 아닙니다. 어쨌든 그 변화는 계기적 변화이고 그 주체가 전혀 다른 피정복 정복 이런 관계의 변화가 아닌, 점진적이고 계기적 변화라 볼 수 있습니다.

그렇다면 봉황동 유적에서도 구간을 비롯한 토착세력 없이, 통합주체가 아무도 없는 바탕에 제3국에서 나라를 만든 것은 아닐 것입니다. 그래서 아마 유리한 입지에 있는 환호취락 세력을 통합 축으로 사방을 통합해서 그것이 성으로 전환되었다 보는 것이 문제가 없지 않을까 생각입니다.

다음으로 석평리 유형단계에 거관이 있느냐는 것인데, 드러난 주거지가 전부 동시성은 아니다 치더라도 주거지는 광장형으로 되어 있습니다. 특정 주거지가 크기나 기획력에서 월등하다 정도는 판별이 되지 않습니다. 그 모습은 마치 위지동이전 한전에서 말했던 '밖에서 보면 섞여 산다.' 이런 모습과 대단히 유사합니다. 그래서 거관이 있었을 것이라고는 안 보입니다.

단지 조금 더 한성기 지방도시라 여기고 있는 곳은 명백하게 주거지의 크기나 구획의 크고 거관이라 할 수 있는 게 있습니다. 그 곳에는 우물도 있습니다. 고대에서 우물이 뜰에 있거나 집 뒤에 있는 것은 요즘으로 말하면 엄청난 저택입니다. 그런 정도에서 보면 석평리 유형 단계에서 거관은 보이지 않는다는 것이 제 생각입니다.

조영제 : 조금 도움이 됐을 거라 생각됩니다. 박순발 선생님의 글에서도 언급이 되어 있듯이 동아시아의 성의 출현과 전개는 중국이 가장 이르고 정형적으로 이루어졌습니다. 그러나 고구려·신라·백제와 같이 잘 정비된 도성을 형성하지 못한 봉황토성을 비롯한 가야의 성을 곧바로 중국의 고대 도성의 완성이나 도성과 결부시켜 이야기하기는 어렵습니다. 그렇지만 하나의 모델로 참조는 될 가능성은 있지 않나 생각됩니다.

그 다음은 중국연구자에 대한 질문인데 정인성 선생님 부탁드리겠습니다.

정인성 : 일단 공궈치앙 선생님께 질문 드리겠습니다. 지금 토론에서도 나오고 있지만 중국에서의 궁성이나 도성의 발전 모델을 한반도, 왜에서는 그대로 따르지 않는다고 말씀하셨습니다. 그 대안으로 한국고고학 일본고고학에서 항상 연구하는 것이 묘장, 무덤을 가지고 취락 또는 취락 네트워크, 중심 거점취락이나 국읍 이런 것을 추론하는 연구입니다.

이런 맥락에서 참고한다면 오늘 공궈치앙 선생님께서 신석기 시대 용산단계에서부터 수·당 시기에 이르기까지 궁성의 변천을 설명하셨습니다만. 여기서 빠진 것이 묘장과의 상관관계인 것 같습니다. 그래서 추가로 학습을 한다는 의미에서 소위 신석기시대부터 서주, 춘추전국시대의 묘장과 이런 궁성과의 상관관계에 대한 변천에 대해 말씀해주시고, 그런 변천이 일어나는 사상적 배경이나 의의에 대해 조금 추가로 설명해주시면 감사하겠습니다.

공궈치앙 : 질문해주신 문제가 굉장히 관건이 되는 문제라 생각합니다. 일반 사람들은 아마 이 문제에 대해서 발견을 못할 거라 생각합니다. 이런 궁성의 발전 단계와 연관시켜서 이러한 묘지문제에 대해서 생각해볼 수 있을 것 같습니다. 먼저 묘장의 발전 단계를 설명드리고 보충설명을 하도록 하겠습니다.

춘추시대에는 궁성과 묘장이 밀접한 관계가 있었습니다. 그렇지만 전국시대 이후에는 이러한 궁성과 묘장이 분리되기 시작합니다. 구체적으로 도사유적 시대 때부터 분리가 시작되었을 것으로 생각합니다. 도사유적 시기에 궁성이 있고, 귀족들의 무덤은 동남쪽에 있는 지역에 형성이 되었습니다. 그리고 여기에 제사 지내는 지역도 역시 형성이 되어 있습니다. 이리두 유적에서는 궁성의 북쪽에 귀족들의 무덤이 형성 되어 있습니다. 제사 역시 무덤이 있는 쪽에서 지냅니다. 이 시기에는 궁성과 묘지지역이 가까이에 있는 형태였습니다. 이 시기에도 묘지지역은 궁성의 주변에 있었습니다. 은허 지역에서도 역시 궁성과 왕릉이 붙어있고, 왕릉은 궁성의 북쪽에 있습니다. 궁성에서도 무덤이 발견됩니다. 귀족들의 무덤 입니다. 서주시대에는 궁성 부근에서 묘지가 발견됩니다.

궁성이 출현한 이후부터 춘추시기에 이르기까지 궁성과 귀족들의 무덤은 굉장히 가까이에 위치하고 있습니다. 전국시대부터 이러한 궁성과 무덤의 관계가 점점 멀어지기 시작합니다. 전국시대로 넘어오면 특히 진나라와 초나라에서 이러한 궁성과 무덤지역이 분리되기 시작합니다. 진시황 시기가 되면 이러한 궁성과 무덤지역의 거리가 굉장히 멀어지게 됩니다.

한나라 시기가 되면 고조의 무덤을 제외한 모든 황제들의 무덤은 성 밖으로 나가게 됩니다. 한나라 이후부터 명·청 시대까지 궁성과 묘지는 떨어지는 것이 일종의 관습이 되었습니다. 이것은 정치제도나 사상적인 변화와 연관성이 있습니다. 춘추시기 이전까진 종법제도가 있었고, 이러한 종법제도는 혈연제도에 바탕을 두고 있었습니다. 전국시대 이후로는 이러한 종법제도가 무너지고 혈연관계가 지연관계로 대체되면서 이러한 무덤과 궁성의 분리가 나타나기 시작하였습니다. 더불어 노예제도에서 봉건제도로 넘어가면서 이러한 변화가 나타난 것으로 보입니다.

조영제 : 정인성 선생님께서도 마뱌오 선생님께 질문을 드렸습니다만, 이현혜 선생님이 토론과정에서 꼭 이야기 해보고 싶으신 점이 생긴 것 같습니다. 시간관계상 정인성 선생님께 양해를 구하고 이현혜 선생님께서 마뱌오 선생님께 질문 해주시기 바랍니다.

이현혜 : 이건 사실 주제와 크게 관계는 없는데, 마뱌오 선생님께서 설명하신 진한시기 장성 도표 중에서 장성의 시작이 압록강에서 시작하는데 그게 맞습니까?

제가 본 게 확실하다면 이 도면이 어디에서 나왔는지. 이 북쪽에선 대개 우리가 알기론 요하선이나 요동 요양선에서 시작한 것으로 아는데 이 지도에선 압록강에서 시작하는 것으로 보입니다. 이 도면을 어디서 사용하신 것인지, 이것이 일본이나 중국에서 일반적으로 사용하는 도면인지, 그렇다면 이 장성의 성격은 어떤 것인지 답변 부탁드립니다.

마뱌오 : 일종의 그림으로 그린 것이고, 고고학적으로 사용되는 지도는 아닙니다. 원래 있었던 지도에 장성의 영역은 제가 그려놓은 것입니다.

조영제 : 동북공정이나 장성공정 때문에 이런 부분은 민감하기 때문에 이현혜 선생님께서 날카롭게 질문 하신 것 같습니다. 이현혜 선생님께서 타카다 선생님께 질문하시겠습니다. 이현혜 선생님 부탁드립니다.

이현혜 : 「가락국기」에 보면 수로왕이 허왕후를 맞이하는 광경이 묘사되어 있는데, 타카다 선생님의 발표문에서는 김해 봉황동유적이 고 김해만 일대에서 관문지로 중심적 기능을 하는 기항지다라고 하셨습니다. 그러나 발표문과 조금 다르게 구두로 발표하실 때에는 4세기 이후부터 봉황동 유적이 관문으로서 기능을 한다고 하셨고, 일본과의 관계를 좀 구체화해주셨습니다.

왜 4세기 이후라 하는지 새로운 의문이 생겼습니다. 『삼국유사』「가락국기」를 자세히 읽어보면 탈해가 수로한테 도전을 합니다. 도전을 하는데 탈해가 패배를 하고 신라 쪽으로 도주하는 기사에서, 탈해가 가까운 교외 포구에 도착하여 중국배가 드나드는 수로를 이용하여 도망가려 하자 이를 지켜본 수로왕은 탈해가 그곳에 머물며 모반을 꾀할 것을 우려하여 배와 군사를 동원하여 그를 추격하였다 하는 내용에서, 구야국 중심부에 가까운 교외에 중국배가 정박하는 포구가 따로 있었다는 걸 알 수 있습니다.

또 하나는 이것보다 좀 앞선 부분인데 허왕후를 맞아들이는 기사에서 두 가지 교통로가 나옵니다. 하나는 처음 수로왕이 허왕후를 맞이할 때 사용한 루트입니다. 외부에서 고김해만으로 배가 들어올 경우, 망산도에 일단 정박한 후에 배를 바꿔 타고 구야국의 중심부로 들어가는 것으로 되어 있습니다. 대동여지도에 보면 망산도가 조그맣게 그려져 있습니다.

다른 하나는 허왕후가 내가 바로 그리로는 들어갈 수 없다 거절하고 다른 코스를 선택합니다. 산외별포 이곳을 허왕후의 도착지점이라 해서 기념하기 위해 주포촌으로 명명했다는 각주가 달려 있습니다. 여기에서 배를 내려 산고개를 넘어서 육로로, 산고개에서 속옷을 벗어서 제사를 지내고 그 고개를 넘어서 육로로 구야국 중심부로 들어가는 루트가 나옵니다. 우리가 봉황동 유적을 좀 더 객관적으로 조망하기 위해서는 구야국의 수로교통로, 특히 봉황대에서는 접안시설이 나왔기 때문에 여기에 대해서 좀 더 객관적이고 정밀한 접근이 필요하지 않나 생각합니다. 실제로 율하에 있는 신문리 나루터가 후대까지 존재했고, 대동여지도에 보면 예안리 남쪽에 신안나루터라는 나루터가 하나 또 있습니다. 또 하손패총 아래편에 나루터가 있었을 가능성도 있습니다.

이러한 것들을 근거로 근거리 포구가 있고, 원거리 포구, 소위 국제항이 되는 포구가 따로 있었을 것이라 생각됩니다.

그렇게 보면 봉황동의 포구가 과연 어떤 성격인 것인가에 대해 좀 더 면밀히 검토할 필요성이 있지 않나 생각이 듭니다. 타카다 선생님께 의견을 묻고 싶습니다.

조영제 : 두 번째 질문은 이 지역 고고학자들의 숙제라 생각합니다. 좀 더 광범위한 지역을 대상으로 조사하면서 접안시설이나 항구유적을 찾고, 그런 것이 있다면 거기서 중심지로의 육로수송수단 이런 것을 찾아야 한다는 의미로 받아들이면 될 것 같습니다.

타카다 선생님께서 봉황토성의 연대를 4세기 이후로 이야기하시는 부분에 대해 이현혜 선생님께선 좀 더 올려 봐도 되지 않냐 그런 의미인 것 같습니다. 답변 부탁드립니다.

타카다 : 봉황동 유적이 교역의 거점이 된 것이 4세기 이후라 한 것은, 제가 살짝 잘못 설명한 부분도 있습니다. 제가 설명하고 싶었던 것은 봉황동 유적이나 고 김해만 일대에서 나오는 왜계 토기, 하지끼의 연대를 보면 3세기 후반에서 4세기 후엽까지가 중심입니다. 3세기 전반이라든가 2세기 후반대 왜계 유물은 그렇게 많지는 않습니다.

그렇기 때문에 지금 보이는 고고자료를 가지고 확실히 한반도 동남부 지역과 왜의 관계를 포괄적으로 밝힐 수 있는 시기는 왜계 토기가 고 김해만에 집중하기 시작하는 시기, 그런 뜻으로 설명했습니다. 그 이외의 부분, 언제부터 그 곳이 중심적인 역할을 했는지에 대한 의문에 대해서는 제가 앞으로 조금 더 공부를 해야 할 부분입니다.

조영제 : 예. 답변 감사합니다. 니토 선생님에 대해서는 이영식 선생님께서 하실 말씀이 있으시다 합니다. 이영식 선생님, 간단하게 말씀 부탁드리겠습니다.

이영식 : 니토 선생님께서는 3세기부터 7세기까지 일본의 사정을 발표 해 주셨습니다. 봉황토성도 대개 그 언저리에 들어가는 유적입니다. 민경선 선생님의 소개에 따르면 제사의 그런 특징도 많이 보이고, 또는 제철 공방 같은 모습도 보인다고 합니다.

이러한 모습들이 니토 선생님께서 소개한 것들 중 어느 단계쯤에 해당하는 것 같은지, 또 봉황토성 소개를 들은 감상 같은 것을 좀 말씀해주시면 좋겠습니다.

니토 : 발표에서 일본에서 말하는 역대 황궁의 여러 단계를 설정하였습니다. 아마 천궁이라는 용어 자체가 한국에선 안 쓰이는 것으로 알고 있습니다.

역대 천궁, 천황이 바뀌면서 궁을 옮기는 것은 5세기 이전에 주로 일어나는 것들이고, 그 이후가 되면 이와레나 아스카, 이 두 지역에 집중되기 시작합니다. 조금 더 시간이 지나면 아스카 지역 안에서도 한 번씩 움직이는데, 그런 장소도 일단 중복되는 지역입니다. 그 다음이 되면 후지와라라든지 헤이죠라든지 이런 곳에 경京을 구성하는 직접적인 시설이 만들어지게 됩니다.

이런 단계를 설정해 두고 그 위에 봉황토성을 해석해야 하는데, 아직까지 봉황토성 자체가 전면적인 발굴된 것도 아니고 정확한 위치, 성격 등이 밝혀지지 않았기 때문에 명확하게 판단하기는 힘듭니다.

지금까지 제가 들었던 것을 바탕으로 잠시 설명 드리겠습니다. 일본에서 보면 고분시대가 되면 호족거관이라 하는 지방거점지방수장들의 저택들이 있습니다. 이런 호족거관들을 보면 호족거관 안에서도 공방이라든지 제사유구라든지 이런 여러 가지 기능을 가진 저택건물들이 나옵니다. 이런 저택건물들을 통해서 보면 호족거관에 살고 있던 지방 수장의 역할이 정치적 수장이라든지 군사적 수장이라든지 교역망을 관리한다든지 다방면의 역할을 가지고 있는 수장들이 활동했을 것이라 생각됩니다.

봉황토성의 전체적인 구성을 보자면 얼핏 보기에는 7세기에 나오는, 왜경이라 해서 헤이안이라든지 후지와라에 보이는 것처럼 도로가 직선화되고, 도로가 교차하고 건물들이 한 부분에 집약적으로 들어가는 왜경적인 모습이 일부 보이기는 합니다. 그렇지만, 아직 그런 경우가 되려면 좀 더 관청이라든지 건물지들이 집약되고 집중적으로 보이는 집중도가 높아져야 됩니다. 도로도 지금 보이는 도로들이 구불거린다든지 그런 것들이 있는데 궁성을 형성하려면 기본적으로 직선적인 도로들을 많이 만들어야 하지만, 아직 그러한 부분들은 보이지 않습니다. 그러한 부분을 종합적으로 고려한다면 7세기 왜경적인 모습보다는 조금 빠른 단계에 봉황토성이 위치하지 않을까 생각됩니다.

조영제 : 답변 감사합니다. 지금까지 발표자에 대해서 토론자 중심으로 여러 가지 이야기를 나누어 보았습니다. 우리가 고고자료를 대상으로 살필 때에 제일 출발점이 누가 언제 무엇을 위해서 만들었으며 그 내용은 무엇인가에 대한 것이 연구의 출발점입니다.

봉황토성에 대해서 제일 출발점이 되는 축성시기에 대해서 살펴보면, 발표와 토론에서도 언급이 되어있다시피 5세기 후반대라는 이야기가 나오고 있습니다.

토론 중에 성과 매장공간에 대한 문제가 잠깐 나왔습니다만, 봉황토성 옆에는 일찍이 많이 조사된 대성동 고분이 있습니다. 대성동 고분의 축조 중심 시기는 4세기 대입니다.

박순발 선생님은 굳이 이것이 안 맞아도 괜찮다는 의견이십니다.

그러나 일반적으로 거대한 궁성을 만들려고 하면, 집단이 가장 강성했을 시기에 했을 가능성이 높습니다. 그렇다면 고분 축조 집단의 고분에서 나타나는 중심연대와 궁성 형성시기를 동일하게 보는 것이 보다 더 이해하기 쉽지 않느냐 하는 의견도 있습니다.

이러한 측면에 대해 대성동고분박물관 심재용 선생님께 간단한 의견 부탁드리겠습니다.

심재용 : 대성동고분박물관 심재용 입니다. 간단하게 설명드리겠습니다. 지금 보고 계신 도면은 보고서 속의 도면입니다. 지금 보면 이쪽 3트랜치

에 해발 3.8m라 되어있는 것이 있습니다. 이 부분은 삼강문화재연구소에서 발굴조사한 곳입니다. 여기에서 문제가 되는 것은 5세기 대 유물이 나온다는 것입니다. 대표적으로 이 옹이 해당됩니다.

이것은 두류문화연구원에서 조사한 것입니다. 이게 외벽부가 되고 내벽부가 됩니다. 1축, 2축, 3축이라 했는데, 이쪽에서는 9번, 15번 유물을 가지고 5세기 후반이라 이야기를 합니다. 그런데 여기 보시면 1축이 내벽 쪽입니다. 저는 기본적으로 이 성벽에서 나온 유물의 연대는 인정합니다. 문제는 12번 유물의 경우, 5세기 후반보다 더 늦을 수 있다는 것입니다. 이 유물의 출토 층위가 정확하게 나온 것이 아니고 2축 부근이라 보고서에 되어 있습니다. 보고서대로 이해한다면 2축과 3축은 5세기 후반 대에 수축했을 가능성이 있습니다. 1축에서 나왔던 유물은 5세기 전반 대에 해당할 수도 있습니다.

이와 관련해서 보충할 수 있는 자료들이 있습니다. 여기가 봉황대 구릉의 서쪽부 입니다. 지금 이 부분은 토루라 봐도 되지만 고읍성입니다. 이 부분이 웅덩이가 있었던 부분인데 이 동쪽 부분은 보고서에서 빠진 부분입니다. 보시면 선주혈이 있고 후주혈이 있습니다. 이 선주혈과 같이 가는 것이 소성유구입니다. 소성유구와 선주혈의 연대가 같은데, 성토층입니다. 이것을 만들기 위해 성토를 하고 소성유구를 만들었는데, 그 위에 또 후주혈이 있는 것입니다. 연대차이가 있는 것입니다. 이것은 물웅덩이입니다. 보시면 이것을 파괴하고 있는 것을 알 수 있습니다. 소성유구가 성토층보다 빠르다는 것입니다.

또 위에 토층이란 부분을 보면 명확히 5세기 후반 대 성토층이 있고, 그 위가 소성퇴적층의 기반층입니다. 여기서 나온 토기입니다. 연대를 분석해보니 310 ±10년이 나왔습니다. 4세기 전반입니다. 이런 면에서 본다면, 성토유구를 봉황토성으로 볼 수 있다면 4세기 전반까지도 올려볼 수 있지 않나 생각하고 있습니다.

조영제 : 네. 감사합니다. 5세기나 5세기 후반대 보다는 4세기 대에 토성이 축성 되었을 가능성이 높다. 그렇다면 대성동 고분과의 연대가 맞기 때문에 상당히 괜찮다고 생각을 합니다.

가야의 토성에 대한 조사가 이제 시작이기 때문에 토성의 구조라든지 성내의 시설, 구조, 기획, 이런 것들이 지금부터 밝혀 나가야 된다고 생각합니다. 토론을 마치도록 하겠습니다. 감사합니다.